Rupert Huth/Dieter Pflaum

Einführung in die Werbelehre

6., überarbeitete und erweiterte Auflage

Verlag W. Kohlhammer
Stuttgart Berlin Köln

Die Deutsche Bibliothek – CIP-Einheitsaufnahme

Huth, Rupert
Einführung in die Werbelehre / Rupert Huth : Dieter Pflaum. –
6., überarb. und erw. Aufl. – Stuttgart ; Berlin : Köln :
  ISBN 3-17-013816-2
NE: Pflaum, Dieter:

6., überarbeitete und erweiterte Auflage 1996

Verlagsort: Stuttgart
Gesamtherstellung:
W. Kohlhammer Druckerei GmbH + Co. Stuttgart
Printed in Germany

Vorwort

Das Buch »Einführung in die Werbelehre« soll eine Lücke auf dem Gebiet der werbewirtschaftlichen Literatur schließen, indem es eine Synthese bildet zwischen wissenschaftlichen Forschungsergebnissen und Verwertbarkeit für die Praxis.

Die Hauptaufgabe des Buches besteht darin, als Grundlage zu dienen für den Vorlesungs- und Seminarbetrieb an werbewirtschaftlichen Ausbildungsstätten. Darüber hinaus soll es Absolventen von Akademien und Hochschulen den Einstieg in die berufliche Praxis erleichtern, sei es für den Start als Junior-Produktmanager, Mitarbeiter in den Marketing-Abteilungen der Konsumgüter- und Investitionsgüterindustrie sowie des Dienstleistungssektors, sei es als Assistent des Werbeleiters oder als Junior-Kontakter in Werbeagenturen.

Für die kritische Durchsicht des Kapitels »Psychologie des Käuferverhaltens« gilt Herrn Diplom-Psychologen Prof. G. Distler, Fachhochschule für Wirtschaft Pforzheim, besonderer Dank.

Pforzheim, Februar 1980   Die Verfasser

Vorwort zur 2., überarbeiteten Auflage

Das Lehrbuch »Einführung in die Werbelehre« ist sowohl in der werblichen Ausbildung als auch in der Werbepraxis auf große Resonanz gestoßen, so daß innerhalb kurzer Zeit eine Neuauflage notwendig wurde. Die bisher im Lehrbuch erschienenen Beiträge wurden sowohl inhaltlich als auch hinsichtlich der Literaturangaben am Ende des Buches aktualisiert.

Die Neuauflage wurde um die beiden Kapitel »Direktwerbung« und »Neue Medien« erweitert.

Für die Unterstützung bei der Abfassung des Kapitels »Direktwerbung« danken wir der Pforzheimer Direktwerbeagentur DMT, Scherer & Weber. Ebenso gilt unser Dank Herrn Stefan Sobeck, Student der Werbewirtschaft an der FHW Pforzheim, für seine Mitarbeit bei der Überarbeitung des Buches.

Pforzheim, im Juli 1986   Die Verfasser

Vorwort zur 4., überarbeiteten Auflage

Aufgrund der starken Nachfrage wurde innerhalb eines Jahres die 4. Auflage notwendig. Der wachsenden Bedeutung der Absatzwerbung im Rahmen des Marketing-Mix einer Unternehmung wurde durch zahlreiche Ergänzungen und Neuaufnahme von Kapiteln Rechnung getragen.

Aktualisiert wurden u. a. die Beiträge über die IVW, über den GWA, die Daten bezüglich der klassischen Medien und deren Einsatz im Rahmen der Mediaplanung. Ein praktisches Beispiel eines Evaluierungsprogrammes rundet den Medieneinsatz ab.

Neu aufgenommen wurden die Kapitel über das Satellitenfernsehen, über das ISDN-Netz der Bundespost und über die wachsende Bedeutung der Verbraucher- und Handelspanels.

Unser Dank gilt besonders Frau Dipl.-Betriebswirt Susanne Ebert, Frau Dipl.-Betriebswirt Sabine Stober und Herrn Dipl.-Ing. (FH) Walter Scholz, die durch aktive Mitarbeit sowohl in fachlicher als auch in organisatorischer Hinsicht das schnelle Erscheinen der 4. Auflage möglich machten.

Den Lesern sind die Verfasser für Anregungen dankbar.

Pforzheim, im Februar 1991 Die Verfasser

Vorwort zur 6., überarbeiteten Auflage

Vor mehr als 15 Jahren erschien die erste Auflage des Lehrbuches »Einführung in die Werbelehre«. Bedingt durch Veränderungen der Werbe- und Medienlandschaft wurde eine weitere Neuauflage notwendig.

Die Kapitel »Die Werbekonzeption«, »Neue Medien« und »Einsatz von Panels« wurden aktualisiert und dementsprechend die Literaturangaben. Neu hinzugekommen sind die Beiträge »Digitale Filmerstellung«, »Umweltschutz und Werbung«, »Die Mediaagentur« und »Die Internationalisierung der Agenturen«.

Für die Mitarbeit und kritische Durchsicht der sechsten Auflage danken wir besonders Herrn Dipl.-Betriebswirt Achim Beißwenger, Herrn Dr. Axel Buchholz, Frau Dipl.-Betriebswirtin Susanne Gutheil, Frau Martina Gutmann M.A., Herrn Thomas M. John, Frau Dipl.-Betriebswirtin Christiane Jung, Frau Dipl.-Betriebswirt Heidi Scherer, Herrn Dipl.-Soziologe Wolfgang Schöllhammer, Herrn Dipl.-Betriebswirt Walter Töller und Frau Dipl.-Betriebswirtin Christina Wallisch.

Pforzheim, im Juli 1995 Die Verfasser

Gliederung

I Grundlagen der Werbung

1 Aspekte der Werbung

Werbung präsentiert sich heute in einer Vielfalt von Erscheinungsformen. Sie dominiert nicht nur in weiten Bereichen der Ökonomie, sondern hat ihren festen Platz in vielen außerökonomischen Bereichen des menschlichen Lebens.

Für den *politischen Bereich* ist es längst kein Geheimnis mehr, daß dieselben Agenturen, die Waschmittelkonzeptionen kreieren, auch die Kampagnen für politische Parteien und Institutionen planen und durchführen.

Aktionen, die wir aus dem Alltag kennen, wie »Gib Aids keine Chance«, »Fairverständnis«, Schluckimpfungswerbung usw., sind nur einige Beispiele dafür, daß Werbung auch im *sozialen* und *gesundheitspolitischen Bereich* Platz ergriffen hat, eine Entwicklung, die sich in Zukunft mit Sicherheit noch verstärken wird.

Werbung hat ihren Stellenwert in den verschiedensten Bereichen des menschlichen Lebens, nämlich überall dort, wo es gilt, Kommunikationsprobleme zu lösen.

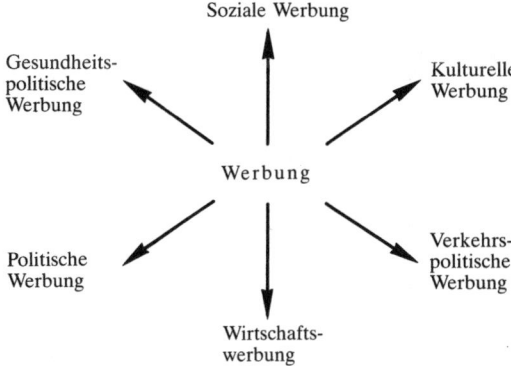

Abb. 1: Werbung

Das vorliegende Lehrbuch macht gemäß seiner Zielsetzung die Wirtschaftswerbung zum Gegenstand der Betrachtung, obgleich der Nachweis nicht schwerfällt, daß in der Methode des Vorgehens bei der Erarbeitung von Werbekonzep-

13

tionen letztlich kein Unterschied besteht zu Werbeaktionen im außerökonomischen Bereich.

Auch wenn der Anwendungsbereich der Werbung ausschließlich im ökonomischen Sektor analysiert werden soll, bedarf dieses Instrument der weiteren Differenzierung, um das Aufkommen von Mißverständnissen zu vermeiden. In der Werbepraxis gibt es nirgends »den Werbemann«, d. h. den Fachmann, der alle Teilaspekte der Werbung beherrscht. Wir finden vielmehr eine ganze Reihe von Spezialisten, die zur Erarbeitung einer fundierten Konzeption herangezogen werden müssen.

Der Grund liegt darin, daß Werbung in viele Forschungsgebiete anderer wissenschaftlicher Disziplinen hineinreicht und Erkenntnisse aus diesen Gebieten heranziehen und verarbeiten muß, um das Risiko des Mißerfolgs zu minimieren. So hat Werbung, auch als Wirtschaftswerbung betrieben, in starkem Maße einen *psychologischen* und *soziologischen* Aspekt. Das Erreichen und Beeinflussen von Menschen muß die Erkenntnisse psychologischer Abläufe und Mechanismen der Wahrnehmung, Verarbeitung und Speicherung sowie Rückkopplung ebenso berücksichtigen wie Gruppenverhalten, Gruppennormen etc.

Werbung hat darüber hinaus bei der zentralen Aufgabe der *Gestaltung von Werbemitteln* eine gestalterische, ja zuweilen künstlerische Seite.

In der Produktion der Werbemittel (Druck, Filmproduktion etc.) hat die Werbung ihre wichtige *technische* Komponente; schließlich gilt es, *juristische,* insbesondere *wettbewerbsrechtliche Aspekte* bei den einzelnen Maßnahmen zu berücksichtigen.

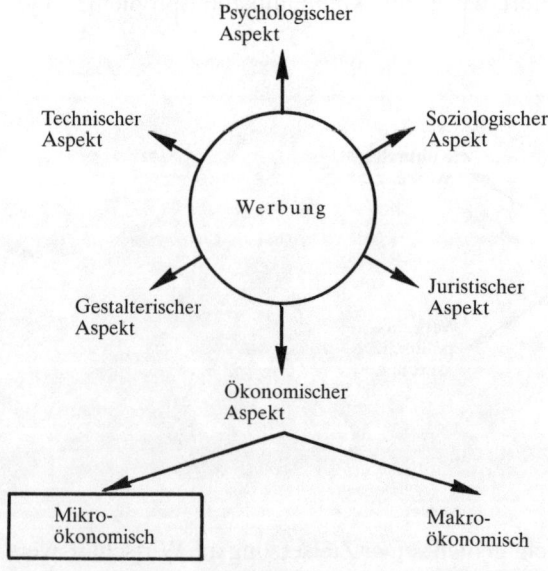

Abb. 2: Aspekte der Werbung

Beim ökonomischen Aspekt der Werbung muß eine *makro-* und *mikroökonomische* Betrachtungsweise unterschieden werden, denn das Phänomen Werbung ist sowohl von gesamtwirtschaftlicher (volkswirtschaftlicher) wie einzelwirtschaftlicher (betriebswirtschaftlicher) Relevanz. Die Vielfalt der Aspekte, unter denen die Werbung gesehen werden muß, ist in Abb. 2 dargestellt.

Das Schema verdeutlicht den Blickwinkel, von dem aus das Phänomen Werbung in diesem Lehrbuch betrachtet wird. Diese Optik ist legitim und notwendig, denn Wirtschaftswerbung wird im System der Marktwirtschaft vorwiegend als Absatzwerbung betrieben und somit unter betriebswirtschaftlichen Gesichtspunkten gestaltet und eingesetzt. Die Methodik beim Erarbeiten solcher Konzeptionen stellt deshalb den Schwerpunkt dieses Buches dar.

2 Begriffliche Abgrenzung des Instruments »Absatzwerbung«

Fast alle Bemühungen, den Begriff der Werbung zu definieren, lehnen sich mehr oder weniger eng an die Interpretation von *Seyffert (1966, S. 7)*an:

Werbung ist eine Form seelischer Beeinflussung, die durch bewußten Verfahrenseinsatz zum freiwilligen Aufnehmen, Selbsterfüllen und Weiterpflanzen des von ihr dargebotenen Zwecks veranlassen will.

Dabei weist Behrens (1973, S. 12) darauf hin, daß die Konsequenz der Anwendung dieser Seyffertschen Interpretation die Formen der werblichen Maßnahmen nicht erfaßt, die den Umworbenen ungewollt von ihm beeinflussen. Er läßt damit die sogenannte »unterschwellige« Werbung außer acht. *Behrens* kommt deshalb zu folgender modifizierter Begriffsdefinition:

Werbung ist eine absichtliche und zwangsfreie Form der Beeinflussung, welche die Menschen zur Erfüllung der Werbeziele veranlassen soll.

Beide Interpretationen, die von Seyffert und die von Behrens, berücksichtigen die Tatsache, daß Werbung als Phänomen nicht nur auf das Wirtschaftsleben (= Wirtschaftswerbung) bzw. auf den betrieblichen Absatzbereich (= Absatzwerbung) begrenzt ist, sondern letztlich alle Gebiete des menschlichen Lebens erfaßt.

Der primär interessierende absatzpolitische Aspekt der Werbung führt dann bei *Behrens* zu folgender Definition:

Absatzwerbung umfaßt die verkaufspolitischen Zwecken dienende, absichtlich und zwangsfreie Einwirkung auf Menschen mit Hilfe spezieller Kommunikationsmittel.

Diese Interpretation versucht bereits, Werbung als absatzpolitisches Instrument neben anderen zu interpretieren; sie schafft darüber hinaus den wichtigen kommunikationsmäßigen Aspekt der Werbung.

In der Tat muß eine operable Definition des Begriffs Absatzwerbung versuchen, die spezifische Rolle der Werbung innerhalb des Marketing-Mix zu beschreiben. Dies kann man unter Berücksichtigung des Tatbestandes, daß Werbung es immer mit der Lösung von Kommunikationsaufgaben zu tun hat, daß sie nichts anderes ist als eine Kommunikationsmethode und Kommunikationstechnik. Man kann demzufolge formulieren:

Werbung ist ein Instrument zur Lösung absatzpolitischer Teilziele auf dem Wege der Kommunikation.

Das heißt, Werbung hat die Aufgabe, innerhalb des Marketing-Mix die auf dem Absatzmarkt auftretenden Kommunikationsprobleme zu lösen (= primäre Werbeziele).

Die Notwendigkeit einer *begrifflichen Abgrenzung* der Absatzwerbung ergibt sich insbesondere gegenüber folgenden Begriffen bzw. Instrumenten:
- Reklame
- Propaganda
- Öffentlichkeitsarbeit (Public Relations)
- Verkaufsförderung (Sales Promotions).

Der Begriff *Reklame* hat einen negativen Bedeutungswandel durchgemacht und steht heute für schlechte bzw. marktschreierische Werbung.

Der Begriff *Propaganda* wird heute vorwiegend für politische Werbung verwendet.

Nicht so rasch läßt sich eine Abgrenzung der Absatzwerbung zum Instrument *Öffentlichkeitsarbeit* (Public Relations) vornehmen. Hier taucht zunächst das Problem auf, ob eine Unterscheidung überhaupt möglich bzw. praktisch sinnvoll ist. Dabei soll die Frage gestellt werden, was beiden Instrumenten gemeinsam ist und was sie gegebenenfalls *trennt*.

Public Relations hat mit der Absatzwerbung gemeinsam, daß sie es mit der *Lösung von betrieblichen Kommunikationsproblemen zu* tun hat. Gerade die betriebliche Öffentlichkeitsarbeit setzt sich bestimmte Kommunikationsziele und setzt Instrumente systematisch ein, um diese Ziele zu erreichen. Die Frage bleibt jedoch, ob sich beide Instrumente dennoch typisch unterscheiden lassen, sei es in den Zielen oder in den Mitteln (s. Abb. 3).

Beiden Instrumenten gemeinsam ist die Lösung von Kommunikationsproblemen für das Unternehmen. Die Unterschiede liegen im Zielfeld. Bei der Absatzwerbung ist dies der Absatzmarkt. Bei der Öffentlichkeitsarbeit ist das Zielfeld weiter gesteckt: es erstreckt sich auf sämtliche marktlichen Beziehungen des Unternehmens und darüber hinaus auf die gesamte Öffentlichkeit.

In den letzten Jahren ist die Trennung der beiden absatzpolitischen Instrumente Absatzwerbung und Verkaufsförderung (Sales Promotions) allgemein üblich geworden, obgleich sich auch hier keine geringen Überschneidungen ergeben.

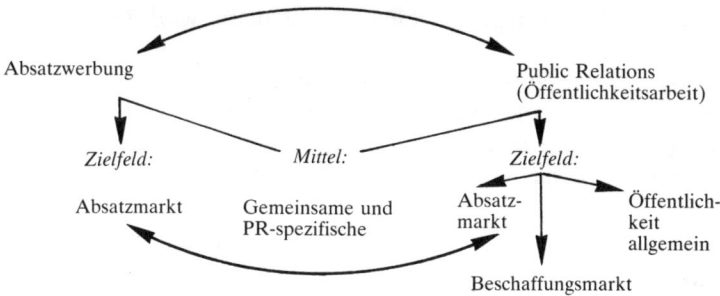

Abb. 3: Absatzwerbung – Public Relations

Unter *Verkaufsförderung* faßt man ein Bündel von absatzpolitischen Maßnahmen zusammen, das man grob wie folgt umreißen kann (s. Abb. 4):

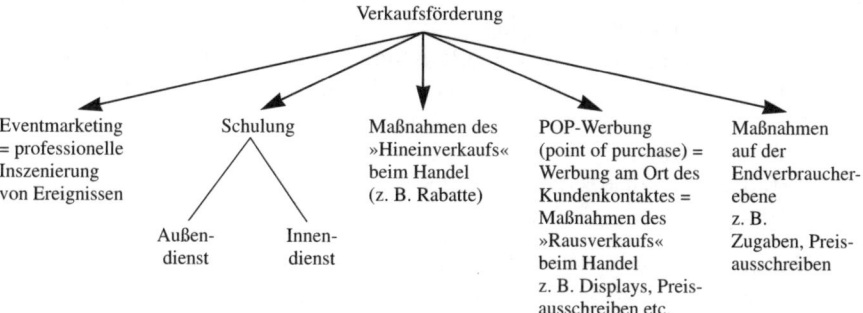

Abb. 4: Verkaufsförderung

Eventmarketing kann als »das zielgerichtete Gestalten eines Ereignisses« definiert werden. Beim Eventmarketing geht es um eine dramaturgische Aufbereitung eines Ereignisses. Die Teilnehmer sollen durch eine gelungene Mischung aus Information und Unterhaltung angesprochen werden. Sogenanntes »Infotainment« wird durch Konferenzen, Gala-Einladungen, Messen, Road-Shows und Präsentationen u. ä. angestrebt, um Bekanntheit, Image und Akzeptanz beim Verbraucher zu fördern (Pflaum, Eisenmann 1993).
Die Schulung und Ausstattung des betrieblichen Außendienstes sowie Innendienstes, also insbesondere die Verkäuferschulung, sind die eine Art der Verkaufsförderung, die Maßnahmen beim Handel und bei Endverbrauchern, darunter versteht man den Einsatz der verschiedenen Werbemittel, wie Display-Material, Aufsteller, Preisausschreiben etc., die andere Art.
Gemeinsam ist den beiden Instrumenten Absatzwerbung und Verkaufsförderung wieder die Lösung von betrieblichen Kommunikationsproblemen. Man kann sogar noch insoweit einengen, als es um die *gemeinsame Lösung von Kommunikationsproblemen auf dem Absatzmarkt geht.*

Die kommunikationsmäßige Tätigkeit auf dem Absatzmarkt wird somit aufgeteilt:

Absatzwerbung im klassischen Sinne versucht, über Medienwerbung und Direktwerbung die Zielgruppe anzusprechen. Absatzwerbung und Verkaufsförderung stehen in einem komplementären Verhältnis zueinander, d. h. die Verkaufsförderung unterstützt die Absatzwerbung auf den oben genannten vier Bereichen.

3 Werbung als Kommunikationsinstrument

Der Begriff »Werbung« wird heute in Literatur und Praxis immer häufiger durch den der *Kommunikation* ersetzt. Man spricht nicht mehr von Werbe-, sondern von Kommunikationskampagnen bzw. Kommunikationsstrategien, nicht mehr von Werbezielen und Werbeerfolgskontrolle, sondern von Kommunikationszielen und Kommunikationserfolgskontrolle, um nur einige Beispiele zu nennen. Was steckt hinter diesen Veränderungen? Sind sie lediglich formaler Natur mit der Zielsetzung, ein vielleicht nicht mehr so beliebtes Wort durch ein neues, »modernes« zu ersetzen, oder steckt hinter dieser Entwicklung ein sachliches Anliegen?

Zunächst bringt der Begriff Kommunikation in der werblichen Problemstellung nichts anderes zum Ausdruck, als daß jeder Werbungtreibende vor dem Tatbestand steht, daß er in der Öffentlichkeit oder Teilen davon (Zielgruppen) etwas verändern möchte, z. B.
- den Wissensstand über Produkte,
- die Präferenzstruktur von Verbrauchern,
- die Verhaltensweisen,
- das Bild des Unternehmens.

Um diese Veränderung herbeizuführen, muß der Werbungtreibende eine *Verbindung* herstellen zwischen sich und dieser Öffentlichkeit. Wir haben es also auf der einen Seite mit einem Sender (= Unternehmen) zu tun und auf der anderen Seite mit Empfängern (= Zielpersonen, Rezipienten); zwischen beiden soll »kommuniziert« werden.

Eine *direkte Verbindung,* die zu einem *gegenseitigen Dialog* führt (= direkte Kommunikation), ist nur in den seltensten Fällen möglich (z. B. Verkaufsgespräch). In der Regel haben wir es in der Werbung mit *indirekten Kommunikationsvorgängen zu* tun, d. h. es müssen Instrumente dazwischengeschaltet werden, die die Verbindung schaffen (s. Abb. 5). Dabei handelt es sich um die Werbeträger bzw. Kommunikationskanäle (= indirekte Kommunikation).

Jede Kommunikationsproblemstellung – sei es im ökonomischen oder außer-

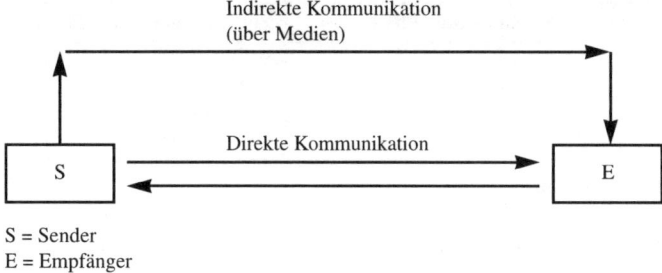

S = Sender
E = Empfänger

Abb. 5: Kommunikation

ökonomischen Bereich – steht deshalb vor der Lösung folgender Aufgaben:
In der *vor- oder präkommunikativen Phase*:
- Analyse des Ist-Zustandes (insbesondere in bezug auf den »Wissensstand« der Zielgruppe),
- »Umsetzung« (Gestaltung) der werblichen Aussage in entsprechenden Werbemitteln (= Codierungsaufgaben),
- Auswahl und Einsatz der Werbeträger (= Kommunikationskanäle), um eine Übertragung (Streuung, Transmission) der Werbebotschaft zu erreichen.

Die eigentliche Phase der Werbewirkung (= *Kommunikationsphase)* kann in drei Teilprozessen strukturiert werden:

- Selektion
Darunter versteht man die Entscheidung des Umworbenen, eine bestimmte Botschaft aus der Gesamtheit der Werbebotschaften eines oder mehrerer Medien auszuwählen und sich mit ihr auseinanderzusetzen.

- Perzeption
Dabei handelt es sich um die eigentliche Wahrnehmung der Werbebotschaft, d. h. um ihre Aufnahme durch die menschlichen Sinnesorgane sowie die Weitergabe der aufgenommenen Zeichen durch die Sinnesorgane an die Weiterverarbeitungsinstanzen des menschlichen Gehirns.

- Apperzeption
Dieser Teilprozeß beschreibt die Weiterverarbeitung der sinnlich wahrgenommenen und weitergeleiteten Werbebotschaft bis hin zur Motivationsbeeinflussung und Speicherung.

Die *postkommunikative Phase* umfaßt die Änderungen, die entsprechend der werblichen Zielsetzung bei den Rezipienten eingetreten sind, z. B. Wissensstand, Einstellung zum Produkt, Verschiebung der Präferenzstruktur.
Übersicht 1 zeigt die Zusammenfassung des so strukturierten Kommunikationsprozesses.

Präkommunikative Phase	Kommunikative Phase	Postkommunikative Phase
Ist-Zustands-Analyse	Selektion	Werbewirkung,
Codierungsphase	Perzeption	z. B. Wissensstand
Auswahl und Transmission	Apperzeption	Einstellung
der Werbebotschaft		Präferenzstruktur

Übersicht 1: Kommunikationsprozeß

Wenn somit in der Absatzwerbung der Kommunikationsaspekt heute besonders hervorgekehrt wird, so handelt es sich nicht nur um eine Wortsubstitution. Die Präzisierung des werblich Machbaren auf die Kommunikationsfunktion der Werbung schlägt sich vor allem nieder in der Formulierung spezifischer Möglichkeiten der Werbeerfolgskontrolle; sie trägt somit zu einer realistischen Aussage über die Möglichkeiten und Grenzen der Werbung bei.

4 Grundformen der Werbung

Je nach Blickwinkel kann man die verschiedenen Erscheinungsformen, in denen sich Werbung im Alltag präsentiert, klassifizieren. Im folgenden sollen die wichtigsten Grundarten der Werbung dargelegt werden.

4.1 Einzelwerbung und kollektive Werbung

Unter dem Gesichtspunkt des isolierten oder gemeinsamen Vorgehens am Absatzmarkt bei der Wahrnehmung der werblichen Funktion kann man unterscheiden:
– Einzelwerbung,
– kollektive Werbung.

Der Normalfall der *Einzelwerbung* besagt, daß ein Unternehmen seine absatzpolitische Funktion Werbung nicht mit anderen Unternehmen bzw. Produkten gemeinsam betreibt. Das Unternehmen kooperiert vielleicht auf anderen absatzpolitischen Gebieten – z. B. der Distribution –, seine Absatzwerbung findet jedoch ohne Abstimmung mit anderen werbungtreibenden Unternehmen der gleichen Branche oder anderer Wirtschaftszweige statt.
Bei den Formen der kollektiven Werbung findet zwischen werbungtreibenden Unternehmen bzw. Produkten eine geplante und unter bestimmter Zielsetzung stehende Zusammenarbeit statt.
Je nachdem, in welchem Beziehungszusammenhang die gemeinsam zu bewerbenden Objekte stehen, kann man unterschiedliche Formen der kooperativen Werbung unterscheiden.

Eine der häufigsten Einteilungen kollektiver Werbeformen lautet:
(a) Gemeinschaftswerbung,
(b) Verbundwerbung,
(c) Sammelwerbung.
(d) Kooperative Werbung

Zu (a): *Gemeinschaftswerbung*

Bei der Gemeinschaftswerbung, die in der Praxis die häufigste Form kollektiver Werbung ist, handelt es sich um Werbeobjekte (Produkte, Dienstleistungen), die am Markt in einem Verhältnis der Konkurrenz zueinander stehen, also um *Substitutionsprodukte*. Sie sind in den Augen der Nachfrager bis zu einem gewissen Grad austauschbar.

> *Beispiele:* Gemeinschaftswerbung für Hemden, Bier, Diamanten, Württemberger Wein, Badischer Wein.

In der Regel wird somit eine bestimmte Produktgattung beworben. Dahinter stehen mehrere rechtlich selbständige Unternehmen, die sich aus bestimmten Gründen entschließen, gemeinschaftlich ihre Werbung zu betreiben. Alle gehören sie aber der gleichen Produktbranche an, weshalb man auch von einer *horizontalen Kollektivwerbung* spricht. In der Regel handelt es sich um eine anonyme Werbung, d. h. die Hersteller der Produkte treten in der Werbung namentlich nicht auf.

Zu (b): *Verbundwerbung*

Von Verbundwerbung soll dagegen dann gesprochen werden, wenn die Werbeobjekte (Produkte, Dienstleistungen), für die gemeinsam geworben wird, in einem Verhältnis der *Komplementarität* (s. Abb. 6) zueinander stehen, d. h. sich gegenseitig irgendwie ergänzen. Die Produkte, die in der Werbung gemeinsam präsentiert werden, sind in einer gewissen Art und Weise zusammengehörig. Diese Gemeinsamkeit kann funktional begründet sein, so z. B. Auto und Reifen, Krawatten und Hemden etc. In diesem Fall spricht man von einer *physischen* Komplementarität von Gütern.
Eine mehr *psychische* Komplementarität liegt dagegen dann vor, wenn die Zusammengehörigkeit der Produkte bzw. Dienstleistungen weniger stofflich funktional, sondern lediglich in den Augen der Nachfrager so erscheint bzw. in dieser Form dargestellt wird.

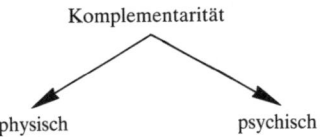

Komplementarität

physisch   psychisch

Abb. 6: Komplementarität

21

Beispiele: Eine Sektmarke wirbt zusammen mit einem Hersteller von Knabbergebäck;
ein Bekleidungshaus macht gemeinsame Werbung mit einem Schuhgeschäft, Lufthansa und Interconti Hotels.

In das Gebiet dieser Verbundwerbung, insbesondere mit psychisch komplementären Gütern, gehören auch die in jüngster Zeit stärker aufgetretenen gemeinsamen Werbeaktionen, mit denen verschiedene Markenartikel zu einem bestimmten *Bedarfsbündel* zusammengefaßt und werblich als sogenannter »Problemlöser« präsentiert werden.

Beispiele: Eine bestimmte Produktgruppe präsentiert sich als die optimale Güterkombination für die Gestaltung einer Gartenparty oder für Camping.

Dabei ist beabsichtigt, die Zusammengehörigkeit dieser Markenproduktgruppe für die Befriedigung eines bestimmten Bedarfsbündels darzulegen. Dieses muß natürlich nicht zwangsläufig mit *dieser* Produktgruppe (dieser Markenkombination) befriedigt werden; es besteht also in keiner Weise eine funktionale oder physische Komplementarität zwischen den Produkten. Die Zusammengehörigkeit wird lediglich in das Bewußtsein gerückt; die Komplementarität ist mehr psychischer Art.
In der Regel handelt es sich auch hier um horizontale Kollektivwerbung rechtlich selbständiger Unternehmen, die auf werblichem Gebiet gemeinsame Aktionen starten. Die Produktpalette kann jedoch ebenso aus ein und demselben Haus (Konzern) kommen, so daß es sich hier nicht mehr um selbständig kooperierende Unternehmen handelt.

Zu (c): Sammelwerbung

Sammelwerbung ist eine Form kollektiver Werbung, die alle weiteren Formen zusammenfaßt, die sich nicht aus (a) bzw. (b) ableiten lassen oder Mischformen darstellen.

Beispiele: Eine bestimmte Straße präsentiert sich zu Weihnachten als ideales Einkaufszentrum;
eine gemeinsame Anzeige nach Fertigstellung eines repräsentativen Baues durch die beteiligten Firmen.

Fragt man nach den *Zielen,* die durch solche kollektiven Werbeformen erreicht werden, so muß es sich um solche handeln, von denen man annehmen muß, sie seien durch Einzelwerbung nicht oder nicht so zweckmäßig zu erreichen.
Bei der *Gemeinschaftswerbung* handelt es sich in der Regel um Anliegen, die die Branche als Ganzes tangieren. *Beispiele* für die wichtigsten auf diesem Wege angestrebten Zielsetzungen sind:
(1) Beeinflussung des Pro-Kopf-Verbrauchs einer Gütergattung:
    (a) Steigerung, da der Pro-Kopf-Verbrauch im Vergleich zu anderen Ländern noch für expansionsfähig gehalten wird (z. B. Bettwäsche);

(b) Verteidigung des Marktanteils gegen Substitutionsbranchen (z. B. inferiore und superiore Branchensituationen; Beispiel: Bier, Wein, Sekt);

(c) Zurückgewinnung verlorengegangener Marktanteile der Branche.

(2) Durch Zusammenlegung vieler kleiner Werbeetats soll die Werbung der Branche effektiver werden (Wirtschaftlichkeitsgedanke).

(3) Verbesserung bzw. Beeinflussung des Branchenimages bzw. des Profils bestimmter Teilbereiche der Branche (z. B. regionale Gebietsprofilierungen, z. B. Badischer Wein).

(4) Beeinflussung des Saisonzyklus, dem die Branche unterliegt (z. B. Speiseeis im Winter).

(5) Exportgemeinschaftswerbung.

Bei der *Verbundwerbung* stehen gewöhnlich folgende Ziele im Vordergrund:
(1) Wirtschaftlichkeitsüberlegungen,
(2) Imageprobleme,
(3) bessere und raschere Penetration durch kombiniertes Auftreten.

Zu (d): Kooperative Werbung (Vertikale Kollektivwerbung)

Häufig führen Handel und Industrie gemeinsam Verkaufsförderungsaktionen durch. Die Finanzierung der Aktionen wird größtenteils von der Markenartikelindustrie übernommen. Dafür gewährt der Handel bestimmte Leistungen, wie z. B. die Möglichkeit von Zweitplazierungen und Herausstellen des Markenartikels durch Plakate, Fensterstreifen, Türkleber am PoP.

Ziel dieser Aktionen ist es, in den Augen der Verbraucher sowohl das Handelsunternehmen als auch die Markenartikel zu profilieren. Als VKF- bzw. Werbemittel kommen zum Einsatz:
– Anzeigen in Tageszeitungen und Anzeigenblätttern
– Prospekte als Beilage in Zeitungen oder Auslage in Geschäften unter einem bestimmten Thema
(Pflaum, Eisenmann 1993).

Beispiele für eine sehr enge Kooperation der Industrie mit dem Handel finden sich unter anderem in der Textilindustrie. Vor allem im Jeansbusiness sind Werbekostenzuschüsse in enormer Höhe eher die Regel als die Ausnahme. So erhalten Händler, die mit dem eigenen Sortiment besonders gute Umsätze machen, ab einer festgelegten Höhe einen umsatzabhängigen Werbekostenzuschuß.

Ziel dieser Bezuschussung ist seitens der Industrie eine Intensivierung der Geschäftsbeziehungen zum Textileinzelhandel und seitens des Handels ein leichterer Abverkauf des speziell beworbenen Jeanssortiments.

Beispiel: Jedem Einzelhändler mit einem Jahresgesamtumsatz von mehr als 150 000 DM mit dem Blaumann-Jeanssortiment stellt Blaumann-Jeans automatisch ein Budget in Höhe von 3 % des Blaumann-Umsatzes für werbliche Zwecke zur Verfügung.

23

An allen der mit diesem Budget durchgeführten Werbemaßnahmen beteiligt sich Blaumann-Jeans mit 50 %, die bei der Vorlage der Quittungen (Bsp. Rechnungen des Verlags, der Außenwerbung etc.) dem Einzelhändler rückvergütet werden.

Um in den Genuß dieser Werbekostenzuschüsse zu kommen, muß die Werbung des Händlers jedoch bestimmten, von Blaumann-Jeans festgelegten Voraussetzungen entsprechen, welche eine zweckgebundene Verwendung des Budgets sicherstellen sollen:

1. Keine Werbung für andere Jeanssortimente
2. Keine preisaggressive Werbung, Bsp: »Blaumann-Jeans heute nur 50,– DM!!!!«
3. Keine gleichzeitige Nennung oder Berücksichtigung der Konkurrenz in der bezuschußten Anzeige, Plakat etc.

Eine weitere Form der kooperativen Werbung ist die Bereitstellung von speziell ausgebildeten Dekorateuren, die dem Einzelhändler je nach Wunsch sein Schaufenster oder die Verkaufsinnenräume »markengerecht« gestalten.

Einige Jeanshersteller haben in Deutschland bereits Teams im Einsatz, die neben der Dekoration auch Aufgaben in der Sortimentspflege und Mitarbeiterschulung bei den Handelspartnern übernehmen.

Durch diese intensive Betreuung soll einerseits die Präsenz der Marke im Sortiment und andererseits die daraus resultierende Stärkung des Abverkaufs die Bindung des Händlers an die Marke erhöhen.

Die Leistungen der Dekorateure werden entweder über das Kooperations-Budget zu 50 % rückvergütet oder sie sind sogar kostenlos.

4.2 Pro- und antizyklische Werbung

In jüngster Zeit sind die Begriffe pro- und antizyklische Werbung verstärkt in die werbliche Diskussion geraten. Dabei handelt es sich um bestimmte Verhaltensweisen, die den *zeitlichen Einsatz* bzw. die zeitlichen Schwerpunkte der Werbung, also das »Timing« charakterisieren.

Unter *zyklischen Schwankungen* wird zunächst lediglich der Tatbestand verstanden, daß es zeitliche Veränderungen gibt, z. B. im Umsatzverlauf des Betriebes, die die Tendenz haben, mehr oder minder regelmäßig wiederzukehren.

Man kann je nach Fristigkeit recht unterschiedliche Zyklen unterscheiden. Hier sollen lediglich die beiden wichtigsten besprochen werden:

– Konjunkturzyklus,
– Saisonzyklus.

Daneben gibt es weitere kurzfristige Schwankungen, etwa monatlicher, wöchentlicher oder sogar täglicher Art, die auch werblich interessant sein können (z. B. beim Einzelhandel).

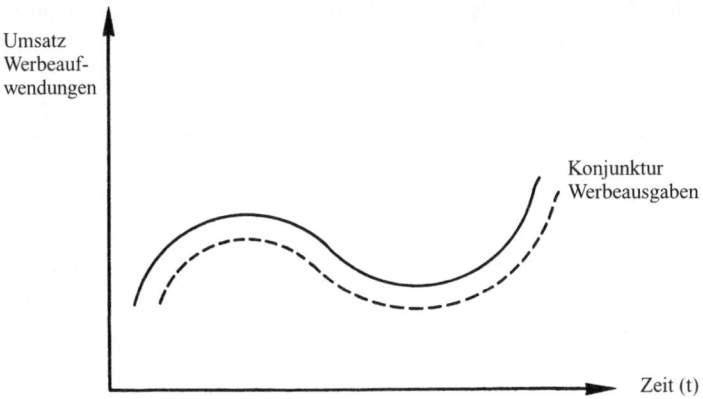

Abb. 7: Prozyklische Werbung

Von *prozyklischer Werbung* (s. Abb. 7) in bezug auf den *Konjunkturzyklus* spricht man, wenn sich die Werbeausgaben den konjunkturellen Schwankungen anpassen, d. h. daß in Zeiten der Hochkonjunktur verstärkt geworben wird und in Zeiten der konjunkturellen Talfahrt bzw. des konjunkturellen Tiefs die Werbung stark rückläufig ist.

Die Begriffslogik einer *antizyklischen Werbung* (s. Abb. 8) würde erfordern, daß die Kurve der Werbeausgaben eine umgekehrte Verhaltensweise widerspiegelt: Bei Steigerung der Konjunktur Rückgang der Werbeausgaben, bei sinkender Konjunktur Verstärkung der Werbeausgaben.

Eine solche Interpretation der antizyklischen Werbung in bezug auf den Konjunkturzyklus würde jeglicher Realität widersprechen. In der Praxis versteht man unter antizyklischer Werbung in bezug auf den Konjunkturzyklus bereits eine Werbung, die in der Zeit des konjunkturellen Tiefs nicht entscheidend

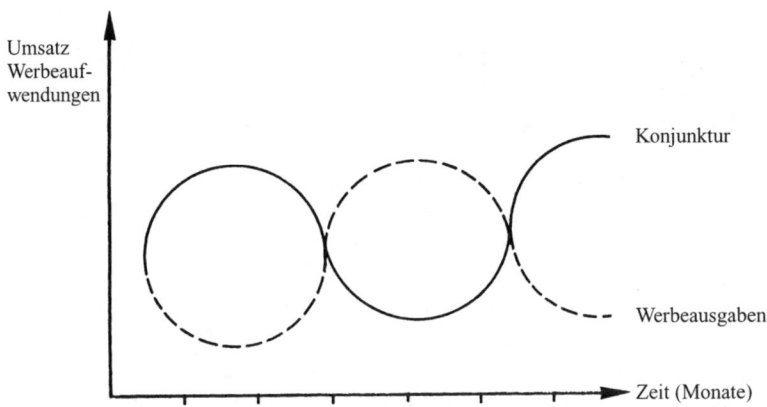

Abb. 8: Antizyklische Werbung (theoretisch)

25

reduziert wird. Die Forderung geht heute dahin, die Werbeausgaben stärker vom konjunkturellen Verlauf loszulösen.

Betriebswirtschaftlich kann die Beibehaltung bzw. Verstärkung der Werbeausgaben in konjunkturell schwachen Zeiten sehr sinnvoll sein: Der eigene Marktanteil kann gegebenenfalls positiv beeinflußt werden, wenn die anderen Branchenmitglieder sich prozyklisch verhalten.

Das Unternehmen kann sich ferner die konjunkturell schwache Zeit dadurch zunutze machen, daß normalerweise geringe Werbeimpulse pro Konsument gestreut werden; damit erhöhen sich die eigenen Chancen, durch den Konsumenten wahrgenommen zu werden. Auch wenn der Umsatz kurzfristig nicht entscheidend beeinflußt werden kann, ist darüber hinaus die Zeit für eine positive Beeinflussung des Bekanntheitsgrades und des Images günstig. Dies kann sich dann in Zeiten des Aufschwungs der Wirtschaft ökonomisch günstig auswirken.

Das Verhalten der werbungtreibenden Unternehmen hat sich in den letzten Jahren der konjunkturellen Rezession in der Bundesrepublik Deutschland in einigen Bereichen geändert.

Trotz langanhaltender, wirtschaftlicher Talfahrt wurden Werbeetats in den Jahren 1981–1991 nicht reduziert, sondern häufig auf zumindest Vorjahreshöhe plus Preissteigerung der Streukosten plus Inflationsrate bei der Produktion der Werbemittel gehalten.

In früheren Phasen konjunktureller Rezession war das prozyklische Verändern des Etats in bezug auf den Konjunkturzyklus die Regel.

Hier scheint sich eine Veränderung im Marketing- und Werbeverhalten der Unternehmen abzuzeichnen. Die Fixierung der Werbeetats wird weniger als früher vom momentanen Wirtschaftsverlauf abhängig gemacht, sondern orientiert sich immer stärker an den Unternehmenszielen. Freilich ist diese Beobachtung bezüglich der veränderten Verhaltensweise vor allem auf Großunternehmen begrenzt, und auch dort muß nach unterschiedlichen Branchen differenziert werden.

Zu den Branchen, die sich in besonderem Maße »antizyklisch« verhielten gehören nach einer Untersuchung der Verlagsgruppe Bauer folgende Bereiche: Zigaretten- und Tabakindustrie mit plus 34 %, öffentliche und private Dienstleistungen mit plus 28 %, Investitions- und industrielle Güter mit plus 14 %, Touristik-Unternehmen mit plus 13 % sowie die Verkehrsmittel-Industrie mit plus 11 %.

Branchen mit reduzierten Werbeausgaben waren die Energiewirtschaft mit minus 21 %, Audio-Video-Geräte mit minus 8 %, Güter des persönlichen Bedarfs mit minus 1 %, Getränkeindustrie mit minus 0,2 % sowie Reinigungsmittel mit nur 1 % Steigerung.

Die Fragen einer *antizyklischen Werbung* in bezug auf den *Saisonzyklus* stellen sich in formaler Hinsicht zunächst ähnlich. Jahreszeitliche Schwankungen des Absatzes sind in aller Regel betriebswirtschaftlich unerwünscht, weil sie dazu führen, daß keine gleichmäßige Kapazitätsauslastung vorliegt. Dies bringt in Zeiten des Saisontiefs »Leerkosten«, die man betriebswirtschaftlich vermeiden

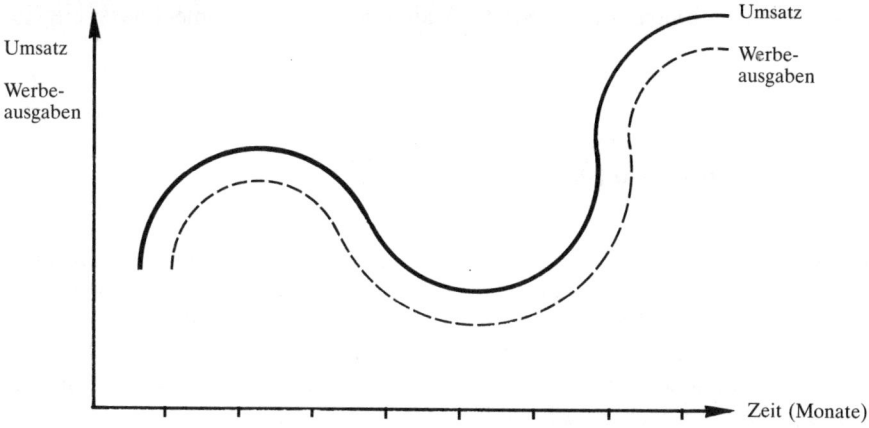

Abb. 9: Werbeausgaben und Umsatzbewegung bei der prozyklischen Werbung

möchte. Die Werbung ist dabei *eines* von mehreren Mitteln, das man zur Erreichung des Zieles der Abschwächung saisonaler Schwankungen einsetzen kann. Daneben spielen natürlich weitere absatzpolitische Instrumente wie insbesondere die Produkt- und Preispolitik eine erhebliche Rolle.

Gleichwohl entsteht häufig die Frage, ob nicht gerade die Werbung – zusammen mit anderen Marketing-Faktoren – einen wichtigen Beitrag leisten kann, um evtl. einen flacheren Verlauf der Saisonkurve zu erreichen.

Unter *prozyklischer Werbung* in bezug auf den Saisonzyklus versteht man eine Werbung, bei der die Werbeausgabenströme den zeitlichen Umsatzbewegungen gleichgeschaltet sind (s. Abb. 9).

Eine *antizyklische Werbung* in bezug auf den Saisonzyklus bedeutet jedoch auch hier – ebenso wie beim Konjunkturzyklus – nicht exakt das logische Gegenteil.

Es bedarf kaum größerer Erläuterungen dahingehend, daß es in einem Konkurrenzmarkt für den einzelnen Hersteller einer Marke verheerend sein würde, in Zeiten des saisonalen Hochs (z. B. als Sekthersteller zur Weihnachtszeit) sich der Werbung zu enthalten, dafür aber in verkaufsschwachen Zeiten verstärkt in die Werbung zu gehen.

Antizyklische Werbung in bezug auf den Saisonzyklus bedeutet in der Praxis deshalb, daß es unter bestimmten Bedingungen sehr sinnvoll sein kann, eine Werbekampagne im Saisontief – sei es als Einzel- oder insbesondere Gemeinschaftswerbung – zu streuen.

Erfolgversprechend ist die Maßnahme nur, wenn dabei bestimmte Voraussetzungen vorliegen:

– Es muß sich um Konsumgewohnheiten handeln, die sich beeinflussen lassen (z. B. Eiscremekonsum im Winter).
– Bei witterungsabhängigem Konsumverhalten muß es sich um lagerfähige Produkte handeln, wobei der Nachfrager (Haushalt) die Lagerfunktion ver-

stärkt übernehmen soll (z. B. Pelzkauf im Sommer, Kohleeinlagerung im Sommer).

4.3   Vor- und Nachkaufwerbung

Zu den Grundarten der Wirtschaftswerbung gehören heute auch die Aktionen, die *nach* Vollzug des Kaufes zielgerichtet gestartet werden. In der Regel denkt man bei der Absatzwerbung an die Bemühungen, den Nachfrager zum Kauf eines Produktes bzw. zur Inanspruchnahme einer Dienstleistung zu bringen, also die Werbung *vor* dem Kaufakt. Immer interessanter werden jedoch Überlegungen, die auch nach Erfüllung des primären Werbezwecks in bezug auf die Zielgruppe angestellt werden und die man zusammengefaßt als Nachkaufwerbung bezeichnen kann.

Vorkaufwerbung = werbliche Maßnahmen mit der Zielsetzung, den potentiellen Nachfrager zum Kauf zu veranlassen.

Nachkaufwerbung = werbliche Maßnahmen, die sich nach vollzogenem Kauf nochmals an den Käufer wenden.

Eine bewußte, *nach* dem Kauf an die Zielgruppe gerichtete Werbung ist insofern nichts Neues, als sie schon immer zu den werblichen Aufgaben gerechnet wurde, wenn es galt, einen Kundenstamm aufzubauen, zu pflegen und damit zu erhalten. Insbesondere bei Gütern bzw. Dienstleistungen mit hohem Bedarf pro Zeiteinheit geht es nicht nur darum, gute Ergebnisse beim Erstkauf zu erreichen, sondern eine Marken- bzw. Firmentreue aufzubauen, d. h. eine hohe Wiederkaufrate (= Stammkäufer) zu erreichen. Dazu gehört die systematische Pflege des Kundenstammes und somit auch entsprechende werbliche Maßnahmen.

Relativ neu dagegen ist die Notwendigkeit, Nachkaufwerbung zu betreiben, in die Diskussion gekommen, auf solchen Märkten, auf denen sie bisher keine besondere Bedeutung hatte, nämlich bei langfristigen hochwertigen Produkten (z. B. Autos, Stereo-Anlagen etc.). Dabei geht es hier in der Zielsetzung der Nachkaufwerbung zunächst nicht primär um den Wiederkauf, der ja bei solchen Produkten oft in weiter Ferne liegt. Gleichwohl wird heute gerade auf diesen Märkten die Forderung nach Nachkaufwerbung erhoben.

Hintergrund der Überlegungen für eine so placierte Absatzwerbung ist der Sachverhalt der sogenannten »kognitiven Dissonanz«, der im Kapitel »Grundlagen der Werbepsychologie« näher erläutert wird. Entsprechende werbliche Maßnahmen sollen das Ziel erreichen, den Abbau dieser Spannungen zu beschleunigen und die Herstellung der »Konsonanz« zu erreichen. Dabei wird nicht nur das Ziel verfolgt, zufriedene Kunden als Voraussetzung für den wenn auch langfristigen Wiederkauf zu schaffen. Auch die Sekundäreffekte der Werbung, die sogenannte Mund-zu-Mund-Werbung, die gerade auf diesen Märkten eine beachtliche Rolle spielt, sollen damit positiv beeinflußt werden. Dies kann

dann indirekt zu neuen Kunden zum gleichen Zeitpunkt der werblichen Streuung führen. Am Ende geht es auch darum, Einmalkäufer zu Wiederkäufern zu
machen.

4.4 Sponsoring

»Sponsoring bedeutet die Planung, Organisation, Durchführung und Kontrolle
sämtlicher Aktivitäten, die mit der Bereitstellung von Geld- oder Sachmitteln
durch Unternehmen für Personen und Organisationen im sportlichen, kulturel-
len oder sozialen Bereich zur Erreichung von unternehmerischen Marketing-
und Kommunikationszielen verbunden sind« (Bruhn 1991, S. 16).
Beim Sponsoring handelt es sich – nicht wie beim Mäzenatentum, der selbstlo-
sen Förderung nach dem Beispiel des Römers Gaius Clinius Maecenas –, um
zweckgebundene, zielgerichtete Aktivitäten nach dem Prinzip von Leistung
und Gegenleistung.
Das Sponsoring entstand Anfang der 70er Jahre im Sportbereich, um Verbote
klassischer Werbemittel (wie z. B. Tabakwerbung) zu umgehen, indem man
Trikots, Sportgeräte, Transportmittel markierte, sich im Umfeld der Sportveranstaltung präsentierte (Bandenwerbung) oder Persönlichkeiten für klassische
Werbung nutzte (Testimonials). Viele Großveranstaltungen wie die Olympi-
schen Spiele sind heute ohne Sponsoring nicht mehr finanzierbar.
Anfang der 80er Jahre wurde das Kultur-Sponsoring entdeckt. Ausstellungen,
Wettbewerbe, Stiftungen, Nachwuchsförderungs u. ä. in den Bereichen Musik,
bildende und darstellende Kunst, Literatur, Film und Kulturgeschichte ermöglichen vielen Unternehmen, ihre gesellschaftliche Verantwortung zu verdeutlichen.
Sozio-Sponsoring ist die jüngste Form und wird immer häufiger genutzt. Dabei
reicht die Bandbreite von Wissenschaft und Bildung über Gesundheitswesen
bis zum Umweltschutz, wobei Organisationen unterstützt, Aktionen initiiert
oder Wettbewerbe ausgeschrieben werden.
Häufig wird Sponsoring zur Erreichung außerökonomischer Ziele eingesetzt
(Image, Bekanntheit, Motivation etc.) und wendet sich wie die Public Relations
an die gesamte Öffentlichkeit.

Die Vorteile sind:
- erlebnisorientiertes Umfeld
- hohe Akzeptanz bei der Zielgruppe
- von lokal bis international möglich
- exakte Zielgruppenabgrenzung
- anpassungsfähig an Markt- und Umweltveränderungen
- Untermauerung des Anspruchs klassischer Werbung.

Probleme ergeben sich durch die eingeschränkte Gestaltungsmöglichkeit der
kommunikativen Botschaft, der begrenzten Verfügbarkeit der Möglichkeiten

und der Erfordernis von spezialisiertem Personal sowie dem hohen Einzelpersonenrisiko bzw. den negativen Synergieeffekten bei Co-Sponsoring.

Außerdem wird eine Erfolgskontrolle so gut wie unmöglich, da Sponsoring nur in Kombination mit anderen Werbemaßnahmen sinnvoll ist. Eine systematische Planung und Kontrolle ist daher für die Effizienz unverzichtbar. Unterstrichen wird diese Notwendigkeit durch die zunehmenden Sponsoringaufwendungen innerhalb der Werbeaufwendungen (1995 gaben deutsche Unternehmen 2,0 Mrd DM für Sponsoring aus) sowie die steigende Zahl der Sponsoring-Agenturen.

5   Grundlagen der Werbepsychologie

In der Psychologie steht die Informationsaufnahme, Informationsverarbeitung und Verhaltenssteuerung durch Informationen im Vordergrund. Auch bei der Werbung haben wir es mit Kommunikationsproblemen zu tun, die gelöst werden sollen. Dabei spielt die Werbepsychologie eine herausragende Rolle. Man unterscheidet bei der Werbepsychologie zwei Aufgabenbereiche:
1. Psychologie der Werbemittel
2. Psychologie des Käuferverhaltens.

Will man die Werbepsychologie näher analysieren, so stellt man fest, daß sie sowohl enge Berührungspunkte mit der Volkswirtschaftslehre und der Soziologie aufweist, ferner aber auch mit der theoretischen Psychologie, der angewandten Psychologie und der praktischen Psychologie.

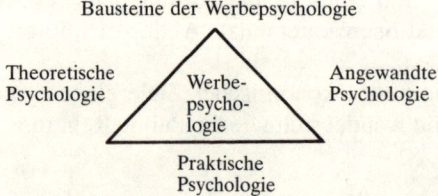

Die *theoretische Psychologie* ist primär nicht an der praktischen Verwertbarkeit ihrer Ergebnisse interessiert. Die Aufgabenstellung der theoretischen Psychologie ergibt sich aus der Theorie, d. h. spezielle Lücken im Gebäude der Psychologie sollen durch Forschung gefüllt werden. Die *praktische Psychologie* betreibt ebenfalls Forschung, jedoch werden mit Hilfe des theoretischen Instrumentariums Problemlösungen aufgezeigt, die sich aus der Praxis ergeben. *Die angewandte Psychologie* verbindet die Erkenntnisse der theoretischen und praktischen Psychologie und wendet sie in konkreten Praxisfällen an.

5.1 Psychologie der Werbemittel

Es steht fest, daß ein Werbemittel erst dann wirken kann, wenn es beim Umworbenen eine Aufmerksamkeitswirkung erzielt. Wir wollen uns im folgenden mit der *Wahrnehmungslehre* näher beschäftigen, bei der wir folgende Grundrichtungen feststellen können:

Wahrnehmung

Elementen-psychologische Aspekte Gestalt-psychologische Aspekte Ganzheits-psychologische Aspekte

Elementenpsychologische Aspekte der Wahrnehmung

Die elementenpsychologische Wahrnehmungslehre geht davon aus, daß die Wahrnehmung durch chemisch-physikalische Reize ausgelöst wird und sich dann das Abbild des entsprechenden Werbemittels summenhaft im Gehirn des Betrachters gleichsam wie ein Mosaik zusammensetzt. Jedes Element des Werbemittels kommt also zunächst *isoliert* zur Wirkung. Es galt die klassische *»Konstanzhypothese«:* Starke Reize lösen starke Empfindungen aus. Die Schlußfolgerungen für die Werbung lauten: *Die Größe eines Werbemittels und der Aufmerksamkeitswert sind voneinander abhängig.* Es ist festzustellen, daß zwar mit zunehmender Anzeigengröße auch der Aufmerksamkeitswert zunimmt, jedoch unterproportional.

Die Plazierung von Anzeigen
Da die Elementenpsychologen überzeugt waren, daß die Werbewirksamkeit von einzelnen Faktoren abhänge, die man isoliert messen und analysieren könne, schien auch das Problem der richtigen Anzeigenplazierung von großer Bedeutung. Bis heute ist das Problem der »richtigen Plazierung« noch nicht endgültig gelöst. Eine von der »Regionalpresse, Arbeitsgemeinschaft regionaler Abonnementzeitungen« durchgeführte Untersuchung bezüglich der Anzeigenbeachtung bei Rechts- und Linksplazierung läßt keine signifikanten Unterschiede erkennen.

Die Farbe
Kurzporträts der Farben sind heute nicht mehr allgemein gültig, denn »Farblehren beruhen durchweg auf unbewiesenen und bisher auch unbeweisbaren Unterstellungen und Vermutungen. Sie haben deshalb keinerlei Beweiskraft in der Begründung der Wahl einer bestimmten Farbe oder einer Farbkombination« (König 1974, S. 693). Das heißt also, daß man heute in der Wahl der Farben, sei es bei der Produktgestaltung oder bei der Gestaltung eines Werbemittels, durchaus neue Wege beschreiten kann, insbesondere bei neuen Produktleistungen bzw. Illusionsgehalten.

31

Gestaltpsychologische Aspekte der Wahrnehmungslehre

Der Kernsatz der Gestalttheoretiker lautet: *»Das Ganze ist mehr als die Summe seiner Teile«*. Diese Erkenntnis geht bereits auf Platon und Aristoteles zurück. Das heißt: Gestaltetes besteht nicht aus Elementen, sondern existiert im Erlebnis unmittelbar und primär.
Für die Gestaltung von Werbemitteln sind insbesondere zwei »Gesetze« von Bedeutung:
a) Das *Gesetz der Figurgrunddifferenzierung*
b) das *Gesetz der Prägnanz.*

Zu a): Das *Gesetz der Figurgrunddifferenzierung* sagt aus, daß bestimmte Teile eines Gesichtsfeldes hervorgehoben werden, nämlich die Figur, andere Teile jedoch den Grund bilden. Für die Gestaltung der optischen Werbemittel bedeutet dies, daß durch die Verwendung von viel weißem Hintergrund der Gegenstand, d. h. das Werbeobjekt, das im Mittelpunkt steht, als Figur besonders stark hervortritt, z. B. die japanische Flagge.
zu b): Das *Gesetz der Prägnanz* besagt, daß sich solche Figuren besonders stark vom Hintergrund abheben, die durch Symmetrie, Einheitlichkeit, das heißt durch eine bestimmte Regelmäßigkeit, gekennzeichnet sind, z. B. ein Kreis, ein Dreieck.

Ganzheitspsychologische Aspekte der Wahrnehmung

Die Ganzheitspsychologie untersucht, wie aus ersten gefühlsmäßigen Eindrücken sich durch den Einfluß der Ratio (Vernunft) allmählich das endgültige Wahrnehmungsbild herauskristallisiert (Aktualgenese). Eine Weiterentwicklung der Ganzheitspsychologie ist die Hypothesentheorie, d. h. Wahrnehmung ist Orientierung am Umfeld. Bei der Gestaltung der Werbemittel unter ganzheitspsychologischen Aspekten ist wichtig, darauf zu achten, daß zwischen dem endgültigen Werbemittel und dem im Unterbewußtsein vorhandenen Vorgestalteten keine allzu großen Diskrepanzen bestehen. Man wendet deshalb folgende *Testverfahren* an (siehe im Kapitel Werbeerfolgskontrolle):
1. Das *Tachistoskop*
2. Die *Assoziationsverfahren*
3. Das *Polaritätsprofil* oder das *semantische Differential.*

Imagery-Forschung

a) *Involvement*

Als Involvement wird das Engagement, d. h. das Interesse (Ich-Beteiligung), bezeichnet, mit der sich ein Werbesubjekt einem Werbemittel zuwendet (Kroeber-Riel 1994, S. 98–104).
Konsumenten, die hauptsächlich ihre Werbebotschaften aus Publikumszeit-

schriften, Fernsehspots und Funkspots beziehen, werden eher ein niedrigeres Produkt-Involvement aufweisen als solche Personen, deren Basisinformationen aus Special-Interest-Titeln bzw. aus Fachzeitschriften stammen. Dennoch kann auf die Belegung der »Low-Involvement-Medien« wie Publikumszeitschriften, Fernsehen und Funk nicht verzichtet werden, da nur so Massenkonsumgüter (Low-Interest-Güter) bekannt gemacht werden und bei High-Interest-Produkten oft ein zusätzlicher Informationsbedarf beim Konsumenten geweckt wird.

b) *Innere Bilder*

Neben einem produktbezogenen Zusatznutzen (USP = unique selling proposition) können Produkte auch einen werblichen Zusatznutzen (UAP = unique advertising proposition) besitzen, der einzig und allein dazu dient, innere, sich von den Mitbewerbern abhebende Markenbilder zu schaffen. Innere Bilder sind Schutz gegen die auf den Verbraucher einströmenden Informationsfluten und ein Schutz gegen die Konkurrenz-Werbung (Andresen 1988, S. 640). Gerade emotionale Erlebnisse lassen sich besonders gut durch innere Bilder vermitteln (Kroeber-Riel 1994, S. 110 ff.); die Imagery-Forschung beschäftigt sich mit diesen Tatbeständen.

> Bsp.: Milka Schokolade .... Lila Kuh
> Marlboro Zigaretten .... Cowboy
> (Pflaum 1993 a)

5.2 Psychologie des Käuferverhaltens

Das Wissen um das Käuferverhalten spielt deshalb für den Werbefachmann eine entscheidende Rolle, muß er doch durch gezielten, ökonomischen Werbemitteleinsatz sowohl die verschiedensten Einflußfaktoren des Käuferverhaltens als auch das Zusammenspiel dieser Wirkfaktoren zu beeinflussen versuchen. In der Literatur läßt sich eine Zweiteilung der Modelle des Käuferverhaltens erkennen. Man unterscheidet:
– *Partialmodelle* und
– *Totalmodelle.*

Während die **Partialmodelle** die *einzelnen Komponenten* des Verbraucherverhaltens (Käuferverhaltens) analysieren, beschreiben die **Totalmodelle** das *Zusammenwirken aller Wirkfaktoren* und die daraus resultierenden *Stufen des Wirkungsprozesses* mit dem Endziel, eine Kaufhandlung auszulösen.

5.2.1 Partialmodelle

Das Stimulus-Response-Modell (SR-Modell)

Hätte das SR-Modell Gültigkeit, so ließe sich das Verhalten eines Wirtschaftssubjektes genau prognostizieren, wenn nur die Reizbedingungen bekannt sind.
Auf die Werbung übertragen hieße das, man müßte dem Werbesubjekt nur
lange genug *Slogans* (Stimuli) einhämmern, dann würde automatisch das Werbeziel (Response) erreicht werden. Wenn auch heute unbestritten ist, daß das
menschliche Verhalten nicht nur von äußeren Reizen, sondern auch von Gefüh-
len, Wünschen, Interessen usw. mitbestimmt wird, so läßt sich der Einfluß des
»Behaviorismus« auf die Werbung nicht ganz verleugnen, denn Slogans wie
»Can't beat the feeling, Coca Cola« oder »Otto – find ich gut« oder »Nichts ist
unmöglich – Toyota« trugen wesentlich zum Erfolg der umworbenen Objekte
bei.

Die Stimulus-Organismus-Response-Modelle (SOR-Modelle)

Auch hier wirken, wie beim Stimulus-Response-Modell (SR-Modell), gewisse
Reize auf ein Individuum, doch werden ganz bestimmte, im »Organismus« des
Werbesubjekts verankerte Faktoren, die sog. »Organismusfaktoren« beeinflußt,
die dann eine Reaktion auslösen. Die Organismusfaktoren werden auch »beein-
flussende Variable« genannt. Im folgenden sollen drei Hauptgruppen von beeinflussenden Variablen dargestellt und interpretiert werden:
- die **kognitiven Variablen,**
  wie Wahrnehmung, Denken, Lernen;
- die **motivationalen Variablen,**
  wie Motivation und Einstellung;
- die **soziologischen Faktoren.**

5.2.1.1 Die kognitiven Variablen

Die Wahrnehmung

Die Wahrnehmung von Botschaften bei den Zielpersonen ist also die Grundvoraussetzung jeglicher Beeinflussung des Käuferverhaltens.
Grundsätzlich ist festzustellen, daß eine gewisse Reizschwelle zuerst überschritten werden muß, damit es zu einer bewußten bzw. unbewußten Wahrnehmung kommt (*Wahrnehmungsschwelle*). Man ist heute eher davon überzeugt,
daß Werbebotschaften, die unterhalb oder nahe der Wahrnehmungsschwelle
dargeboten werden, wahrscheinlich nur unspezifizierte Bedürfnisse wie Hun-
ger, Durst, Angst auslösen können. Auf keinen Fall können unterschwellige
Reizdarbietungen, und dies zeigten Untersuchungen des Instituts für Sozialpsy-
chologie an der Universität zu Köln (Brand 1978, S. 98 ff. u. S. 199 ff.), zwingend gewisse Kaufhandlungen auslösen. Damit ist auch der gegen-

über der Werbung geäußerte Vorwurf der Manipulation differenzierter zu sehen. Gegen seinen Willen, also unterschwellig, kann auch die Werbung aus einem Nichtraucher keinen Raucher, aus einem Vegetarier keinen Fleischesser machen; trotzdem kann sie aber Bedürfnisse und Kaufwünsche wecken, die eine vom Individuum selbst beschlossene Willensänderung nach sich ziehen können.

Das Denken

Freud bezeichnete das Denken als ein *Probehandeln*. Bei Denkvorgängen spielt die *Sprache* eine wichtige Rolle. Denn das ins Auge gefaßte neue Produkt, das man zu kaufen beabsichtigt, wird weniger gegenständlich, sondern mehr verbal als teuer, billig, hübsch, wirtschaftlich, fortschrittlich, poppig, langanhaltend etc. erlebt.

Das Lernen

Werden Reizvorgänge gespeichert bzw. Verhaltensweisen geändert, ohne daß dies von krankhaften Veränderungen des Organismus abhängt, so spricht man von Lernen oder Lernvorgängen. Das »Lernen« spielt deshalb in der Werbung eine so große Rolle, da nur im Langzeitspeicher des Gehirns verankerte Botschaften und Bilder ein Wiedererkennen der Produkte, Markenzeichen und Werbeslogans ermöglichen und damit vielleicht Initiator für Kaufhandlungen sind. Man unterscheidet mehrere Lerntheorien. Die Theorie des *klassischen Konditionierens* stammt von dem russischen Physiologen Iwan P. Pawlow (1849–1936), der durch folgendes Experiment weltberühmt wurde: Wird einem Hund Futter angeboten, so sondert er Speichel ab. Es handelt sich um einen angeborenen (unkonditionierten) Reflex. Wird nun der Futterdarbietung mehrere Male ein akustisches oder optisches Signal vorgeschaltet, so kommt es nach einer gewissen Zeit auch dann zu einer Speichelabsonderung, wenn *nur* das optische oder akustische Signal erscheint. Das Tier hat gelernt, auch auf einen ursprünglich *neutralen Reiz* (Signal) zu reagieren, der Reiz wurde somit *konditioniert*, d. h. erlernt. Auch beim Menschen konnte dieser Effekt nachgewiesen werden, indem man Silben mit emotional aufgeladenen Worten und Bildern, z. B. HOBA-Seife und SEMO-Ordner, in Verbindung brachte und nach einigen Wiederholungen feststellte, daß das alleinige Auftreten der Silbe »HOBA« bei den Probanden positive Assoziationen auslöste (Kroeber-Riel 1992, S. 127 f.). In diesem Zusammenhang ist auch die *Reiz-Generalisierung* zu erwähnen, d. h. auch *ähnliche Reize* lösen *gleiche Reaktionen* aus. Beispiele für Reizgeneralisierungen findet man besonders im Konsumgüterbereich: Ein Gast bestellt Coca Cola, der Kellner serviert jedoch Pepsi-Cola. Der Gast akzeptiert trotzdem Pepsi-Cola, denn sowohl die Flaschenformen, die Farbe als auch der Geschmack sind einander ähnlich. Es ist deshalb nicht verwunderlich, wenn erfolgreiche me-too Produkte sowohl in der Produktausstattung (Pakkung, Produktsubstanz) als auch in der Werbekonzeption versuchen, den Marktführer zu imitieren.

Die Theorie des *Lernens durch Wiederholung* stammt von Ebbinghaus. In zahlreichen Versuchen konnte man feststellen, daß die Menge des gespeicherten Lernstoffes von Wiederholung zu Wiederholung zunimmt, gleichgültig, ob es sich dabei um absichtsloses oder um bewußtes Lernen handelt. Ebbinghaus lernte im Verlauf von Jahren mehrere tausend sinnlose Silben auswendig, um sich nach einer gewissen Zeit wieder zu fragen, wieviel er von dem Gelernten noch im Gedächtnis behalten hat. Es entstanden im Laufe der Zeit sogenannte *Lern- und Vergessenskurven.* Gerade in der Mediaplanung spielen diese Lernkurven als sog. »Response Functions« eine große Rolle, geben sie doch dem Mediaplaner *produktspezifisch* an, wie viele Wiederholungen notwendig sind, damit ein gewisser »Werbeerfolg«, d. h. Lernerfolg erzielt wird. Dem Lernen folgt das *Vergessen.* Auch damit beschäftigte sich Ebbinghaus und wendete dabei die »Ersparnismethode« an. Wird z. B. eine Reihe von sinnlosen Silben nach 10 Wiederholungen fehlerlos hergesagt, läßt man danach eine gewisse Zeit verstreichen und kann dann beim »zweiten Lernen« die Silbenreihe schon nach vier Wiederholungen komplett aufsagen, so hat man zwar 40 % vergessen, die Ersparnis beträgt aber immerhin 60 %. Abb. 10 soll dies verdeutlichen:

Nach einer Zeit von:	20 Min.	1 Std.	9 Std.	24 Std.	2 Tg.	6 Tg.	31 Tg.
wurde folgender Lerninhalt vergessen (in %)	42	56	64	66	72	75	78
wurde folgende Lernarbeit erspart (in %)	58	44	36	34	28	25	22

Abb. 10: Lernersparnis in Prozent (Rosenstiel 1973, S. 150).

5.2.1.2 Die motivationalen Variablen

Die Motivation

Als Motivation bezeichnet man Beweggründe oder auch Handlungsursachen für ein bestimmtes Verhalten. Es gibt zahlreiche Motivationstheorien (ca. 20). Einen interessanten Erklärungsansatz bietet die *dynamische Motivationstheorie* von Maslow (Kroeber-Riel 1992, S. 141 ff.). Er unterscheidet fünf Motivationsebenen, die miteinander in Abhängigkeit stehen. Die fünf Maslowschen Bedürfnisschichten lauten:
1. *Physiologische Bedürfnisse*
   wie Nahrung, Schlaf und Erhaltung der Gesundheit.
2. *Sicherheitsbedürfnisse,*
   z. B. Erhaltung der Erwerbsfähigkeit.
3. *Soziale Bedürfnisse,*
   z. B. Geselligkeit.
4. *Anerkennung durch andere sowie Streben nach Selbstachtung.*
5. *Entfaltung der Persönlichkeit,*
   d. h. Streben nach Selbstverwirklichung.

36

Punkt 4 und 5 können auch als *Ego-Bedürfnisse* bezeichnet werden. Ist z. B. die unterste Anspruchsebene befriedigt, so sucht das Individuum die nächste Antriebsebene zu erreichen. Das *Streben nach Anerkennung* und nach *Entfaltung der Persönlichkeit* sind Motive, die heute zu realisieren versucht werden. Das Institut für Demoskopie in Allensbach legte eine Untersuchung über die Individualisierungswünsche, also über die vierte und fünfte Maslowsche Bedürfnisebene vor. Die Probanden wurden gefragt, in welchen Lebensbereichen sie ihre ganz persönlichen Wünsche und Vorstellungen verwirklichen. Hier im Auszug die Antworten:

Lebensbereiche	Angaben in %
In der Art, wie meine Wohnung eingerichtet ist	67
Wie wir unser Familienleben gestalten	61
Mit welchen Leuten ich verkehre	59
In dem, was ich an Kleidung trage	56
In dem, was ich in meiner Freizeit anfange	56
Wie die Kinder erzogen werden	50
Wie ich Urlaub mache	47

So stehen die Art und Weise, wie und mit welchen Möbeln man seine Wohnung einrichtet, welchen gesellschaftlichen Umgang man pflegt und wie man sich kleidet, mit an der Spitze der Individualisierungswünsche. Dies kann beim Kauf von Konsumgütern dazu führen, daß die Hausfrau bereit ist, ihre Individualisierungswünsche zeitlich und auch finanziell zu honorieren, wenn ihr genügend Qualität, Fachberatung und Auswahl geboten wird, wie z. B. im Fachgeschäft.

Einstellungen (Image)

Die Erforschung der Einstellungen hat heute weitgehend die Motivforschung verdrängt. Unter Einstellungen versteht man die innere Bereitschaft eines Wirtschaftssubjektes, auf bestimmte Umweltreize in bestimmter Weise zu reagieren. Einstellungen entstehen durch Lernprozesse, wobei *affektive Komponenten,* d. h. die gefühlsmäßige Einschätzung eines Sachverhalts, *kognitive Elemente,* d. h. das subjektive Wissen über diesen Sachverhalt, und *konative (intentionale) Elemente,* d. h. Handlungstendenzen wie z. B. Kaufabsicht, eine Rolle spielen (Meffert 1993, S. 152). Man hat festgestellt, daß zwischen der Häufigkeit und der Intensität, mit der eine Einstellung vertreten wird, eine feste Beziehung besteht (Rosenstiel 1973, S. 197). Dabei vertritt die Mehrzahl einer Gruppe von Personen eine Einstellung, die als *neutral zu* bezeichnen ist; man könnte sie etwas überspitzt definieren als die »schweigende Mehrheit«. Daneben existieren Randgruppen, die positive und negative Einstellungen zu einem Vorgang sehr hartnäckig vertreten (s. Abb. 11). Am leichtesten beeinflußbar sind solche Gruppen, die weder eine neutrale noch eine positive oder negative Einstellung vertreten. In der Wahlwerbung bedeutet dies, daß Stimmengewinne für eine Partei hauptsächlich durch Wechselwähler ausgelöst werden.

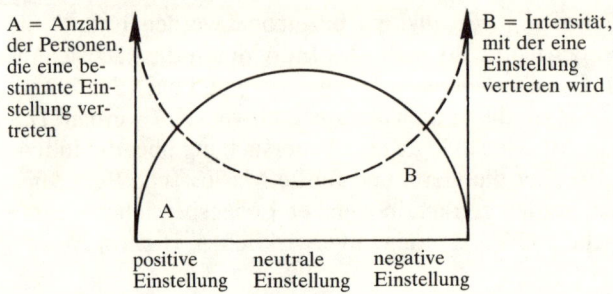

A = Anzahl der Personen, die eine bestimmte Einstellung vertreten

B = Intensität, mit der eine Einstellung vertreten wird

positive Einstellung   neutrale Einstellung   negative Einstellung

Abb. 11: Beziehung zwischen Häufigkeit und Intensität einer Einstellung

Die Messung der Einstellungen geschieht z. B. durch das *Polaritätenprofil.* Es stammt von Osgood (1952) bzw. Hofstätter (1955). Es ist auch unter dem Namen »Semantisches Differential« bekannt. Es werden eine Reihe von Gegensatzpaaren (Polaritäten) aufgestellt, wie z. B. billig – teuer, schwer duftend – frisch duftend usw., versehen mit einer Skalierung von grundsätzlich 1 bis 7, in die die Testperson den Untersuchungsgegenstand einzuordnen hat. Man erhält damit ein Bild vom Image des Untersuchungsgegenstandes. Die von verschiedenen Probanden erstellten Polaritätenprofile lassen sich zu *einem gemeinsamen Profil* zusammenfassen, indem pro Polaritätenpaar (z. B. billig – teuer) das gewogene arithmetische Mittel berechnet wird.

5.2.1.3   Beeinflussung des Käuferverhaltens durch soziologische Faktoren

Nach der *Lewinschen Formel* ist das *Verhalten* (V) einer Person eine Funktion ihres *psychischen Zustandes* (P) *und ihrer Umwelt* (U):

$$V = f(P, U)$$

Unter psychischem Zustand versteht man Motive, Normen, Wissen und Denkvorgänge. Unter Umwelt sind nicht nur die technischen, räumlichen oder klimatischen Umstände gemeint, unter denen ein Individuum lebt, sondern auch die soziale Umgebung, d. h. welcher sozialen Gruppe man beispielsweise angehört. Bei den Gruppen unterscheidet man *Mitgliedsgruppen* und *Bezugsgruppen* (Kumpf 1983, S. 82 ff.).

Was den Einfluß auf das Verbraucherverhalten anbetrifft, so üben die Bezugsgruppen (reference groups) oftmals einen stärkeren Einfluß als die Mitgliedsgruppen aus, bilden sie doch gleichsam *Leitbilder* für die Gestaltung des Konsums. Die Werbung geht mit der Taktik der »Leitbildwerbung« bewußt auf diese Verhaltensweise ein, z. B. durch Herausstellen von Sportlern oder Künstlern in den klassischen Medien. Einen weiteren Beeinflussungsfaktor im sozialen Bereich stellen die *Meinungsbildner (Opinion Leaders)* dar. Im zweistufigen Kommunikationsmodell werden von den Massenmedien zunächst die Meinungsbildner erfaßt, diese geben dann die empfangenen Botschaften mittels Mund-zu-Mund-Propaganda an Dritte weiter. Aufgabe der Werbung muß es nun sein, diese Opinion Leader anzusprechen.

Merkmale der Meinungsführer (Schweiger, Schrattenecker 1988, S. 13 ff.):
1. Erstaunlicherweise findet man Meinungsführer in allen sozialen Schichten. Jeder hat bestimmte Bekannte, die er in Fragen der Fotografie, bei der Autoreparatur, beim Autokauf, beim Schmieden von Urlaubsplänen, bei Schlankheitsdiäten usw. befragen kann. Der soziale Status des Befragten spielt dabei keine Rolle. Umgekehrt kann man selbst ebenfalls als Opinion Leader fungieren, wenn man auf einem Gebiet über »Spezialkenntnisse« verfügt und die Umwelt daran interessiert ist.
2. Die Opinion Leader suchen aktiv nach neuen Informationen über ihr »Spezialgebiet«; für sie ist es geradezu eine Pflicht, ihr Wissen darüber stets auf dem neuesten Stand zu halten.
3. Meinungsführer sind sehr mitteilsam sowohl innerhalb ihrer Gruppe als auch Außenstehenden gegenüber.
4. Meinungsführer sind oft auch Innovatoren auf ihrem Produkt- bzw. Dienstleistungsgebiet. Das heißt, um ihren Wissenstand durch eigene Erfahrungen stets zu vervollständigen, werden sie häufig auch neue Produkte sofort kaufen, um ein kritisches Urteil zu fällen.

5.2.2 Totalmodelle

Hier wird versucht, alle beeinflussenden Faktoren in ein Modell zu integrieren.

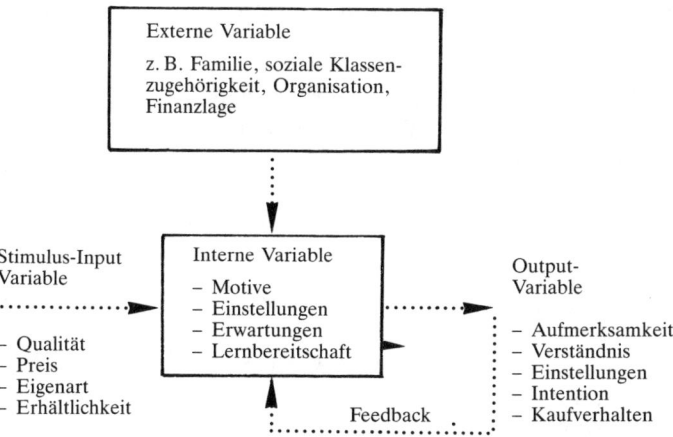

Abb. 12: Das Howard-Sheth-Modell des Käuferverhaltens (vereinfachte Darstellung)

Das Modell zum Konsumentenverhalten nach Howard/Sheth (s. Abb. 12)

Es besteht aus vier Teilen:

a) Die Lernprozesse des Käufers *(interne Variable)*. Darunter sind Motive, Einstellungen, Erwartungen und Lernbereitschaft der Zielpersonen zu verstehen.

b) Der Verbraucher wird durch Stimuli gereizt *(Stimulus Input Variable)*, die von der Qualität, dem Preis, der Eigenart, der Erhältlichkeit oder vom Kundendienst eines Produktes ausgehen.

c) Exogene Faktoren *(Externe Variable)*, wie Familie, soziale Klassenzugehörigkeit, Zeitdruck, finanzielle Lage, wirken als Einflüsse der sozialen Umgebung auf das Verhalten des Käufers ein.

d) Schließlich drückt sich das Verhalten des Käufers in einem Stufenprozeß aus *(Output-Variable)*, beginnend mit der Aufmerksamkeitswirkung, die über Verständnis und Kaufabsicht schließlich zum Kauf selbst führt.

Je nach Produkt wird der Modellmechanismus schneller bzw. langsamer ablaufen, beim Kauf von Massenkonsumartikeln, wie z. B. Zahnpasta, Pulverkaffee, Lippenstift, wird der Reiz-Reaktionsmechanismus ohne größere Störungsvariable und unter dem Einfluß von vorgegebenen Meinungen und Motiven ablaufen, während der Kauf eines Autos oder Eigenheimes den gesamten internen Faktorenbereich des Modells zum Einsatz kommen läßt. Für die Werbung ist es nun wichtig festzustellen, welche Variablen welchen Produktkauf besonders beeinflussen, ob bereits Erfahrungswerte vorliegen, die weitere Entscheidungen beeinflussen bzw. inwieweit durch Absatzwerbung die Wirkung der Einflußfaktoren verändert, d. h. stabilisiert, verstärkt oder geschwächt werden kann.

Erklärung des Käuferverhaltens bei Produkteinführungen

Das Adoptionsmodell von Rogers

Rogers untersuchte die Übernahme (Adoption) eines neuen Produktes durch die Käufer und die Bestimmungsgründe, die dazu führen. Zwei Einflußgrößen spielen bei ihm eine besondere Rolle:

– Die Risikobereitschaft der Käufer als personenbedingte Einflußgröße und
– die Vereinbarkeit der Produktneuerung mit den sozialen Werten und Gewohnheiten.

Der Adoptionsprozeß ist um so kürzer, je höher Risikobereitschaft und Vereinbarkeit der Produktinnovation mit dem sozialen Gefüge beim Käufer sind.
Fünf Stufen sind beim Adoptionsprozeß zu unterscheiden:
1. Der Konsument erfährt von der Existenz eines neuen Produktes *(Erkennen)*
2. Er möchte mehr Einzelheiten darüber erfahren *(Interesse)*
3. Es wird ein Probe- bzw. Probierkauf überlegt *(Bewertung)*
4. Der Testkauf kommt zustande *(Versuch)*
5. Aus dem zufriedenen Einmalkäufer wird ein Mehrfachkäufer *(Annahme)*.

Das Modell von Rogers wird auch als *Diffusionsmodell* bezeichnet. Unter Diffusion versteht man die Verbreitung einer Neuerung (auch eines neuen Produktes oder einer Dienstleistung) im Zeitablauf innerhalb von Gruppen. Zwei Schlüsselfiguren treten beim Diffusionsprozeß besonders hervor, die Innovatoren und die Diffusionsagenten. Die *Innovatoren,* oft auch Meinungsbildner, sind die ersten, die auf Grund ihres Einkommens, ihrer sozialen Stellung eine Neuerung kaufen.

Die *Diffusionsagenten* sind die Reisenden bzw. Handelsvertreter, die die Innovationen an den Handel (bzw. Endverbraucher) weitergeben und damit einen wesentlichen Beitrag zum Entstehen des Diffusionsprozesses leisten.

5.3 Widerstände gegen die Werbebeeinflussung

Die Reaktanz (Kroeber-Riel 1992, S. 213)

Der oben aufgezeigte Werbewirkungsprozeß, ausgelöst durch Anzeigen, Plakate, Spots, Sales-Promotion-Maßnahmen wird dann gestört, wenn die Umworbenen das Gefühl haben:

1. Vom Kommunikator manipuliert zu werden
2. Von der Gesellschaft mißbilligt zu werden.

Konkret bedeutet dies, daß die dieser Werbung ausgesetzten Personen in ihren Handlungen genau das entgegengesetzte Verhalten aufweisen, d. h. statt zu dem vom Werbungtreibenden geplanten Kauf kommt es beim Umworbenen zu einer Gegenreaktion, die zum Nichtkauf führt. Diese Resistenz gegen Meinungsbeeinflussung nennt man nach Brehm (1966) *Reaktanz,* d. h. wenn eine Person merkt, daß ihre Verhaltens- oder Meinungsfreiheit beschnitten werden soll, so kommt es zu inneren Spannungen, die darauf gerichtet sind, die verlorene Freiheit wiederzugewinnen.

Man kann die Reaktanz eines Umworbenen auch als *Trotzreaktion* auf die Werbebeeinflussung bezeichnen. Obwohl die Forschungen auf dem Gebiet der Reaktanztheorie erst am Anfang stehen, sind aus der Werbe- und Verkaufspraxis Fälle bekannt, wie man die *Reaktanzreaktionen abschwächen* kann:

Ein Vertreter von Zahnpasten, geschult in den Hard-selling-Methoden der Verkaufskunst, wird heute durch dieses Auftreten größere Schwierigkeiten beim Handel haben als ein Außendienstmitarbeiter, der als »Berater« den Handelskunden aufsucht und das Verkaufsgespräch als notwendigen Zusatz erscheinen läßt. Massive und aufdringliche Anzeigenwerbung läßt eher Reaktanzstrebungen aufkommen als geschickt getarnte »Anzeigen« in Form von redaktionellen Beiträgen oder in Form von »Promotion Strecken« (d. h. unter einem neutralen Thema, wie z. B. »Besuch bei Filmstar XY«, werben mehrere Firmen im Rahmen eines »neutralen« Besuchsberichtes für ihre Erzeugnisse).

Zapping

Da die Werbeträger immer vielfältiger werden, gleichzeitig der Konsument sein Kommunikationsverhalten trotz steigender Freizeit quantitativ kaum oder gar nicht ändert, muß effektiver investiert werden, um das Wirkungsniveau halten zu können (N. N. 1987, S. 188)

Das Problem ist eine qualitative Veränderung des Konsumentenverhaltens, die bewußte Umgehung von Fernsehwerbung durch:

1. geistige oder physische Abwesenheit bei Werbeeinblendungen (z. B: der Gang zum Kühlschrank oder Unterhaltungen);
2. nicht mitgeschnittene Werbeeinblendungen bei Videoaufzeichnungen oder Vorspulen beim Abspielen;
3. Wechsel des TV-Kanals, Umschalten, besonders bei langen Werbeblöcken und der Möglichkeit zwischen vielen Programmen wählen zu können (Pflaum 1993, S. 69 ff.).

Kognitive Dissonanz

Definition

Man versteht darunter »*eine als unbequem empfundene psychische Spannung*« (Raffée, Sauter u. a. 1973, S. 41), die dann entsteht, wenn zwischen dem Handeln und dem Wissen eines Individuums Widersprüche bestehen bzw. auch zwischen verschiedenen Informationen (Kognitionen).

Beispiele »kognitiver Dissonanz« sind:

a) Jemand raucht, obwohl er weiß, daß Rauchen gesundheitsschädlich sein kann;
b) ein beschwipster Autofahrer setzt sich trotz des Wissens um Strafe und Unfallgefahr ans Steuer;
c) ein Mercedes-Käufer wird unsicher wegen steigender Benzinpreise und höher werdenden Haftpflichtprämien.

Beseitigung der kognitiven Dissonanz

Für den *Unternehmer* (Werbungtreibenden) ergeben sich folgende Möglichkeiten der kognitiven Dissonanzreduktion:

a) *Verbesserung des Informationsstandes* beim potentiellen Käufer über das ins Auge gefaßte Produkt. Das heißt: Vor dem Kauf sollte durch möglichst objektive Werbung der Interessent von der Qualität und Überlegenheit des zu kaufenden Objektes überzeugt werden. Auch die Einschaltung von neutralen Testinstituten (z. B. Stiftung Warentest) und die Veröffentlichung der Testergebnisse können wesentlich zur Dissonanzreduktion beitragen.
b) Die *Nachkaufwerbung* hilft ebenfalls Dissonanzen abzubauen. So hat die Firma Daimler-Benz auf dem Höhepunkt der Ölkrise mittels Direct-Mail-Aktionen die Besitzer von Mercedes-Wagen trotz gestiegener Benzinpreise

erfolgreich von der Qualität und dem relativ rationellen Benzinverbrauch ihrer Modelle überzeugt. Daimler-Benz hatte, obwohl die allgemeine Automobilnachfrage sank, steigende Auftragszahlen und Lieferzeiten. Für diese erfolgreiche Geschäftsentwicklung in der Krise war der Abbau der kognitiven Dissonanz durch gezielte Nachkaufwerbung sicherlich nicht ganz unwesentlich.

Für das *Individuum* ergeben sich ebenfalls Möglichkeiten der Dissonanzreduktion:

a) Der Mechanismus der *selektiven Wahrnehmung*. Von der Fülle der auf das Wirtschaftssubjekt einströmenden Informationen werden vor allen Dingen diejenigen aufgenommen, die den eigenen Wertvorstellungen, Präferenzen entsprechen. Man stellte fest, daß beispielsweise SPD-Anzeigen meist von SPD-Wählern, CDU-Anzeigen vornehmlich von CDU-Anhängern gelesen werden.

b) *Die gewählte Alternative kann nachträglich, durch Hinzufügen neuer kognitiver Elemente höher eingeschätzt, die abgelehnte nachträglich heruntergesetzt werden.* So kann sich ein Raucher beispielsweise über die Lebensläufe und das Alter berühmter Zigarren- oder Zigarettenraucher informieren, um die bei ihm aufkeimende kognitive Dissonanz zu unterdrücken.

c) Man kann versuchen, bei der ausgeschlagenen und der gewählten Alternative identische Eigenschaften festzustellen *(Cognitive Overlap)*, so daß letztlich wenig Anlaß besteht, die gewählte Handlung zu bedauern. So kann ein Raucher sich damit trösten, daß auch Nichtraucher Krebs bekommen können.

d) Die kognitive Dissonanz kann auch verdrängt werden, oder man kann die *Entscheidung u.U. rückgängig machen,* z. B. durch den Umtausch der gekauften Waren.

6 Umweltschutz und Werbung

Die Funktion der Werbung zur Profilierung von Produkten, Dienstleistungen und Marken gegenüber Wettbewerbserzeugnissen bezieht sich in der heutigen Zeit stark auf die Umweltschutzaussagen. Nach Untersuchungen der GfK und des EMNID-Institutes sind etwa zwei Drittel der Bevölkerung an Fragen des Umweltschutzes interessiert, was bedeutet, daß Umweltthemen mittlerweile eine Selbstverständlichkeit sind. Der Bevölkerung ist es wichtig, Informationen über die umweltbezogenen Auswirkungen der Herstellung, der Verwendung und Entsorgung eines Produktes sowie über die sonstigen umweltrelevanten Produkteigenschaften zu gewinnen. Unternehmen haben nun die Aufgabe, dieses Informationsbedürfnis in ihrer Werbung zu berücksichtigen.
Aufgrund der teilweise komplexen naturwissenschaftlichen Zusammenhänge ist es für den Werbetreibenden oftmals sehr schwierig, dem Informationsbe-

dürfnis der Kunden durch entsprechende Kernaussagen gerecht zu werden, ohne daß diese bei dem Umworbenen falsche Erwartungen wecken. Bei der Werbung mit produktbezogenen Umweltaussagen besteht für den Werbetreibenden oftmals die Gefahr, auf irreführende und damit unzulässige Art und Weise zu werben, was die zahlreichen mißbräuchlichen Verwendungen der Natur- und Ökobegriffe verdeutlichen.

Deshalb sind besondere Anforderungen an umweltbezogene Werbung zu stellen. Werbung kann lediglich Erstinformationen über umweltrelevante Produkteigenschaften geben. Die umweltbezogene Werbung unterliegt dabei einem Irreführungsverbot nach § 3 UWG. Eine Klarstellung, warum ein Produkt »umweltverträglich« ist, ist deswegen unbedingt erforderlich. Hier genügen pauschale Behauptungen nicht. Vielmehr ist durch Erläuterungen wie »weil schadstoffarm« oder »frei von Lösungsmitteln« auf die umweltrelevante Produkteigenschaft hinzuweisen (Beckmann 1994 a, S. 1 ff und Beckmann 1994 b).

Auch die deutsche Messewirtschaft setzt den Umweltschutz inzwischen schrittweise um. Sie hat sich anläßlich der Jahrestagung des Ausstellungs- und Messe-Ausschusses der Deutschen Wirtschaft e. V. (AUMA) 1993 grundsätzlich zum vorsorgenden Schutz der Umwelt verpflichtet. Die einzelnen Messe- und Ausstellungsgesellschaften haben hierfür individuelle Konzepte für den umweltfreundlichen Messebau und alles, was damit zusammenhängt, entwickelt. Darüber hinaus werden Maßnahmen ergriffen, um Wasser und Energie zu sparen und neue Verkehrskonzepte zu entwickeln.

Ein Messestand wird in Zukunft noch mehr als heute nach seiner Kommunikationsfreundlichkeit, der Funktionalität und den Exponaten beurteilt. Gerade mit umweltfreundlichen Materialien kann ein Zeichen gesetzt werden. Ein umweltverträglicher Messestand zeichnet sich durch folgendes Erscheinungsbild aus: modulare Standbauweise, textile Bodenbeläge, Stand- und Trennwände aus formaldehydfreien Materialien, lösemittelfreie oder -arme Farben, Energiesparlampen, Mietmöbel, Mehrwegverpackungen, Standbewirtung mit Mehrweggeschirr etc. Da der Schutz von Natur und Umwelt eine der wichtigsten Aufgaben von Wirtschaft und Gesellschaft ist, ist es gerade für den Messestandgestalter und Aussteller heutzutage ein Muß, dies zu praktizieren (AUMA 1993, S. 2 ff.).

Wurden im oben genannten Abschnitt bereits Hinweise auf die Verwendung von alternativen Materialien angedeutet, so sollen folgende Beispiele konkrete Alternativmaterialien in bezug auf Farben und Papier aufzeigen:

Beispiele für umweltverträgliche Farben

Als Alternativen sind hier Offset-Druckfarben auf Basis nachwachsender Rohstoffe zu nennen. Die Bindemittel bei den Farben basieren überwiegend auf Baumharzen (Kolophonium) und pflanzlichen Ölen wie Leinöl, Sojaöl oder Rapsöl. Sie sind für besondere Einsatzzwecke, z. B. Drucke auf Recyclingpapier, sehr gut geeignet (K + E 1994).

Beispiele für umweltverträgliches Papier

Gerade bei ökologischer Werbung sollte das Vorurteil vom grauen, unansehnlichen, den ästhetischen Ansprüchen nicht genügenden Umwelt-Papier nicht vorherrschen. Die Verwendung von Umweltschutzpapier, welches aus 100 Prozent Altpapier besteht und ohne chemische Lösungs- und Bindemittel aufgelöst wird, weder gefärbt noch gebleicht ist und damit wasser- und energiesparend ist, gilt als die entsprechende ökologische Alternative zum Normalpapier. Des weiteren können Recyclingpapier, chlorfreies und -armes Papier verwendet werden. Der Vorteil bei Algen- oder Maispapier als weiteren Alternativen liegt beispielsweise in dem geringen Verbrauch von Holz und somit der Verbesserung der Luftqualität.

Gerade beim Einsatz des Werbemittels sollte darauf geachtet werden, daß die Verwendung von Papier auf ein notwendiges Mindestmaß reduziert wird. Der quantitativ gesehen großzügige Einsatz von Direkt-Mailings oder Handzetteln gilt beim Verbraucher als Indikator für gewisse Nachlässigkeiten.

II Organisation der Werbung

1 Die organisatorische Stellung der Werbung im Betriebsbereich

1.1 Konsumgüterbereich

Grundsätzlich kann man feststellen, daß bedeutende Firmen des Konsumgüterbereichs fast alle werblichen bzw. Media-Belange entweder von externen Werbeagenturen oder von internen Produkt-Managern in Zusammenarbeit mit Werbeagenturen abwickeln lassen. Sind dennoch eigenständige Werbeabteilungen in den Unternehmungen vorhanden, so dienen sie als *Koordinations- und Kontrollstelle* zwischen Marketing bzw. Produkt-Management und Werbeagentur. Sie beschäftigen sich eher mit der Erstellung von typischen Verkaufsförderungsaktionen als mit klassischen Werbemaßnahmen, wie z. B. die Erstellung von Werbekonzeptionen, Werbemitteln und Mediaplänen.

1.2 Investitionsgüterbereich

Bei Betrieben des Investitionsgüterbereichs mit heterogenem Produktangebot läßt sich die Existenz zweier verschiedener Werbeabteilungen feststellen: Zunächst solche Werbeabteilungen, die den verschiedenen *Produktbereichen* zugeordnet sind. Sie erarbeiten ausschließlich produktbezogene Werbemaßnahmen. Daneben existiert noch eine *zentrale* Werbeabteilung, die dem Funktionsbereich Marketing zugeordnet ist. Diese zentrale Werbeabteilung ist für die Planung und Durchführung von Werbemaßnahmen für das Gesamtunternehmen (institutionelle Werbung), für branchenbezogene Werbemaßnahmen, die mehrere Unternehmensbereiche betreffen, für die Abwicklung von Gemeinschaftsmessen, für die Koordination in der Planung, im Etatwesen und für die Gestaltung zuständig.

1.3 Dienstleistungsbereich

In kleinen Dienstleistungsbetrieben ist die Werbung organisatorisch oft nicht verselbständigt, sondern als Nebenaufgabe anderen Bereichen oder einzelnen

Mitarbeitern übertragen. Diese Lösung mag bei kleinen Werbeetats gerechtfertigt sein, für Betriebe mit großen Werbebudgets ist sie jedoch ungeeignet. Entweder ist eine spezielle Werbeabteilung oder wenigstens ein Werbebeauftragter, der sich zeitweise voll der Werbung widmen kann, notwendig. Betrachten wir beispielsweise den Bankensektor. Bei einem Bankensystem mit Filialen wird im allgemeinen nur eine zentrale Werbeabteilung den vielfältigen Aufgaben und der Einheitlichkeit in der Durchführung gerecht. Trotzdem kann es für regionale oder lokale Maßnahmen von Vorteil sein, auch die Geschäftsspitzen der Filialen mit Werbeaufgaben zu betrauen bzw. eigene regionale oder lokale Werbeabteilungen zu installieren.

2 Die Werbeaufwendungen in der Bundesrepublik Deutschland

Die *Gesamtwerbeaufwendungen* in der Bundesrepublik Deutschland beliefen sich (ZAW 1994, S. 11):
1972 auf 25,6 Mrd DM
1975 auf 27,7 Mrd DM
1981 auf 45,0 Mrd DM
1982 auf 47,1 Mrd DM
1984 auf 51,0 Mrd DM
1995 auf ca. 55,0 Mrd DM.
In diesen Gesamtwerbeaufwendungen sind folgende Einzelkosten enthalten:

a) Gestaltungs- und Konzeptionskosten
b) Produktionskosten, d. h. Kosten der Herstellung bzw. Beschaffung des Werbematerials inklusive der Werbeverwaltungskosten, d. h. Abrechnung und Kontrolle der betrieblichen Werbeaktivitäten
c) Streukosten der Werbung durch eigene Werbeträger des werbenden Betriebes oder durch betriebsfremde Werbeträger.

Alljährlich veröffentlicht der ZAW (Zentralverband der deutschen Werbewirtschaft, Bonn) die Netto-Werbeumsätze *ausgewählter* Werbeträger (ZAW 1995, S. 13). Die Werbeumsätze überschritten 1988 erstmals die 20 Mrd-Grenze. Die Übersicht in Abb. 13 zeigt die vom ZAW erstellten Netto-Werbeumsätze ausgewählter Werbeträger 1990 bis 1993 in Mio Mark (ohne Produktionskosten/ mit Veränderungen in Prozent).

Netto-Werbeeinnahmen erfaßbarer Werbeträger in Deutschland
in Mio Mark/ohne Produktionskosten/Veränderungen in Prozent

Gebiet	alte/teilweise neue Länder				Deutschland			
Werbeträger	1990	Prozent	1991	Prozent	1992	Prozent	1993	Prozent
Tageszeitungen[1]	8 062,7	+ 3,9	9 297,0	–	10 025,1	+ 7,8	9 983,4	– 0,4
Fernsehen[4]	2 858,2	+ 26,6	3 704,6	+ 29,6	4 328,2	+ 16,8	4 827,4	+ 11,5
Werbung per Post[3]	2 993,6	+ 19,4	3 514,5	+ 17,4	4 111,0	+ 17,0	4 353,1	+ 5,9
Publikumszeitschriften[2]	3 060,7	+ 3,6	3 245,8	–	3 377,6	+ 4,1	3 214,9	– 4,8
Anzeigenblätter[5]	1 965,3	+ 8.7	2 175,9	+ 10,7	2 410,9	+ 10,8	2 596,9	+ 7,7
Fachzeitschriften[6]	1 925,0	+ 8,6	2 206,2	+ 14,6	2 327,6	+ 5,5	2 192,9	– 5,8
Adreßbücher[7]	1 372,1	+ 7,1	1 643,3	+ 19,8	1 904,4	+ 15,9	2 098,7	+ 10,2
Hörfunk[8]	908,7	+ 5,2	948,3	+ 4,4	981,0	+ 3,4	1 005,2	+ 2,5
Außenwerbung[9]	681,5	+ 9,7	773,0	+ 13,4	843,0	+ 9,1	936,0	+ 11,0
Wochen-/Sonntagszeitungen[1]	353,7	+ 4,2	403,7	+ 14,1	465,0	+ 15,2	451,0	– 3,0
Zeitungssupplements[1]	217,1	+ 3,9	209,2	– 3,6	262,6	+ 25,5	269,6	+ 2,7
Filmtheater[10]	214,6	+ 5,9	225,5	+ 5,1	240,9	+ 6,8	261,1	+ 8,4
Gesamt	**24 613,2**	**+ 9,1**	**28 347,0**	**+ 15,2**	**31 277,3**	**+ 10,3**	**32 190,2**	**+ 2,9**

Netto – nach Abzug von Mengen- und Malrabatten sowie Mittlerprovisionen, sofern nicht anders bezeichnet.

Abb. 13: Netto-Werbeeinnahmen erfaßbarer Werbeträger

Quellen: 1) Bundesverband Deutscher Zeitungsverleger e. V.
2) Fachgruppe Publikumszeitschriften im Verband Deutscher Zeitschriftenverleger e. V.
3) DDV Deutscher Direktmarketing-Verband e. V., Streukosten der Werbung per Post (Verkehrszahlen des Bundespostministeriums)
4) Arbeitsgemeinschaft ARD-Werbung, ZDF, RTL, SAT 1, PRO 7, Kabelkanal, VOX, IA Neues Fernsehen für Berlin und Brandenburg
5) Gemeinsame Erhebung von BVDA und ADZ im BDZV
6) Fachgruppe Fachzeitschriften im Verband Deutscher Zeitschriftenverleger e. V.
7) Verband Deutscher Adreßbuchverleger e. V., Erhebung bei Mitgliedern, nach Skonti
8) Arbeitsgemeinschaft ARD-Werbung, RTL-Radio Tele Luxemburg, Verband Privater Rundfunk und Telekommunikation (VPRT)
9) Fachverband Außenwerbung e. V., Schätzung nach Umfrageerhebung bei Mitgliedern
10) FDW Werbung im Kino e. V., Erhebung bei Mitgliedern

3 Die größten Werbungtreibenden in der Bundesrepublik Deutschland

Die in Abb. 14 ausgewiesenen Werbeetats betreffen nur die klassischen Werbeaufwendungen für Funk, Fernsehen, Zeitungen und Zeitschriften. Nicht erfaßt sind die Werbeaufwendungen für Film, Plakatanschlag sowie die Ausgaben für die Verkaufsförderung dieser Werbungtreibenden.

Seit einigen Jahren ist der amerikanische Konzern Procter & Gamble Spitzenreiter dieses Rankings. Im Vergleich zum Vorjahr stieg der Werbeetat der Schwalbacher um 38 Prozent auf 547 Mio. Mark, wobei dieser 1989 *erst* 140 Mio. Mark betrug.

Insgesamt bemerkenswert ist die Tatsache, daß viele der werbestärksten Kunden überproportionale Zuwächse verzeichnen konnten, was ein antizyklisches Werbeverhalten in bezug auf die allgemeinwirtschaftliche Konjunktur darstellt. Dies dokumentiert auch der hohe Anteil der 10 größten Werbungtreibenden an den klassischen Gesamtwerbeaufwendungen.

Die folgende Abb. 15 zeigt die Werbeaufwendungen der Wirtschaftsbereiche der Nielsen/Schmidt & Pohlmann-Marktsystematik.

Nicht zu vergessen bei diesen Aufstellungen sind die Werbeetats des Staates (Bund, Länder und Gemeinden), die insbesondere in Wahljahren eine stattliche Höhe erreichen können.

Rang	Kunden	Werbeaufwendungen 94 in TDM	Werbeaufwendungen 93 in TDM	Abweichung in Prozent
1	Procter & Gamble, Schwalbach	547 584	396 758	38,0
2	Kraft Jacobs Suchard, Bremen	361 442	310 109	16,8
3	Henkel Waschmittel GmbH Düsseldorf	325 540	–	k.V.m.
4	Ferrero, Frankfurt am Main	292 309	236 150	23,9
5	Adam Opel AG, Rüsselsheim	254 981	211 754	20,4
6	Volkswagen AG, Wolfsburg	228 130	253 793	– 10,1
7	C & A Brenninkmeyer, Düsseldorf	205 041	270 653	– 24,2
8	Union Dt. Lebensmittelwerke, Hamburg	187 467	163 312	14,8
9	Effem, Verden	185 501	152 235	21,9
10	Springer-Verlag, Hamburg	179 384	185 591	3,3
11	Beiersdorf AG, Hamburg	175 717	137 922	27,4
12	Ford-Werke, Köln	153 851	163 844	– 6,1
13	Dt. Sparkassen- + Giroverband, Bonn	152 663	124 968	22,2
14	Telekom, Bonn	151 994	159 954	– 5,0
15	Mercedes-Benz AG, Stuttgart	144 693	141 856	2,0

Rang	Kunden	Werbeauf- wendungen 94 in TDM	Werbeauf- wendungen 93 in TDM	Abwei- chung in Prozent
16	Lever, Hamburg	142 218	121 996	16,6
17	Langnese-Iglo, Hamburg	140 707	111 876	25,8
18	Karstadt, Essen	131 352	144 905	– 9,4
19	BMW, München	128 896	85 681	50,1
20	Dt. Renault, Brühl	127 091	121 620	4,5
21	Fiat Automobil AG, Heilbronn	125 155	118 298	10,5
22	Nestlé Maggi GmbH, Frank- furt/M.	124 505	103 173	20,7
23	Media-Markt, München	115 492	99 575	16,0
24	McDonald, München	115 148	101 767	13,1
25	Richardson GmbH, Groß-Gerau	114 806	131 806	– 12,8
26	Blendax-Werke, Mainz	111 120	106 259	4,6
27	Audi AG, Ingolstadt	106 727	90 137	18,4
28	Eduscho, Bremen	102 655	95 228	7,8
29	Peugeot-Talbot Vertr., Saar- brücken	98 805	95 427	– 1,8
30	Elida-Gibbs, Hamburg	96229	84 384	13,4
31	Vital Versand, Zürich	94 962	22 406	323,8
32	Mars, Viersen	94 803	99 008	– 4,2
33	Tchibo, Hamburg	92 629	102 184	– 9,4
34	Gruner + Jahr Verlag, Hamburg	89 513	71 010	26,5
35	Nissan Motor, Neuss	88 510	85 276	3,8
36	Toyota Deutschland, Köln	83 658	86 096	2,8
37	Citroën, Köln	83 116	72 535	14,5
38	Lingner + Fischer, Brühl	81 797	72 867	12,3
39	Dr. Oetker, Bielefeld	80 881	75 806	6,7
40	Lancaster Group, Wiesbaden	79 509	66 805	19,0
41	Kaufhof, Köln	77 827	77 081	1,0
42	Henkel Cosmetic, Düsseldorf	76 254	36 068	36,0
43	Seat Dt., Mörfelden-Walldorf	75 461	82 904	– 9,0
44	Nestlé Chocoladen GmbH, Frankfurt	75 162	61 685	21,8
45	Albrecht, Mülheim	75 114	139 064	– 46,0
46	CMA, Bonn-Bad Godesberg	74 228	81 304	– 8,7
47	Mazda, Leverkusen	72 978	72 223	1,0
48	L'Oreal Haarkosmetik, Düs- seldorf	72 476	85 055	– 14,8
49	Dittmeyer, Schwalbach	69 952	52 585	33,0
50	Deutsche Bahn AG, Frank- furt/M.	69 029	60 141	– 21,7

Abb. 14: Die größten Werbeetats 1993 (in Mio. DM)
Quelle: Nielsen/S+P 1994

Rang	Branchen	Werbeauf- wendungen 94 in Mio. DM	Abweichung in Prozent zum Vorjahr
1	Auto-Markt	2 186 541,7	5,2
2	Massen-Medien	1 697 091,5	36,4
3	Handels-Organisationen	1 624 775,3	–13,0
4	Schokoladen + Süßwaren	983 033,5	17,7
5	Pharmazie Publikumswerbung	972 168,4	26,3
6	Banken + Sparkassen	693 279,1	8,0
7	Spezial-Versender	672 520,4	10,7
8	EDV Hard-/Software + Services	605 180,1	4,1
9	Bier	599 856,7	6,2
10	Waschmittel	597 565,4	24,5
11	Kaffee, Tee, Kakao	551 184,0	10,7
12	Körperschaften	486 646,3	12,7
13	Alkoholfreie Getränke	418 598,4	15,9
14	Milchprodukte	401 082,8	11,3
15	Putz- + Pflegemittel	369 990,1	36,0
16	Versicherungen	366 609,7	7,5
17	Parfüms + Duftprodukte	363 281,3	14,7
18	Pflegende Kosmetik	343 037,3	3,4
19	Mundpflege	300 476,8	16,8
20	Haarpflege	297 469,8	13,3
21	Möbel und Einrichtung	297 180,6	– 6,2
22	Spirituosen	294 370,9	– 0,5
23	Konserven + Fleisch + Fisch	277 668,1	39,8
24	Oberbekleidung	275 302,0	11,9
25	Nährmittel	266 019,6	16,0

Abb. 15: Rangfolge des Brutto-Medienaufwands ab Schmidt & Pohlmann-Gruppen, in TDM
Quelle: Nielsen Werbeforschung S + P (Hamburg), ZAW-Berechnungen
Die Verkaufsförderungsaufwendungen der Markenartikelindustrie liegen erfahrungsgemäß bei
40–50 % des gesamten Werbebudgets.

4   Werbeagenturen

4.1   Die größten Werbeagenturen in der Bundesrepublik Deutschland

Erstmalig wurden 1977 bei den Agenturumsätzen nicht nur die Etatsummen (*Billings*) ausgewiesen, sondern diese Angaben wurden durch detaillierte Information ergänzt. Man paßte sich damit internationalen Gepflogenheiten an. Denn die Etatsummen, die man bisher veröffentlichte, sind lediglich durchlaufende Gelder, die zwar von der Agentur verwaltet werden, aber kein Entgelt für geleistete Agenturarbeit darstellen. Diese Zahlen erfährt man aus der Spalte *Gross-Income* (s. Abb. 16), wo die Roheinnahmen aufgeführt sind. Es handelt sich dabei um Mittler-Provisionen aus der Streutätigkeit der Agenturen, ferner um vereinnahmte Honorare aus Beratertätigkeit und schließlich um Erträge aus Produktionshonoraren und Einnahmen aus Marktuntersuchungen, Gestaltungskosten und Präsentationen.

4.2 Organisation einer Werbeagentur

Die Vorstufen zu unseren heute bekannten Werbeagenturen waren sowohl die *Annoncen-Expeditionen* als auch die *Werbungsmittler.*
Die Annoncen-Expeditionen hatten ihren Höhepunkt in der Zeit vor dem 1. Weltkrieg. Aufgabe dieser Institutionen war es, bereits gestaltete Anzeigen der werbungtreibenden Industrie zu sammeln und sie an die jeweiligen Verlage weiterzuleiten. Für den Werbungtreibenden (z. B. Markenartikel-Firma) lag der Vorteil darin, nur mit einer Annoncen-Expedition anstelle mit vielen Verlagen zusammenarbeiten zu müssen. Die 90er Jahre der deutschen Agenturlandschaft sind durch eine weitgehende *Spezialisierung des Agenturangebots* sowohl nach *Arbeitsgebieten* (z. B. Media, Verkaufsförderung) als auch nach *Branchen* (z. B. Investitionsgüterindustrie) gekennzeichnet. Neben den *Full-Service-Agenturen*, die nach wie vor den größten Teil der Werbeetats, hauptsächlich für Markenartikel, in Deutschland verwalten, existieren z. B. spezielle *Verkaufsförderungsagenturen*, deren Inhaber bzw. Leiter meist BDVT-Mitglieder sind (s. u.). Weiter existieren spezielle *Public-Relation-Agenturen,* die sich die Imagepflege des betreuten Unternehmens der Öffentlichkeit gegenüber zur Aufgabe gemacht haben. Ferner sind noch die *Media-Agenturen* zu erwähnen, die für verschiedene Auftraggeber entweder die Erstellung der Media-Pläne, deren Schaltung oder beides vornehmen. Für den Praktiker sei auf die »Red Box« hingewiesen, ein unentbehrliches Nachschlagewerk mit ca. 70 000 Adressen für alle Werbungtreibenden, Werbeagenturen und Werbungdurchführenden. Sämtliche Agenturen wie auch Spezialagenturen etc. sind darin aufgeführt.

Definition der Werbeagentur

Unter einer Werbeagentur versteht man ein Dienstleistungsunternehmen, das im eigenen Namen und für eigene Rechnung die Betreuung von Produktion und Dienstleistungen gegen Entgelt vornimmt. Full-Service-Werbeagenturen sind ebenfalls Dienstleistungsunternehmen, die sich neben den klassischen Agenturaufgaben wie Werbevorbereitung, Kontakt, Gestaltung, Streuung und Administration noch intensiver mit Marketing-Problemen bzw. mit der Werbeerfolgskontrolle (feed-back) beschäftigen.

52

Mögliche Organisationsformen

a) Die Abteilungsorganisation (ca. 1950–1965)

Es waren vor allem amerikanische Werbeagenturen wie z. B. McCann, J. W. Thompson, Young and Rubicam, die in Deutschland Full-Service-Agenturen aufbauten. Den Organisationsaufbau einer Werbeagentur, die nach Abteilungen organisiert ist (departemental- oder auch concentric-system genannt), zeigt Abb. 17.

Grundsätzlich unterscheidet man *fünf Hauptabteilungen:*

1. Werbevorbereitung

Hauptaufgaben der Abteilungen Dokumentation, Archiv, Bibliothek und Information sind das Bereitstellen von sekundärstatistischem Material für das umworbene Produkt. Die Service-Abteilungen Markt- und Motivforschung erstellen hauptsächlich primärstatistische, qualitative und quantitative Untersuchungen, die in jeder Phase der Werbemittelgestaltung als Kontrollinstrumente herangezogen werden. Hauptaufgabe der Marketingberatung ist es, den Kunden hinsichtlich der Marketing-Probleme seines umworbenen Produktes (d. h. in preis-, produkt- und absatzpolitischer Hinsicht) zu beraten.

Mit der Abteilung Personal-Marketingberatung ist die Werbeagentur in den Personal-Beschaffungsmarkt eingestiegen; für eigene Agenturkunden bzw. für sonstige Auftraggeber sollen fähige Marketingleute akquiriert werden.

2. Kundenberatung

Dieser Geschäftsbereich, auch *Kontakt* oder *Account Services* genannt, hat mehrere Aufgaben: Die verschiedenen Etatdirektionen (I–III), zu denen je ein Etatdirektor (Account Supervisor) mit mehreren Kontaktern gehört, halten Verbindung zum Auftraggeber, d. h. nach Auftragserteilung werden die einzelnen Stufen der Werbekampagne vom Kontakter und der Marketing-Abteilung des Werbungtreibenden diskutiert bzw. modifiziert. Außerdem ist der Kontakter Koordinator nach innen, d. h. von seiner Diplomatie, Menschenführung und Sachkenntnis hängt es ab, ob die verschiedenen Abteilungen des Hauses die Kundenwünsche termin- und sachgerecht umsetzen.

3. Gestaltung

Hauptaufgaben der Gestaltungsabteilung (auch *Creativ-Abteilung* oder *Creative Services* genannt) sind einmal die eigentlichen Gestaltungsfunktionen (Konzeption und Ausführung), zum anderen die Produktionsfunktionen (wie z. B. Herstellung der konzipierten Werbemittel bis zur Schaltreife). In der Gestaltungsabteilung, die unter der Leitung eines Creativ-Direktors stehen kann, sind für die *konzeptionelle* Arbeit die Leistungen der Texter (Abteilung Text) und Grafiker (Abteilung Grafik) von entscheidender Bedeutung. Bei der *Produktion* der Werbemittel hat die Abteilung Layout die Aufgabe, Text und Bild zu fertigen Anzeigen zusammenzufügen; die Auswahl der Schrifttypen und deren Größe obliegt dem Typo-Studio; reproduzierfähige, d. h. druckfähige

Rang 1993	(1992)	Agenturen	GWA-Mitglied	Gross Income in TDM 1993	Gross Income in TDM 1992	Equivalent Billings 1993 in TDM	Veränderung Gross Income 1992 zu 1993 absolut	in Prozent	Zahl der Mitarbeiter 1993	1992	Veränderung 1992 zu 1993 absolut	in Prozent	Gross Income pro Mitarbeiter in TDM 1993	1992
1	(1)	**BBDO-Gruppe**, Düsseldorf		**152 000**	134 274	**1 013 333**	**17 726**	13,2	**783**	691	92	13,3	**194**	194
2	(2)	**Publicis-FCB-Gruppe**	ja	**139 578**	133 062	**930 520**	**6 516**	4,9	**636**	650	– 14	– 2,2	**219**	205
	( )	– **Publicis MCD**, München	ja	**50 858**	49 617	**339 040**	**1 239**	2,5	**225**	238	– 12	– 5,0	**225**	208
	( )	– **Baums, Mang und Zimmermann,** Düsseldorf	ja	**36 855**	34 630	**245 700**	**2 225**	6,4	**178**	168	8	4,8	**209**	206
	( )	– **Publicis Werbeagentur**, Frankfurt		**30 750**	29 270	**205 000**	**1 480**	5,1	**130**	151	– 21	– 13,9	**237**	194
	( )	– **FCB**, Hamburg (ehem. MWI,Hamburg)		**21 117**	19 545	**140 780**	**1 572**	8,0	**104**	93	11	11,8	**203**	210
3	(3)	**Lintas: Deutschland-Gruppe**	ja	**124 548**	125 064	**830 320**	**-516**	-0,4	**584**	612	-28	-4,6	**213**	204
	( )	– **Baader, Lang, Behnken,** Hamburg	ja	**13 230**	12 750	**88 200**	**480**	3,8	**62**	61	1	1,6	**213**	209
4	(4)	**Grey-Gruppe Deutschland,** Düsseldorf	ja	**120 615**	106 600	**804 100**	**14 015**	13,1	**644**	612	32	5,2	**187**	174
5	(5)	**McCann-Erickson-Gruppe,** Frankfurt	ja	**97 138**	102 941	**647 587**	**– 5 803**	-5,6	**462**	486	– 24	-4,9	**210**	212
6	(6)	**Young & Rubicam,** Frankfurt	ja	**93 069**	95 158	**620 460**	**– 2 089**	– 2,2	**421**	481	– 50	– 10,4	**216**	198
7	(7)	**Ogilvy & Mather,** Frankfurt	ja	**90 085**	85 792	**600 567**	**4 293**	5,0	**409**	419	– 10	– 2,4	**220**	205
8	(8)	**BSB-Gruppe**	ja	**80 800**	78 238	**538 667**	**2 562**	3,3	**376**	375	1	0,3	**215**	209
	( )	– **Scholz & Friends,** Hamburg	ja	**58 200**	54 400	**388 000**	**3 800**	7,0	**280**	272	8	2,9	**208**	200
	( )	– **BSB,** Frankfurt	ja	**22 600**	23 838	**150 667**	**– 1 238**	– 5,2	**96**	103	– 7	– 6,8	**235**	231
9	(11)	**J. Walter Thompson,** Frankfurt	ja	**74 000**	69 000	**493 333**	**5 000**	7,2	**350**	344	6	1,7	**211**	201
10	(9)	**Euro RSCG,** Düsseldorf	ja	**71 740**	74 800	**478 267**	**– 3 060**	– 4,1	**387**	410	– 23	– 5,6	**185**	182
11	(12)	**DMB&B-Gruppe,** Hamburg	ja	**71 590**	65 510	**477 267**	**6 080**	9,3	**355**	344	11	3,2	**202**	190
	( )	– **Frese & Wolff,** Oldenburg		**13 631**	14 374	**90 873**	**– 743**	– 5,2	**75**	78	– 3	– 3,8	**182**	184
12	(13)	**Springer & Jacoby,** Hamburg	ja	**70 047**	65 350	**466 980**	**4 697**	7,2	**328**	311	17	5,5	**214**	210
13	(10)	**Wensawer-DDB Needham,** Düsseldorf		**69 458**	74 150	**463 040**	**– 4 694**	– 6,3	**353**	415	– 62	– 14,9	**197**	179
	( )	– **Fritsch, Heine, Rapp + Collins, Hamburg**		**8 500**	8 900	**56 667**	**– 400**	– 4,5	**44**	46	– 2	– 4,3	**193**	193
14	(14)	**Michael Conrad & Leo Barnett,** Frankfurt	ja	**61 833**	62 345	**412 220**	**– 512**	– 0,8	**398**	396	2	0,5	**155**	157
15	(15)	**Saatchi & Saatchi Advertising Group,** Frankfurt	ja	**50 500**	56 497	**336 667**	**– 5 987**	– 10,6	**225**	280	– 55	– 19,6	**224**	202
16	(18)	**TBWA,** Frankfurt	ja	**47 700**	43 000	**318 009**	**4 708**	10,9	**213**	189	24	12,7	**224**	228
17	(19)	**Lowe & Partners,** Frankfurt	ja	**40 679**	38 776	**271 193**	**1 903**	4,9	**157**	175	– 18	– 10,3	**259**	222
18	(23)	**Heye & Partner,** München	ja	**32 619**	30 782	**217 456**	**1 837**	6,0	**154**	152	12	7,9	**199**	203
19	(22)	**Serviceplan,** München	ja	**32 351**	31 715	**215 673**	**636**	2,0	**140**	136	4	2,9	**231**	233

54

Rang	(Vorj.)	Agentur, Ort												
20	(25)	Spiess Ermisch & Andere, Düsseldorf	ja	31 637	25 900	210 913	5 737	22,2	124	116	8	6,9	255	223
21	(20)	Wilkens Ayer, Hamburg	ja	31 440	36 810	209 600	−5 370	−14,6	183	212	−29	−13,7	172	174
22	(26)	B/W Werbeagentur, Düsseldorf	ja	26 300	25 000	175 333	1 300	5,2	105	106	−1	−0,9	250	236
23	(27)	Hildmann, Simon, Rempen & Schmitz/ SMS, Düsseldorf	ja	24 836	24 400	165 573	436	1,8	116	123	−7	−5,7	214	198
24	(31)	Borsch, Stengel & Partner, Frankfurt	ja	24 500	22 160	163 333	10,6	112	110	2	1,8	219	201	185
25	(30)	Economia, Hamburg		24 019	22 939	160 127	1 080	4,7	113	124	−11	−8,9	213	232
26	(28)	von Mannstein, Solingen	ja	23 982	23 856	159 880	126	0,5	102	103	−1	−1,0	235	199
27	(32)	Theuet, aachen	ja	21 002	17 952	140 013	3 077	17,2	102	90	12	13,3	206	230
28	(40)	GPP, Leonberg (ehem. Wündrich-Meissen)	ja	18 162	13 801	121 080	4 361	31,6	75	60	15	25,0	242	186
29	(34)	M-S-B+K., Hamburg	ja	17 129	16 926	114 193	203	1,2	84	91	−7	−7,7	204	312
30	(35)	Karius & Partner, Leonberg		16 718	15 913	111 453	805	5,1	4,8	51	−3	−5,9	348	154
31	(39)	Abresch: Werbeagentur, Montabaur		15 800	13 894	105 333	1 906	13,7	97	90	7	7,8	163	289
31	(42)	Bühler, Fletmer & Partner, Frankfurt		15 800	13 600	105 333	2 200	16,2	51	47	4	8,5	318	186
	(41)	FCAI, Düsseldorf	ja	15 800	13 800	105 333	2 000	14,5	80	74	6	8,1	198	
34	(61)	Heine, Reitzel und Partner, Ettlingen		15 100	9 707	100 667	5 393	55,6	23	20	3	15,0	557	485
35	(43)	Die Gilde, Hamburg	ja	14 776	13 518	98 507	1 258	9,3	92	74	18	24,3	161	183
36	(37)	H.F. & P., Düsseldorf	ja	14 750	14 450	98 333	300	2,1	85	90	−5	−5,6	174	161
37	(48)	Knopf, Nägli, Schnakenberg, Hamburg	ja	13 900	12 800	92 667	1 100	8,6	56	56	0	0,0	248	229
	(78)	Trust-Gruppe, Frankfurt		13 900	8 100	92 667	5 800	71,6	63	53	10	18,9	221	153
39	(57)	Heller & Partner, München		13 424	10 018	89 493	3 406	34,0	51	38	13	34,2	263	264
40	(47)	Robert Pütz, Köln		13 300	13 000	88 667	300	2,3	42	46	−4	−8,7	317	283
41	(44)	H & P Herrwerth & Partner, München		12 800	13 466	85 333	−666	−4,9	55	63	−8	−12,7	233	214
42	(51)	DFS & R Roth und Langhans, München	ja	12 500	11 640	83 333	860	7,4	49	58	−9	−15,5	255	201
43	(73)	WAS, Köln		12 325	8 541	82 167	3 784	44,3	23	17	6	35,3	536	502
44	(46)	NYC/GGK, Frankfurt (ehem. GGK Deutschland)		12 000	15 100	80 000	−3 100	−20,5	48	48	0	0,0	250	315
45	(74)	L & P Lemke & Partner, Düsseldorf	ja	11 925	8 480	79 500	3 445	40,6	27	21	6	28,6	442	404
46	(50)	Agenta, Münster		11 905	12 146	79 367	−241	−2,0	69	68	1	1,5	173	179
47	(55)	K & S, Dr. Klautzsch & Schüngel, Köln	ja	11 178	10 350	74 520	828	8,0	40	36	4	11,1	279	288
48	(52)	Glanzer & Partner, Stuttgart		11 150	11 380	74 333	−230	−2,0	53	57	−4	−7,0	210	200
49	(36)	Ernst & Partner, Düsseldorf		11 100	15 140	74 000	−4 040	−26,7	53	77	−24	−31,2	209	197
50	(59)	Eiler & Riemel, München		10 970	9 780	73 133	1 190	12,2	44	45	−1	−2,2	249	217

Abb. 16: Die 50 größten Werbeagenturen 1993 (Deutschland)
Quelle: Verlagsgruppe Deutscher Fachverlag-Horizont, Information und Dokumentation, 1994, S. 68

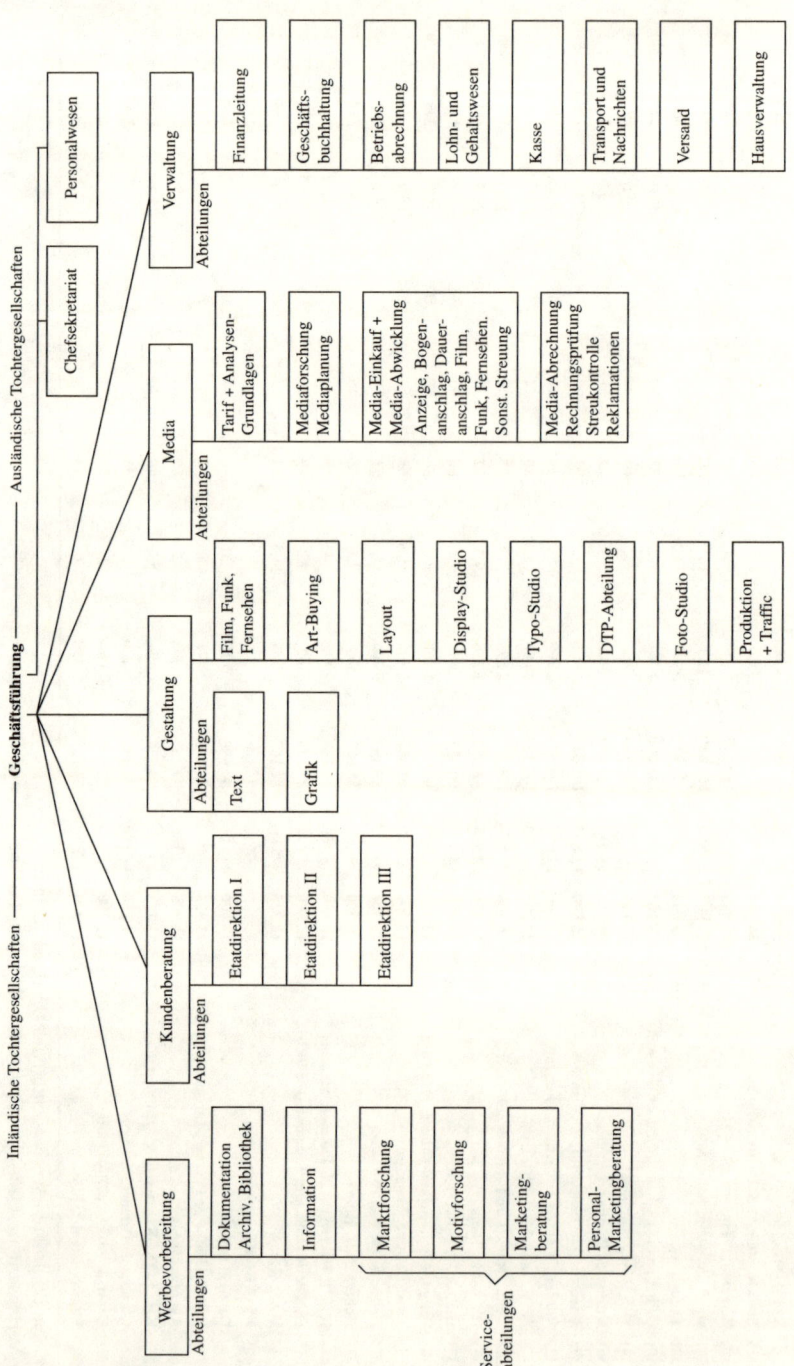

Abb. 17: Organisation einer Full-Service-Werbeagentur (Abteilungsorganisation)

Vorlagen liefern das Fotostudio bzw. die DTP-Abteilung. Die Film-, Funk-, Fernseh-Abteilung (FFF-Abteilung) ist für die Gestaltung und Produktion von Spots zuständig und hält engen Kontakt zu Filmproduktionsgesellschaften bzw. zu Tonstudios. Die Abteilung Art Buying übernimmt die Beschaffung freiberuflicher Gestaltungskräfte (Free Lancer) wie z. B. Layouter, Graphiker, Texter.

In der Abteilung Produktion und Traffic sind zwei Abteilungen in einer zusammengefaßt. Die Produktionsabteilung ist für die sich an die Gestaltung der Werbemittel anschließende Produktion verantwortlich, d. h. sie druckt zwar nicht selbst, wählt aber Repros (aufgerasterte Filme) und Lieferanten aus, bestellt den Satz für gedruckte Werbemittel, schreibt bei Tiefdruckvorlagen die Verlagsanweisungen, kontrolliert Rechnungen und kauft die in einer Agentur benötigten Werbemittel ein.

Die Abteilung Traffic wird oft auch als das »Stellwerk der Agentur« (Kröter 1977, S. 98) bezeichnet. Sie ist primär für die genaue Termineinhaltung (Timing) verantwortlich, d. h. z. B. für den rechtzeitigen Versand der Druckunterlagen an die Verlage, darüber hinaus aber auch noch für die Arbeitsvorbereitung (Festlegung der notwendigen Arbeitszeit und Schätzung der Kosten) und für die Ausführungskontrolle. In der Abteilung Traffic (traffic control) sollte man über jede in der Agentur stattfindende Arbeit Bescheid wissen. Das Display-Studio entwickelt Werbemittel für den Verkaufsraum (z. B. Schütten).

4. Media

Die Hauptabteilung Media untersteht einem Media-Direktor. Die wichtigsten Unterabteilungen sind die Media-Forschung bzw. Media-Planung (d. h. Auswahl der Werbeträger, Erstellen der Media-Kosten und Terminpläne), der Media-Einkauf und die Media-Abwicklung.

5. Verwaltung

Hier sind alle administrativen Tätigkeiten, die jedoch nicht nur für eine Agentur, sondern für jedes Unternehmen typisch sind, zusammengefaßt.

b) Die Gruppenorganisation

Diese Periode war gekennzeichnet durch wachsendes Marketing-Know-how der Werbungtreibenden. Als Folge davon wurden von den Agenturen in stärkerem Maße als bisher optimale kreative Lösungen anstelle kompletter Marketing- und Werbekonzeptionen verlangt. Auf diese neuen Marktgegebenheiten reagierten die umsatzstarken Großagenturen durch die Schaffung des »*group systems*«, d. h. man gründete ebenfalls mehrere kleine »Kreativgruppen«, bestehend aus Kontakter, Layouter und Texter, die für verschiedene Auftraggeber zuständig waren.

c) Die spezialisierte Organisation

Es wurde ein Baukastensystem aufgebaut, das den weiten Bereich der Marketingkommunikation segmentiert und voneinander *unabhängige Dienstleistungsbündel* (Bedarfsbündel) anbietet. Ziel ist es, neue Zielgruppen wie z. B.

57

Handel, Behörden und Institutionen anzusprechen, bei denen z. B. die klassische Mediawerbung nur eine kleine Rolle spielt, die jedoch wachsenden Bedarf an Leistungen in den Bereichen Sales Promotion, Marktforschung, Personalwerbung, PR etc. haben. Es entstand also ein Mix aus *Basisagentur* (die nach wie vor in ihrem kreativen Kern einschließlich Kontakt bestehen bleibt) und diversen, unabhängigen *Segmentspezialisten*, womit auch dem Gedanken der »Profitcenter« Rechnung getragen wurde.

4.3   Kriterien für die Auswahl einer Werbeagentur

Beabsichtigt ein Werbungtreibender, seine werblichen Probleme zukünftig mit einer Agentur zusammen zu lösen, so stellt das Auswahlproblem den potentiellen Agenturkunden vor eine oft schwierige Aufgabe. Um sich ein generelles Bild über das vielfältige Agenturangebot und deren Leistungen machen zu können, sind folgende drei, jährlich erscheinende Werke empfohlen:
1. Das »Jahrbuch der Werbung«
2. Die »Porträts Deutscher Werbeagenturen«,
   in denen nach Postleitzonen aufgeschlüsselt Werbungsmittler vorgestellt werden.
3. GWA 1995

Weitere Fragen, die vor Abschluß eines Vertrages mit der Agentur geklärt werden sollen, lauten:
- Wie lange besteht die Agentur?
- Wer leitet die Agentur?
- Welche Produkte wurden im letzten Jahr erfolgreich eingeführt?
- Für welche Produkte bzw. Unternehmen ist die Agentur tätig?
- Welche Spezialisten mit welcher Erfahrung würden den in Auftrag gegebenen Etat verwalten?

4.4   Der Arbeitsablauf in einer Werbeagentur

Der Arbeitsablauf in einer Werbeagentur besteht aus mehreren Arbeitsstufen und Arbeitsschritten (siehe Abb. 18).
Grundlage der Zusammenarbeit zwischen Kunden und Agentur ist neben dem Agenturvertrag ein schriftlich fixiertes Briefing. Unter einem Briefing (Agentur Briefing oder Agency Brief) versteht man eine *Aufgabenstellung an eine Werbeagentur;* in ihm sind alle für die Entwicklung der neuen Werbekonzeption relevanten Unterlagen und Fakten zusammengetragen. Grundlage des Agentur Briefings ist die Marketing-Strategie, die generell festlegt, *welche Produkte auf welchen Märkten mit welchen Methoden* angeboten werden.

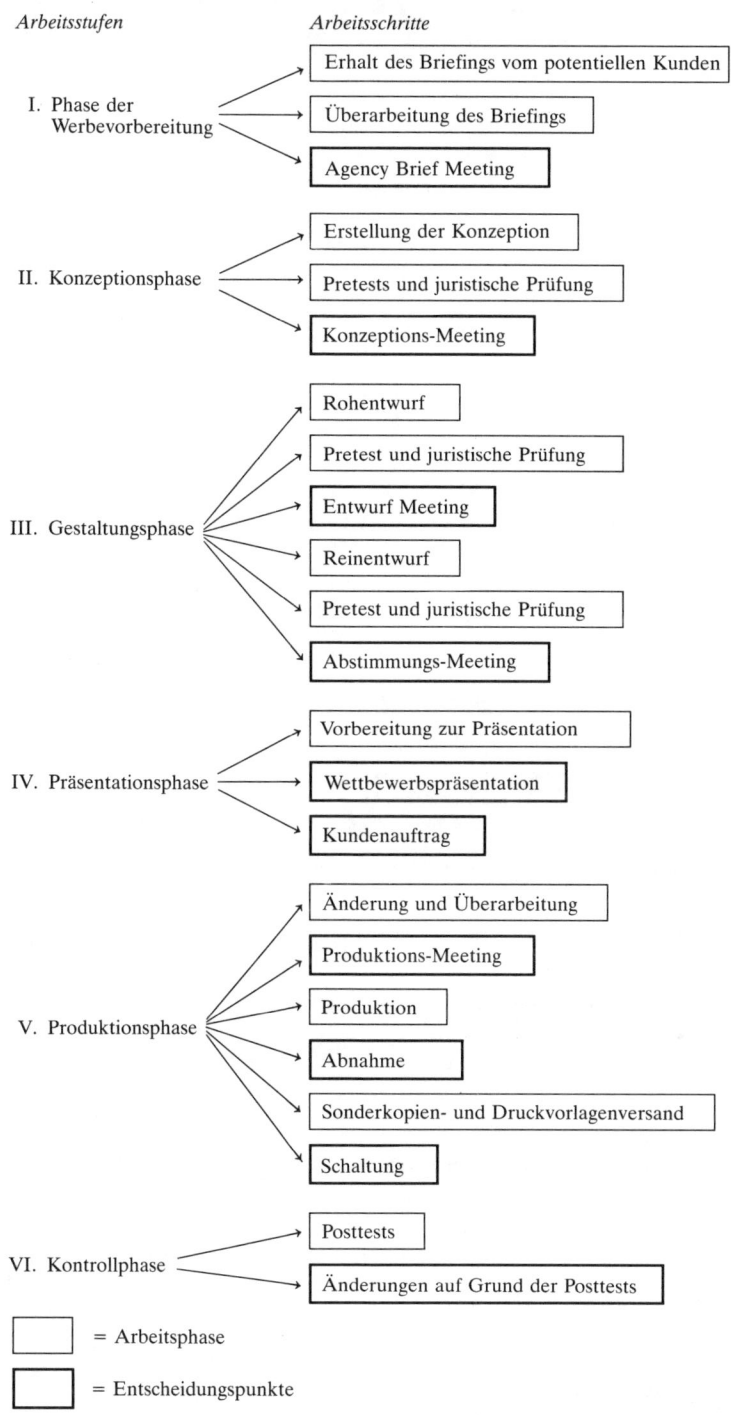

Arbeitsstufen | Arbeitsschritte

I. Phase der Werbevorbereitung
- Erhalt des Briefings vom potentiellen Kunden
- Überarbeitung des Briefings
- Agency Brief Meeting

II. Konzeptionsphase
- Erstellung der Konzeption
- Pretests und juristische Prüfung
- Konzeptions-Meeting

III. Gestaltungsphase
- Rohentwurf
- Pretest und juristische Prüfung
- Entwurf Meeting
- Reinentwurf
- Pretest und juristische Prüfung
- Abstimmungs-Meeting

IV. Präsentationsphase
- Vorbereitung zur Präsentation
- Wettbewerbspräsentation
- Kundenauftrag

V. Produktionsphase
- Änderung und Überarbeitung
- Produktions-Meeting
- Produktion
- Abnahme
- Sonderkopien- und Druckvorlagenversand
- Schaltung

VI. Kontrollphase
- Posttests
- Änderungen auf Grund der Posttests

⬜ = Arbeitsphase

⬜ = Entscheidungspunkte

Abb. 18: Arbeitsablauf in einer Werbeagentur (Dohmen 1993, S. 142)

59

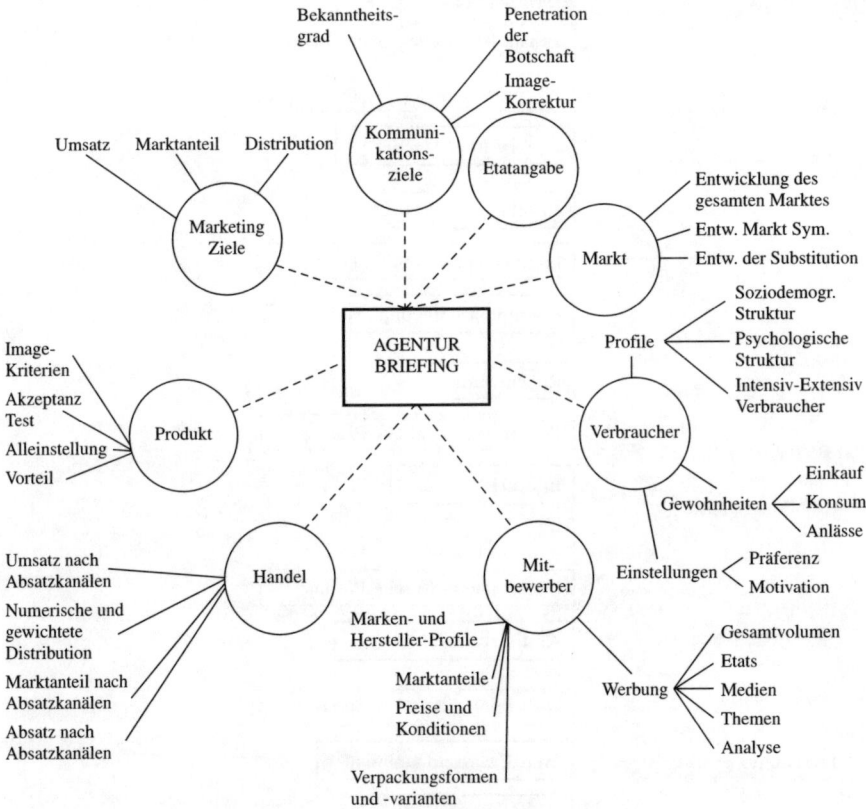

Abb. 19: Inhalt eines Briefings (siehe auch unter Kap. »Werbeanalysen«)

Den Inhalt eines Briefings zeigt Abb. 19: In unserem in Abb. 18 dargelegten Arbeitsablauf gehen wir davon aus, daß sich die Agentur neben anderen Agenturen um einen Kundenauftrag bemüht, wobei eine zwischen mehreren Agenturen durchgeführte Wettbewerbspräsentation die endgültige Entscheidung bringen soll.

4.5 Methoden der Agenturvergütung

In der Praxis kennt man verschiedene Arten der Agenturvergütung, wobei sich heute das Honorarsystem immer mehr durchsetzt. Honorarsystem bedeutet, daß unabhängig von der Größe des Werbeetats die Agentur die tatsächlich erbrachte Leistung, wie z. B. Erstellung einer Konzeption, Text- und Layouterstellung, Entwicklung von Prospekten, Direct Mail Aktionen usw., erstattet bekommt. Auch Wettbewerbspräsentationen werden selten kostenlos durchgeführt. Die möglichen Arten der Agenturvergütung zeigt Abb. 20.

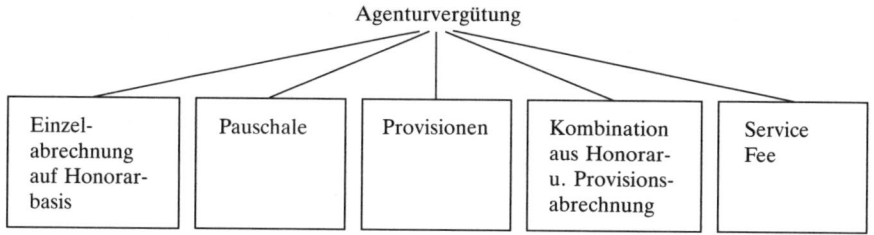

```
                        Agenturvergütung
```

| Einzel-abrechnung auf Honorar-basis | Pauschale | Provisionen | Kombination aus Honorar-u. Provisions-abrechnung | Service Fee |

Abb. 20: Arten der Agenturvergütung

Einzelabrechnung auf Honorarbasis

Für die Abgeltung von Leistungen der Werbeagenturen existieren keine verbindlichen Honorarrichtlinien wie wir dies von Ärzten, Rechtsanwälten, Notaren und Architekten kennen. Dennoch sollen einige Quellen aufgezeigt werden, die es dem Werbungtreibenden ermöglichen, sich einen Überblick über gültige Honorarrichtlinien zu verschaffen. Es sind dies folgende Informationsquellen:
– Im März 1990 erschien zum 6. Mal im INFO-Verlag, Neuss, die Studie »Leistungen und Honorare auf dem Kommunikationsmarkt«, die auf einer umfänglichen schriftlichen Befragung von Werbeagenturen/Beratern, Grafik-Designern, Textern und PR-Spezialisten, FFF-Autoren und Regisseuren beruht.

Anhand von Auftragsbeschreibungen wurden sie danach befragt, auf welcher Kostenbasis sie kalkulieren und was sie für bestimmte typische Leistungen in den letzten Monaten berechnet und erhalten haben. Zum ersten Mal wurde dabei auch die neue Kommunikationsschiene »Neue Medien« berücksichtigt.

Da die erfragten und genannten Mindest- bzw. Höchstpreise oft bis zu mehreren hundert Prozent auseinanderliegen, was für den Benutzer keinen konkreten Anhaltspunkt darstellt, wurde wie auch früher jeweils der für die betreffende Leistung errechnete statistische Mittelwert angegeben. Beispiel: Gestaltung von Prospekten bis 32 Seiten Umfang, min. DM 2 800, max. DM 100 000; der sich aus der Gesamtheit der ausgewerteten Fragebögen errechnete Mittelwert = DM 20 000. Die Marktpartner können sich also auf einen Blick orientieren, ob sie mit den von ihnen geforderten bzw. gezahlten Beträgen im Trend liegen oder um wieviel sie nach oben oder unten abweichen, was dann jeweils zu begründen wäre. Grundsätzlich gilt: Je weiter links vom Mittelwert die Zahlen liegen, desto einfacher war die Aufgabenstellung resp. die Lösung – und umgekehrt.

Wie schon bei der Umfrage 1985 ergab sich auch jetzt, daß es keine Rolle mehr spielt, zu welcher Kategorie (groß, mittel oder klein) der Anbieter zählt. Ein hochspezialisierter Grafik-Designer berechnet unter Umständen höhere Preise als ein renommiertes Design-Team mit internationalen Kunden.
– Eine weitere Orientierungsmöglichkeit für die Berechnung individueller Honorare für spezielle Grafik-Design-Leistungen unter Berücksichtigung der

Bedeutung des Auftraggebers und der Qualifikation des beauftragten Desigers bietet der Vergütungstarifvertrag, der gegen eine Schutzgebühr bei der AGD – Allianz Deutscher Grafik-Designer – in Braunschweig anzufordern ist.

- Aus dem »Etat-Kalkulator '94« des Creativ-Collection-Verlags GmbH in Freiburg/Breisgau wurden folgende Beraterhonorare entnommen:

Stundenhonorare:

Geschäftsleitung	150,– bis 500,– DM/Stunde
Beratung	100,– bis 300,– DM/Stunde
Kreation/Grafik	80,– bis 250,– DM/Stunde
Text	100,– bis 300,– DM/Stunde
Reinzeichnung	60,– bis 120,– DM/Stunde
Administration	50,– bis 90,– DM/Stunde

- Bei der Verlagsgruppe Handelsblatt, Düsseldorf kann der Werbekalender angefordert werden. Aus ihm können folgende Informationen entnommen werden:
  - Marketing/Basisdaten
  - Markt- und Mediainformationen
  - Anzeigenwerbung
  - Ausstellungs- und Messewerbung
  - Außenwerbung
  - Recht, Gebühren
  usw.

Kostenbeispiele für typische Agenturleistungen zeigt die Abb. 21. Die Zahlen stammen aus dem Etat-Kalkulator des Creativ-Collection-Verlags in Freiburg.

Die Pauschalabrechnung

Dieses Abrechnungsverfahren ist in der Bundesrepublik die am weitesten verbreitete Vergütungsform. Hierbei wird ein Leistungsumfang für meistens ein Jahr im voraus festgelegt und monatlich abgegolten. Der Vorteil der Pauschale für die Agentur besteht darin, daß sie eine gleichbleibende Honorierung erhält, selbst wenn innerhalb des festgelegten Zeitpunktes der Arbeitsanfall unterschiedlich hoch ist. Die Höhe der Pauschale beläuft sich auf ca. 12–22 % des Gesamtwerbeetats, die dann als Monatspauschale für den vereinbarten Zeitraum umgelegt wird. Alle Provisionen, die die Werbeagentur bzw. der Werbeberater erhält, werden voll an den Werbungtreibenden weitergegeben.

Kostenbeispiele für typische Agenturleistungen
(Komplette Kreativ-Leistung ohne Fremdkosten für die reproduktionsfähige Umsetzung)

Leistung*	unverbindliche Durchschnittswerte**
Anzeigen	
bis 1/1 des Seitenformats, 1farbig (Fachzeitschrift)	4250,- bis 7230,-
bis 1/1 des Seitenformats, 4farbig (Publikumszeitschrift)	4250,- bis 7230,-
Prospekte/Beihefter	
DIN A4, 2seitig, 2/2farbig	5000,-
DIN A4, 2seitig, 4/4farbig	6300,-
DIN A4, 4seitig, 4/4farbig	10 200,-
DIN A4, 6seitig, 4/4farbig	11 700,-
DIN A4, 8seitig, 4/4farbig	15 600,-
DIN A4, 16seitig, 4/4farbig (Sammelprospekt, Dokumentation)	29 200,-
Prospektmappe	
außen 4-, innen 2farbig (Angebote, Firmendokumentationen)	5100,-
Katalog	
DIN A4, 4/4farbig, 32seitig	47 800,-
ca. DIN A5, 4/4farbig, 112 Seiten	73 000,-
Geschäftsdrucksachen	
Briefblatt, Rechnung, Hülle, Geschäftskarte (2farbig)	6120,-
Signet (Firmenzeichen, Entwicklung inkl., Alternativen und sämtliche Nutzungsrechte)	4800,-
Direct-Mail	
1 Prospektbrief (DIN A4, 1seitig, 4farbig), Stuffer (DIN A4, 2seitig, 4farbig), Antwortkarte (DIN A6, 2seitig, 2farbig), Versandhülle (1farbig)	9900,-
Deko-Hilfen	
Theken-Hängedisplay oder Regalstopper (DIN A3, 4farbig)	5750,-
Warendisplay ab DIN A2, 4farbig, gestanzt	7850,-
Produktausstattung	
Verkaufsverpackung (Kartonage 8 x 8 x 15cm, 4farbig) oder Produktaufmachung wie Etikettierung, Banderole, Herstellungspreise für Kartonage	6150,-
Poster/Plakate	
DIN A1, 4farbig, 1seitig	7650,- bis 13 050,-
6/1 Plakat, 4farbig in 3 Bogen DIN A0	7650,- bis 13 050,-

* Sämtliche Preisangaben für Honorare sind unverbindliche Durchschnittswerte (ohne MWSt sowie ohne evtl. Alternativen und Änderungen) und dienen der überschlägigen Etatermittlung. Bei Nachauflagen, erweiterten Verwendungszwecken, Fremdsprachen- bzw. Auslandsverwendungen (sofern nicht anders vereinbart) kann eine Nachberechnung in Höhe von 10 – 50 % des Honorares erfolgen.

** Die Durchschnittswerte setzen sich aus folgenden Einzelaufgaben zusammen: Kontakt, visuelle Konzeption, Layout, Slogans, Texte, Reinzeichnung/Montage/DTP-Realisation, Computersatz, Offsetreproduktion mit Andruck.

Abb. 21: Kostenbeispiele für typische Einzelleistungen (∅ DM-Beträge)
Quelle: Etat-Kalkulator, Creativ-Collection-Verlag GmbH 1994

Dadurch profitiert der Werbungtreibende je nach Höhe des streufähigen Etatanteils von der Mittlerprovision, d. h. die Pauschale wird von dieser Provision ganz oder wenigstens teilweise getragen (Zuberbier 1982, S. 2369 ff.).

Es empfiehlt sich für die Werbeagenturen, am Ende des Geschäftsjahres eine Aufwand-Ertragsrechnung zu erstellen und diese dem Kunden zu präsentieren, um klarzustellen, welche Leistungen effektiv erbracht wurden und welche Vergütung die Werbeagentur dafür im Rahmen der Pauschale bisher erhalten hat. Entstehende Salden zugunsten oder zuungunsten des Werbetreibenden bzw. der Werbeagentur werden dann ausgeglichen.

Damit wird verhindert, daß durch den monatlichen Pauschalbetrag Kunde bzw. Werbeagentur das Gefühl erhalten, von der Gegenseite übervorteilt zu werden, d. h. bei den Agenturen das Gefühl »zu viel Leistung für zu wenig Geld« erbringen zu müssen, bei den Kunden das Gefühl, möglichst viele »Zusatzleistungen« im Rahmen der Pauschale der Agentur abzuverlangen.

Abrechnung auf Provisionsbasis (AE Provision)

Bekanntlich erhalten Werbeagenturen und Werbemittler, und zwar *nur diese,* für vermittelte Streuaufträge an die Werbungdurchführenden (Verlage, Funk- und Fernsehanstalten, Plakatanschlagunternehmen und Kinoverwaltungen) eine international übliche Mittlerprovision von 15 %. Diese Mittlerprovision wird üblicherweise als AE-Provision bezeichnet, was historisch bedingt ist, als nämlich die Mittlerprovisionen sich nur auf die Vermittlung von Anzeigen bezog (AE-Provision heißt Anzeigen-Expeditions-Provision).

Die Funktionsweise der AE-Provision soll an zwei Beispielen dargestellt werden:

1. Beispiel: Werbungtreibender A bucht Anzeigen bei Verlag B *ohne Einschaltung* einer Werbeagentur. Die Abrechnung zwischen Verlag und Kunde A könnte wie folgt aussehen:

Bruttopreis pro Anzeige lt. Preisliste	40 000,– DM
./. Rabatt lt. Preisliste	–,– DM
Vom Kunden an Verlag zu zahlender Betrag	40 000,– DM

2. Beispiel: Werbungtreibender A bucht Anzeigen bei Verlag B mit *Einschaltung* einer Werbeagentur. Die Abrechnung
a) zwischen Verlag und Werbeagentur sieht wie folgt aus:

Bruttopreis pro Anzeige lt. Preisliste	40 000,– DM
./. Rabatt lt. Preisliste	–,– DM
./. 15 % AE Provision	6 000,– DM
Von der Agentur an den Verlag zu zahlen	34 000,– DM

b) zwischen Werbungtreibendem und Agentur sieht wie folgt aus:

Bruttopreis pro Anzeige lt. Preisliste 4	40 000,– DM
./. Rabatt lt. Preisliste	–,– DM
Vom Werbungtreibenden an die Agentur zu zahlen	40 000,– DM

Aus den beiden Beispielen wird ersichtlich, daß ein Werbungtreibender *mit* oder *ohne* Einschaltung eines Werbeagenten für Streuaufträge *gleich viel* bezahlt, in unserem Beispiel 40 000,– DM. Trotzdem ist es für einen Werbungtreibenden günstiger, Streuaufträge über eine Werbeagentur abzuwickeln, denn bei entsprechender Größe der AE-Provision kann der Werbungtreibende von der Agentur verlangen, daß sie ihm die Konzeptions- bzw. Gestaltungsvorschläge erstellt, deren Kosten mit der Überlassung der AE-Provision an die Werbeagentur abgegolten sind.

Gerade bei kleinen Streuetats jedoch reicht die Mittlerprovision nicht aus, um die gesamten konzeptionellen, kreativen oder grafischen Leistungen der Agentur zu vergüten (Anzuwenden ist dann die Agenturvergütung als Kombination von Honorar- und AE-Provisions-System, siehe unten).

Erhalten die Werbeagenturen vom Werbungtreibenden jedoch Streuetats, die mehrere Millionen umfassen, so zeigt die Praxis folgende Variationsmöglichkeiten:

a) Der Werbungtreibende verlangt von der Werbeagentur eine *Rückvergütung,* d. h. statt 15 % AE-Provision (vom Streuvolumen) werden der Agentur nur 5 % bzw. 10 % zugebilligt, die Differenz zu 15 % verlangt der Kunde zurück.

b) Der Kunde als Werbungtreibender gründet eine eigene Agentur, eine *Hausagentur,* um damit offiziell in den Genuß der 15 % AE-Provision zu kommen.

c) Der Werbungtreibende schaltet *nur* für die Streuung eine *Streuagentur* ein, mit der ein Modus über die Rückvergütung ausgemacht wird; die konzeptionelle und kreative Ausarbeitung der Werbekonzeption liegt in Händen einer anderen Agentur, die beispielsweise nach dem Honorar-System entlohnt wird.

Kombination aus Honorar- und Provisionsabrechnung

Gewisse Agenturleistungen wie z. B. die Erstellung der Werbekonzeption und Gestaltungsvorschläge werden mit der Mittlerprovision beglichen, für darüber hinausgehende Arbeiten (Realisation, Produktion bzw. für besondere Serviceleistungen) wird auf Honorarbasis oder pauschal abgerechnet. Für den Kunden können sich dadurch oft erhebliche Einsparungen ergeben, wie folgendes Beispiel zeigt:

Beispiel:
Der Gesamtumsatz für die Agentur beträgt: DM 400 000
– davon streufähig   DM 160 000
– nicht streufähig   DM 240 000
– geforderte Agenturvergütung 30 %:   **DM 120 000**
aber:
– Der Kunde zahlt nur 24 % (DM 96 000) des Gesamtetats, denn

– Vergütung der Medien und	DM 24 000
– Pauschal vereinbartes oder nach Objekt und Aufwand berechnetes Honorar	DM 96 000

ergeben die geforderten 30 % in Höhe von: **DM 120 000**

Die Service-Fee-Abrechnung

Es handelt sich hierbei um ein aus der amerikanischen Werbepraxis übernommenes Leistungsberechnungssystem. Alle bei der Werbeagentur durchlaufenden Rechnungen werden nach Kürzung des meist 15prozentigen Agenturrabatts mit einem Aufschlag (Service-Fee) von **17,65 %** bei der Weiterberechnung an den Werbungtreibenden belastet. Damit ist der vom Kunden zu bezahlende Bruttobetrag wieder hergestellt. Der Service-Fee-Prozentsatz kann je nach Leistungsaufwand auch zwischen 3–17 % variieren.
Die Service-Fee-Abrechnung findet man z. B., wenn eine Werbeagentur Aufträge an Druckereien, Satzanstalten bzw. Reproanstalten erteilt, ferner auch bei der Abrechnung von Organisationskosten wie Telefon, Telex, Porto und Fahrten.

4.6   Die Hausagentur

Hausagenturen sind Dienstleistungsunternehmen, die wirtschaftlich und rechtlich eng an eine Firma gebunden sind. Hausagenturen als klassische Full-Service-Agenturen sind in der Industrie nur noch selten, im Handelsbereich noch öfters anzutreffen (vgl. Pflaum 1993 b, S. 80).

Eine *Hausagentur* liegt dann vor, wenn
1. die Mehrheit des Kapitals der Agentur in den Händen des Werbungtreibenden liegt, der die Agentur überwiegend oder ausschließlich beschäftigt bzw. durch beeinflußte Unternehmen beschäftigen läßt;
2. die Leistungen quantitativ und qualitativ die gleichen sind, wie sie auch eine unabhängige Agentur zu leisten vermag.

Vorteile einer hauseigenen Werbeagentur sind:
1. Erhalt der Vermittlerprovision von 15 % vom Werbungdurchführenden.
2. Durch zentralen Mediaeinkauf für die dem Konzern angeschlossenen Tochtergesellschaften Erlangung von Höchstrabatten seitens der Werbungdurchführenden.
3. Garantie für die Einhaltung des von der Konzernspitze beabsichtigten Werbestils.
4. Akquisition von neuen, unabhängigen Werbungtreibenden, die ebenfalls ihre Kampagnen von der Hausagentur konzipieren und durchführen lassen, d. h. Gewinnung von Fremdetats.

Nachteile einer hauseigenen Werbeagentur sind:
1. Hohe Investitionskosten insbesondere auf dem Personalsektor, die bis zu 75 % der Ausgaben ausmachen.
2. Problem der Auslastung der teuer eingekauften Spitzenkräfte.
3. Gefahr der Betriebsblindheit, da wenig Vielfalt in der Etatpalette.
4. Mangelndes Durchsetzungsvermögen der Agenturleitung gegenüber der Konzernspitze.
5. Hohe Fixkosten (z. B. Gehälter, Sozialleistungen), die in Zeiten werblicher Flaute kurzfristig nicht abgebaut werden können.

4.7 Die Mediaagentur

Mediaagenturen sind Dienstleistungsbetriebe, die sich hauptsächlich mit der Planung, dem Einkauf und der Abwicklung von Streuaufträgen befassen. Es gibt unabhängige Mediaagenturen, den Werbeagenturen vorgeschaltete oder hausagenturähnliche Mediaagenturen.

Der Vorteil der Mediaagenturen liegt in einer hohen Fachkompetenz, die sowohl dem Werbungtreibenden als auch den Medien selbst zugute kommt. Der Nachteil ist in der Einkaufsmacht zu sehen,die unter Umständen die Mediaanbieter und Druck setzt (Pflaum 1993 b, S. 69 ff).

4.8 Die Internationalisierung der Agenturen

Insbesondere durch den Prozeß der europäischen Integration stellt sich den Agenturen zunehmend die Frage, in welchem Ausmaß ein Engagement in einem Partnerland der Europäischen Gemeinschaft oder im übrigen Ausland stattfinden soll.

Die Gründung von Ketten unabhängiger Agenturen (Networks) bietet sich als Möglichkeit an: Inländische und ausländische Agenturen schließen sich zu einer »Agenturkette« mit langfristiger Bindungsabsicht zusammen, um europaweit und weltweit dauerhaft Kunden betreuen zu können. Dennoch bleiben die einzelnen Glieder der Kette selbständig und unabhängig.

Der Vorteil dieser »Ketten-Agenturen« liegt in der Schaffung von Alternativen zu den multinationalen Agenturkonzernen, ferner profitieren die Partner von einem intensiven Erfahrungsaustausch sowie von der Vermittlung von Kunden.

Probleme entstehen bei der Teilung der Provision sowie bei der Heterogenität der Mitglieder in bezug auf ihr Leistungsniveau und durch das eventuelle gegenseitige Blockieren der »Ketten-Agenturen« durch Konkurrenz-Etats (Pflaum 1993 b, S. 69 ff).

5 Überregionale inländische Werbeorganisationen

5.1 Der »Zentralverband der deutschen Werbewirtschaft« (ZAW)

a) Zielsetzungen

Der ZAW wurde 1949 gegründet und wird als die »Dachorganisation der Werbung« bezeichnet. 45 Verbände sind dem ZAW angeschlossen; die gemeinsamen Ziele sind in § 2 der ZAW-Satzung von 1972 festgelegt:
- Der ZAW widmet sich allen Angelegenheiten der Wirtschaftswerbung.
- Eine staatliche Werberegelung und Werbeaufsicht soll durch die Tätigkeit des ZAW entbehrlich werden.

b) Die ZAW-Kommunikationsarbeit

- Der als Monatsdienst erscheinende »ZAW-Service« enthält Nachrichten aus der Werbewirtschaft, daneben regelmäßig Interviews mit den führenden Politikern der im Bundestag vertretenen Parteien, so daß langfristige Vorurteile und Wissenslücken abgebaut werden und damit ein wesentlicher Beitrag zur primären Zielsetzung des ZAW, nämlich den Staatseinfluß auf die Werbung nicht weiter zu vergrößern, geleistet wird.
- Auch im pädagogischen Bereich leistet der ZAW Aufklärungsarbeit durch seine Lehrer- und Schülerhefte für die Sekundarstufen I und II.
- Folgende Publikationen sind beim ZAW erhältlich:
  - Werbung in Grenzen, Report über das Netz der Werbekontrolle in der BRD
  - Deutscher Werberat – Ordnung, Leistungen & Ergebnisse
  - Spruchpraxis Deutscher Werberat, Ausgewählte Einzelfälle
  - Thema Werbung, Beiträge zu öffentlich diskutierten Werbethemen
  - Gesundheit – Heilsame Fakten zur Publikumswerbung für Arzneimittel
  - Unterschwellige Werbung – Neun Thesen
  - Nüchterne Fakten zur Werbung für alkoholische Getränke
  - Zigarettenwerbung – Fakten ohne Filter
  - Post von der Werbung, Was Verbraucher wissen sollten
  - Werbung, Aufgaben, Grenzen und Kanäle, Schülerheft
  - Werbung, Wirtschaft & Gesellschaft, Unterrichtsmaterial für Lehrer
  - Was ist Werbung? – Unterrichtsmaterial für Lehrer
  - Schleichwerbung, Fallbeispiele, Rechtsprechung, Richtlinien
  - ZAW-Rahmenschema für Werbeträger-Analysen, Allg. Regeln und Empfehlungen
  - Allgemeine Geschäftsbedingungen für Anzeigen und Fremdbeilagen in Zeitungen und Zeitschriften

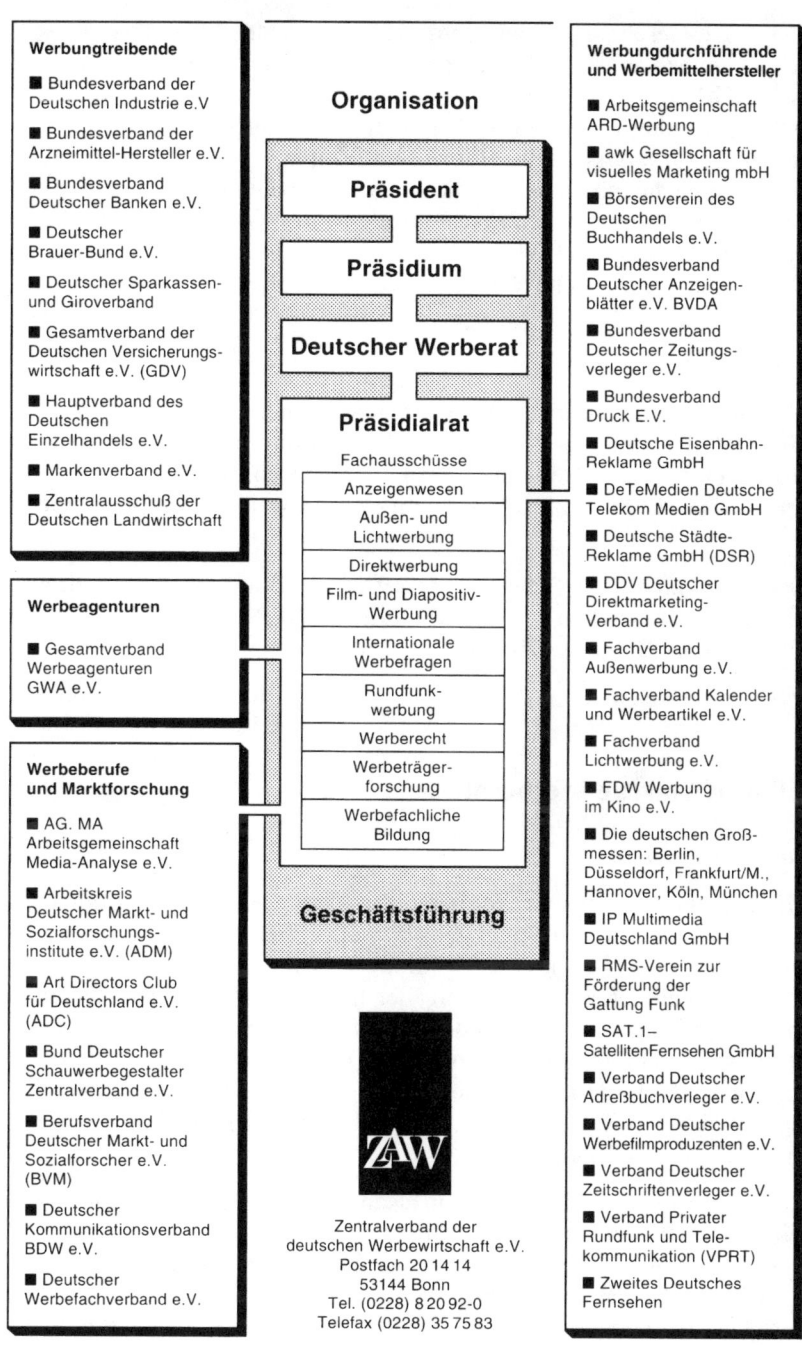

Abb. 22: Struktur und Organisation des Zentralverbands der deutschen Werbewirtschaft (ZAW)
Quelle: Werbung in Deutschland 1995. ZAW-Jahresbericht

- Allgemeine Geschäftsbedingungen für den Plakatanschlag
- ZAW-Kommentar AGB Werbung in Filmtheatern
- ZAW-AGB Anzeigenwesen
- ZAW Richtlinien für redaktionell gestaltete Anzeigen
- Richtlinien für redaktionelle Hinweise in Zeitungen und Zeitschriften
- Richtlinien Geheimhaltungspflicht bei Anzeigenaufträgen
- Schließlich bietet der jährlich erscheinende Jahresbericht des ZAW (z. B. *»Werbung in Deutschland 1995«*) den wohl aktuellsten und umfassendsten Überblick über die deutsche Werbewirtschaft.

c) Die Organisation des ZAW

Dem ZAW gehören die Gruppen der Werbungtreibenden, der Werbungdurchführenden und Werbemittelhersteller, der Werbeberufe und Marktforschung, der Werbeagenturen und Werbemittlungen an. Daneben existieren noch ständige Fachausschüsse, die mit Sachverständigen der jeweiligen Gruppen besetzt sind.

In die Fachausschüsse entsenden die betreffenden Branchen ihre Vertreter. Aufgabe der Fachausschüsse ist es z. B. Normen und Richtlinien zu erlassen, die für die gesamte Branche Gültigkeit besitzen.

5.1.1 Der »Deutsche Werberat«

Zielsetzung

Der 1972 gegründete Deutsche Werberat, zusammengesetzt aus Mitgliedern des ZAW-Präsidiums, hat folgende Zielsetzung: Förderung der Werbeselbstkontrolle durch »moral persuasion« der Betroffenen.
Der Werberat schaltet sich aufgrund eigener Initiative oder bei Beschwerden Außenstehender, bei gesetzwidrigen oder zweifelhaften Werbemaßnahmen am Rand der Legalität ein, d. h. die betroffene Firma und/oder Agentur wird zur Stellungnahme aufgefordert. In den behandelten Fällen konnte fast immer eine Einigung mit dem Beschwerdeführer, dem betroffenen Unternehmen und der Werbeagentur erzielt werden.

Dazu ein *Beispiel:* Für die Einführungskampagne des Opel Manta wurde in Anzeigen ein Rennwagen und ein Grand-Prix-Sieger abgebildet. Der dazugehörige Slogan lautete: »Ich träumte, ich hätte mit dem neuen Opel Manta dem Champion den Grand-Prix abgejagt.« Diese Anzeige wurde vom Deutschen Werberat mit der Begründung beanstandet, daß sie mißverständlich sei und beim unbedachten Verbraucher leicht als Aufforderung zum Rasen verstanden werden könnte. Das Anzeigenmotiv wurde daraufhin nicht mehr geschaltet.

Entwicklung von Verhaltensregeln

Um der werbungtreibenden Wirtschaft Richtlinien für die Werbepraxis zu geben, wurden mehrere Verhaltensregeln verabschiedet, die sich bisher bewährt haben. Es sind dies u. a.:
- »Verhaltensregeln für die Werbung mit und vor Kindern« in Funk und Fernsehen. Über die Einhaltung der Regeln wachen die Werbegesellschaften der ARD-Rundfunkanstalten und das ZDF, ferner die privaten Sender.
- »Verhaltensregeln über die Werbung für alkoholische Getränke«. Die Regeln sind verbindlich sowohl für die Hersteller, Importeure, als auch für die Werbewirtschaft.

5.1.2 Die »Informationsgemeinschaft zur Feststellung der Verbreitung von Werbeträgern e. V.« (IVW)

Zielsetzungen

Die Informationsgemeinschaft zur Feststellung der Verbreitung von Werbeträgern (IVW) mit Sitz in Bonn-Bad Godesberg ist eine Tochterorganisation des ZAW und hat sich zur Aufgabe gemacht, vergleichbare und objektiv ermittelte Unterlagen über die Verbreitung eines Werbemittels zu beschaffen und den interessierten Werbungtreibenden wie auch Werbeagenturen bereitzustellen (vgl. § 1 der IVW-Satzung von 1973).

Die IVW-Daten dienen der Werbeplanung. Sie helfen Werbungtreibenden und Werbeagenturen, geeignete Werbeträger auszuwählen und ökonomisch einzusetzen. Im Vordergrund der IVW-Berichterstattung stehen Daten über die Verbreitung von Werbeträgern, d. h. die IVW überprüft die ihr von Verlagen, Plakatanschlag- und Filmtheaterunternehmen, ferner von Unternehmen der Verkehrsmittelwerbung mitgeteilten Zahlen, beglaubigt und veröffentlicht sie (Pflaum 1993 b, S. 69 ff.). Ein neuer IVW-Service ist die Einschaltkontrolle bei TV- und Funkspots.

Gegenstand der IVW-Tätigkeit

Im einzelnen erstreckt sich die IVW-Tätigkeit bei
- *Verlagen*
  von Zeitungen, Zeitschriften und sonstigen periodischen Presseerzeugnissen auf die Kontrolle der gemeldeten Auflageziffern;
  von Fachzeitschriften sowohl auf die Auflagenkontrolle als auch darüber hinaus auf die festgestellte Strukturanalyse der Empfängerschaft (Unternehmen) bzw. der Leserschaft;
- *Unternehmen*
  für Plakatanschlag, Verkehrsmittel- und Großflächenwerbung auf die Bestätigung der gemeldeten Anschlagstellen sowie deren Zustand (d. h. Reparatur-

bedürftigkeit der Stellen, Sauberkeit des Anschlags etc.) sowie der Werbemöglichkeiten in und an Verkehrsmitteln;
- *Filmtheatern*
auf die Überprüfung der gemeldeten Besucherzahlen.

IVW-Reform 1990

Ab 1. Januar 1990 gelten neue, von der werbenden Wirtschaft initiierte IVW-
Richtlinien, nach denen die Verkaufsauflagen detaillierter als bisher zu melden
und auszuweisen sind. Außerdem gibt es »härtere« Werte. Bislang hätte man
eine Zeitschrift für nur 10 Pfennig verkaufen können, um nach den IVW-Richt-
linien als Verkaufsauflage deklariert zu werden, und auch solche Exemplare
wurden in der Berichtsspalte *Verkauf* ausgewiesen, die ins Ausland geliefert
und somit dem inländischen Markt und einheimischen Produkten als Werbeträger gänzlich verloren gingen.
Die Auflagenmeldungen der IVW 1990 haben sich folgendermaßen verändert:
- *verbreitete Auflage:*
Trennung nach In- und Ausland
- *verkaufte Auflage:*
Trennung nach Inlands- und Auslandsverkauf
- *abonnierte Exemplare – davon Mitgliederstücke:*
Nur Exemplare, die zum regulären Abo-Preis verkauft werden, Mitglieder-
stücke werden gesondert ausgewiesen
- *Einzelverkaufsauflage:*
Nur voll bezahlte Hefte werden als verkaufte Exemplare anerkannt
- *Sonstiger Verkauf:*
Neue Rubrik mit gesonderter Ausweisung von Lesezirkel, Sammelbezug und
Bord-Exemplaren
- *Remittenden:*
Zurückgenommene oder gutgeschriebene Exemplare können auf separatem
Formular gemeldet werden.

Allerdings führen die ab 1990 gültigen neuen Richtlinien zur Auflagenmeldung
nicht zu einer völlig veränderten Darstellung der Veröffentlichung.
Die auszuweisenden Auflagenkategorien waren für die Werbung schon immer
von unterschiedlicher Qualität. Bisher war es jedoch nicht einfach, diese qualitativen Unterschiede in den Planungsprozeß voll einfließen zu lassen. Die jetzt
ausgewiesenen Auflagestrukturen machen Werbeträgerleistungen sehr viel
transparenter als bisher.

Das IVW-Zeichen:

Das obenstehende Zeichen ist das Kennzeichen derjenigen Verlage, Plakatanschlagunternehmen, Unternehmen für Verkehrsmittel- und Filmtheaterwer-

bung, die sich durch ihren Beitritt zur IVW für eine Förderung der Klarheit und Wahrheit in der Werbung entschlossen haben (vgl. § 1 Zeichensatzung für das IVW-Zeichen). Für Fachzeitschriften gilt ebenfalls das IVW-Zeichen, das jedoch um die Buchstaben
A P F = Analysen – Prüfung – Fachzeitschriften erweitert wurde:

5.2 Der »Gesamtverband Werbeagenturen« (GWA) e. V.

Entstehung (Pflaum 1993 b, S. 81)

Der Gesamtverband Werbeagenturen GWA e. V. wurde im November 1986 in Frankfurt gegründet. Er löst die beiden bisherigen Organisationen ab, nämlich die Gesellschaft Werbeagenturen GWA in Frankfurt am Main und den Wirtschaftsverband Deutscher Werbeagenturen (WDW) in Düsseldorf. Bisher bestanden beide Organisationen nebeneinander. Beide vertraten ihre eigenen Ziele und verhinderten damit, daß sich die Werbebranche wirksam mit einer Stimme artikulieren konnte. Dies gehört nun der Vergangenheit an.

Im Jahre 1992 hatte der Gesamtverband Werbeagenturen ca. 170 Mitglieder, die knapp 10 000 Mitarbeiter beschäftigen; 85 % der agenturrelevanten Werbeinvestitionen entfielen auf sie. Das im Jahre 1992 betreute Werbevolumen betrug über 12 Milliarden DM. Die positive Umsatzentwicklung des Gesamtverbandes Werbeagenturen GWA beruhte einmal auf den verstärkten Werbeinvestitionen in den neuen Bundesländern, aber auch in der erweiterten Möglichkeit, private Rundfunk- und Fernsehanstalten als Werbeträger zu nutzen (Pflaum 1993 b, S. 69 ff.).

Satzung

In der Satzung des Gesamtverbandes Werbeagenturen (Sitz Frankfurt) wird der Zweck des Verbandes in § 3 wie folgt definiert:
Zweck des Verbandes ist die Wahrung und Förderung der gewerblichen und fachlichen Interessen seiner Mitglieder.
Pflichten der Mitglieder (§ 8): Die Mitglieder verpflichten sich, den Verband nach besten Kräften zu fördern und alle zur Erreichung des Zwecks des Verbandes und zur Durchführung seiner Einrichtungen und Leistungen erforderlichen Auskünfte zu erteilen.
Die Grundsätze des GWA: Die Mitglieder des Gesamtverbandes Werbeagenturen verpflichten sich freiwillig, verschiedene Grundsätze einzuhalten, von denen einige hier zitiert werden sollen:
– Kundenorientierung: Die Kernfunktionen einer GWA-Agentur umfassen Werbeberatung, Werbeplanung, Werbegestaltung und Werbedurchführung.

73

- Fachliche Kompetenz: Zur Erhaltung und Verbesserung des Leistungsstandards werden Mitarbeiter und Nachwuchs geschult und auf dem aktuellen Stand des Kommunikations-Know-hows gehalten.
- Wettbewerb: Eine GWA-Agentur erbringt keine unentgeltlichen Vorleistungen. Damit ist auch eine sog. kostenlose Wettbewerbspräsentation mit visualisierten Vorschlägen (Umsetzung) ausgeschlossen. Eine GWA-Agentur achtet durch Zeiterfassung und Betriebskostenrechnung auf die Wirtschaftlichkeit des Etats für jeden einzelnen Kunden.
- Serviceleistungen des GWA: Besondere Kennzeichen des neugegründeten Verbandes sind seine vielfältigen Serviceleistungen für die Mitglieder.

Serviceleistungen

a) Serviceleistungen nach innen
1. Managementhilfen
   - u. a. Umsatzerhebungen und Agenturstandortanalysen sowie Kommentierung zu aktuellen Branchenentwicklungen und Vergleiche
2. Beratungsservice
   - u. a. Media-Informationsservice, Rechtsberatung, Rechnungswesen
3. Schulungskurse und Workshops
4. Media-Forschungsaktivitäten
   - Ziel: Stärkung der Mediakompetenz von Werbeagenturen im Wettbewerb gegenüber Media-Agenturen
5. Publikationen
6. Ausbildung und Nachwuchs

b) PR-Schwerpunkt-Projekte
z. B. W&V-Special »Werbeagenturen«, gesamter »Effie«-Komplex oder »Werbung und redaktionelles Umfeld«.
Die Liste läßt sich vor allem aus den Projekten »Seminare und Workshops« sowie »Publikationen« beliebig ergänzen.
Wer sich für ein Praktikum oder ein Traineeprogramm in einer der GWA-Agenturen interessiert, kann beim GWA die aktuelle Liste der Mitglieds-Agenturen anfordern.
Der GWA-Effie zählt heute zu den anerkanntesten Auszeichnungen der Werbung. 1981 wurde er zum erstenmal ausgeschrieben. In der Zwischenzeit fanden zahlreiche Wettbewerbe im Jahresrhythmus statt. Prämiert werden Werbekonzeptionen, die in hartumkämpften Märkten Marken bzw. Images positionieren bzw. verteidigen. Eine Jury vergibt den Effie in Gold, Silber und Bronze in den Kategorien Konsumgüter, Gebrauchsgüter, Handel, Dienstleistungen und Unternehmensdarstellung. Darüber hinaus kann die Jury zusätzlich Kategorien bilden, wenn dies die Einsendungen nahelegen.

5.3 Der »WIW-Wirtschaftsverband inhabergeführter Werbeagenturen«

Entstehung:

Der WIW mit ca. 40 Mitgliedern firmierte bis 1982/83 unter dem Namen 3W-Verband (Wirtschaftsverband, Werbeagenturen, Werbevermittler e. V.). Im WIW haben sich kreative mittlere und kleinere Agenturen zusammengefunden. Fast alle WIW-Agenturen wurden von ehemaligen Mitarbeitern großer Werbeagenturen gegründet. Wer WIW-Mitglied werden will, muß als Agenturinhaber aktiv am Agenturgeschehen beteiligt sein und ferner seit 2 Jahren eine Agentur leiten. Die Geschäftsstelle des WIW befindet sich in Stuttgart.

Ziele:

Der »WIW-Verband« will mithelfen
– für ein besseres Ansehen der profilierten Agenturen zu sorgen,
– Wettbewerbsverstöße zu ahnden, auch bei Agenturen,
– klare Berufsbilder und Ausbildungsvorschriften zu verlangen und
– die Sache der Werbung immer wieder an die Öffentlichkeit zu tragen.

Leistungen

Der WIW bietet seinen Mitgliedern
– telefonische Auskünfte über wettbewerbsrechtliche Fragen vom Justitiar
– Rechtsschutz für Mitgliedsagenturen
– betriebswirtschaftliche Hilfen
– einen Standardagenturvertrag
– Ausbildungspläne für Lehrlinge und Praktikanten
– Arbeitshilfen und Vergleichsdaten zur Kosten- und Erlössituation
– Merkblätter über steuerliche Probleme

5.4 Die »Arbeitsgemeinschaft Media-Analyse e. V.« (AG.MA.)

Entstehung

Hervorgegangen aus der Arbeitsgemeinschaft Leseranalyse (1954–1971) existiert die Arbeitsgemeinschaft Media-Analyse (AG.MA.) seit 1972. Die Umbenennung wurde notwendig, nachdem sich die Forschung der Arbeitsgemeinschaft ab 1972 nicht nur auf die Printmedien, sondern auch auf die elektronischen Medien bezog.

Die wissenschaftliche Erforschung der Massenmedien ist Hauptaufgabe der AG.MA. In Zukunft sollen jedoch außer den Media-Daten auch Informationen aus anderen Bereichen, vor allem Konsumdaten erhoben und ausgewiesen werden.

Mitglieder

Zu den ca. 130 Mitgliedern der AG.MA. zählen Werbungtreibende, Werbeagenturen, Zeitschriften- und Zeitungsverlage, Hörfunk- und Fernsehanstalten, die Lesezirkel und die Kinowerbung.

Veröffentlichungen

Alljährlich erscheint die mehrbändige MA (Media-Analyse), die Leser-, Seher- und Hörerdaten für die Mediaplanung zur Verfügung stellt. Der Media-Microzensus GmbH, als Tochtergesellschaft der AG.MA., obliegt die organisatorische und kaufmännische Abwicklung der Forschungsvorhaben auf dem Gebiet der Massenkommunikation. Die Basis der Media-Analyse sind 21 000 Interviews jährlich, die im Auftrag von sechs Marktforschungsinstituten durchgeführt werden. In dieser Stichprobe sind repräsentativ alle Deutschen der Bundesrepublik ab 14 Jahren vertreten. (1992 wurden diese Daten separat für die neuen Bundesländer angeboten.) Mit einheitlichen Fragebögen wird das Lese-, Hör- und Sehverhalten der Bevölkerung ermittelt und die Statistik der Befragten aufgenommen. Die Erhebung läuft über das Kalenderjahr und erfaßt somit auch alle eventuellen saisonalen Schwankungen.

Finanzierung

Die Finanzierung der gemeinsam durchgeführten Aufgaben, insbesondere der jährlich veröffentlichten Media-Analyse (MA), erfolgt durch Kostenbeiträge der Mitglieder, die nach einem für die Mitgliedergruppen unterschiedlichen Schlüssel erhoben werden.

5.5 »BDW – Deutscher Kommunikationsverband«

Geschichte

Der BDW – Deutscher Kommunikationsverband wurde 1953 in Goslar als BDW – Bund Deutscher Werbeberater und Werbeleiter gegründet. 1979 wurde aufgrund der veränderten Mitgliederstruktur und eines veränderten Berufsfeldes der BDW zum BDW – Deutscher Kommunikationsverband umbenannt. Die Geschäftsstelle des Verbandes befindet sich heute in Bonn.

Mitglieder

Gegenwärtig hat der BDW – Deutscher Kommunikationsverband 4500 Mitglieder und eine heterogene Mitgliederstruktur. So sind vor allem aus den Bereichen Marktforschung, Marketing und PR in den letzten Jahren neue Mitglieder zum Verband gestoßen. Ebenso ist in den letzten Jahren zu beobachten, daß im industriellen Sektor der Konsumgüterbereich im Verhältnis zum Investitionsgüterbereich besser abschneidet. Außerdem kann in der Stellung der Neumitglieder bezüglich der Unternehmenshierarchie eine Aufwärtsbewegung in Richtung der unmittelbaren Entscheidungsträger festgestellt werden. Die Mitglieder zahlen einen Jahresbeitrag von 380,- DM. Außerdem wird ein Eintrittsgeld von 150,– DM erhoben. Studienmitglieder zahlen bis zur Beendigung ihrer Ausbildung einen Jahresbeitrag von 75,- DM. Wer dem BDW als ordentliches Mitglied beitreten möchte, muß seine Aufnahme beim BDW schriftlich unter Angabe aller vom Verband gewünschten Auskünfte beantragen. Über die Aufnahme entscheidet das zuständige Aufnahmegremium. Der BDW führt eine Berufsrolle. Sie enthält
- von ordentlichen und außerordentlichen Mitgliedern neben einem Lichtbild persönliche und berufliche Daten
- von den fördernden Mitgliedern eine Kurzcharakteristik.

Die in der Berufsrolle eingetragenen Personen dürfen sich »Mitglied des BDW« nennen oder ihrem Namen die Buchstaben »BDW« anfügen.

Leistungen

- Einen Schwerpunkt der Service-Arbeit bildet die Veröffentlichung verschiedener jährlich erscheinender Projektarbeiten aus den Bereichen Kommunikationswirkung, Neue Medien, Rechtsprobleme.
- Der Verband hat sich die Neuordnung des Ausbildungsberufes Werbekaufmann zur Aufgabe gemacht.
- Außerdem wird jährlich zur Stärkung des werbefachlichen Nachwuchses der »Dr. Manfred Schütte Preis« ausgeschrieben. Er soll die Zusammenarbeit zwischen Praxis und Theorie fördern. Die preisgekrönten Arbeiten werden veröffentlicht, um damit dem werbefachlichen Nachwuchs die Gelegenheit zu geben, seine Arbeitsergebnisse der Fachöffentlichkeit bekannt zu machen. Studenten an Universitäten und Hochschulen beteiligen sich an diesem Wettbewerb.
- Die BDW-Clubarbeit nimmt mit mehr als 100 Fachveranstaltungen in den 20 regionalen Clubs des BDW- Deutscher Kommunikationsverband eine wichtige Stellung ein. Die Fachveranstaltungen dienen der fachlichen Fortbildung auf dem Gebiet der Kommunikationswirtschaft.

Aufgaben

Der BDW – Deutscher Kommunikationsverband hat sich mit seiner Satzung vom 25. 05. 1979 Aufgaben gestellt, die als generelle Leitlinien für die Arbeit des Verbandes gelten. Dies sind u. a.:

- Er soll für die Bedeutung der Kommunikationsarbeit im demokratischen und sozialen Rechtsstaat sowie in der Marktwirtschaft eintreten,
- ferner den im Verband zusammengeschlossenen Berufen das Ansehen verschaffen, das ihrer Bedeutung in der Gesellschaft entspricht,
- bei der Ausbildung des beruflichen Nachwuchses mitarbeiten und die Forschungs- und Lehreinrichtungen fördern,
- mit Universitäten, Hochschulen, Akademien, Werbefachschulen und ihren Dozenten Kontakte pflegen und zusammenarbeiten,
- mit Spitzenverbänden und Organisationen im In- und Ausland auf Gebieten gemeinsamen Interesses zum Vorteil der Mitglieder zusammenarbeiten,
- die Mitglieder auf fachgerechte und ehrenhafte Berufsausübung verpflichten.

Weitere Aufgaben im Interesse der Mitglieder sind u. a.:

- Raterteilung in fachlichen Fragen auf dem Gesamtgebiet der Kommunikationsarbeit, gutachterliche Stellungnahmen im Falle von Streitigkeiten,
- juristische Beratung in Fachfragen,
- Auskunftserteilung zu fachspezifischen Steuerproblemen, Versicherungsfragen etc.,
- Projektarbeit in den Bereichen Beratung, Direktwerbung, Forschung, Kreation, Media, Messe und Ausstellungen, Public Relations und Verkaufsförderung.
- Jährlich finden 300 Fachveranstaltungen im gesamten Bundesgebiet statt, es sind dies Referate, Podiumsdiskussionen, Workshops und Seminare.

5.6 Der »Bund Deutscher Verkaufsförderer und Verkaufstrainer e. V.« (BDVT)

Entstehung

Der BDVT wurde 1964 gegründet. Ihm gehören heute über 1000 Mitglieder an (Einzelpersonen und Firmen). Der BDVT hat sein Zentralsekretariat in Meerbusch bei Düsseldorf.

Aufgaben

Der BDVT – Bund Deutscher Verkaufsförderer und Verkaufstrainer e. V. nimmt die ideellen und wirtschaftlichen Interessen von angestellten und freiberuflichen Verkaufsförderern und Verkaufstrainern wahr. Der Verband repräsentiert die einzige berufsständische Vereinigung für Verkaufsförderer und Verkaufstrainer im deutschsprachigen Raum.

Dienstleistungen des BDVT

Der Schwerpunkt der Aktivitäten liegt auf dem Angebot von Bildungsveran-staltungen wie Tagungen, Seminare, Kongresse. Jeweils im Mai erfolgt der Bundeskongreß, der unter einem bestimmten Motto steht. Ferner widmen sich ständige Arbeitskreise speziellen Problemen und geben Anregungen für per-sönliche Entwicklung. Regionalkreise laden in den Bundesländern allmonatlich zu Veranstaltungen ein. Der BDVT erstellt Daten und Zahlen über Aufwendun-gen und Ergebnisse der Verkaufsförderung und des Verkaufstrainings in der deutschen Wirtschaft.

III Werbeanalysen als Vorarbeiten für die Erarbeitung einer Werbekonzeption

1 Vorarbeiten für die Werbeplanung

Planung ist i. d. R. Zielsetzung und Suche nach Mitteln und Wegen, die geeignet erscheinen, diese Ziele optimal zu erreichen. Jede Planung versucht, das Geschehen nicht dem Zufall zu überlassen.

Der Wert der Planung steht und fällt mit der Menge und Qualität der über den zu planenden Gegenstand zur Verfügung stehenden *Informationen*. Die Erfassung der Plandaten steht somit am Beginn jedes Planungsprozesses. Dies gilt für alle betrieblichen Planungsbereiche und damit gleichermaßen für die Werbeplanung. Soll deren Wirkung nicht dem Zufall überlassen werden, so muß am Beginn eine systematische Erforschung aller relevanten Gegebenheiten stehen, auf deren Grundlage eine *marktgerechte* Konzeption erstellt werden kann.

Wie auch in anderen betrieblichen Planungsbereichen schafft ein solches Vorgehen das Risiko für Fehlentscheidungen in der Werbeplanung nicht ab. Letzte Sicherheit für den Erfolg der Planung kann auch hierdurch nicht geliefert werden. Doch kann das Risiko unter den jeweils gegebenen Möglichkeiten minimiert, die Sicherheit bei gegebener Datenkonstellation maximiert werden.

Im Bereich der Absatzwerbung treten zunächst folgende Fragen auf:
- Welche Informationen sind es, die in der Regel benötigt werden?
- Wie erhalte ich diese Informationen?

Aufgabe dieses Lehrbuches ist es nicht, die zweite Frage näher zu beleuchten, denn dabei handelt es sich um die Methoden der primär- und sekundärstatistischen Marktforschung, die in Spezialliteratur behandelt werden.

Man kann die Vorarbeiten zur Erarbeitung von Werbekonzeptionen auch als *Werbeanalysen* bezeichnen und je nachdem, um welche Art von *Informationen* es sich handelt, zu einer unterschiedlichen Einteilung dieser Analysen kommen.

Im folgenden sollen die notwendigen Planinformationen in *vier Arten* von Werbeanalysen zusammengefaßt werden:
- *Allgemeine Situationsanalyse,*
- *Zielgruppenanalyse,*
- *Werbeobjektanalyse (einschl. Konkurrenzanalyse),*
- *Werbefinanzanalyse.*

Bevor diese vier Arten im einzelnen besprochen werden, muß daran erinnert werden, daß der Werbeplaner sich bei diesen anstehenden Arbeiten dann in einer verhältnismäßig guten Situation befindet, wenn die von ihm zu erarbeitende Kommunikationsstrategie eingebettet ist in eine nach modernen Grundsätzen erstellte Marketingkonzeption. In diesem Fall sind die wichtigsten Informationen, die für die Werbung benötigt werden, bereits bei der Produktentwicklung und der Erarbeitung der Marketing-Grundkonzeption erhoben worden. Der Werbeplaner kann dann auf sie zurückgreifen und benötigt lediglich einige zusätzliche, vertiefende Informationen für die Erarbeitung einer Werbekonzeption.

Steht dagegen hinter dem zu bewerbenden Produkt keine klare Marketing-Strategie, so muß sich in der Praxis der Werbeplaner diese Information erst beschaffen.

Die für eine Werbekonzeption notwendigen Daten in bezug auf Zielgruppe, Produkt, Marktentwicklung, Konkurrenz- und Handelssituation müssen der Agentur bzw. dem Werbeberater in Form eines möglichst detaillierten Briefings zur Verfügung gestellt werden. (Siehe unter Kapitel »Werbeorganisation«.)

2 Allgemeine Situationsanalyse

Soll die Werbekonzeption von außenstehenden Beratern – etwa von Werbeagenturen – erarbeitet werden, so wird man sich zunächst mit dem Unternehmen selbst befassen müssen. Bei dieser Informationsgewinnung handelt es sich um Tatbestände, die das Unternehmen und seine Märkte betreffen, und zwar in allgemeiner und grundsätzlicher Form.

Diese Analyse stellt das Unternehmen kurz vor, nennt seine Produkte, ihre Marktanteile und die wichtigsten Wettbewerber. Die Analyse macht Angaben über die Situation auf dem in Frage kommenden Markt, seine gegenwärtige Situation, Trendentwicklungen und zeigt wichtige Zusammenhänge zu Nachbarmärkten auf.

Neben diesen mehr externen Informationen werden wichtige *interne* Daten dargelegt; sie betreffen dic Organisation der Werbung und des Marketing im Unternehmen, dic Entscheidungsträger und die wichtigsten Gesprächspartner.

3   Zielgruppenanalyse und -fixierung

3.1   Inhalt und Bedeutung

Unter der Zielgruppe versteht man den Personenkreis, der durch die Werbung erreicht werden soll. Hierfür wird auch der Begriff der »Werbegemeinten« verwendet. In der Sprache der Kommunikationstheorie spricht man von den »Rezipienten«.

Überlegungen zu den Zielpersonen sind heute verstärkt in der Marketing- und Werbepraxis von Bedeutung. Wer in der Öffentlichkeit oder Teilen davon bestimmte Kommunikationsziele erreichen will, z. B. Motivationen, Präferenz-strukturen, Verhaltensweisen beeinflussen möchte, oder auch lediglich be-stimmte Informationen mitteilen will, dessen Chancen, sein Ziel zu erreichen, verbessern sich in dem Maße, je *transparenter* der Personenkreis ist, den er beeinflussen will. Je mehr er Denken, Handeln und Fühlen sowie Vorurteile und Wünsche etc. der Zielperson kennt, desto höher ist die Wahrscheinlichkeit, eine Form der werblichen Ansprache und damit eine Kommunikationsstrategie zu finden, die nicht an der Zielgruppe vorbeiläuft, sondern ankommt. Aus diesen Gründen steht die Zielgruppenanalyse mit am Anfang der Erarbeitung einer Werbeplanung.

Jede Zielgruppenanalyse hat primär personelle, aber auch zeitliche und räumli-che Aspekte. Letztlich erwartet man von der Zielgruppenanalyse eine Antwort auf folgende drei Fragen:

Wer? (= *personelle* Analyse)
Wann? (= *zeitliche* Analyse)
Wo? (= *räumliche* Analyse)

In der *personellen Analyse* gilt es, die Merkmale des werblich abzugrenzenden Personenkreises festzulegen, die *typisch* sind, d. h. die die betreffende Perso-nengruppe von anderen mehr oder minder klar abgrenzen.

Nach folgenden *Merkmalsgruppen* werden Zielgruppen heute definiert:
- *Sozio-demographische* Merkmale:
  z. B. Alter, Geschlecht, Einkommen, Beruf etc.;
- *psychologische* Merkmale:
  z. B. introvertiert, extrovertiert, Denkweise, Fühlen, Vorurteile etc.;
- *soziologische* Merkmale:
  z. B. Gruppenmerkmale, Gruppennormen, Mitglieds- und Referenzgruppen-probleme usw.;
- *Konsumdaten:*
  Ausstattung mit Konsumgütern wie z. B. Kühlschrank, Farbfernsehgerät etc.

Die *zeitliche Analyse* stellt die Frage nach den Kaufgewohnheiten und ihren zeitlichen Schwankungen:

- Vollzieht sich der Absatz kontinuierlich und stetig im Zeitablauf oder lassen sich typische Schwankungen feststellen, die werblich relevant sind?
- Welche Arten von typischen Schwankungen sind gegeben? Saisonaler Art, Wochen- evtl. Tagesschwankungen?
- Sollen für den zeitlichen Einsatz der Werbung hieraus pro- oder antizyklische Konsequenzen gezogen werden?

In der *räumlichen Analyse* wird die Frage nach der gebietsmäßigen Absatzstruktur gestellt:
- Welche regionalen Schwer- und Schwachpunkte des Absatzes sind festzustellen im Inland?
- Welche Gründe können hierfür genannt werden?
- Wie ist die Situation im Vergleich Inland und Export?

Aus der Zielgruppenanalyse muß die Zielgruppenfestschreibung oder *Zielgruppenfixierung* entwickelt werden. Das heißt, es werden die Merkmale festgehalten, die man aus der Untersuchung als *typisch* festgestellt hat.

Beispiel:
- Geschlecht: Frauen
- Alter: 20–29 Jahre
- Einkommen: ab DM 2 000,- netto
- Einstellung: konservativ
- Ortsgrößenklassen: bis 20 000 Einwohner.

Die *praktische Bedeutung* von Zielgruppenanalyse und -fixierung liegt darin, daß damit eine *entscheidende Vorgabe* für die Werbeplanung formuliert wird. Die Setzung marktgerechter Werbeziele als Kommunikationsziele ist z. B. dann um so eher möglich, je transparenter der Personenkreis ist, für den die Werbeplanung zu erarbeiten ist. Je mehr man Denken, Fühlen usw. dieses Personenkreises kennt, desto eher erschließen sich ihm die zu lösenden Kommunikationsprobleme.
Aber auch für die Maßnahmenplanung ist die Vorgabe der Zielgruppe entscheidend. Die Chance, eine inhaltliche Grundkonzeption (Copy-Strategie) zu entwickeln, die zielgruppengerecht ist und nicht in der üblichen Werberoutine steckenbleibt, wächst, je breiter und tiefer die Kenntnisse über die Rezipienten sind. Dies gilt in gleicher Weise für die Auswahl der Werbemedien und die Setzung der Prioritäten bei den Werbemitteln.

3.2 Zur quantitativen Bestimmung von Zielgruppen

Für die quantitative Bestimmung von Zielgruppen gibt es verschiedene Quellen, insbesondere die Media-Analyse, die AWA, das GFK-Panel, den Produktatlas (Burda Verlag), die VA (Verbraucher-Analyse).

Aus der *Media-Analyse* lassen sich aus dem bevölkerungsstatistischen Zahlenteil folgende Informationen entnehmen:
(1) Reichweitenwerte von Zielgruppen
(2) Zusammensetzung der Zielgruppen
(3) Hochrechnungen.

Zu (1): Wie weit reicht z. B. eine durch eine Merkmalskombination beschriebene Gruppe in die Bevölkerung hinein?
Beispiel: Wie groß ist der Anteil aller Verheirateten in Orten über 500 000 Einwohnern an der Gesamtbevölkerung?
Zu (2): Wie verteilen sich die Zugehörigen zu einem Merkmal auf andere soziodemographische Merkmale?
Beispiel: Wie viele von den Einwohnern Baden-Württembergs sind ledig, verheiratet, verwitwet, geschieden oder in bestimmten Altersklassen?
Zu (3): Wie groß (in Millionen) sind die durch Merkmalskombinationen beschriebenen Zielgruppen?
Beispiel: Wie groß ist die Gruppe aller 20–39jährigen Frauen in Orten über 500 000 Einwohnern? oder: Wie viele Witwen gibt es in Berlin?

Die Betrachtung kann in der Regel zwei- bzw. dreidimensional durchgeführt werden, d. h. es können zwei sozio-demographische, maximal drei Merkmale kombiniert werden.
Die Tabellen »Reichweite« und »Hochrechnung« demonstrieren, wie groß eine angestrebte Zielgruppe in der Bevölkerung ist. Das kann wichtig werden für die Frage, ob eine bestimmte Zielgruppe groß genug ist, um als werbliche Zielgruppe in Frage zu kommen. Ferner ergibt sich aus diesen Tabellen die Information, ob eine bestimmte Zielgruppe groß genug ist, damit aus dem Material mit noch genügender statistischer Sicherheit Medienevaluierungen vorgenommen werden können. Dabei gilt als Faustregel, daß Zielgruppen, die in der Gesamtheit einen geringeren Anteil als 3 % (ca. 500 Fälle) oder in einer der vier Grundgesamtheiten (Männer, Frauen, Hausfrauen, Haushaltsvorstände) einen geringeren Anteil als 6 % (ca. 500–600 Fälle) haben, kaum noch statistisch vertretbare Bewertungen (Evaluierungen) der Medien erlauben.
Das Studium der bevölkerungsstatistischen Tabellen, insbesondere die Analyse der Zusammenhänge bestimmter Merkmale kann auch dazu führen, bisher kaum beachtete Zielgruppen zu entdecken.
Aus den *G-* und *J-Panels* (d. h. aus den GFK- und Infratest-Panels) *lassen sich* darüber hinaus Zielgruppen nach dem Konsumverhalten quantitativ bestimmen; zum Beispiel:
– Welche sozio-demographischen Gruppen sind Intensivverbraucher von Bier, Wein, Kräutertee usw?

Aus dem *Produktatlas* des Burda Verlages bzw. aus der *Frauentypologie* von Gruner + Jahr lassen sich psychologisch definierte Zielgruppen ableiten; zum

Beispiel:
- Die Frauen der Bundesrepublik Deutschland ab 18 Jahren werden klassifi-
ziert im Hinblick auf ihre *psychologische* Einstellung zur Kosmetik (z. B.
Schmink-, Hautpflegetyp).

3.3   Check-List für eine Zielgruppenanalyse und -fixierung

Für die praktische Durchführung der Zielgruppenanalyse empfiehlt sich das
Arbeiten mit Fragekatalogen (= Check-Lists), d. h. der Werbeplaner prüft den
Katalog der zielgruppenrelevanten Fragen durch und hält diejenigen fest, die im
konkreten Fall zielgruppentypisch sind. Eine solche Check-List für eine Zielgruppenanalyse im *Konsumgüterbereich* wird z. B. folgende Fragen enthalten:
 (1) Läßt sich die Zielgruppe nach *sozio-demographischen* Merkmalen typi-
sieren, wie z. B. Alter, Geschlecht, Einkommen, Familienstand, Familien-
größe, Kinder im Haushalt usw.?
 (2) Kann man die Zielgruppe nach *psychologischen* Merkmalen strukturie-
ren? Dabei können folgende Unterfragen aus der »Lerntheorie« abgeleitet
werden:
  a) In welcher Bedürfniskategorie-Phase (nach Maslow) (vgl. Abschnitt I,
Grundlagen der Werbepsychologie, 5.2) befindet sich die Zielgruppe?
  b) Welche Antriebsbedingungen (= motivationale Konditionen) können
zur Erhöhung des werblichen Lernerfolgs in Frage kommen? Zum
Beispiel Prestige-Elemente.
  c) Erhöhen positive Verstärkungen, z. B. Belohnungen, den Lerneffekt?
  d) Kann man sogenannte AHA-Erlebnisse begünstigen?
  e) Ist es sinnvoll, das Verständnis besonders zu wecken zur Förderung der
Speicherfähigkeit?
  Aus der »Dissonanzlehre« ergeben sich folgende Fragen:
  f) Ist es bei der in Frage kommenden Zielgruppe bei dem betreffenden
Produkt erforderlich, während und nach dem Kauf »Dissonanzen« zu
vermeiden bzw. abzubauen?
  Nach der »Feldtheorie« ergibt sich die Frage an die Zielgruppe:
  g) Läßt sich Denken, Fühlen etc. der Rezipienten charakterisieren?
 (3) Welche *soziologischen* Merkmale gelten als charakteristisch für die Zielgruppe? Folgende Unterfragen können daraus abgeleitet werden:
  a) Kann man von einer typischen »Mitgliedsgruppe« sprechen, und wie
läßt sie sich umschreiben?
  b) Welche Normen lassen sich in der Mitgliedsgruppe feststellen?
  c) Sind Rollenverteilungen erkennbar?
  d) Treten Meinungsführer (»Opinion-leader«) auf?
  e) Erkennt man Nebengruppen, und wie lassen sie sich beschreiben?
  f) Gibt es Bezugsgruppen (Referenzgruppen)?

(4) Wie ist die *Ausstattung* mit bestimmten, für unsere werblichen Problem-stellungen relevanten Konsumgütern?
Beispiel: mit Tiefkühltruhen, wenn man im Bereich Gefrierkost eine Werbekonzeption erarbeiten soll?

(5) Lassen sich *typische Konsumgewohnheiten* feststellen, die für unsere zu lösende werbliche Aufgabe interessant sind?

(6) Wer ist *Kaufentscheider* (Einzel- oder Gruppenentscheidung)? Wer ist Käufer, wer Verwender des Produkts?
Besteht Personenidentität oder fallen sie auseinander?
Beispiel: Bei Krawatten oder Herrenhemden handelt es sich zwar um Produkte, die an Männer gerichtet sind; man weiß jedoch aus Untersuchungen, daß bis zu 70 % der Käufe und auch Kaufentscheidungen von Frauen getroffen werden.

(7) Wie verhält sich bei der Zielgruppe *Bedürfnis* und *Bedarf* zueinander? Das heißt, welchen Stellenwert hat das Produkt in der Präferenzstruktur der Rezipienten?
(Dabei versteht man unter Bedürfnis die Mangelempfindungen, die auf Befriedigung drängen; Bedarf ist dagegen der Teil der Bedürfnisse, der vom Konsumenten mit Kaufkraft ausgestattet wird, d. h. sich am Markt konkret als Nachfrage niederschlägt.)

(8) Läßt sich bei der Zielgruppe ein *Markenbewußtsein* bzw. eine *Marken-treue* feststellen?

(9) Welche Bedeutung spielen *rationale Kaufgründe?*
a) Preis
b) Wartung, Pflege, Kundendienst
c) Qualität
d) Verpackung, Sicherheit etc.

(10) *Wann wird gekauft?* Kaufgewohnheiten und ihre Schwankungen.

(11) Wo *wird gekauft?* Geographische Absatzstruktur.

(12) *Welche regionalen Schwer- und Schwachpunkte* des Absatzes sind bei bereits am Markt eingeführten Produkten festzustellen?

(13) Welche *Gründe* kann man hierfür nennen:
Bewußte Schwerpunktbildung in der Vergangenheit oder andere Faktoren (z. B. Konkurrenz etc.)?

(14) *Welche Konsequenzen* ergeben sich aus dieser räumlichen bzw. zeitlichen Analyse?
Soll wieder in den Schwerpunkten geworben werden oder verstärkt in den Schwachpunkten?

In der *Investitionsgüterwerbung* hat es die Zielgruppenanalyse entweder mit *Institutionen (Unternehmen)* oder »Personen« zu tun. Dabei kann Identität zwischen beiden bestehen (z. B. Ärzten) oder beide müssen getrennt gesehen werden (z. B. in der Industrie).
Bei der Zielgruppe »Institutionen« sind Unternehmen oder Teile davon die Elemente, aus denen sich der Rezipientenkreis zusammensetzt. Die Grundglie-

derung dieses Bereiches besteht in der Differenzierung nach »Wirtschaftszweigen«, wie sie die Systematik der amtlichen Statistik verwendet (z. B. Energiewirtschaft und Wasserversorgung).

Eine tiefere Gliederung wird vielfach erforderlich und kann über die Verbände des jeweiligen Wirtschaftszweiges beschafft werden. Dazu gehört auch eine evtl. nötige regionale Aufgliederung und eine solche nach Größenklassen. Bei der Zielgruppe »Personen« geht es vor allem um spezielle Berufs- und Funktionstätigkeiten. Dabei kann man zunächst wieder die Berufsbezeichnung der amtlichen Statistik bemühen. Zusätzlich sind jedoch Stellung und Funktion im Betrieb interessant. Ob eine Zielgruppendefinition für Investitionsgüterwerbung mehr »institutionell« oder »personell« erfolgt oder ein Mixtum darstellt, hängt von der zu lösenden Kommunikationsproblematik ab. Kaufentscheidungen im Investitionsgüterbereich sind in der Regel Teamentschlüsse. In ihnen wirken Einkäufer, Techniker, Finanz- und Rationalisierungsexperten mit. Die Werbung muß vielfach berücksichtigen, daß jeder der Beteiligten das Produkt unter seinem spezifischen Blickwinkel sieht. Das bedeutet, daß mit obiger Segmentierung die Zielgruppe nur sehr grob festgelegt wird.

Darüber hinaus gilt es häufig zu berücksichtigen, daß bei Investitionsgütern vielfach die Trennung von Käufern und Verwendern hinzukommt. Werbung muß dann nicht nur das Kaufteam, sondern auch die Benutzer berücksichtigen.

4 Werbeobjektanalyse

4.1 Inhalt und Bedeutung

Unter der Werbeobjektanalyse kann verstanden werden:
a) Auswahl und Schwerpunktfestlegung der Produkte, die aus dem Angebot des Unternehmens für die nächste Zeitperiode beworben werden sollen. Die Entscheidung darüber hängt insbesondere ab von
   (1) der Unternehmenszielsetzung,
       z. B. Gewinnmaximierung, Substanzerhaltung etc.,
   (2) den Marktchancen des Produkts im Hinblick auf die Zielsetzung,
   (3) betrieblichen Voraussetzungen in technischer und ökonomischer (finanzieller) Hinsicht, z. B. Expansionsabsichten etc.
b) Analyse eines bestimmten Produkts (bzw. Sortiments, Dienstleistungsangebots etc.) im Hinblick auf seine werblich-relevanten Eigenschaften.

In unserem Zusammenhang interessiert lediglich die letztgenannte Interpretation (b). Bei der Werbeobjektanalyse in diesem Sinne handelt es sich in der Regel um Produktanalysen; da jedoch Gegenstand von Werbekampagnen ebenso Dienstleistungsangebote, soziale usw. Anliegen sein können, wird der allgemeine Begriff der *Werbeobjektanalyse* verwendet.

Eine Werbeobjektanalyse ist das Pendant zur Zielgruppenanalyse; sie ist sozusagen die zweite Seite der gleichen Medaille. So wie es gilt, den Personenkreis unter die Lupe zu nehmen, ihn kennenzulernen, um festzustellen, wie er am günstigsten erreicht und angesprochen werden kann, so muß analog das »Objekt« der Werbung vorab begutachtet und nach werblich interessanten Eigenschaften durchforscht werden, die – bei Kenntnis der Zielgruppe – auf voraussichtliche Resonanz stoßen werden.

Eine so verstandene Produktanalyse bzw. Werbeobjektanalyse ist nur sinnvoll, wenn diese Überprüfung gleichzeitig stets im Vergleich mit den Konkurrenzangeboten erfolgt. Deshalb schließt diese Analyse die Konkurrenzanalyse mit ein.

Das Ziel der Werbeobjektanalyse besteht vor allem im Finden geeigneter Argumente für die werbliche Ansprache, die nach Möglichkeit eine Abhebung von der Konkurrenzwerbung ermöglichen sollen. Der Wert einer systematisch betriebenen Werbeobjektuntersuchung kommt somit insbesondere dem Teil der Werbeplanung zugute, der als Copy-Strategie bezeichnet wird. (Suche nach geeigneten Consumer Benefits bzw. USPs.)

Der Inhalt einer Werbeobjektanalyse soll hier anhand einer Check-List dargelegt werden. Dabei kommt es darauf an, in den Fragenkatalog nicht nur das Produkt im engeren Sinne auf seine werblich relevanten Eigenschaften im Vergleich zu den wichtigsten Konkurrenzprodukten abzufragen. Auch das gesamte »Umfeld«, in dem sich das Produkt repräsentiert, also vor allem auch sein Marketing-Mix, muß in die Untersuchung mit einbezogen werden.

4.2   Check-List für eine Werbeobjektanalyse

Die werblich relevanten Fragen, die in einer Check-List für das zu umwerbende Produkt bzw. die Dienstleistung gestellt werden können, lassen sich wie folgt zusammenfassen:

(1) Mit welchen Gütern (markiert oder anonym) steht unser Produkt in einem Verhältnis zur Konkurrenz?

(2) Gibt es wichtige Komplementärprodukte? Wie sieht deren Marketing aus?

(3) Welche werblich relevanten Eigenschaften hat das Produkt in bezug auf
a) Material (Rohstoff, Gewicht etc.)
b) Äußere Erscheinung (Größe, Form, Farbe)
c) Verwendung (Gebrauch: Bequemlichkeit, Haltbarkeit, Handhabung etc.)?
Diese Fragen müssen alle auch im Vergleich zu den wichtigsten Konkurrenzprodukten beantwortet werden.

(4) Welcher Bedarfskategorie gehört das Produkt an? Wozu wird es verwen-

det? Können neue Verwendungsmöglichkeiten (Zusatznutzen) erschlossen werden?

(5) Welche besonderen werblich relevanten Vor- und Nachteile lassen sich gegenüber den Konkurrenzprodukten feststellen?
   a) Im Hinblick auf die effektiven Eigenschaften,
   b) in psychologischer Hinsicht
   – beim Verwender,
   – beim Handel.

(6) Hat das Produkt ein Image? (Wenn es bereits auf dem Markt eingeführt ist.) Wenn ja, wie läßt es sich beschreiben, gegebenenfalls verändern?

(7) Handelt es sich um ein modisches Produkt?

(8) Handelt es sich um ein erklärungsbedürftiges oder problemloses Gut?

(9) Paßt der Preis zum Produktimage, wie liegt er im Vergleich zur Konkurrenz?

(10) Analyse der Verpackung: zum Beispiel
   a) Bietet sie genügend Schutz?
   b) Wie ist die Handhabung bei der Verwendung?
   c) Evtl. Weiterverwendungsmöglichkeit?
   d) Abhebung von der Konkurrenz?
   e) Umweltaspekte der Verpackung?

(11) Bedarf das Produkt einer Wartung?

(12) Ist Kundendienst erforderlich? Wie ist der Service geregelt im Verhältnis zur Konkurrenz, wie wird er beurteilt vom Handel und von der Kundschaft?

(13) Welche werblich relevanten Eigenschaften gibt es in bezug auf das Unternehmen selbst?
   a) Alter und Geschichte?
   b) Besteht ein Firmenimage?
   c) Hat sich ein Firmenstil (Corporate Identity) entwickelt?
   d) Läßt sich der Standort des Unternehmens werblich nutzen?

(14) Wie sah die Werbung für das Produkt bisher aus?
   a) Hauptziele der Werbung?
   b) Höhe des Werbeetats?
   c) Werbekonzeption und Werbestil?
   d) Werbemedien?
   e) Hat sich die bisherige Werbung deutlich von der der Konkurrenz unterschieden? Wurde Gattungswerbung (ungewollte Gemeinschaftswerbung) getrieben?
   f) Wie war die zeitliche Streuung der Werbung?

(15) Wie sieht das übrige Marketing-Instrumentarium bei unserem Produkt und bei den wichtigsten Konkurrenzprodukten aus?
   a) in bezug auf die Distribution?
   b) in bezug auf die Werbung?
   c) in bezug auf Preis und Rabatte?
   d) in bezug auf Sales Promotions?

Ziel dieser Werbeobjektanalyse ist es, durch systematisches Abfragen des Angebots und seines Umfeldes zu werblichen Aussagen zu kommen, die das Produkt von der Konkurrenz und ihrer Werbung möglichst deutlich abheben profilieren. Das heißt, es gilt hier die Vorgaben zu suchen und zu formulieren die für die inhaltliche Grundkonzeption der Werbung von Bedeutung sind (Copy-Strategie).

Gegebenenfalls sollte auf Grund der Werbeobjektanalyse der Impuls an die Produktgestaltung gehen, zu prüfen – in technischer und ökonomischer Hinsicht –, ob bestimmte Veränderungen am Produkt bzw. seinem Umfeld die man für werblich vorteilhaft hält, vorgenommen werden können.

5   Werbefinanzanalyse

5.1   Grundsätzliches

Das Werbebudget ist eine der wichtigsten Ausgangsgrößen im Rahmen der Werbeplanung. Aus der Sicht des Werbeberaters (z. B. Agentur) ist in der Praxis der Werbeetat in den meisten Fällen eine vom Unternehmen vorgegebene Größe, also ein Plandatum.

Vom Standpunkt des Unternehmens, das die Höhe des Budgets festzulegen hat, stellt sich die Frage der Etathöhe jedoch stets aufs neue. Betriebswirtschaftlich ist das Werbebudget somit stets eine Planvariable, und die Frage nach der Höhe und damit nach den Kriterien der Festlegung ist grundsätzlich jedes Jahr erneut aktuell.

Darüber hinaus gibt es in der Praxis mitunter Situationen, daß auch vom Werbeberater sogenannte Budgetempfehlungen gewünscht werden. In diesem Fall ist auch für den Werbeplaner der Etat eine Planvariable, und er steht vor der Frage, wie man zu einer an sachlichen Kriterien orientierten Budgethöhe kommen kann.

Über die Begriffe *Werbebudget, Werbeetat, Werbeplan* herrscht keine völlige Einigkeit. So wird zuweilen der Werbeetat als die schriftliche Fixierung der Werbetätigkeit in einer Wirtschaftsperiode nach Mitteln, Kosten und Zeit interpretiert (Rogge 1990, S. 111 ff. und Schweiger, Schrattenecker 1988, S. 53 ff.). Dabei wird der Werbeetat gleichgesetzt mit Werbeplanung. Eine Trennung zwischen Werbeplan und Werbeetat als Teil desselben erscheint jedoch sinnvoll.

Der Werbeetat kann als *Finanzplan der Werbung* bezeichnet werden. Er ist der für eine Zeitperiode (in der Regel für ein Jahr) festgelegte finanzielle Betrag, den das Unternehmen insgesamt für die Werbung bzw. für ein bestimmtes

Produkt, Sortiment etc. zur Verfügung stellt. Die Begriffe Werbeetat und Werbebudget sollen synonym gebraucht werden.

Beim Fragenkomplex zur Festlegung des Etats werden zunächst zwei unterschiedliche gedankliche Ansätze gesehen. Man unterscheidet:
- Bestimmungsfaktoren der Werbeetathöhe,
- Budgetierungsmethoden.

Auf die erste Frage können beispielhaft folgende Einflußgrößen aufgeführt werden:
- Marktanteilsentwicklungschancen,
- potentielle Käuferschicht,
- räumliche Verteilung konzentriert und gestreut,
- Einführungs- oder Erinnerungswerbung,
- Konkurrenzsituation usw.

Die eigentliche Frage konzentriert sich auf den Bereich der *Methoden* der Etatfestlegung, zumal unschwer dargelegt werden kann, daß beide Bereiche zusammengehören, da schließlich nur Methoden sinnvoll sind, welche die Bestimmungsfaktoren mit berücksichtigen.

5.2 Zur Theorie der Budgetbestimmung

Versuche, eine exakte, möglichst mathematische Ableitung der Höhe des jeweiligen Werbeetats zu erreichen, wurden immer wieder unternommen. Sie führten aber bislang lediglich zu theoretisch gültigen Antworten, die für die Praxis nicht verwertbar sind. Günstigstenfalls konnte damit der logische Zusammenhang der verschiedenen Größen verdeutlicht werden.

Ein relativ realistischer Versuch, zu Aussagen über die Budgethöhe zu kommen, stammt von Weinberg (1960). Grundgedanke ist der Versuch, die sogenannte *Werbereaktionsfunktion* statistisch mittels Regressionsanalysen abzuleiten, d. h. den Zusammenhang zwischen Werbeausgaben und Erweiterung des Marktanteils.

Zu diesem Zweck wird zuvor die *Werbeaustauschrate* (e) als errechenbare Größe eingeführt. Sie ist wie folgt definiert:

$$e = \frac{Wu}{Uu} : \frac{Wk}{Uk}$$

Wu = Werbeausgaben des Unternehmens
Uu = Umsatz des Unternehmens
Wk = Werbeausgaben der Konkurrenz
Uk = Umsatz der Konkurrenz

Die Werbeaustauschrate (e) ist also das Verhältnis der beiden Quotienten:
- Werbeausgaben des Unternehmens zum Umsatz des Unternehmens und
- Werbeausgaben der Wettbewerber zum Umsatz der Konkurrenten.

Bezeichnet man den Marktanteil des Unternehmens bei einem Produkt mit Mu, dann ist Δ Mu die Marktanteilsänderung.
Weinberg untersuchte nunmehr auf *regressionsanalytischem* Wege den Zusammenhang zwischen e und Δ Mu.
Er ermittelte folgende lineare Regressionsgleichung für diesen Zusammenhang:

$$\Delta \, Mu = a \cdot \log e - b$$

(a und b sind bekanntlich Funktionsparameter, welche die Steigung bzw. Niveaulage der Geraden bestimmen.) Graphisch dargestellt in Abbildung 23.
Ergebnis:
Die Untersuchung soll »demonstrieren«, wie bei Veränderung der eigenen Werbeausgaben im Verhältnis zur Konkurrenz der Marktanteil beeinflußt werden kann. Plant das Unternehmen eine Vergrößerung des Marktanteils für ein Produkt, so soll erkennbar sein, welche Erweiterung des Werbebudgets (im Vergleich zur Konkurrenz) erforderlich wird.

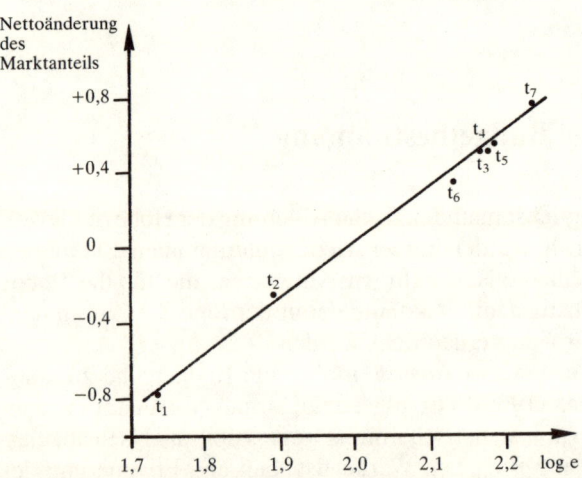

Abb. 23: Zusammenhang zwischen Werbeaustauschrate und Marktanteilsänderung

Folgende *Probleme* treten bei dieser Betrachtungsweise auf:
- Die Frage nach weiteren Kausalfaktoren, die von der hier vorliegenden Einfachregression zu einer multiplen Form führen würden, was jedoch die bekannte Problematik des gleichungsmäßigen Ansatzes, d. h. der kausalen Verknüpfung der Variablen mit sich bringt.
- Aussagen der optimalen Budgethöhe für die Zukunft lassen sich aus dieser ex-post-Analyse nur schwer ziehen, denn sie würden die Kenntnisse des

Teils der Werbeaustauschrate voraussetzen, der als $\dfrac{Wk}{Uk}$ bezeichnet wurde, also das Verhältnis Werbeausgaben der Konkurrenz zum Umsatz der Konkurrenz. Dies kann aber wohl kaum als vorhersehbare Größe angesehen werden. Insbesondere wird auf Konkurrenzmärkten der Verschiebung der Marktanteile zugunsten der von uns untersuchten Unternehmen zu Reaktionen der Konkurrenz führen, die neue, nicht abschätzbare Veränderungen des Verhältnisses $\frac{Wk}{Uk}$ nach sich ziehen.

Die Untersuchung kann also nur als *Ex-post-Analyse* von Interesse sein.
Aus weiteren modell-theoretischen Untersuchungen ergaben sich bis heute keine für die Praxis verwertbaren Erkenntnisse. Deshalb soll hier darauf verzichtet werden, weitere Lösungsversuche darzulegen.
Zusammenfassend lassen sich jedoch aus all diesen Bemühungen folgende Punkte festhalten, die in der praktischen Arbeit Berücksichtigung finden sollten, auch wenn auf eine »mathematische Budgetberechnung« verzichtet werden muß (Nieschlag, Dichtl, Hörschgen 1994, S. 508 ff).
(1) Nicht nur die Höhe der Werbeetats hat einen Einfluß auf die Effizienz der Werbung, sondern auch ihre
   a) strukturelle Verteilung auf die entsprechenden Werbemittel,
   b) zeitliche Aufteilung,
   c) qualitative Umsetzung in der Gestaltung.
(2) Die Wirkung von Werbebudgets kann verzögert, d. h. mit »time-lags«, eintreten; sie kann ferner über den Betrachtungszeitraum hinaus wirken. Man bezeichnet diesen Sachverhalt auch als die sogenannten »carry-over-effects« der Werbung.
(3) Werbeausgaben können nicht nur Wirkung auf das vorhergesehene Produkt im engeren Sinne ausüben; sie haben vielfach darüber hinausreichende Wirkungen, z. B. auf die Erschwerung bzw. Erleichterung des Markteintritts neuer Anbieter und damit auf Wesensmerkmale der Marktformen. Man bezeichnet diese Art der Effizienz auch als die sogenannten »spillover-effects« der Werbung.
(4) Für den Beziehungszusammenhang zwischen Umsatz und Höhe der Werbeausgaben kann wohl kaum Proportionalität unterstellt werden. Vielmehr sprechen einige Argumente für einen mehr S-förmigen Verlauf mit einem maximalen Umsatz mit Werbung und einem Minimalumsatz ohne Werbung (siehe Abb. 24 a).
   Argumente für den Kurvenverlauf in Abb. 24 a sind:
   – In *Phase I* muß erst ein Minimum an werblichen Kontakten pro Zielperson zustande kommen, damit das Produkt bekannt und attraktiv empfunden wird.
   – Mit steigendem Etat können nicht nur mehr, sondern auch qualitativ bessere Werbemittel eingesetzt werden.
   Mit Steigerung der Häufigkeit der Ansprache erhöht sich der werbliche »Lernerfolg« *(Phase II)*.
   – Die Umsatzsteigerung wird dann abflachen, wenn schon die meisten Zielpersonen erreicht wurden *(Phase III)*.

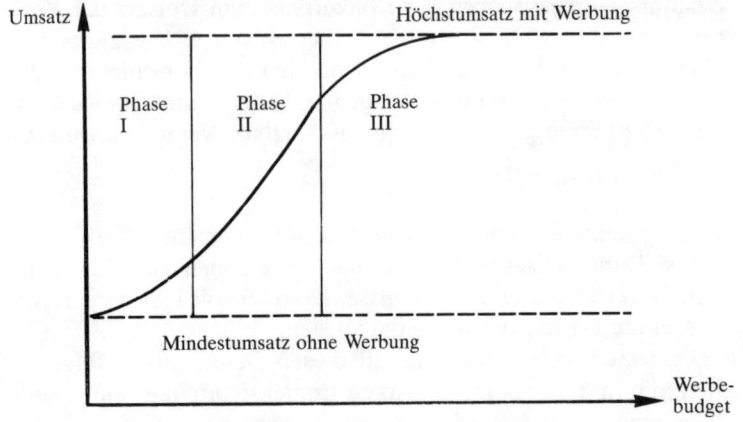

Abb. 24 a: Beziehungszusammenhang zwischen Umsatz und Werbebudget

(5) Es ist nicht ausgeschlossen, daß bei wachsender Steigerung der Werbeausgaben von einem gewissen Punkt ab die Kurve wieder umkippen kann, d. h. der Umsatz rückläufig wird. Eine Übersättigung mit werblichen Kontakten kann zu einer Aversion und damit Abkehr vom Produkt führen. Das würde bedeuten, daß eine *Phase IV* zu berücksichtigen wäre (s. Abb. 24 b). Leider gilt diese Phase IV noch als weitgehend unerforscht.

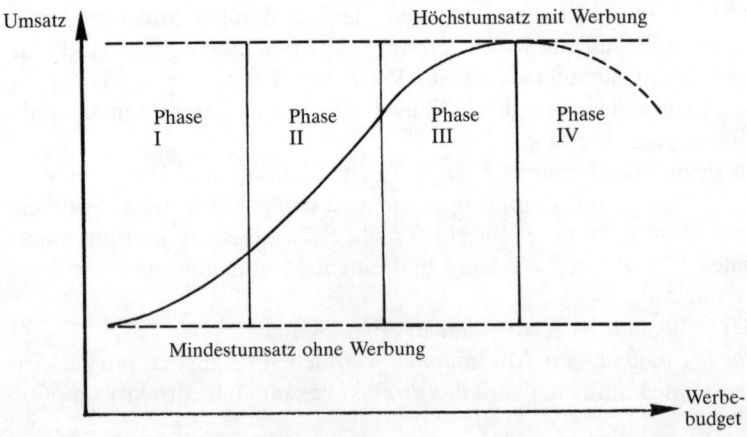

Abb. 24 b: Beziehungszusammenhang zwischen Umsatz und Werbebudget

5.3   Verfahren der Etatbestimmung in der Praxis

Da die Wissenschaft bis heute keine exakten, praktisch verwertbaren Verfahren der Budgetbestimmung anbieten kann, haben sich in der Praxis eine Reihe von Methoden entwickelt, die zur Problemlösung herangezogen werden. Dabei handelt es sich im Grunde um eine Reihe von *Kriterien,* nach denen eine bestimmte Höhe abgeleitet wird. Die wichtigsten sollen im folgenden dargelegt und beurteilt werden:

5.3.1   Die umsatzbezogene Methode (Percentage of Sales Methode)

Ein bestimmter Prozentsatz vom Umsatz des Produktes wird zum Werbeetat. Das heißt, die Höhe der Ausgaben für ein Werbeobjekt wird proportional zum Umsatz festgelegt. Dabei tauchen zwei Fragen auf:
– Welcher Umsatz?
– Welcher Prozentsatz?

Als *Umsatz* wird herangezogen:
– der Umsatz der vergangenen Periode;
– der antizipierte Umsatz (Planperiode);
– ein Mittelwert aus mehreren Perioden.

Für die Wahl des *Prozentsatzes* gibt es keine auch nur annähernd exakten bzw. sachlogischen Werte. In der Praxis nimmt man den sogenannten »branchenüblichen« Prozentsatz. Dieser variiert noch je nach »Lebensphase«, in der sich das Produkt befindet, d. h. er wird in der Einführungs- bzw. Relaunchphase höher liegen (beispielsweise in bestimmten Branchen bei 30 % oder mehr) als bei Erinnerungs- bzw. Gedächtniswerbung.

Die Hauptprodukte der *Kritik* an diesem Vorgehen richten sich zunächst gegen die *Bindung an Umsatzwerte der Vergangenheit.* Zu Recht wird darauf verwiesen, daß zwischen dem Ergebnis der vergangenen Periode und den in der Planperiode zu lösenden Kommunikationsproblemen am Absatzmarkt kein sachlogischer Zusammenhang besteht.

Aber auch die *starre Bindung* des Budgets *an die geplanten Umsätze* muß als Automatismus abgelehnt werden, weil dabei der Ursache-Wirkungs-Zusammenhang auf den Kopf gestellt wird.

Für den Zusammenhang zwischen Werbung und Umsatz gilt:

$$U_t = f(W_t, P_t, PR_t \ldots)$$

U_t = Umsatz der Zeitperiode t
W_t = Werbeausgaben der Zeitperiode t
P_t = Preis des Gutes in der Zeitperiode t
PR_t = Promotion in der Zeitperiode t

Als partieller Zusammenhang kann unter ceteris-paribus-Bedingungen (d. h. man nimmt »alle übrigen« Einflußgrößen als »gleichbleibend«, d. h. konstant an und untersucht lediglich den Zusammenhang zwischen U_t und W_t) geschrieben werden:

$$U_t = f(W_t)$$

Dabei wird noch vom Zeitfaktor abstrahiert; denn auch die Werbung früherer Perioden hat ihren Einfluß auf die heutige Werbeperiode.

Für die umsatzgebundene Budgetierungsmethode geht man jedoch von einer umgekehrten Beziehung aus:

$$W_t = f(U_t)$$

Damit wird der sachlogische Ursache-Wirkungs-Zusammenhang auf den Kopf gestellt. Dem Marketing-Instrumenten-Charakter der Werbung wird in keiner Weise Rechnung getragen.

Diese Kritik hat nichts damit zu tun, daß – aus Wirtschaftlichkeitsgründen – geplante Werbeausgaben auf den Umsatz bezogen werden müssen, um Rentabilitätsberechnungen durchführen zu können. Kritisiert wird lediglich die starre Koppelung. Sie ist darüber hinaus auch die Ursache für das prozyklische Verhalten von Werbeausgaben und Konjunkturverläufen der Volkswirtschaft. In jüngster Zeit gehen immer mehr Unternehmen von dieser Budgetierungsmethode ab.

5.3.2 Die »Per-Unit«-Methode

Diese Methode gleicht der umsatzorientierten, nur daß man bei ihr von der Menge bzw. Stückzahl ausgeht. Dabei kann man sich wiederum an der Vergangenheit oder den Stückzahlen der Planperiode orientieren.

Bei diesem »Per-Unit«-Verfahren wird ein bestimmter Finanzbetrag pro Produkteinheit als Werbeausgabe festgelegt. Die Höhe des Werbeetats ist dann das Produkt aus geplanter Stückzahl und Werbebetrag pro Einheit.

Die Kritik an diesem Vorgehen ist identisch mit der am Umsatzverfahren, denn die Bedenken in bezug auf den mangelnden Ursache-Wirkungs-Zusammenhang ändern sich nicht, wenn statt dem Wert- der Mengenansatz gewählt wird. Darüber hinaus ist die Frage der Fixierung der Höhe des Werbebetrags pro Stück ökonomisch fragwürdig.

5.3.3 Weitere Verfahren der Budgetierung

- Orientierung am Gewinn des vergangenen Jahres oder der Planperiode,
- Orientierung ausschließlich an den finanziellen momentanen Gegebenheiten des Unternehmens (All you can afford),
- Orientierung an den Mitbewerbern (Competitive parity).

Die kritischen Einwände gegen diese Verfahren liegen auf der bereits dargelegten Ebene. Bei den beiden letztgenannten Methoden der Orientierung an der Finanzlage des Unternehmens bzw. der Konkurrenz fällt in besonders starkem Maße der totale Mangel eines logischen Zusammenhangs zwischen Werbeausgaben und zu lösender Kommunikationsproblematik am Absatzmarkt auf. Diesen Zusammenhang versucht eine Methode herzustellen, die abschließend dargelegt werden soll.

5.3.4 Zielorientierte Methode der Budgetfestlegung

Die vor allem im angelsächsischen Schrifttum am häufigsten geforderte Methode der Budgetierung der Werbeetats orientiert sich an den festzulegenden *Werbezielen* der Periode. Ausgangspunkt sind somit die am Absatzmarkt zu lösenden Kommunikationsprobleme, die aus den übergeordneten Marketing-Zielsetzungen abgeleitet werden. Bei dieser Methode können drei Phasen festgestellt werden:
(a) die *Werbeziele* müssen möglichst exakt umrissen werden;
(b) die *Mittel* (Instrumente), um die Ziele zu erreichen, müssen festgeschrieben werden (Werbemittel, Werbeträger);
(c) die *Kosten* für die einzusetzenden Instrumente sind festzustellen, wodurch sich die Höhe des Werbeetats ergibt.

Vorteile dieses Vorgehens:
(1) Die Werbung wird in ihrer eigentlichen Funktion als ein Instrument der Absatzpolitik betrachtet.
(2) Die sachlogische Ursache-Wirkungs-Beziehung wird beachtet.
(3) Die Methode zwingt den Werbungtreibenden zu einer eingehenden Analyse seines Marketing. Das heißt: Werbeobjekt, Markt, Werbemittel, Werbeziele usw. müssen genau analysiert werden.
(4) Zielorientierte Methode verlangt nach Planung, da das Werbebudget in einem Planungsprozeß entsteht. Die nötigen finanziellen Mittel ergeben sich durch Addition aller Kosten der im Werbeplan vorgesehenen Maßnahmen.
(5) Im Gegensatz zu den starren Budgetierungsmethoden erlaubt das nach dem Ziel ausgerichtete Berechnungsverfahren eine Berücksichtigung interner und externer Beeinflussungsfaktoren.
(6) Dieses Verfahren berücksichtigt in einer spezifischen Zielsetzung den je-

weiligen Reifezustand des Werbeobjekts, z. B. bei Einführungswerbung bzw. Erinnerungswerbung.

Natürlich ist auch dieses Vorgehen nicht ohne praktische Schwierigkeiten. Sie ergeben sich insbesondere daraus, daß sich bei vorgegebener Zielsetzung die einzusetzenden Instrumente bzw. Maßnahmen durchaus nicht zwingend ergeben und damit auch der finanziell einzusetzende Betrag keine exakt ableitbare Größe ist. Auch bei gleicher vorgegebener werblicher Zielsetzung sind die einzusetzenden Maßnahmen nicht eine mathematische Restgröße, die sich zwingend ergibt. Die Vorschläge in dieser Hinsicht werden vielmehr sehr unterschiedlich ausfallen, was sich auch in einer Differenzierung der vorgeschlagenen Budgethöhe widerspiegelt. Dies hat vielfach den Vorwurf zur Folge, daß sich bei dieser Budgetierungsmethode Etatbeträge ergeben, die als überzogen gelten.

Unterzieht man solche Situationen einer genaueren Prüfung, so zeigt sich vielfach, daß die vorgegebene Zielsetzung den finanziellen Möglichkeiten völlig vorausgeeilt war. In dieser Hinsicht kann diese Budgetierungsmethode eine heilsame Bereinigung der Werbeziele auf eine realistische Basis mitbewirken.

IV Die Werbekonzeption

1 Ziele der Werbung

Werbeplanung bedeutet – wie jede betriebliche Planung – Festlegung bestimmter Ziele und Fixierung der Mittel und Wege, um diese Ziele möglichst optimal zu erreichen.

Sowohl in der Theorie als auch in der Praxis bestehen jedoch Meinungsverschiedenheiten über den Inhalt der Werbeziele. Grundsätzlich ist festzuhalten, daß Zielsetzungen nur dann sinnvoll sind, wenn später die Endergebnisse auch überprüft werden können, wobei festgestellt werden soll, welche auslösenden Faktoren den Erfolg verursachen. Damit hängt die Definition der Werbeziele eng mit den Problemen der Werbeerfolgskontrolle zusammen. Dort unterscheidet man eine außerökonomische und eine ökonomische Werbeerfolgskontrolle. Es liegt also nahe, auch zwischen *ökonomischen* und *außerökonomischen Werbezielen* zu unterscheiden. Während die letzteren hauptsächlich die *Werbewirkungen (z. B.* Aufmerksamkeitswirkung, Erinnerungswirkung) abtesten, suchen erstere den *Einfluß der Kommunikationspolitik auf Umsatz-, Absatz-, Kosten- und Gewinnveränderungen* festzustellen.

Der Werbung lediglich die Verfolgung außerökonomischer Zielsetzungen zuzuerkennen, hieße die Wirkung zu unterschätzen, denn Hauptaufgabe der Werbung im Sinne der Werbungtreibenden (Kommunikatoren) ist es, auch die Zielgruppen so zu beeinflussen, daß sie ihre Kaufentscheidung in Richtung der beworbenen Produkte treffen. Auch in betriebsinternen Broschüren, z. B. für Agenturmitarbeiter, wird die *Verkaufsaufgabe* der Werbung klar in den Vordergrund gerückt. Damit befinden wir uns jedoch in einem Dilemma. Sind es nicht auch die übrigen Marketing-Mix-Faktoren, wie Produkt-, Preis- und Distributionspolitik, die einen wesentlichen Beitrag zum Verkauf eines Produktes oder einer Dienstleistung liefern? Kann denn auf Grund der starken Interdependenz der einzelnen Instrumente ein einzelnes überhaupt isoliert betrachtet werden? Worin liegt schließlich der Unterschied zwischen Marketing- und Werbezielen, wenn beide dem Verkauf dienen sollen?

Sicherlich wird es hinsichtlich der ökonomischen Werbeziele Überschneidungen mit den Marketingzielen geben. Folgende Beispiele seien angeführt:
– Erhöhung des Marktanteils bzw. Stabilisierung des Marktanteils für ein eingeführtes Produkt,

- Schaffung eines bestimmten Marktanteils bei einer Neueinführung bzw. bei einem Relaunch,
- Schaffung bzw. Erhöhung der Distribution,
- Senkung der Kosten durch Erreichen von Großaufträgen.

Alle diese Ziele sind sowohl mit dem gesamten Marketing-Mix-Instrumentarium als auch mit Hilfe der Werbung zu erreichen, wobei externe Einflüsse (Konkurrenz, allgemeine Wirtschaftslage) ebenfalls eine Rolle spielen.
Es handelt sich also um Ziele, deren Erreichung zwar auch von der Werbung, aber darüber hinaus von den übrigen Marketing-Mix-Faktoren abhängt. Auch Image-Probleme können normalerweise nicht durch Werbemaßnahmen allein, sondern nur durch entsprechende Produkt-, Preis- und Distributionsgestaltung erreicht werden. Man kann diese ökonomischen Werbeziele, die eigentlich Marketingziele sind, als *Sekundärziele der Werbung* bezeichnen.
Werbeziele sind natürlich kein Selbstzweck, sondern aus den übergeordneten Marketing-Problemstellungen abgeleitet. Deshalb muß auch eine Unterscheidung ökonomischer und außerökonomischer Werbeziele immer die Hierarchie betrachten:
- übergeordnetes Ziel: Absatzziel (Marketingziel)
- abgeleitetes Ziel: Werbeziel

Das Bedürfnis, spezifische Werbeziele innerhalb der Marketing-Problemstellung zu definieren, beruht auf dem praktisch wichtigen Grundsatz, daß Zielsetzungen nur dann sinnvoll sind, wenn die Ergebnisse auch im nachhinein auf ihren Erfolg oder Mißerfolg überprüft werden können. Das heißt, letztlich geht es um Möglichkeiten der Werbeerfolgskontrolle.
Wenn aber als Werbeziele Vorstellungen interpretiert werden, deren Erreichung in mehr oder minder hohem Maße nicht nur vom Marketinginstrument Werbung, sondern auch von den übrigen Marketing-Mix-Faktoren abhängt, entlarven sich viele Methoden, die in der Praxis als Werbeerfolgskontrolle dargestellt werden, als Marketingerfolgskontrolle. Der Versuch, zu spezifischen Werbezielen zu kommen, bedeutet somit keineswegs, die Werbung von ihrer absatzpolitischen Funktion teilweise oder ganz abzukoppeln; man will vielmehr ihre spezifische Aufgabe im Marketing-Mix definieren und damit überprüfbar machen.
Als erste Konsequenz bieten sich deshalb folgende Definitionen für Marketing- und spezifische Werbeziele an:
- *Marketingziele* sind solche, deren Erreichung nicht nur von der Werbung, sondern auch vom übrigen Marketing-Mix abhängig ist (z. B. Umsatz, Marktanteil etc.);
- *Werbeziele* sind solche, deren Erreichung ausschließlich bzw. dominant vom Instrument Werbung abhängt.

Bei diesem Versuch, die spezifische Rolle der Werbung im Marketing zu definieren, wird auf die Tatsache zurückgegriffen, daß Werbung als *Kommunikationsmethodik* und *-technik* bezeichnet werden muß. Demzufolge können

Werbeziele nur als Kommunikationsziele definiert werden. Danach wird Werbung als der Bereich des absatzpolitischen Instrumentariums interpretiert, der im Absatzmarkt die Kommunikationsprobleme zu lösen hat. Dadurch wird Werbung auf die ihr innewohnenden Möglichkeiten »reduziert«.

Solche Kommunikationsziele bezeichnet man auch als *Primärziele der Werbung;* es sind Ziele, die leichter kontrollierbar sind, und in den Werbewirkungsmodellen von Lewis (1898), P. W. Meyer (1963), Colley (1967) und Howard/ Shet (1969) festgelegt wurden.

Grundsätzlich erstrecken sich *primäre Werbeziele* auf folgende Bereiche:
- Bekanntmachung des Werbeobjekts
  Dabei geht es um die Schaffung eines Bekanntheitsgrades als Grundvoraussetzung für weitere Werbewirkungen.
- Bekanntmachung der Werbebotschaft (Wissen über das Werbeobjekt)
- Mitwirkung bei der Schaffung eines bestimmten Images für das Werbeobjekt
- Schaffung, Erhaltung und Veränderung von Präferenzstrukturen
- positive Anwendung auf das Werbeobjekt (Motivation)

Dabei geht man von der Vorstellung aus, daß bei Erreichung dieser absatzpolitischen Teilziele die Werbung ihren Beitrag geleistet hat. Der Verkaufserfolg des Produktes hängt darüber hinaus auch vom Preis, der Qualität, der Distributionspolitik etc. ab.

Heißt z. B. das übergeordnete Marketingziel: Einführung eines neuen Produktes, dann können daraus folgende Werbeziele abgeleitet werden:
- Bekanntmachung des Produktes
- Bekanntmachung bestimmter Eigenschaften
- Schaffung bestimmter Präferenzen
- positive Hinstimmung (Anmutung)

Folgende Grundsätze für die Festlegung von Werbezielen wurden formuliert:
1. Ein Werbeziel beinhaltet eine ganz bestimmte Kommunikationsaufgabe innerhalb des Marketing. Es legt die spezifische Arbeit fest, für die die Werbung aufgrund ihrer Eigenschaft geeignet ist. Es beinhaltet keine Ziele, deren Erreichung eine Kombination verschiedener Marketingfaktoren verlangt.
2. Dieses Werbeziel muß schriftlich fixiert werden.
3. Werbeziele müssen einstimmig von denen angenommen werden, die die Werbung machen bzw. die sie zu genehmigen haben.
4. Werbeziele müssen auf genaue Kenntnisse des Marktes und der Kaufmotive basieren. Sie sind realistische Erwartungen, die auf gründlich studierten Marktchancen basieren. Werbeziele drücken nicht nur Hoffnungen und Wünsche aus.
5. Wenn es irgendwie möglich ist, sollten die Werbeziele quantifiziert werden, d. h. es sollen Meßkriterien aufgestellt werden, an denen die Werbewirkung festgestellt werden kann, z. B. Bekanntheitsgrad, Einstellung zum Produkt, Kaufdichte.

2 Die Copy-Strategie

Eine Kommunikations-Strategie setzt sich aus **drei Teilstrategien** zusammen, die inhaltlich eng miteinander verknüpft sind, aber gleichwohl ihre »Eigengesetzlichkeit« besitzen:
- Copy-Strategie
- Werbemittel-Strategie
- Werbeträger-Strategie (Media-Strategie)

Bei der *Copy-Strategie* geht es um die Fixierung der inhaltlichen Grundkonzeption, die es zu kommunizieren gilt. Sie ist damit die Vorstufe zur Verbalisierung und Visualisierung der Werbung. Sie schreibt keine Gestaltung vor, sondern gibt lediglich an, *was* die Werbung aussagen soll, nicht, *wie* es gesagt werden soll. Aus diesem Grund sind bei festgelegter Copy-Strategie die verschiedensten Gestaltungsmöglichkeiten für eine Werbeagentur gegeben, die jetzt alle »one strategy« sind.

Eine *Werbemittelstrategie* faßt die Entscheidungen über Aussage und Gewichtung der einzusetzenden Werbemittel, als den Ausdrucksformen der Werbung, fest (z. B. Anzeige, Plakat, TV-Spot).

Die *Media-Strategie* wählt die einzusetzenden Werbeträger aus, über die die Botschaft an die Zielgruppe transportiert werden soll, also die jeweiligen Tageszeitungen, Publikumszeitschriften etc.

Die *Copy-Strategie* (inhaltliche Grundkonzeption) macht Aussagen zu folgenden drei Bereichen:
- Consumer-Benefit = Verbrauchernutzen, -vorteil
- Reason-Why = Begründung bzw. Glaubhaftmachung
- Tonality (-Flair) = Grundton der Werbung

Consumer-Benefit

Die Forderung nach Festlegung des bzw. der »Benefits«, die es in der Werbung herauszustellen gilt, geht von folgenden Überlegungen aus:

Produkte (bzw. Dienstleistungen) werden dann und insofern gekauft, wenn sie in den Augen der potentiellen Käufer irgendeine Art von Nutzen stiften. Nur wenn der Erwerber eines Gutes (bzw. Dienstleistung) ein solches Nutzenversprechen erhält, wird er als Konsument bereit sein, Teile seines in der Regel knappen Einkommens dafür auszugeben. Aufgabe der Werbung ist es, diese »Zusatznutzen« bzw. Problemlösungen zunächst festzulegen und herauszustellen. Dem Produkt soll eine bestimmte, unverwechselbare Kennzeichnung in der Vorstellung des Verbrauchers gegeben werden, d. h. das Produkt wird durch die Festlegung des Nutzens auf dem Wettbewerbsfeld werblich positioniert. Deshalb spricht man bei dem *Consumer Benefit* auch von einer *werblichen Positionierung* (Pflaum 1992, S. 453).

Dabei ist für die Werbung vielfach der Grundnutzen nicht bedeutungsvoll, da auch die übrigen Mitbewerber bei ihren Produktangeboten auf den vorhandenen Grundnutzen verweisen können. Die sog. Homogenität der Güter bzw. Dienstleistungen in bezug auf ihre Grundnutzen (= funktionaler Nutzen) macht eine spezifische Auslobung eines Produktes oft sehr schwer bis unmöglich. Werbung und Marketing wollen Produktpersönlichkeiten aufbauen, d. h. Produkte so ausloben, daß sie sich im Verbraucherbewußtsein von den Mitbewerberangeboten abheben.

Jedes Produkt (Dienstleistung) besitzt nicht nur einen Grundnutzen, sondern auch Zusatznutzen, d. h. Produkte werden nicht allein wegen ihrer Grundfunktion gekauft, sondern sie müssen darüber hinaus auch weiteren Bedürfnissen gerecht werden. So ist der Grundnutzen eines Automobils die Möglichkeit der Fortbewegung; Zusatznutzen können sein: Sicherheit, Prestige, Sportlichkeit, Wirtschaftlichkeit, Geschwindigkeit usw.

Wegen der weitgehenden Homogenität der Angebote in bezug auf ihre Grundnutzen gilt es, in Werbung und Marketing im Bereich der »Zusatznutzen« attraktive Eigenschaften herauszustellen, z. B. im ästhetischen Bereich dem Design bzw. Styling, dem Prestigenutzen etc. Aufgabe des bzw. der Consumer-Benefits ist es jedenfalls, Stimulans zu sein für den potentiellen Käufer.

Zur Findung zielgruppen- und produktgerechter Benefits soll die Werbeobjektanalyse dienen, d. h. das Abprüfen des in der Werbung auszulobenden Produkts nach werblich relevanten Eigenschaften.

Wie finde ich für das zu umwerbende Produkt einen passenden Consumer-Benefit?

Um dieses Problem lösen zu können, sollte das auszulobende Produkt bzw. die auszulobende Dienstleistung nach verschiedenen Gesichtspunkten untersucht werden.

Ein Zusatznutzen (Consumer-Benefit bzw. USP) ist dann *rational,* wenn er für den potentiellen Käufer beweisbare Vorteile bringt.

> *Beispiel:* Volvo 850
> »Weltneuheit SIPS-Seitenairbag. Der Airbag an Ihrer Seite. Im Sitz. Für Fahrer und Beifahrer.«

Der Zusatznutzen ist dann *sensorischer Art,* wenn das Produkt geeignet ist, die Sinne, wie z. B. Geruchssinn, Geschmackssinn, Gehör, Auge bzw. den Tastsinn anzusprechen.

> *Beispiel:* Deinhard
> »Wo ist der Deinhard! Wenn die Freude überschäumt, die gute Laune nicht zu bremsen und die Lust auf Sekt am größten ist, dann gibt's nur eins: Deinhard. Sekt seit 1843.«

Trägt der Zusatznutzen eines Produktes dazu bei, die Stellung des Benutzers oder Käufers in der Gesellschaft, d. h. in der Familie, im Berufsleben, bei Freunden, im Verein etc., aufzuwerten, so ist der Consumer Benefit *sozialer Art.*

Beispiel: Fürstenberg
»Das trägt man diesen Sommer. In der Tat eines der besten Biere der Welt. Fürstenberg.«

Ein Zusatznutzen *egoistischer Art* liegt vor, wenn das Produkt geeignet ist, die Ich-Bestätigung des Käufers oder Verwenders zu stärken.

Beispiel: Ellen Betrix
»Der neueste Stoff für Ihre Schönheit: Silk Care Make-up. Ellen Betrix – The Care Company.«

Zum Reason-Why

Jeder Consumer Benefit ist ein Produktversprechen, also eine Behauptung bezüglich eines Vorteils (Nutzens). Will Werbung überzeugend sein, so muß sie diese (Produkt-)Behauptung beweisen, d. h. glaubhaft machen. Dies ist die Aufgabe des sog. »Reason-Why«.
Beispielsweise kann in der Werbung als Benefit für eine Marmelade festgestellt werden, daß sie wie aus traditionellem schwäbischen Haushalt selbstgemacht ist. Die Beweisführung (Reason-Why) kann in der Auswahl der Früchte bzw. der Zubereitung frei von chemischen Zusätzen vorgenommen werden.
Grundsätzlich gilt: je höher der Produktanspruch angesiedelt ist, desto größere Bedeutung erhält der Reason-Why, um in der Werbung überzeugen zu können.

Zur Tonality

Für die »Werbewirkung« ist nicht nur wichtig, *was* über das Produkt gesagt wird, sondern auch *wie* es präsentiert wird. Dies geschieht in der Festlegung des sog. Grundtons der Werbung (Tonality) bzw. dem Flair, das sie ausstrahlen soll. Je nach Produkt und Zielgruppe wird dieser Grundton, der auch als »atmosphärische Verpackung« bezeichnet werden kann, mehr jung, sportlich, rustikal, traditionsgebunden etc. ausfallen. In unserem Marmeladenbeispiel bietet sich z. B. eine rustikale Schwarzwaldatmosphäre an.
Die schriftliche Fixierung der Copy-Strategie hat zunächst nichts mit der »Umsetzung« in die zu schaltenden Werbemittel zu tun. Sie stellt vielmehr die vom Markt abgeleitete und für notwendig befundene Vorgabe für die Gestaltung der Werbung dar. Aufgabe der Graphiker, Texter, Fotografen etc. ist es, diese Grundkonzeption (Copy-Strategie) in Werbemittelentwürfe umzusetzen. Diese Entwürfe müssen danach beurteilt werden, ob und inwieweit sie die Bestandteile der Copy-Strategie prägnant und überzeugend zum Ausdruck bringen.
Mitunter wird insbesondere von seiten weiblicher Gestalter Kritik an dieser »Vorgabe« in Form von Copy-Strategien geübt. Die Kritik gipfelt darin, daß bei diesen Vorgaben die Gefahr einer zu starken Einengung der Kreativität gegeben sei.
Diese Kritik kommt jedoch bei einer methodisch richtig entworfenen und durchgeführten Copy-Strategie nicht zum Tragen.

104

Eine solche Vorgabe stellt lediglich sicher, daß werbliche Kreativität nicht Selbstzweck, also l'art pour l'art ist. Die eigentliche kreative Leistung beginnt mit der Umsetzung (Verbalisierung, Visualisierung) der Copy-Strategie.

Zur Theorie des USP und UAP

Die Basis-Idee von Grund- und Zusatznutzen greift auch Rosser Reeves (1965) auf, als Vertreter der sog. »Theorie des USP« (unique selling proposition). Grob gesehen stellt diese These nichts anderes dar als eine zusätzliche Anforderung an die Copy-Strategie.

Nach dieser Vorstellung wird von der Werbung zumindest verlangt, daß sie einen Verkaufsanspruch (=Benefit) herausstellt, der verkaufsstimulierend (selling) sein muß. Gegenüber dem bisher dargelegten Inhalt einer Copy-Strategie verlangt die Auffassung der USP-Werbung jedoch, daß sie etwas »Einzigartiges« (unique) beinhalten muß, also praktisch zu einer Art Alleinstellung des auszulobenden Werbeobjekts führt. Diese »Alleinstellung« wird man zunächst über die Benefits versuchen. Die bereits erwähnte Homogenität der Güter macht jedoch den Spielraum im Bereich der Grundnutzen normalerweise sehr eng. Der USP wird deshalb in der Regel im Zusatznutzen-Bereich zu suchen sein.

Aber auch hier ist die Forderung einfacher gestellt als in der Praxis vollzogen. Zwar wird ein Zusatznutzen oft gefunden, vielleicht ist er auch verkaufsstimulierend, ob er jedoch als »einzigartig« im Sinne einer Alleinstellung bezeichnet werden kann, ist fraglich. Der Grundgedanke der Theorie des USP braucht jedoch nicht auf den Teil der Copy-Strategie beschränkt bleiben, den wir als Consumer-Benefit bezeichnet haben. Er kann auch in den beiden anderen Bestandteilen der Copy-Strategie, also in dem Reason-Why bzw. insbesondere der Tonality, zum Ausdruck kommen.

Beispiel: Persil Kampagne
» . . . statt Pulver Perlen . . .« mit der Entwicklung von »Megaperls«

Wie oben bereits angedeutet, sind in heutigen, dicht besetzten Märkten praktisch alle lohnenden USPs bereits vergeben. Me-too Produkte, d. h. Produkte, die gleichartig zu denen von Mitbewerbern sind, beherrschen die Märkte. Daher gelingt es kaum mehr, eine solch faktische Alleinstellung durchzusetzen.

Die unbedingte Suche nach USPs könnte sogar zu negativen Konsequenzen führen, indem Positionen bestimmt werden, die zwar »unique« sein mögen, aber gleichzeitig so wenig relevant sind, daß ihr Erfolg fraglich wird, weil die Marktberechtigung nicht ohne weiteres einleuchtet. Zudem bedeutet die USP-Denkhaltung, daß der Wettbewerber bestimmt, in welchen Feldern des Marktes man zu suchen hat.

Eine Alternative zu dem USP ist der UAP (unique advertising proposition, auch UCP/ unique communications proposition), der sich immer mehr im Markt durchsetzt. Dabei handelt es sich um eine rein werbliche Technik, die zwar produktmäßig riskiert Mee-too zu sein, aber durch eine intelligente werbliche Umsetzung in der Meinung der Nachfrager eine Alleinstellung erreicht. Es ist also nicht die reale Alleinstellung (= USP) ausschlaggebend, sondern die emotionale Alleinstellung (=UAP/UCP) in der Vorstellung der Zielpersonen. Eine vorhandene reale Alleinstellung erleichtert zweifellos deren Emotionalisierung, ist aber keine notwendige Voraussetzung dafür. Der UAP kann auch in Unique-Gestaltungselementen erfolgreich praktiziert werden.

Beispiel: Krombacher Kampagne
Alleinstellung durch werbliche Aussage »Krombacher Bier mit Felsquellwasser gebraut«.

Beispiel: Milka Werbung
Grafische Alleinstellung durch die »lila Kuh«
(Pepels, W. 1993, S. 408).

Ein für die Praxis wichtiger Punkt ist die Frage der Konstanz und Variabilität von Copy-Strategien. Viele Kampagnen werden deshalb zu einem Mißerfolg, weil unsichere Marketing- bzw. Werbeleute eine permanente Änderung der einmal verabschiedeten Copy-Strategie verlangen.
Bewährte Copy-Strategien sollten jedoch lediglich dann überprüft und geändert werden, wenn sich die Qualität des Produktes verändert bzw. wenn neue Anwendungsbereiche bekannt werden, so z. B. wenn:
- sich die Qualität des Produktes verändert hat
- neue Anwendungsgebiete erschlossen wurden
- sich die Wettbewerbssituation ändert
- das Verbraucherverhalten sich geändert hat
- bei den Umworbenen Ermüdungs- bzw. Ablehnungserscheinungen hinsichtlich des Produktes bekannt werden.

Die subjektive Meinung der Werbungtreibenden muß zurücktreten nach dem alten Grundsatz: »Wenn dem Insider der Werbung die Art seiner Botschaft allmählich überdrüssig wird, beginnt sie, am Markt gerade zu wirken!«

3 Werbemittelstrategie

3.1 Begriff und Einteilung

Die Erarbeitung einer Werbemittelstrategie erfordert Entscheidungen über folgende zwei Fragen:
- Welche Werbemittel sollen in der Kampagne eingesetzt werden?
- Mit welcher Gewichtung (Haupt- und Nebenwerbemittel)?

Unter den *Werbemitteln* kann man die *personellen* und *sachlichen Ausdrucks-*

106

formen der Werbung verstehen. Jedes Werbemittel stellt eine Kombination werbewirksamer Elemente (Bild, Ton, Bewegung etc.) dar, die durch ihr Zusammenspiel die Werbewirkung hervorrufen sollen.

Neben den Werbemitteln kann man die sogenannten *Werbehilfen* unterscheiden. Darunter versteht man solche Instrumente, die nicht primär Werbezwecken dienen, die aber auch werblich genutzt werden können; man bezeichnet sie deshalb auch als Sekundärwerbemittel, z. B. Fuhrpark, Verpackung.

Unter den *Werbeträgern* versteht man dagegen die sachlichen Medien der Streuung, also die Instrumente, mit deren Hilfe das Werbemittel als der eigentliche Werbekünder der Werbebotschaft an die Zielgruppe herangetragen wird.

Das Repertoire an Werbemitteln, das heute in der Praxis zur Verfügung steht, läßt sich unter vielfachen Gesichtspunkten in eine systematische Ordnung bringen.

Unter dem Gesichtspunkt, ob ein Werbemittel *ein* oder *mehrere Sinnesorgane* anspricht, kann unterschieden werden:

– *Unisensorische* Werbemittel:
   z. B. nur akustisch (Funkspot), nur optisch (Plakat, Anzeige).
– *Multisensorische* Werbemittel:
   z. B. optisch-akustisch (Film, Fernsehspot).

Günstige Möglichkeiten bietet in dieser Hinsicht die Warenprobe, die auch den Tast-, Geruchs- und Geschmackssinn einbeziehen kann.

Sensorische Einteilung der Werbemittel

Unisensorische Werbemittel
– Print-Werbemittel
– Funkspot etc.

Multisensorische Werbemittel
– Fernsehspot
– Film
– Warenprobe

Diese Einteilung ist vom kreativen Standpunkt aus bedeutsam, denn z. B. muß ein Text für ein gedrucktes Werbemittel völlig anderen Anforderungen entsprechen als ein Text, der im Funk oder Fernsehen ausgestrahlt werden soll.

Unter dem Aspekt, ob ein Werbemittel seinem Charakter nach eine *individuelle Ansprache* der Zielpersonen ermöglicht oder nicht, kommt man zu folgender Einteilung:

– Einzelwerbemittel: Computerbrief,
                       Werbegeschenk etc.;
– Massenwerbemittel: Anzeige,
                       Plakat,
                       FFF-Werbung usw.

Von besonderer praktischer Bedeutung ist eine Unterscheidung, die von den *Einsatzbedingungen* der Werbemittel ausgeht. Sie kommt zu folgenden drei Werbemittelgruppen:

107

a) An Werbeträger gebundene Werbemittel (Mittel der Mediawerbung)

Dazu gehören Anzeigen, Plakate, Verkehrsmittelwerbung, FFF-Werbung (Film-, Funk-, Fernsehwerbung).
Bei diesen Werbemitteln ergeben sich durch die Medien, an die die Werbemittel gebunden sind, bestimmte Restriktionen. Diese liegen vor allem im Bereich der Streuung. Wie viele und welche Arten von Zielpersonen ein Werbemittel erreicht, wird primär vom Werbeträger bestimmt. Reichweite und Struktur der Mediennutzerschaften sind gegebene Größen, nicht vom Werbungtreibenden beeinflußbare Werte. Daraus ergibt sich das praktische Problem, den Streubereich der Mediakombination auf die Zielgruppe abzustimmen, um Fehlstreuungen zu minimieren.
In der Gestaltung ist der Werbungtreibende abhängig von den technischen Möglichkeiten, die ihm das Medium bietet (z. B. Druckqualität, Farbe etc). Darüber hinaus diktiert der Werbeträger meist noch eine Reihe weiterer Bedingungen, nach denen sich die Werbung zu richten hat, wie z. B. die zeitliche Erscheinungsweise.
Diesen Restriktionen, die die Medien der Werbung auferlegen, stehen auf der anderen Seite eine Reihe von großen Vorteilen gegenüber, die vom Werbeträger her auf die Werbung ausstrahlen können. So profitiert die Werbung von der Aufmerksamkeit und dem Interesse, das die Umworbenen dem redaktionellen Umfeld entgegenbringen. Die Werbemittel können ferner auf das redaktionelle Umfeld abgestimmt werden. Dadurch können die Chancen der Wahrnehmung verbessert werden.

> *Beispiele:* Bei Tageszeitungen kann die Anzeige an bestimmte feststehende Rubriken (Sportteil, Seite für junge Leute, Reiseseite etc.) angehängt werden. Zeitschriften bieten die Möglichkeiten, bei bestimmten Berichten bzw. Serien (z. B. moderne Küchengestaltung, Gestaltung einer Gartenparty etc.) die Anzeigen entsprechend zu plazieren.

b) Werbemittel der Direktwerbung (Direct Mailing)

(siehe dazu Kapitel Direktwerbung)
Darunter fallen insbesondere die Werbemittel Werbebrief, Prospekt, Briefprospekt, Katalog, Kundenzeitschrift, Preisliste etc.
Diesen Werbemitteln ist gemeinsam, daß ihr Einsatz nicht von der Verbreitung eines Mediums abhängig ist, d. h. von dieser Seite keine Restriktionen auferlegt werden. Dafür kommt bei diesen Werbemitteln das Problem der Lokalisierung der Zielgruppe, d. h. die *Adressengewinnung* hinzu. Wenn jedoch die Zielgruppe bekannt und adressenmäßig erfaßt ist, kann eine Fehlstreuung weitgehend vermieden werden.
In bezug auf die technische und kreative Gestaltung der Werbemittel ist der Werbungtreibende bei diesen Werbemitteln weitgehend frei. Die Grenzen werden höchstens von den Kosten, also dem Werbeetat gesetzt.
Dem steht jedoch die Tatsache gegenüber, daß die Mittel der Direktwerbung

ohne die im redaktionellen Rahmen eines Mediums liegende Unterstützung auskommen müssen. Für die Wahrnehmung und Wirkung dieser Werbemittel ergeben sich somit insbesondere für die Gestaltung erhöhte Anforderungen. Direktwerbemittel müssen bereits bei erster Sichtung so attraktiv empfunden werden, daß sie weitere Beachtung erhalten und nicht sofort »abgelegt« werden. Zwei weitere Widerstände müssen sodann überwunden werden:
– der *primäre* Lesewiderstand: darunter versteht man, daß die Zielperson mit dem Lesen des Werbemittels *beginnt;*
– der *sekundäre* Lesewiderstand: Das Werbemittel muß so attraktiv sein, daß der Rezipient nicht nur mit dem Lesen beginnt, dann aber abbricht, sondern *weiterliest.*

Bei Überwindung dieser Hürden ist das Direktwerbemittel auf sich allein gestellt und profitiert nicht – wie die Mittel der Mediawerbung – gegebenenfalls vom redaktionellen Teil.

Es kann deshalb nicht generell festgelegt werden, welche Werbemittelgruppe günstiger ist. Diese Entscheidung kann nur in der jeweiligen Situation bei Kenntnis der wichtigsten werblichen Vorgaben (Zielgruppe, Produkt etc.) getroffen werden.

c) Werbemittel am Ort des Kundenkontakts (POP-, POS-Werbemittel)

Darunter versteht man Schaufenster, Innenplakate, Displays, Aufsteller, stumme Verkäufer, Deckenhänger, Verkostungsstände, Werbedamen, Mitteilungen an Marktmitarbeiter, Preisausschreiben für ausgewählte Märkte usw. Diese Werbemittel haben generell die Aufgabe, den potentiellen Kunden nochmals einen letzten Anstoß am Ort des Kundenkontakts – also beim Handel – zum Vollzug des Werbeziels zu geben; sie sollen ihm dabei die ganze Breite des Angebots vor Augen führen.

3.2 Aufbau der Werbemittel

Werbemittel wurden definiert als eine Kombination werbewirksamer Elemente, die durch ihr Zusammenspiel die Wirkung auslösen sollen. Die in einem Werbemittel vereinigten Wirkungselemente zerfallen in:
– *Inhaltbildende* Elemente: Sie sprechen entweder den *rationalen* oder *emotionalen* Bereich im Menschen an (Argumente, Leitbilder, Gefühle etc.).
– *Formgebende* Elemente: Diese Wirkfaktoren machen die auszusendenden Werbeappelle *sinnlich wahrnehmbar* und bringen sie in eine ihre Aufnahme und Speicherung fördernde äußere Form (Farbe, Ton, Schrift, Form, Plazierung, Bewegung etc.).

Die Zerlegung der Werbemittel in ihre Elemente bedeutet keine Ignorierung des ganzheitlichen Wirkungsprozesses von Werbemitteln. Auch ein ganzheitlich wirkendes Werbemittel erhält seine Wirkung auf Grund einer Kombination von Einzelelementen, die entsprechend aufeinander abgestimmt wurden. Ein Theaterstück hat eine ganzheitliche Wirkung, d. h. einen Gesamteindruck beim Besucher; dieser ist das Ergebnis kausal wirkender, aufeinander abgestimmter Einzelfaktoren, wie z. B. Text, schauspielerische Leistung, Regie, Dekoration etc.

Bezogen auf eine Werbekampagne als Ganzes, die über eine bestimmte Zeit hinweg läuft, spielen die inhaltbildenden wie die formgebenden Wirkelemente entweder die Rolle von

a) *Werbekonstanten* oder
b) *Werbevariablen.*

Zu a) Unter *konstanten Werbeelementen* versteht man solche Wirkfaktoren des Werbemittels, die überall, d. h. in allen eingesetzten Werbemitteln (Primär- wie Sekundärwerbemittel), grundsätzlich wiederkehren, z. B. Markenzeichen, Symbole, Slogans, Layouts etc. Sie haben grundsätzlich zwei Funktionen zu erfüllen:

1. Identifikationsfunktion:
   Darunter versteht man die Aufgabe, daß auch bei flüchtiger Wahrnehmung des Werbemittels dieses sofort unternehmens- bzw. markenbezogen identifiziert wird. Diese Aufgabe ist in einer Zeit, in der eine Fülle von Reizen auf die durchschnittliche Zielperson pro Tag einströmt, besonders wichtig.
2. Verdichtungsfunktion:
   Darunter versteht man die Verkettung der Werbeeindrücke, d. h., daß durch das Wiederkehren dieser werbekonstanten Elemente eine Verdichtung des Werbeeindrucks beim Betrachter erreicht wird.

Mit Hilfe der konstanten Werbeelemente soll dem Unternehmen zu einer geschlossenen *Corporate Identity* verholfen werden.

Unter Corporate Identity versteht man die zentrale Kommunikationsstrategie eines Unternehmens, mit der ein bestimmtes Unternehmensimage (Corporate Image) erreicht werden soll. Die Inhalte des Corporate Image müssen in einer Unternehmensphilosophie (Statement of Philosophy) verankert sein.

Um das *Corporate Image,* ein einheitliche Erscheinungsbild eines Unternehmens nach außen (Richtung Kunden, Kapitalgeber, Presse) und nach innen (Richtung Mitarbeiter), zu erreichen, bedarf es verschiedener Mittel. Dazu zählen:

- konzeptionelle Maßnahmen *(Corporate Communications),* die das strategische Dach aller Kommunikationsmaßnahmen eines Unternehmens sind;
- gestalterische Maßnahmen *(Corporate Design),* unter denen man den visuellen Ausdruck des Selbstverständnisses eines Unternehmens versteht;
- die Unternehmenskultur *(Corporate Culture),* die alle ideellen Wertvorstellungen und Handlungsweisen, welche das Verhalten von Mitarbeitern und damit das Erscheinungsbild des Unternehmens von innen und außen prägen, umfaßt;
- die Leistungspalette eines Unternehmens.

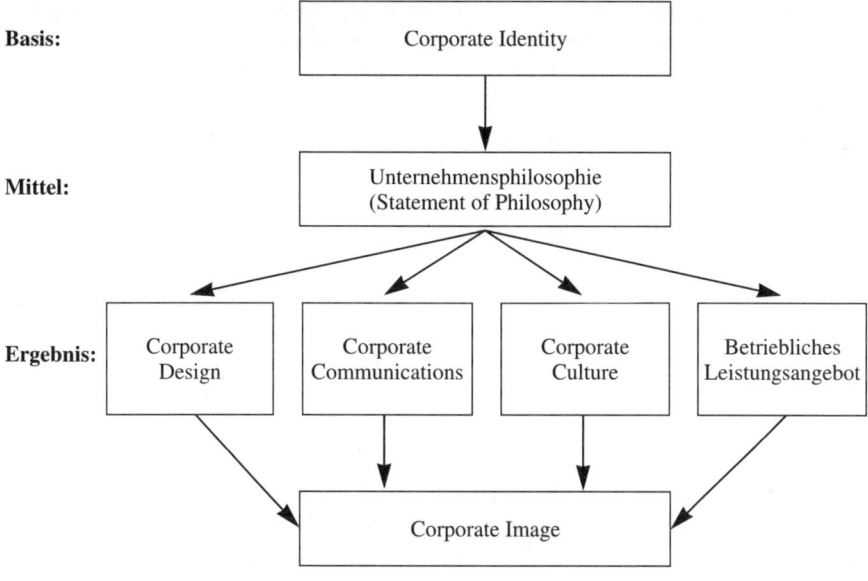

<table>
<tr><td>Basis:</td><td>Corporate Identity</td></tr>
</table>

Basis: | Corporate Identity

Mittel: | Unternehmensphilosophie (Statement of Philosophy)

Ergebnis: | Corporate Design | Corporate Communications | Corporate Culture | Betriebliches Leistungsangebot

Corporate Image

(Pflaum, Pieper 1993, 128ff.)

Abb. 25: Konstante Werbeelemente

Zu b): Unter den *Werbevariablen* versteht man solche Wirkelemente, die als sich wandelnde bzw. einmalig auftretende Elemente in den Werbemitteln enthalten sind. Ihre Aufgabe besteht primär darin, das Werbemittel vor Monotonie zu bewahren, d. h. ihm also eine originelle und aktuelle Note zu geben und damit die Attraktivität zu erhalten.

Die richtige Mischung aus konstanten und variablen Werbeelementen ist für die Eindringlichkeit und Nachhaltigkeit einer Werbekonzeption von größter Bedeutung. Sie entscheidet nicht zuletzt über die innere Geschlossenheit einer Werbekonzeption, sie macht auch bei entsprechender Originalität dieser Elemente einen eigenen Werbestil aus. Das Finden dieser richtigen Kombination aus werbekonstanten und werbevariablen Elementen muß mit zu den schwierigsten kreativen Aufgaben in der Werbung gerechnet werden.

3.3 Beurteilungskriterien für die Wahl der Werbemittel

Jedes Werbemittel ist auf Grund seiner nur ihm eigenen Eigenschaften für ganz bestimmte Verwendungszwecke besonders geeignet, für andere nicht oder weniger. Um die für eine konkrete Aufgabenstellung geeigneten Werbemittel zu

111

selektieren, ist es notwendig, sie einer vergleichenden Beurteilung zu unterziehen. Wegen der außerordentlich differenzierten Gesamterscheinung der verschiedenen Werbemittel ist dies jedoch nur möglich, wenn man die Werbemittel gedanklich in eine Reihe von relevanten Merkmalen zerlegt, die damit zu Maßstäben und Beurteilungskriterien werden und einen analysierenden Vergleich zulassen. Ihr bedeutungsmäßiges Gewicht hängt selbstverständlich von den individuellen Gegebenheiten der jeweiligen Werbekampagnen ab. Für die Erarbeitung einer Werbemittelstrategie können folgende Beurteilungskriterien herangezogen werden:

(1) Möglichkeit einer gezielten Streuung:
Hierbei spielt die Zielgenauigkeit sowohl in geographischer wie in soziodemographischer, psychologischer und soziologischer Hinsicht eine Rolle. Die einzelnen Werbemittel zeigen in dieser Hinsicht erhebliche Unterschiede.

(2) Anzahl und Art der kombinierbaren Werbeelemente:
Darunter versteht man die Ausdrucksmöglichkeiten eines Werbemittels. Auch in dieser Hinsicht ergeben sich bei den Werbemitteln erhebliche Unterschiede, die für den Einsatz bedeutend sind.

(3) Umfang der möglichen werblichen Aussage:
Auf Grund der unterschiedlichen Kontaktsituation, in der die einzelnen Werbemittel auf die Zielgruppe treffen, ist die Möglichkeit zu ausführlicher Information, Argumentation in unterschiedlichem Maße gegeben. Vor allem bei erklärungsbedürftigen Produkten ist dieses Beurteilungskriterium von Bedeutung.

(4) Wirkungsdauer:
Die Zeiträume, während der von den einzelnen Werbemitteln Werbewirkung ausgeht, sind unterschiedlich. Damit ist zumeist auch ein Urteil über die Anzahl der möglichen Kontaktchancen gefällt.

(5) Wirkungsort und Kontaktsituation:
Man geht davon aus, daß der Ort, wo ein Werbemittel auf die Zielperson wirkt, für die Chance der Beachtung und Wahrnehmung bedeutsam ist. Es ist z. B. ein Unterschied, ob ein Werbemittel in der häuslichen Atmosphäre auf die Zielperson wirkt, im Straßenverkehr oder in angespannter Situation beim Arzt im Wartezimmer.

(6) Zeitlich elastischer Einsatz:
Konkurrenzsituation und Witterungsabhängigkeit von Produkten machen es vielfach erforderlich, zeitlich elastisch schnell durch entsprechende Werbemittel zu reagieren. Technische Gegebenheiten und Geschäftsbedingungen bringen bei einzelnen Werbemitteln bzw. den Trägern, an die sie gebunden sind, unterschiedliche zeitliche Einsatzmöglichkeiten.

(7) Isolierung von konkurrierenden Werbeeindrücken:
Angesichts der Überflutung mit Werbeeindrücken und Reizen überhaupt wird die Frage, welche Möglichkeiten ein Werbemittel bietet, sich abzuheben von den sonstigen Eindrücken und eine Art Alleinstellung zu erhalten, immer bedeutender.

(8) Möglichkeit des Ausweichens:
Die Werbemittel unterscheiden sich auch dahingehend, ob und inwieweit man sich ihrer Wirkung entziehen kann.

(9) Einstellung der Umworbenen zum Werbemittel bzw. Werbeträger:
Die Einstellung der Umworbenen zu einer bestimmten Art, wie sich die Werbung über bestimmte Mittel in der Öffentlichkeit (Image) präsentiert, darf bei der Frage des Einsatzes von Werbemitteln nicht außer acht gelassen werden. Sie gewinnt an Bedeutung, wenn man feststellt, daß bestimmte Formen der Werbung in der Öffentlichkeit bzw. in Teilen davon negativ bewertet werden. Sollten dann dennoch diese Werbemittel eingesetzt werden (müssen), so muß man sich bewußt sein, daß gegebenenfalls zusätzliche psychologische Barrieren überwunden werden müssen.

(10) Möglichkeiten der Werbeerfolgs- bzw. Werbewirkungskontrolle:
Die Möglichkeiten, den Werbeerfolg bzw. die Wirkung der Werbung über die Werbemittel zu messen, sind recht unterschiedlich, so daß auch dieses Kriterium unter Umständen für den Einsatz der Werbemittel mit herangezogen wird.

(11) Kosten des Werbemittels:
Obgleich man nicht grundsätzlich von teuren und billigen Werbemitteln sprechen darf, sondern sie stets in Relation setzen muß zu den Kontaktchancen, die zu erwarten sind, sind in bezug auf bestimmte vorgegebene Etathöhen manche Werbemittel von vornherein auszuschließen, andere sind für jede Etathöhe relevant (vgl. Anzeige in Tageszeitungen und Fernsehspots).

Bewertung der wichtigsten Werbemittel

Wenn als Ziel eine gegenüber dem Auftraggeber begründete Werbemittelauswahl angestrebt wird, so umfaßt sie nicht nur die Argumente für, sondern auch gegen den Einsatz bestimmter Werbemittel in der jeweiligen Situation. An Hand der aufgestellten Kriterien muß somit die generelle und spezielle Eignung der einzelnen Werbemittel überprüft werden.
Bei aller Problematik, die eine globale, d. h. vom jeweiligen Werbeproblem losgelöste Beurteilung beinhalten muß, kann folgende Grobbewertung vorgenommen werden:

Zu (1): Möglichkeit einer gezielten Streuung
(a) in geographischer Hinsicht:

Gute Möglichkeiten:
- Anzeigen in Tageszeitungen
- Plakat
- Kinofilm
- Werbebrief etc.
- Werbefunk (nach Nielsen-Gebieten).

Eingeschränkt bis ungünstig:
- Anzeigen in Publikumszeitschriften
  (Ausnahme bei Teilbelegungsmöglichkeiten),
- TV-Spot.

(b) Zielgruppenorientiert:
Gute Möglichkeiten:
- Anzeigen in Publikumszeitschriften
- Werbebrief etc.

Eingeschränkt bis ungünstig:
- Anzeigen in Tageszeitungen
- Plakat
- Kinofilm
- TV-Spot
- Funk-Spot.

Bei TV- und Funk-Spots ergaben sich bessere Möglichkeiten durch Privatsender, d. h. durch Sendungen, die sich redaktionell an bestimmte Zielgruppen wenden, werblich angelehnt werden könnten (z. B. Viva für Jugendliche, Sendungen für ältere Menschen, Sendungen für Autofahrer).

Zu (2): Anzahl und Art der kombinierbaren Werbeelemente (Ausdrucksformen der Werbung)
Günstig für folgende Werbemittel:
- Kinofilm (optisch/akustische Elemente)
- TV-Spot (optisch/akustische Elemente/Bewegungselemente)
- Direktwerbemittel (vgl. 3-D-Werbung).

Eingeschränkt:
- Anzeigen in Publikumszeitschriften (das Element Farbe steht zur Verfügung)
- Anzeigen in Tageszeitungen (Farbe eingeschränkt; Ausnahme: Insetting-Anzeigen bzw. Beilagen)
- Plakat.

Gering:
- Funk-Spot.

Zu (3): Umfang der möglichen werblichen Aussagen
Günstig bei folgenden Werbemitteln:
- TV-Spot
- Werbefilm
- Anzeigen in Tageszeitungen

- Anzeigen in Publikumszeitschriften
- Werbebriefe etc.

Weniger günstig:
- Plakat
- Funk-Spot.

Zu (4): Wirkungsdauer
Günstig:
- Anzeigen in Publikumszeitschriften
- Werbebriefe etc.
- Plakat

Begrenzt günstig:
- Anzeigen in Tageszeitungen

Relativ ungünstig:
- TV-Spot
- Funk-Spot
- Werbefilm.

Bei Anzeigen hängt die Wirkungsdauer grundsätzlich vom Erscheinungsintervall (täglich, wöchentlich, monatlich etc.) und der Nutzungsintensität innerhalb des Intervalls ab.

Zu (5): Wirkungsort bzw. Kontaktsituation
Günstige Bedingungen:
- Kinofilm (abgedunkelter Raum)
- Anzeigen in Tageszeitungen (Zu Hause, hohe Aktualität)
- Anzeigen in Zeitschriften.

Weniger günstig:
- TV-Spot (keine Konzentration, aber multisensorische Ansprache)
- Funk-Spot (keine Konzentration, nur akustische Ansprache).

Zu (6): Zeitlich elastischer Einsatz
Günstig:
- Anzeigen in Tageszeitungen
- Kinofilm
- Werbebriefe etc.
- Plakat (regional).

Ungünstiger:
- Anzeigen in Publikumszeitschriften.

Besonders ungünstig:
- TV-Spot
- Funk-Spot.

Zu (7): Isolierung von konkurrierenden Werbeeindrücken (Alleinstellung)
Möglichkeiten, sich von konkurrierenden Werbeeindrücken abzuheben, bieten folgende Werbemittel:

- Anzeigen in Tageszeitungen (durch Größe und Plazierung)
- Anzeigen in Publikumszeitschriften (durch Größe und Plazierung) – Plakat (durch Ganzstellen- und Großflächenwerbung)
- Werbebrief etc.

Zu (8): Möglichkeiten des Ausweichens
Die Chancen, sich dem Einfluß der Werbemöglichkeiten zu entziehen, sind relativ gering bei:
- Kinowerbung
- Plakat
- Anzeigen in redaktionellen Teilen.
Der Wirkung des Werbemittels kann relativ leicht ausgewichen werden bei:
- TV-Spot
- Funk-Spot
- Werbebrief etc.
- Anzeigen im Anzeigenteil.

Zu (9): Einstellung der Umworbenen zum Werbemittel bzw. Werbeträger
Leider liegt hierfür in der Praxis außer einigen Einzeluntersuchungen von Werbeträgern kein annähernd exaktes Bild vor.
Folgende Tendenzen zeichnen sich ab:
Gut bis befriedigend:
- Anzeigen in Tageszeitungen
- TV-Spot
- Kinofilm.
Mittlere Werte:
- Anzeigen in Publikumszeitschriften.
Problematisch:
- Funk
- Außenwerbung
- Direktwerbung (bei überstreuten Zielgruppen).

Zu (10): Möglichkeiten der Werbeerfolgskontrolle
Versteht man unter Werbeerfolgskontrolle vornehmlich die ökonomische Kontrolle, so läßt sich sagen, daß Ansätze für Methoden bei folgenden Werbemitteln gegeben sind:
- Anzeigen (Coupon etc.)
- Werbebrief (Rückantwortkarte etc.).
Schwierig bis unmöglich:
- TV-Spot
- Plakat
- Innenwerbung
- Funk-Spot.
Für den Bereich der Werbewirksamkeitsprüfungen gibt es dagegen für die meisten Werbemittel interessante Ansätze (vgl. Kap. VII: Messung des Werbeerfolgs).

Zu (11): Kosten des Werbemittels
Rangfolge der nach *relativen* Kosten »wirtschaftlichsten« Werbeträgern:
- Hörfunk
- Zeitschriften
- Fernsehen
- Tageszeitung
- Kinowerbung
  (Plakat nicht bewertet).

Bei der Entscheidung, welche Werbemittel in welchem Umfang eingesetzt werden sollen, spielen die absoluten Kosten, die beim Einsatz eines Werbemittels entstehen, aber insofern ebenfalls eine Rolle, als bei bestimmter Etathöhe ganz bestimmte Werbemittel (z. B. Vierfarbenanzeigen in Publikumszeitschriften, TV-Werbung) von vornherein ausscheiden.

3.4 Gestaltung der Werbemittel

Die Grundlage für die Verbalisierung und Visualisierung der Werbebotschaft bildet, wie bereits festgestellt, die Copy-Strategie, die deshalb auch *Gestaltungsstrategie* genannt wird.

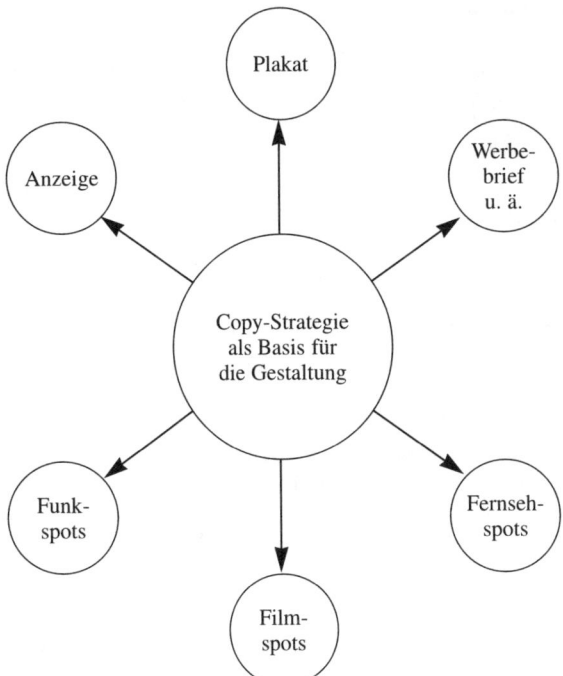

Abb. 26: Copy-Strategie

117

Hinweise auf Gestaltungsgrundsätze von Werbemitteln bis zur Festlegung sog. Gestaltungsregeln müssen als problematisch angesehen werden. Oftmals haben sie für bestimmte Bereiche zu bestimmten Zeiten Gültigkeit, werden jedoch an anderer Stelle und zu anderer Zeit erfolgreich widerlegt. Darüber hinaus wird nicht zu Unrecht hervorgehoben, daß, wenn es allgemein gültige »Regeln« gäbe, die Werbung sich jeglicher Individualität entziehen würde.

Über Jahrzehnte hinweg hat sich die Kommunikationsforschung zu sehr auf die Benutzung des gesprochenen bzw. geschriebenen Wortes (Sprache) konzentriert. Sie ging davon aus, daß Informationen im menschlichen Gehirn primär in sprachlicher Kodierung verarbeitet und gespeichert werden.

Für optisch wirkende Werbemittel hat die neuere Forschung ergeben, daß die menschliche Informationsverarbeitung zu einem großen Teil durch bildhafte Vorstellungen erfolgt. Der Mensch denkt und fühlt primär in Bildern; er speichert die Erfahrungen in solchen. Deshalb eignen sich Bilder im besonderen Maße dazu, konkrete Werbeinformationen zu vermitteln.

Die Bedeutung bildhafter Kommunikation wird vor allem durch folgende Effekte erklärt (Kroeber-Riel, Meyer-Hentschel 1982):

1. Reihenfolgeeffekt:
   Bilder werden häufig vor dem Text betrachtet. Deshalb wird ihr Inhalt schneller gelernt und behalten.
2. Aktivierungseffekt:
   Bilder lösen in der Regel eine stärkere innere Erregung (Aktivierung) aus als Texte und verbessern dadurch die Werbewirkung.
3. Gedächtniseffekt:
   Bilder werden grundsätzlich besser behalten als Worte. Dies ergibt sich aus der Art und Weise, wie Informationen im menschlichen Hirn gespeichert werden.

3.4.1 Gestaltung von Anzeigen

Grundsätzliche Orientierungspunkte

Folgende Punkte sind bei der Gestaltung von Anzeigen zu beachten:
- Ist eine Copy-Strategie vorhanden, und wie ist sie strukturiert?
- Visualisierung der Benefits und des Reason-Why in Headline, Bild, Text, Slogan etc. (Layout)
- Gestalterische Umsetzung des Grundtons (Flair, Atmosphäre)
- Aufbau eines originellen, zielgruppen- und werbeobjektgerechten Systems von konstanten und variablen Werbeelementen (Berücsichtigung der Corporate-Identity-Linie)
- Evtl. Berücksichtigung der Gesetze von Figur-Grund-Differenzierung und Prägnanz
- Art der Medien, in denen die Botschaft durch die Anzeige gestreut werden soll
- Größe, Format der Anzeige

– Plazierung der Anzeige
– Existiert Coupon bzw. Rückantwortkarte?

Copy-Techniken für die Anzeigenwerbung

Hier soll dargestellt werden, wie eine einmal gefundene und von den zuständigen Abteilungen des Werbungtreibenden verabschiedete Copy-Strategie auf die einzelnen Werbeträger übertragen werden kann. Es handelt sich also um medienadäquate Demonstrationstechniken. Dabei kann der Consumer-Benefit, wie vorher festgestellt, im allgemeinen rationaler, sensorischer oder egoistischer Art sein.
Bei Printmedien sollte der Consumer-Benefit in der Hauptüberschrift (Headline) einer Anzeige stehen. Wie die Agentur J.W. Thompson feststellte, lesen 90 % aller Personen, die eine Anzeige sehen, nur die Headline. Das heißt überspitzt ausgedrückt, wenn die Headline geschrieben wurde, wurden bereits 90 % des Kundenetats für Printmedien ausgegeben.

Demonstrationstechniken für einen Consumer-Benefit

1) Die Vorher/Nachher-Demonstration
Hier handelt es sich um eines der ältesten Demonstrationsprinzipien der Werbung, nämlich die Lösung eines Verbraucherproblems durch das angebotene Produkt.

> *Beispiel:* »frei öl intensiv-creme«
> Vorher: »Der Querschnitt unter dem Mikroskop läßt erkennen, wie die schlaffe Haut sich abschuppt.«
> Nachher: »Nach regelmäßiger Massage zeigt sich eine straffere Haut, die sich erheblich geglättet hat.«

2) Die Problem/Problemlösungs-Demonstration:
Diese Copy-Technik unterscheidet sich von der Before-After-Technik dadurch, daß anstelle der Nachher-Situation lediglich das Produkt gezeigt oder eine entsprechende Aussage über das Produkt gemacht wird.

> *Beispiel:* Systral-Werbung
> Before: »Sonnenbrand, Sonnenallergie, Insektenstiche«
> After: »Wenn's passiert ist. Systral. Hilft sofort.«

3) Die vergleichende Demonstration (side by side Lösung):
Der Systemvergleich: Es ist ausdrücklich nicht sittenwidrig, technische oder wirtschaftliche Systeme miteinander zu vergleichen. Der Systemvergleich ist in der Praxis der häufigste Fall der bezugnehmenden Werbung. Die Vorteile eines Systems werden den Nachteilen eines anderen Systems gegenübergestellt.

> *Beispiel:* Vorteile der elektrischen Zahnbürste gegenüber den Nachteilen einer normalen Zahnbürste.

4) Die Service-Demonstration:
Diese Technik eignet sich besonders bei der Herausstellung des Zusatznutzens bei Convenience-Produkten (d. h. Bequemlichkeitsprodukten).

> *Beispiel:* Sonnen-Bassermann-Werbung
> »Im Handumdrehen ein herrliches Menü.«

5) Die Härtetest-Demonstration (Extrem Demonstration = torture test):
Das Produkt wird hier einer »Zerreißprobe« ausgesetzt, die dann werblich dargestellt wird.

> *Beispiel:* Caterpillar-Schuhe
> Die Abbildung zeigt die Caterpillar-Schuhe auf Panzerketten.

6) Die symbolische Demonstration:
Diese Technik wird dann angewandt, wenn die Darstellung des Zusatznutzens zu technisch, zu medizinisch, zu nichtssagend ist.

> *Beispiel:* Dr. Best-Werbung
> »Die klügere Zahnbürste gibt nach« – Benutzung einer Tomate als Zahn-fleischdemonstrationsobjekt.

7) Demonstration mit Humor und Sex:
Es gibt sowohl Ablehner als auch ebenso eifrige Zustimmer für diese Demonstrationstechnik. Es wird hier die Auffassung vertreten, daß beides, Humor und Sex, durchaus angewendet werden können, aber wohldosiert und bewußt gesteuert. Der Einwand gegen Humor und Sex erfolgt nicht etwa aus moralischen Gründen, sondern deshalb, weil sich beide Vehikel, wenn sie zu stark zum Einsatz kommen, verselbständigen und damit das zu verkaufende Produkt in den Hintergrund treten lassen.

> *Beispiel:* Sierra-Tequila-Kampagne
> »Schlecht aussehen können wir gut, aber schlecht schmecken können wir schlecht.«
> »Häßlich wie die Nacht, aber nach dem ersten Schluck geht die Sonne auf.«
> Die häßliche Flasche im Gegensatz zum Inhalt – Thema der Unikatanzeigen unter dem Motto: »Innen gut, außen mit Hut.«

8) Orientierung am Gefühl:
Dies kann sowohl durch starke Bildeindrücke als auch durch »exaggerated graphics« geschehen. Wie bei der Demonstration mit Humor und Sex ist aber auch hier darauf zu achten, daß das Produkt nicht in den Hintergrund gedrängt wird und die »Gags« überwiegen.

> *Beispiel:* Triumph-Werbung
> »Ein Bild von einem schönen Gefühl. Mehr darüber auf Ihrer Haut.«

120

9) Orientierung an Leitbildern:
Aufgabe dieser Copy-Technik ist es, die Verbindung zwischen Status und Produkt zu verstärken. Gewisse Produkte sollen zu Statussymbolen werden und damit auch bestimmten Konsumgruppen zugeordnet sein.

> *Beispiel:* René-Lezard-Kampagne
> »Leider teuer.«

10) Orientierung an den Kaufwünschen:
Durch eine Konsumentenbefragung läßt sich ermitteln, welche Idealvorstellungen die Zielpersonen von den in Frage kommenden Produkten besitzen, darauf kann dann die Copy-Strategie aufbauen.

> *Beispiel:* Ponds Werbung
> »Für die Schönheit Ihrer Haut können Sie jetzt mehr tun, als ein paar Fältchen zu mildern.«

11) Orientierung an der Produktpersönlichkeit:
Bei dieser Technik verläßt sich der Konzeptionist auf eine starke Produktpersönlichkeit, die, ohne viele Worte über ihre Vorteile zu verlieren, auf den Verbraucher wirkt.

> *Beispiel:* Persil-Werbung
> »Persil. Da weiß man, was man hat.«

Demonstrationstechniken für einen reason-why
(Kleppner 1973, S. 427)

Die Begründung für den Consumer-Benefit steht in einer Anzeige meist im sogenannten »Kleingedruckten«, der reason-why kann aber auch als Headline oder Hauptblickfang einer Anzeige visualisiert werden. Die Praxis kennt hauptsächlich **vier** Techniken für eine erfolgreiche Nutzenbegründung:

Garantieerklärung
Beispiele:
– Hyundai
»3 Jahre Fahrzeuggarantie. Bis zu einer Fahrleistung von maximal 100 000 km.«
– Renault
»8 Jahre Garantie gegen Durchrostung.«

2) Testergebnisse
Beispiel:
– Elmex-Zahncreme
»Stiftung Warentest Test 3/93: sehr gute Karies-Prophylaxe.«

3) Testimonials (Bürgschaften)
Vielfach wird die Werbung mit Testimonials als eine der unverbrauchtesten

Techniken gesehen. Bei Testimonials handelt es sich um Äußerungen zufriedener Käufer in Wort, Bild und Schrift. Die Hauptrolle bei Testimonials spielt also der Mensch, der über seine positiven Erfahrungen mit einer Marke berichtet. Testimonial Werbung kann sowohl mit Prominenten als auch mit »Normalverbrauchern« durchgeführt werden. Durch den Einsatz von Testimonials sollen eigene Urteile und Entscheidungen abgesichert werden.
(Pflaum, Bäuerle 1992, S. 215)

Beispiele:
- American-Express-Werbung
»Sophia Loren. American-Express-Mitglied seit 1991.«
- Puma Werbung
»Gehen Sie dem schnellsten Mann der Welt, Linford Christie, Puma World Team, nie an die Schuhe.«
Die Abbildung zeigt Linford Christie in Puma-Sportbekleidung.
- Schultheiss-Bier-Werbung
»Ich will ja keine Reklame machen, aber . . . darauf schwöre ich.«
Die Abbildung zeigt Manfred Krug mit einem Glas Schultheiss-Bier.

4) Wirkstoffe
Beispiele:
- Lancôme Nutriforce
»Nutriforce enthält den Wirkstoff Xeramide Pur (TM), eine identische Nachbildung der hauteigenen Lipide der Hauptoberfläche.«
- Fenjala-Pflege-Dusche
»mit Seidenprotein«

Demonstrationstechniken für das werbliche »flair«:

Das werbliche Umfeld, in das der Consumer-Benefit und der »reason why« eingebettet sind, kann
- witzig und humorig sein (z. B. Mc Donalds, West, Gervais-Obstgarten)
- widersprüchlich und provozierend sein (z. B. Benetton, Otto-Kern-Jeans)
- Angst erzeugen (z. B. Melitta-Gefrierbrand)
- beruhigen und Vertrauen erwecken (z. B. Allianz)
- Prestige vermitteln (z. B. After Eight-, Cartier-Werbung)
- sich mit einem Problem auseinandersetzen (z. B. Opel Omega-Werbung)
- fortschrittlich sein (z. B. Citibank- Phonebanking).

3.4.2 Gestaltung von TV-Spots

a) Werberichtlinien für TV-Spots

Die Gestaltung von TV-Spots unterliegt strengen Vorschriften. Die Landesmedienanstalten haben, basierend auf dem Rundfunkstaatsvertrag, gemeinsame Richtlinien für die Werbung zur Durchführung der Trennung von Werbung und

Programm und für das Sponsoring erstellt. So regelt § 6 Abs. 1 Satz 2 Rund-funkstaatsvertrag (RfStV) die Werbung, die sich an Kinder und Jugendliche wendet bzw. deren Teilnahme und Darstellung in den TV-Spots.

> *Beispiel:* »Werbung ist insbesondere unzulässig, wenn sie Kinder oder Jugendliche unmittelbar oder mittelbar auffordert, ihre Eltern oder Dritte zum Kauf der beworbenen Ware oder Dienstleistung zu veranlassen.«

Des weiteren sind die Bestimmungen zur Trennung und Kennzeichnung der Werbung in § 6 Abs. 3 RfStV geregelt. Eindeutige optische Erkennbarkeit von anderen Programmteilen muß gewährleistet sein, beispielsweise durch optische Signale bei Beginn der Fernsehwerbung, das Werbelogo muß sich vom Sender-logo deutlich unterscheiden und mindestens 3 Sekunden den gesamten Bild-schirm ausfüllen.

In § 6 Abs. 5 RfStv findet man die Bestimmungen zur Unzulässigkeit der Schleichwerbung.

Im Rundfunkstaatsvertrag finden sich des weiteren Bestimmungen zum Inhalt der Werbung, zum Verbot der Programmbeeinflussung, zu Werbeschaltungen, zur Dauer der Werbung und Vorschriften zur Fernseheinkaufssendung. Die öffentlich-rechtlichen Rundfunkanstalten liefern zusätzlich noch ihre eigenen, detaillierten Richtlinien für Werbung und Sponsoring, die sich jedoch größten-teils an die Werberichtlinien der Landesmedienanstalten anlehnen.

Einige Auszüge aus den Werberichtlinien der öffentlich-rechtlichen Rundfunk-anstalten:

Grundsätzlich ist das *Product Placement* zu Werbezwecken außerhalb des Programms unzulässig. Dennoch wird eine Erwähnung oder Darstellung von Produkten dann gewährt, wenn diese aus journalistischen oder künstlerischen Gründen zwingend erforderlich ist.

Hinsichtlich des *Sponsoring* ist eine Zulässigkeit dann gegeben, wenn zu Be-ginn und am Ende der Sendung ausdrücklich darauf hingewiesen wird und dies in vertretbarer Kürze erfolgt.

b) Werblicher Inhalt

Auch bei der Gestaltung von TV-Spots sollte eine klare Copy-Strategie vorlie-gen. Normalerweise gilt der Grundsatz, daß nur eine zentrale Verkaufsidee pro Spot eingearbeitet werden soll. Dieser Grundsatz gilt unabhängig von der Länge des Spots – bei einem 15-Sekunden-Spot muß diese zentrale Werbebot-schaft eben sehr knapp sein, während sie in einem 60-Sekunden-Spot entspre-chend ausführlich dargestellt werden kann.

Besonders wertvoll ist auch beim TV-Spot, wenn ein spezifischer Produktvor-teil als zu kommunizierender Benefit vorliegt, oder gar ein Produktvorteil im Sinne eines USP. Wenn dies, wie in vielen Fällen, nicht möglich ist, sollte man sich wenigstens darum bemühen, eine spezifische »Aura« (Tonality) zu schaf-fen.

Die Argumentation im Spot (Reason-Why) soll sich in der Regel auf ein

Hauptargument und ein bis zwei Nebenargumente dann konzentrieren, wenn wir es mit einer Spotlänge von bis zu 30 Sekunden zu tun haben; bei einer Spotlänge von 45 und 60 Sekunden Länge kann mit drei bis vier Nebenargumenten gearbeitet werden.

Die Gestaltungselemente eines TV-Spots bestehen aus: Bild, Text, Ton (Musik bzw. Geräusche); diese Elemente müssen im Spot zu einer organischen Einheit verbunden werden.

c) Dramaturgie

Am Filmbeginn sollten entsprechende Elemente so gestaltet werden, daß sie unbedingt Aufmerksamkeit erregen (z. B. durch ungewöhnlichen Blickfang, Tonsignal bzw. »provozierende« Anfangstexte). Dann soll schnell und zwingend zum Produkt übergegangen werden. Dies gilt insbesondere bei Längen bis zu 30 Sekunden.

Bei der Gestaltung des TV-Spots kommt es in aller Regel nicht nur darauf an, das Produkt selbst und seine Anwendung zu kommunizieren.

Ebenso wichtig ist die »Vermenschlichung« (human touch) des Themas. Bei der Zielgruppe soll das richtige »Produkt-feeling« geschaffen werden. Am Ende des Films soll nach Möglichkeit neben der abschließenden Produktpräsentation eine kleine, merkbare Pointe gesetzt werden.

Humor und Gags kommen in der deutschen TV-Werbung noch relativ selten vor. Man vergißt dabei oft, daß Werbung im Fernsehen auch Unterhaltungsfunktion hat. Natürlich müssen Humor und Gags zum Produkt, zum Werbethema und zum Firmenimage passen. Auch dürfen sie nicht zum Selbstzweck werden und die eigentliche Botschaft überlagern.

Der Musik kommt in der Gestaltung von TV-Spots eine zentrale Funktion zu. Sie muß in aller Regel Atmosphäre, Stimmung schaffen. Als durchgehende »Hintergrundmusik« darf sie keinen zu starken Eigencharakter einnehmen. Auch der Musikstil muß dem jeweiligen Thema angepaßt werden. Musiksignale und »Erkennungsmelodien« können als wertvolle Werbekonstanten aufgebaut werden. Der gesungene Jingle eignet sich besonders für einen heiteren, spielerischen Darstellungsstil. Ihm kommt ein hoher Aufmerksamkeits- und Wiedererkennungswert zu.

Geräuschvertonung im TV-Spot wird insbesondere dann vorgenommen, wenn dokumentarischer oder reportagehafter Life-Charakter geschaffen werden soll.

Da die Wirkdauer eines TV-Spots, also der Zeitraum, in dem von einem konkret gestalteten und geschalteten Werbespot die Chance besteht, Wirkung auf die Zielgruppe zu erzielen, auf die Spotlänge begrenzt ist, muß er bekanntlich häufiger geschaltet werden. Das bedeutet, daß nach Möglichkeit optische und/oder akustische Elemente bzw. der Darstellungsstil über längere Zeit konstant gehalten werden sollen. Dadurch wird die rasche Erkennung und Identifizierung und damit auch die Verdichtung der Werbebotschaft gefördert.

Umfassende Untersuchungen über die Akzeptanz von Fernsehwerbung kamen

zu dem Ergebnis, daß Werbung vor allem dann ankommt, wenn sie folgenden Merkmalen entspricht:
– anregend und unterhaltsam ist
– einfach, klar und verständlich
– produktrelevante Eindrücke vermittelt
– vorhandene Präferenzen verstärkt
– persönliche Betroffenheit auslöst
– Glaubwürdigkeit ausstrahlt.

Generell kommen diese Untersuchungen zu dem Ergebnis, daß erfolgreiche TV-Werbung dann gegeben ist, wenn sie »unter die Haut geht« bzw. »starke persönliche Gefühle« auslöst. Sie darf ferner keine zu hohen Ansprüche an das Informationsverhalten der Empfänger stellen und muß glaubwürdig sein.

d) Copy-Techniken für Fernsehspots

Für die filmische Umsetzung der Copy-Strategie existieren folgende Techniken:

d1) Technik der Produktpersönlichkeit
Der einfachste Weg, um den Consumer-Benefit eines Produktes zu demonstrieren, ist, das Werbeobjekt in Aktion zu zeigen. Dies kann sowohl in einer natürlichen Umgebung präsentiert werden (z. B. Einsatz eines geräuscharmen Staubsaugers im Wohnzimmer), aber auch vor einem »Limbo«, d. h. vor einer neutralen weißen oder farbigen Wand, wobei die ganze Aufmerksamkeit des Betrachters nur auf das Produkt gelenkt werden soll.

d2) Die Präsenter Technik
Eine Person, der Präsenter, kommentiert die Handlung auf dem Bildschirm oder nimmt selbst die Produktdemonstration vor. Es kommt darauf an, jemanden als Präsenter zu finden, der die Ausstrahlung sowohl einer angenehmen Persönlichkeit, aber auch einer glaubwürdigen Autorität besitzt. Der Präsenter darf keinesfalls so stark sein, daß er kraft seiner Ausstrahlung das Produkt in den Hintergrund drängt.

d3) Die Testimonial Technik
Es handelt sich hierbei gleichsam um eine »Zeugenaussage« eines zufriedenen Käufers oder Benutzers des Werbeobjekts. Besonders Film- und Fernsehstars werden gerne, dank ihrer Bekanntheit und Beliebtheit, dafür eingesetzt.

d4) Die Slice-of-life-Technik
Ausgehend von den USA gewann die Slice-of-life-Technik auch in Deutschland immer mehr an Bedeutung. TV-Spots von Lenor und Ariel zeugen von dieser Technik. Was heißt Slice-of-life? Wörtlich übersetzt würde es bedeuten,

daß ein Stück (wörtlich eine Scheibe) Leben dargestellt wird. Im übertragenen Sinne heißt dies: Problemlösung durch die persönliche Empfehlung eines Bekannten.

Dramaturgie der Slice-of-life-Technik

Bei der Analyse der Slice-of-life-Spots zeigt sich, daß eine klare Gliederung den Spotaufbau kennzeichnet. Die einzelnen Stufen lauten:
- Eine alltägliche Szene aus dem Leben der Zielpersonen, die jedoch fast zufällig konsequent produktbezogen sein kann.
- Eine Person hat ein Problem.
- Ein Bekannter, der freundlich und glaubwürdig zugleich ist, weiß Rat.
- Ein bestimmtes Produkt wird als Problemlöser empfohlen.
- Zweifel an der Produktleistung treten auf.
- Es folgt eine Nutzendemonstration, die den endgültigen Beweis liefert.
- Das Produkt und seine Leistung werden gelobt als Höhepunkt der Story.
- Als Abschluß folgt der Slogan bzw. Jingle (gesungener Werbespruch) und die Packungsabbildung.

d5) Weitere Copy-Techniken für TV-Spots
- die vergleichende Demonstration
- die symbolische Demonstration
- die Härtetest-Demonstration (Torture Test Demonstration)
- Reminder
- Life-Style-Technik.

Die Copy-Techniken der 90er Jahre

Bedingt durch eine breit angelegte Verbraucheraufklärung, die den »mündigen« Verbraucher fordert, und durch das Wissen um ökologische Probleme nie gekannten Ausmaßes sowie durch die Veränderung der Position der Frau in der Gesellschaft hin zu mehr Emotionalität, Sensibilität, Intuition haben sich die Copy-Techniken auf diese neuen Strömungen eingestellt.

Im Rahmen eines generellen Wertewandels hat sich die gesamte Lebenseinstellung verändert. Neben »umweltorientiert« und »gesundheitsbewußt« strebt der moderne und höher gebildete Verbraucher nach Selbstverwirklichung, Erlebnisfreude und Harmonie. Diese »Wellness« bedeutet eine permante Abwägung zwischen materiellen und nicht-materiellen Werten (Scholz 1992, S. 16). Man kommt nicht mehr nur mit den oben beschriebenen »hard selling«-Methoden aus, sondern berücksichtigt heute auch soziale, ökologische und emanzipatorische Aspekte in den Nutzendemonstrationen. Dazu ist es notwendig, neben den Leistungen, die *einzelne Produkte* für den Verbraucher bieten, auch gezielt und hartnäckig die Leistungen herauszustellen, die das *Unternehmen als Ganzes* der Verbraucherschaft neben den Produktleistungen noch zu bieten vermag. Man will wissen, welcher Beitrag zur Verbesserung der Umwelt geleistet wird, und zwar ganzheitlich gesehen.

Verantwortungsethik der Unternehmen, die den Blick auf Umwelt und Gesell-

126

schaft und die Sorge um die Zukunft einschließt, ist weitaus wichtiger als das bloße Reagieren auf ökobewußte Verbraucher und staatliche Bestimmungen. (Silberer 1991, S. 81). Soziale Verantwortung fordert, daß selbst auf Kosten des Gewinns, diese Ansprüche in den Produkten und Dienstleistungen eines Unternehmens berücksichtigt sind.

Doch ist gerade im Bereich der Umweltwerbung Vorsicht geboten, da eine große Gefahr der Irreführung bei Werbung mit produktbezogenen Umweltaussagen besteht. Aufgrund der Unklarheit über die Bedeutung und den Inhalt vieler Umweltangaben sind schlagwortartige, undifferenzierte und daher mehrdeutige Aussagen wie »umweltfreundlich« und »biologisch« regelmäßig sogar wettbewerbswidrig. Hierzu bietet der ZAW einen Leitfaden als Orientierungshilfe für die Werbung mit Umweltschutzargumenten.

(Beckmann 1994a) Spezielle Copy-Techniken für Public-Relations-Filme gewinnen mehr und mehr an Bedeutung.

Beispiel: PR-Kampagne von Opel für den Umweltschutz unter dem Motto: »What a wonderful world.«

e) Filmische Techniken

e1) Realfilm: Diese Filmtechnik ist besonders wichtig, wenn es darum geht, eine überzeugende Demonstration und Information vorzunehmen. Realitätsbezug und Glaubhaftigkeit stehen dabei im Vordergrund. Dieser Filmtechnik wird ein sehr hoher Identifikations- und Kommunikationswert beigemessen.

e2) Zeichentrick: Hierbei kann dem Unterhaltungscharakter der TV-Werbung besonders gut Rechnung getragen werden. Dem Betrachter wird das Erlebnis eines »Spiels« vermittelt. Diese Form ist besonders emotional wirksam und unterhaltend. Der Zuschauer wird nicht in das Geschehen unmittelbar einbezogen. Dadurch ist der Identifikationswert schwächer. Dem steht jedoch ein hoher Aufmerksamkeitswert gegenüber.

e3) Sachtrick: Diese Technik wird vor allem angewendet, wenn es gilt, eine knappe Präsentation eines neuen Produkts und/oder eines neuen Markenbildes (neue Aufmachung, neue Verpackung) vorzunehmen. Sachtrick gilt als eine filmische Technik, die besonders klar und einprägsam kommuniziert. Das Problem dieser Filmtechnik besteht darin, daß Abstraktion und Kühle entstehen können. Dem sucht man dadurch entgegenzuwirken, daß vielfach ein zusätzliches reales Motiv mit human touch beigefügt wird.

e4) Mischtechniken: Sie sind erst bei Längen ab 45 Sekunden zu empfehlen, wenn durch die Konzeption ein organisches Zusammenwirken sichergestellt wird. Im anderen Fall führen sie häufig zu verwirrenden und uneinheitlichen Darstellungen.

Bei der Gestaltung eines TV-Spots muß auf einen klaren Bildaufbau ohne Hektik Wert gelegt werden. Die Kameraführung darf nicht steril, sondern muß durch Lebendigkeit geprägt sein, die die Glaubwürdigkeit unterstützt.

Glaubwürdige und überzeugende Schauspieler müssen eingesetzt werden; nach Möglichkeit sollte man bei ihrer Auswahl weg von Klischee-Typen kommen.

Bild-Totale sollen sparsam eingesetzt werden. Nah- und Großaufnahmen sind wegen des Bildschirmformats und wegen ihrer Suggestivkraft wichtig. Die Szenen sollten nicht zu überladen ausgestattet sein; den Details muß große Sorgfalt gewidmet werden, da sie erstaunlich häufig vom Betrachter registriert werden.

Die häufigsten Spotlängen sind der 30- und 20-Sekundenspot. Sie machen ca. 80 % aller Spots aus. Wenn im Spot argumentativ und demonstrierend »verkauft« werden soll, ist die 30-Sekundenspotlänge als Minimum anzusehen. Bei Neueinführung von Produkten, insbesondere technischer Art, ist wegen ihrer Erklärungsbedürftigkeit eine Mindestlänge von 45 Sekunden besonders günstig.

Bei einer vorgegebenen Etathöhe ist vielfach zu überlegen, ob man längere Spots gestalten soll und dafür die Häufigkeit der Streuung reduziert, oder kürzere Spotlängen mit höherer Ausstrahlungsfrequenz. Wenn der Etat durch seine geringe Höhe zu einer solchen Entscheidung zwingt, ist in aller Regel dem kürzeren und häufiger geschalteten Spot der Vorzug zu geben.

Für die Gestaltung von TV-Spots sind die Vorgaben durch den Auftraggeber, also das Briefing, von besonderer Bedeutung. Neben der klaren Aufgabenstellung empfiehlt es sich, möglichst viel Informations- und Anschauungsmaterial (Prospekte, Fotos, Inserate etc.) zur Verfügung zu stellen.

e5) Digitale Filmerstellung: Eine wichtige Entwicklung im Bereich Foto und Film ist die Ersetzung traditioneller Verfahren durch digitale Techniken. Werden traditionell Einzelbilder oder Bildfolgen auf Filmmaterial belichtet oder auch auf Band (Video) magnetisiert, bearbeitet, kopiert und projiziert bilden digitale Verfahren vereinfacht gesagt Daten/Algorithmen ab, die binär (durch Rechner) verarbeitet werden. Für die gesamte Entwicklung ist die zunehmende Leistungsfähigkeit von Rechnern (Speicherkapazitäten und Verarbeitungsgeschwindigkeiten) und deren Verbreitung, insbesondere durch Personal Computer, von zentraler Bedeutung.

Digitale Techniken bieten neue Gestaltungsmöglichkeiten. So ist die Darstellung nicht ausschließlich auf eine spezifische Optik, d. h. Objektive und deren Möglichkeiten der Darstellung, beschränkt, sondern es können auch Bildwelten konstruiert werden, die mit konventionellen Mitteln (Malerei, Foto, Film etc.) nicht darstellbar waren. Die Visualisierung von abstrakten Algorithmen, wie z. B. Fraktalen, liefert Bildsequenzen, die ohne Rechner nicht sichtbar sind. Ebenso können Rechner (Algorithmen) abstrakte Räume/Dimensionen schaffen, die bislang der visuellen Erfahrung nicht zugänglich waren; hinter dem Schlagwort »virtual reality« mit seinen verschiedenen Aspekten entstehen teilweise Darstellungsmöglichkeiten, wobei hier allerdings zumeist spezifische

Visualisierungshilfen (Projektionen, Sensortechniken etc.) erforderlich sind. Insgesamt haben die rechnergenerierten Bildwelten eine große Faszination, die letztlich zugleich auf die hervorragende Bedeutung der visuellen Wahrnehmung innerhalb der menschlichen Wahrnehmung verweist.

Entwicklungsgeschichtlich ist interessant, daß die Möglichkeiten, neue Bildwelten zu konstruieren, zugleich auch traditionell bekannten Phänomenen der optischen Täuschungen zu einer Renaissance verhelfen; so stimulieren z. B. die Verkaufserfolge von Büchern mit »magischen Bildern« die Entwicklungen rechnergenerierter Bilder. Die traditionelle Darstellung (Zeichnung, Druck etc.) greift quasi nochmals in die Trickkiste, um die Verläßlichkeit der neuen Darstellungsformen in Frage zu stellen. Neue Möglichkeiten des Sehens sind offenbar immer eine Herausforderung für die traditionellen Darstellungstechniken und so war etwa auch die Einführung von Foto und Film seit Mitte des 19. Jahrhunderts begleitet von Panoramen und Rotundenbildern als faszinierenden Sehereignissen.

Aktuell dient die Digitalisierung von Bildern und Filmsequenzen allerdings in erster Linie dem preiswerten Ersatz gängiger Techniken und orientiert sich weitgehend an bekannten Sehgewohnheiten. Insbesondere in Bereichen der Musikfilme (Videoclips), der Werbefilme und der Spielfilme hat die Digitalisierung an Bedeutung gewonnen. Im Spielfilmbereich waren digital produzierte Teile von z. B. »Terminator II« oder auch »Jurassic Park« ein gewisser Durchbruch dieser neuen Techniken. Mit »Momo« wurde 1994 erstmals ein Spielfilm vollständig digital produziert, d. h. auch die Schauspieler wurden durch gerechnete Bilder ersetzt. Hierzu wurden reale Personen dreidimensional gescannt und die erfaßten Meßdaten wurden entsprechend in Bilder und Bildfolgen umgesetzt (animiert).

In Werbefilmen und insbesondere in Videoclips werden zumeist traditionell aufgenomme Bilder und Filmsequenzen und rechnergenerierte Bilder/Animationen gemeinsam verwendet. Die sukzessiv verbesserten Möglichkeiten, Filme/Video mittels eines Rechners zu digitalisieren, bieten insbesondere kostengünstige Alternativen im Bereich Schnitt und Nachbearbeitung (postproduction). Für die Digitalisierung von Filmen ist es in der Regel erforderlich, die Rechnerleistung durch spezifische Hardwareerweiterungen (Videokarten) zu optimieren und die Übertragungsraten der Daten (Bustechnologie, Festplatten etc.) zu erhöhen. Rechnersysteme, die in der Lage sind, Filmsequenzen in Echtzeit zu digitalisieren, werden auch »Desktop-Video-Systeme« genannt.

Kernproblem der Digitalisierung ist die Geschwindigkeit der Rechner, d. h. die notwendige Reduzierung der Datenmenge und die Setzung von Austauschformaten. Da ein einzelnes Farbbild in guter Auflösung weit über 20 MB Daten umfassen kann und eine Sequenz 25 – 30 Vollbilder pro Minute erfordert, ist die Reduzierung der Datenmenge, die entsprechend Hunderte von Megabyte pro Minute umfassen würde, unabdingbar. Diese Datenreduktionsverfahren basieren auf der Idee, die Bildqualität (Information zu Farbwerten, Farbsättigung, Helligkeit etc.) zu verringern. Des weiteren erfolgt eine Datenreduktion, indem für die einzelnen Bilder lediglich die Unterschiede zum vorherigen Bild gespeichert werden. Die Datenreduktion im Bildbereich erfolgt zur Zeit nach verschiedenen Standards, die von mehreren Firmen oder Vereinigungen festgelegt wurden (MGEG und JPEG, QuickTime etc.).

Selbstverständlich kann auch der Ton zum Film digital verarbeitet werden. Hier hat die relativ verbreitete Compact Disc als digitales Medium mit einer Samplingfrequenz von 44,1kHz einen gewissen Standard für digitale Musik gesetzt.

Für den Tonbereich fällt bei guter Aufnahmequalität eine Datenmenge von ca. 10 MB pro Minute an. Auch hier versucht man, die Datenmenge zu reduzieren, indem man bei der Aufnahmequalität Abstriche macht; in erster Linie wird dabei die Samplingrate gesenkt. Des weiteren erfolgt eine Reduktion durch die Ersetzung/Unterdrückung ähnlicher Frequenzen und Klangbilder, wobei wiederum unterschiedliche Verfahren (Reduktionsalgorithmen) eingesetzt werden.

Ingesamt sind die Möglichkeiten der rechnergestützten Filmerstellung und der Digitalisierung von Filmen (Bild und Ton) in den letzten Jahren so weit entwickelt worden, daß die neuen Techniken schrittweise (auch im Hinblick auf die Kosten und den Trainingsaufwand von Personal) eingesetzt werden; die bestehenden analogen Techniken und Verfahren werden ergänzt und tendenziell ersetzt. Allerdings steckt die gesamte Entwicklung noch so weit in den Anfängen, daß im Vergleich zur Entwicklungsgeschichte des Automobils man davon ausgehen muß, daß ein Entwicklungsstand, der dem Ford Modell T als erstem Serienauto vergleichbar wäre, noch nicht erreicht ist.

3.4.3 Gestaltung von Funkspots

Der Funkspot als Werbemittel ist anspruchsvoll. Er verlangt bei der Gestaltung der Werbekampagnen, bedingt durch die mono–sensorische Wahrnehmung, ohne sich dem Medium Radio exklusiv zuwenden zu müssen, besondere Kreativität. Er bietet somit aber auch besondere Chancen. Gestützt werden diese durch den spezifischen Charakter und die Mobilität des Mediums. Die Vorteile sind unter anderen:

- Unterschiedliche Zielgruppen können punktgenau durch tageszeitliche Plazierung erreicht werden;
- ermöglicht die Planung mit marketing-orientierten Zielgruppen-Definitionen;
- Radiowerbung liegt zeitlich nahe am Point of Sale, da es häufig das zuletzt vor dem Kauf genutzte Medium ist. Radiospots sind somit bestens geeignet, die Erinnerung an Marken- und Produktnamen direkt vor der Kaufhandlung aufzufrischen. Für die Werbungtreibenden ist dies unmittelbar umsatzrelevant.

Mögliche Probleme aus der hörfunkspezifischen Wahrnehmungssituation entstehen durch:
- Unterbrechung eines unterhaltenden bzw. informierenden Programmteils mit vorwiegend emotional gesteuerten Reaktionen des Hörfunkrezipienten durch Senderwechsel, d. h. Um- oder Abschalten;
- flüchtige Vermittlung bzw. Aufnahme der Werbebotschaft.

Für die Gestaltung des Funkspots ergeben sich daraus folgende Konsequenzen, die berücksichtigt werden sollten:
- suggestive Wiederholung der werblichen Kernaussage;
- emotionale Gestaltung der Werbebotschaft;
- überraschende Akzentuierung durch Musik und/oder Geräusch;
- witzige, humorvolle Präsentation;
- spezifische Adaption einer bekannten Kampagne.

Die Elemente des Funkspots sind:
- Sprache,
- Musik und/oder Gesang,
- Geräusche.

Für die Kreativen gilt es deshalb, ›Bilder zu schreiben‹.

Zum Produktionsprocedere

Die Funkspot-Idee wird in einem Manuskript festgehalten, unmißverständlich und übersichtlich mit den wichtigsten sprachlichen und musikalischen Inhalten. Dann folgt die Auswahl der Sprecher, der Geräusche, der Musik. Dies geschieht mittels eines FFF-Producers, eines Aufnahmestudios oder eines Senders. Gute Sprecher sprechen den Text nicht nur, nein, sie »leben« den Text.

Die im Spot verwendete Musik bzw. der Gesang wird entweder neu komponiert (wie Robin Beck's »First Time« für Coca-Cola und »Barcadi Feeling« von Kate Yanai) oder wird gegen Lizenz-Gebühren aus einem Archiv gezogen. Geräusche können von spezialisierten Geräuschemachern produziert werden oder stammen auch aus besonderen Archiven. Produziert wird dann im Studio mit Tonmeister/-in und bei Bedarf mit Regisseur/-in.

Der Erstellung der Sendekopie geht das endgültige Abmischen sämtlicher Spot-Elemente voraus. Ist die Sprache jederzeit verständlich und hebt sich gut von der Musik ab, ist diese Mischung das Master-Band, von dem die Sendekopien gezogen werden.

Copy-Techniken für Funkspots

Die kreativen Möglichkeiten im Hörfunk für die Gestaltung der Funkspots sind vielfältig. Durch die Renaissance des Werbeträgers Radio und somit auch der Funkwerbung in den letzten Jahren ist die Qualität der Funkspots - deutlich hörbar - besser geworden. Neben vielen nicht kategorisierbaren Mischformen sind im folgenden einige Spot-Grundformen knapp beschrieben:

a) Präsenter-Spot

Die Grundform des Präsenter-Spots ist der Monolog. Eine Person präsentiert als Vertreter und/oder Experte des Produkts oder Dienstleistung der anzusprechenden Zielgruppe die wesentlichen Produkt- bzw. Dienstleistungsvorteile möglichst authentisch mit. Diese Person muß im Sinne des Produktimages sympathisch, kompetent und glaubwürdig wirken.

Als Präsenter werden aus diesen Gründen oft Prominente eingesetzt. In diesen Fällen spricht man dann von *Celebrity-Presenter-Spots*.

> *Beispiel:* TV-today (u. a. Günter Jauch, Peter Scholl-Latour, Johannes Gross).

> *Beispiel für Celebrity-Presenter-Spots mit Comedy-Touch:* Haribo (Thomas Gottschalk).

b) Dialog-Spot

Der Dialog ist die normale Spotform. Wichtig ist dabei, daß beide Seiten wissen, worüber sie sprechen, diskutieren und vielleicht sogar streiten. Entsprechende Produkt-Dienstleistungsvorteile sind dabei in glaubhafte und peppige Gespräche einzubauen, ohne daß der Spot langweilig, unnatürlich und lebensfremd erscheint.

Leider hört man zu oft solche wie das folgende *Negativ-Beispiel:*
„*Was besseres*"
Tochter: Lieb, daß Du mir das Einkaufen abgenommen hat, Mama.
Mutter: Gern geschehen, Kind.
Tochter: Hast Du auch an Blub-Blub gedacht?
Mutter: Blub-Blub?
Tochter: Du weißt doch, meine Body-Lotion . . .
Mutter: Ach ja . . . Du, ich hab' was Besseres!
Tochter: Na hör mal: Was Besseres als meine Blub-Blub, wo die doch so herrlich mild und creme-zart ist . . .
Mutter: . . . was Besseres!
Tochter: Blub-Blub zieht sofort ein und . . .
Mutter: . . . was Besseres!
Tochter: Noch besser? Was kann das sein?
Mutter: Die Maxi-Blub-Blub: Die ist jetzt besonders günstig!
(Beide lachen!)
Sprecher: Blub-Blub – fein und rein! Zieht sofort in jede Pore ein.

Hier wird der Dialog als Kommunikationsform über die Schmerzgrenze hinaus ausgereizt. Es ist auch kaum vorstellbar, daß Tochter und Mutter sich so unterhalten.

Mit diesem Beispiel sind wir bei dem „Dialog aus dem Leben"-Spot gelandet – dem

c) Slice-of-Life-Spot

Mit dieser Spotform soll den Hörern ein »Scheibchen Leben« serviert werden – wie die Menschen so reden und reagieren und das möglichst lebensecht und mit Humor und/oder einer Prise Erotik gewürzt. „Tell a story!" – man will eine Geschichte erzählen. Die Hörer sollen sich die im Spot kreierte Szene bildlich vorstellen und die kleine Story miterleben können.

Hier ein *Positiv-Beispiel* für den Dialog- und Slice-of-Life-Spot:

„Mallorca, äh . . ."
Schüler: Ich werd' verrückt: Sie hier, Herr Studienrat?
Lehrer: Aah, der Johnny aus der Zwölften!
Schüler: Also, Sie haben doch nie Urlaub gemacht, weil Sie sich nicht von Ihrer Milka Schokolade trennen konnten.
Lehrer: Nun, jetzt gibt's die Milka ja auch für unterwegs!
Schüler: Ehrlich?
Lehrer: Hier, handlich im Format, praktisch im Folienpack!
Schüler: Und damit . . .
Lehrer: . . . sagte ich mir: Auf nach Mallorca!
Schüler: Und was machen Sie dann hier auf Teneriffa?
Lehrer: Wo bitte?
Gesang: Milka, die zarteste Versuchung . . .
Lehrer: (singt weiter): . . . endlich auch für unterwegs! Olé!

Dieser Spot lebt von dem schön ausgespielten, immer aktuellen Lehrer-Schüler-Verhältnis. Also: Lehrer freundlich, aber zerstreut – Schüler souverän.

d) Testimonial-Spot

Mit dieser Spotform wendet sich ein zufriedener Käufer oder (Be-)Nutzer eines Produkts oder einer Dienstleistung als empfehlende Instanz an potentielle Verbraucher. Auch hier sollten die Aussagen glaubwürdig »rüberkommen«. Verbraucher (= Testimonial) bestätigen die Vorteile eines Produkts bzw. einer Dienstleistung durch eigene positive Erfahrungen. Besonders für Wasch- und Putzmittel, Körperpflege- und Hygiene-Produkte wird diese Spotform gewählt.

e) Der Jingle

. . . ist der gesungene musikalisch umgesetzte Begriff, Satz oder Slogan. Früher nannte man ihn „Ohrwurm" – und damit gemeint war eine Melodie, die nicht mehr aus dem Gehörgang wollte. Denken Sie z. B. an „Ausgerechnet Bananen, Bananen verlangt sie von mir . . ." Dieser Schlager findet sich wieder in der jüngeren Funk-Werbung: „Die 5-Minuten-Terrine, von Maggi 'ne tolle Idee . . ." So wurde aus einem ehemaligen Schlager ein aktueller Jingle, auch weil seine Melodie schon in vielen Köpfen der Zielgruppe war.
„If you got nothing to say, sing it!" Dieser Grundsatz stammt von David

Ogilvy. Das heißt, man möchte sein Produkt nicht mit viel Worten, sondern mit einer spezifisch komponierten Erkennungsmelodie unverwechselbar machen. Der eigens kreierte Jingle wird – je nach Bekanntheit – meistens in Verbindung mit anderen stilistischen Spotelementen eingesetzt. Aus Werbejingles können, wie die Beispiele Coca-Cola und Bacardi zeigen, selbst schlagerähnliche Produkte mit hohem Bekanntheitsgrad werden.

Nach entsprechend gesteigerter Bekanntheit ist es sogar möglich, völlig auf den Text zu verzichten, da der Hörer sofort Melodie und Produkt gedanklich verknüpft.

> *Beispiele* neben Coca-Cola und Bacardi:
> Operetten-Stil: „Oh wie verführerisch sind Choco-Crossies."
> „Wir geben Ihrer Zukunft ein Zuhause. LBS."
> „Milka, die zarteste Versuchung, seit es Schokolade gibt."
> "Mc Donald's ist einfach gut."
> „Nichts ist unmöglich – Toyota."

3.4.4 Gestaltung beim Plakat

Die Wahrnehmung des Werbemittels Plakat ist durch folgende Tatbestände gekennzeichnet:
- Situation der Reizüberflutung
- flüchtige Wahrnehmung
- unterschiedliche Lage der Plakatanschlagstellen

Daraus ergeben sich für die Gestaltung des Plakates folgende Konsequenzen:
- Komprimierung der zentralen Werbeidee;
  sparsamer Umgang mit Bild- und Textelementen
- höchste Originalität der Form und Gestaltung
- Farbkombination: Farben erregen Aufmerksamkeit, wecken Sympathie und gewährleisten Lesbarkeit.

Das Plakat soll zwar auffallen, darf dem Betrachter aber keine Rätsel aufgeben, denn der Plakatinhalt muß in wenigen Sekunden leicht erfaßbar sein. Mit Bild- und Textelementen sollte man sparsam umgehen.

4 Werbeträgerauswahl (Streulehre)

4.1 Die wichtigsten Werbeträger

4.1.1 Tageszeitung

Definition

In Anlehnung an Dovifat (Dovifat, Wilke 1976, S. 16) wollen wir die Zeitung als einen Werbeträger definieren, der aktuelles Gegenwartsgeschehen in regelmäßiger Folge einer breiten Öffentlichkeit zugänglich macht.

Was das »aktuelle Gegenwartsgeschehen« und seine Übermittlung anbetrifft, so sagte man der Zeitung nach dem Aufkommen des Fernsehens in den fünfziger Jahren ein baldiges Ende voraus. Doch Zeitung und Fernsehen haben sich nicht gegenseitig ersetzt, sondern eher ergänzt. Die Zeitung erscheint in regelmäßiger Folge. Der Leser erwartet tagtäglich *seine* Zeitung und erst durch die Periodizität des Erscheinens entsteht ein Teil der Beziehungen, die den Leser mit der Zeitung verbinden. Neben der Bundespost, oft als »Mutter der Zeitung« bezeichnet, sorgt für das regelmäßige Erscheinen der Zeitung zu Hause oder am Verkaufskiosk ein aufwendiger verlagseigener Vertriebsapparat.

Entwicklung

Nach dem Kriege ist der Zeitungsmarkt gekennzeichnet durch starke Konzentrationstendenzen.

Täglich erscheinen in der Bundesrepublik 1597 Tageszeitungen (redaktionelle Ausgaben), die von 383 Verlagen herausgegeben werden. Die verkaufte Auflage dieser Titel beträgt etwa 25,8 Mio Exemplare; 81,2 % der erwachsenen Gesamtbevölkerung gehören zur täglichen Leserschaft.

Zusätzlich existieren noch Wochenzeitungen (einschließlich der regionalen Wochenzeitungen, die eine Auflage von ca. 2,0 Mio Exemplaren haben (BDZV 1994).

Angebotssituation

Die Einteilung des Zeitungsangebots ist wie folgt:

a) Überregionale und Wirtschaftsblätter
Kennzeichen dieser Gruppe ist, daß 80 % der Auflage im festen Abonnement vertrieben werden. Der Inhalt der Zeitungen setzt sich vornehmlich aus Ereignissen von nationaler und internationaler Bedeutung in politischer, wirtschaftlicher und kultureller Hinsicht zusammen. Die Leserschaft ist hinsichtlich ihrer soziodemographischen Merkmale relativ hoch angesiedelt. Zu dieser Gruppe gehören: Frankfurter Allgemeine (FAZ, Frankfurt), Handelsblatt (Düsseldorf),

135

Süddeutsche Zeitung (München), Die Welt (Berlin), Frankfurter Rundschau (FR, Frankfurt). Die Wirtschaftszeitungen, zu denen neben dem Handelsblatt auch beispielsweise der Industriekurier gehört, bringen in ihrem redaktionellen Teil vornehmlich aktuelle Wirtschafts-, Firmen- und Börsenberichte.

b) Regionale Tageszeitungen

In dieser Gruppe kann man eine Zweiteilung feststellen: Einmal die »Regional-zeitungen«, die ein größeres Gebiet abdecken und deshalb auch mehrere Ne-ben-, Unter- bzw. Bezirksausgaben herausgeben. Daneben besteht auch die Gruppe der »standortgebundenen Zeitungen«. Ihre Kennzeichen sind eine geringe Auflage, kleineres Vertriebsgebiet, meist nur ein bis zwei Landkreise.

c) Sonntagszeitungen

In Deutschland existieren bis jetzt zwei überregionale Sonntagszeitungen: Bild am Sonntag, Welt am Sonntag. Die Sonntagszeitungen übernehmen neben der Informationsfunktion auch eine Unterhaltungsfunktion und sind mit den Wochenendausgaben der regionalen Tageszeitungen vergleichbar. Ein besonderes Problem bei Sonntagszeitungen ist deren Vertrieb. Bedingt durch die Ladenschlußgesetze und die Jugendarbeitsschutzgesetze, durch die Arbeitszeitverkürzungen bei Bahn und Post mußten die Verlage eine eigene aufwendige Organisation aufbauen.

Als einen neuen Typ von Sonntagszeitungen kann man die 7. Ausgabe von regionalen Tageszeitungen betrachten. Abonnenten der Stuttgarter Zeitung, Stuttgarter Nachrichten und anderer angeschlossener Zeitungen erhalten diese 7. Ausgabe (Sonntag Aktuell) z. B. im Rahmen ihres Abonnements zugestellt.

d) Boulevard- bzw. Kaufzeitungen

Diese Zeitungsgruppe erscheint in den vier Millionenstädten der Bundesrepublik und wird hauptsächlich im Einzelverkauf vertrieben. Der Inhalt besteht meist aus aktuellen, delikaten, kriminalistischen bzw. humoristischen Berichten aus dem lokalen bzw. regionalen Bereich. Die Hauptüberschrift (Aufmacher) ist meist in großen Lettern mit einer Zusatzfarbe gedruckt. Der Einsatz der Fotografie, als Ergänzung des Textes, spielt eine große Rolle.

Eine überregional verbreitete Kaufzeitung ist die Bild-Zeitung; regional verbreitete Zeitungen sind die BZ in Berlin, die Hamburger Morgenpost in Hamburg, der Express in Köln/Düsseldorf/Bonn, die Abendzeitung und die tz, beide in München.

e) Wochenzeitungen

Der Schwerpunkt ihrer Berichterstattung liegt auf politischem und kulturellem Gebiet. Ihr Hauptaugenmerk richten sie jedoch nicht auf aktuelle Informationen, sondern mehr auf kritische Kommentare, Berichte und Vergleiche.

Sie haben einen hohen Anteil von Abonnenten.

Beispiele von überregional verbreiteten Wochenzeitungen sind: Die Zeit, der Bayernkurier, der Rheinische Merkur und das Allgemeine Sonntagsblatt.

f) Sonderform Anzeigenblätter

Die Anzeigenblätter werden einmal wöchentlich kostenlos an Haushalte verteilt; ihre Auflage in einem vergleichbaren Erscheinungsgebiet ist häufig höher als die der Tageszeitung. Durch ihre starke regionale Verbreitung bieten sie sowohl dem Handel und Gewerbe als auch Privatpersonen zusätzliche Insertionsmöglichkeiten.

Anzeigenblätter finanzieren sich ausschließlich aus Werbegeldern, ein Teil der Anzeigenblätter enthält auch redaktionelle Beiträge, Hauptbestandteil der Anzeigenblätter sind jedoch Anzeigen. 1994 existierten 1333 Anzeigenblätter mit einer Gesamtauflage von ca. 76 Mio Exemplaren. Das Umsatzvolumen der Anzeigenblätter wird auf ca. 2,6 Mrd DM jährlich geschätzt. Anzeigenblätter werden einmal von Tochterunternehmen der Zeitungsverlage herausgegeben (Anzeigenblätter im Bundesverband Deutscher Zeitungsverleger e.V.), ferner von selbständigen Verlegern. Der 1987 neu gegründete »Bundesverband Deutscher Anzeigenblätter« (BVDA) repräsentiert Anzeigenblattverlage beider Herausgeberformen.

Die Werbemöglichkeiten in Anzeigenblättern entsprechen denen der Tageszeitungen. Wie dort sind auch bei den Anzeigenblättern Anzeigen und Beilagen die wichtigsten Werbeformen.

g) Offertenblätter

Definition Offertenblatt: Zeitung für kostenlos aufgenommene private Kleinanzeigen, die über den Pressevertrieb und den Bahnhofsbuchhandel vertrieben wird. Der Inhalt der Offertenblätter besteht überwiegend aus Kleinanzeigen, die rubriziert werden (oft mehrere hundert Rubriken). Die Verkaufspreise pro Exemplar liegen zwischen DM 2,50 und 3,80. Die Verbreitungsgebiete sind regional, durchschnittlich 2 bis 3 Millionen Einwohner je Ausgabe. Alle Regionen Deutschlands sind durch Offertenblätter abgedeckt. Zusätzlich entstanden in den letzten Jahren Offertenblätter, die bundesweit vertrieben werden und sich im Inhalt auf bestimmte Bereiche beschränken (Kfz, Computer usw.)

Die ersten Offertenblätter wurden ab 1970 in Kanada und den USA gegründet, in Deutschland ab 1983. In Deutschland etablierten sich die Offertenblätter innerhalb kürzester Zeit als verkaufsstarke Objekte mit Verkäufen in Ballungsgebieten von durchschnittlich 65 Exemplaren je 1000 Haushalten.

Die Fachzeitschrift „neue medien" schätzt den Markt der Offertenblätter auf 40 Titel mit 2 Mio Exemplaren Druckauflage wöchentlich und einem Umsatz von 150 Mio DM. Nach einer Statistik des BDVZ haben die Offertenblätter ein Potential von 350 Mio DM an Werbeeinnahmen. Bei einer Leseranalyse (Regionalumfrage IAM-Institut 87) geben 18 % der SperrMüll-Leser/innen an, 40 bis 60 Minuten an einer Ausgabe zu lesen, 22 % mehr als 60 Minuten.

Grundsätzlich sind folgende Vorteile der Gattung „Offertenblätter" zu nennen:
– Der Leser kauft bewußt ein Blatt, in dem nur Anzeigen enthalten sind.
– Hohe Rubrikkompetenz, keine Unterteilung in „Anzeigenteil" und „redaktionellen" Teil.
– Überdurchschnittliche Lesedauer

Von allen Offertenblättern werden in allen Fällen Fließtextanzeigen und gestaltete Anzeigenschaltungen angeboten. Bei ersteren gibt es standardisierte Größen oder die Wahl unter mehreren Schriftarten und -größen. Farbanzeigen sind in den meisten Blättern möglich, 4-C Anzeigen nur in Blättern mit entsprechenden Druckereien. Kombinationen sind wegen der vielen Formate erschwert. Eine Reihe von Offertenblättern bietet Anzeigenschaltungen in Offertenblättern im Ausland an.

Fließtextanzeigen werden über ein IBM-Netzwerk versandt; Blätter in Europa, Nord- und Südamerika und Neuseeland werden erreicht.

PR-Veröffentlichungen werden nur in geringem Umfang vorgenommen. Oft sind sie auf Verbraucherberatungen und Testberichte beschränkt. Die meisten Offertenblätter bieten thematische Sonderteile an („Auto-Frühling").

Die Erscheinungsweisen der Offertenblätter sind verschieden. Das Auflagenwachstum hat bei vielen dazu geführt, eine zweite oder dritte Wochenausgabe herauszubringen. Dabei sind die Ausgaben zum Wochenende auflagenstärker, was sich in den mm-Preisen niederschlägt.

Werbemöglichkeiten in Tageszeitungen: Nutzung und Abwicklung

a) Nutzung

Wie in mehreren Untersuchungen (Wimmer 1994, S. 115 ff.) übereinstimmend festgestellt wurde, liegt die *Hauptnutzungszeit* für Tageszeitungen vor 11 Uhr: Mehr als die Hälfte aller Bezieher haben bis zu diesem Zeitpunkt ihre Zeitung gelesen. Leser von Tageszeitungen wurden befragt, was sie regelmäßig lesen; hier sind die Antworten: 73 % Berichte von lokalen Ereignissen, 66 % Neuigkeiten aus aller Welt, 47 % Berichte aus der Politik, 44 % Anzeigenwerbung von Geschäften am Ort und aus der Gegend, 32 % Fernsehprogramm und Besprechung und 28 % Markenartikelwerbung bzw. private Kleinanzeigen.

Man kann ersehen, daß die lokalen Empfehlungsanzeigen des Handels im Interesse der Leser vor der Werbung der Markenartikler und vor den privaten Kleinanzeigen rangieren. Lediglich der Lokalteil, Neuigkeiten aus aller Welt und die politischen Informationen nehmen einen höheren Stellenwert ein.

b) Abwicklung

Das Hauptwerbemittel bei Tageszeitungen sind Anzeigen, die sowohl im Anzeigenteil als auch im Textteil stehen können. Jede Seite besteht aus mehreren Zeilenspalten, auch »Kolumnen« genannt. Die Zeilenspalten im Anzeigenteil sind schmaler (ca. 44 mm) als im Textteil (ca. 63 mm). Die von den Verlegern herausgegebenen Preislisten haben folgendes Aussehen, siehe Übersicht 2 und 3, am Beispiel der Pforzheimer Zeitung.

Technische Angaben

Satzspiegel: (Höhe × Breite in mm): 488 × 323 – **Spaltenzahl:** Anzeigenteil: 7 – Textteil: 6 – **Anzeigenumrechnungsfaktor** (Text- in Anzeigenspalten): 1,16 Panoramaanzeigen (max. Höhe + Breite in mm): 488 × 668
Spaltenbreiten: Anzeigenteil: 1 Spalte 44 mm, 2 Spalten 90 mm, 3 Spalten 135 mm, 4 Spalten 182 mm 5 Spalten 228 mm, 6 Spalten 275 mm, 7 Spalten 323 mm.
Textteil: 1 Spalte 51 mm, 2 Spalten 105 mm, 3 Spalten 159 mm, 4 Spalten 213 mm. 5 Spalten 267 mm, 6 Spalten 323 mm.

Grundpreise

s/w-Anzeigen	DM	1 Zusatzfarbe	DM
Millimeter	2.48	Millimeter	2.85
1/1 Seite	8 471.68	1/1 Seite	9 735.60
Textteil*	8.85	Mindestaufschlag**	404.00
Titelseite	8.85		

2 Zusatzfarben	DM	3 Zusatzfarben	DM
Millimeter	3.22	Millimeter	3.59
1/1 Seite	10 999.52	1/1 Seite	12 263.44
Mindestaufschlag**	796.00	Mindestaufschlag**	1 183.00

Übersicht 2: Beispiel für Technische Angaben und Grundpreise von s/w- und Farbanzeigen

Erläuterungen

Unter *Satzspiegel* versteht man den für den Druck vorgesehenen Raum. Das Seitenformat ist größer als der Satzspiegel, da um den bedruckten Raum herum noch ein weißer Rand verläuft.

Der mm-Preis ist der Preis, der für 1 mm Höhe in einer Zeitungsspalte von der Tageszeitung für eine Anzeige verlangt wird. Im Beispiel ist der mm-Preis im Textteil ca. dreimal so hoch wie der normale mm-Preis für den Anzeigenteil. Der höhere Preis wird begründet durch den größeren Aufmerksamkeitsgrad, den eine Anzeige im Textteil genießt, zum anderen dient der hohe Preis auch als Defensivpreis, so daß Anzeigen im Textteil eine Ausnahme bilden sollten. (Darüber hinaus sind Anzeigen im Textteil mindestens an drei Seiten von redaktionellem Text umgeben; Textteilanzeigen werden meist nur einspaltig aufgenommen.)

Die *Spaltenbreite* ist für die Berechnung der Anzeigen weniger relevant, allerdings ist sie im Textteil größer als im Anzeigenteil.

Die *Spaltenzahl* besteht im Beispiel für eine ganze Seite aus sieben Spalten,

Ermäßigte Grundpreise für Anzeigen von Firmen aus dem Verbreitungsgebiet

s/w-Anzeigen:	DM	1 Zusatzfarbe:	DM
Millimeter	2.20	Millimeter	2.53
1/1 Seite	7 515.20	1/1 Seite	8 642.48
Textteil[*]	7.78	Mindestaufschlag[**]	339.00
Titelseite	7.78		

2 Zusatzfarben:	DM	3 Zusatzfarben:	DM
Millimeter	2.87	Millimeter	3.20
1/1 Seite	9 803.92	1/1 Seite	10 931.20
Mindestaufschlag[**]	677.00	Mindestaufschlag[**]	1 029.00

Abweichende Preise:
(ohne weitere Nachlässe)
Familienanzeigen
Stellengesuche
Amtl. Bekannt-
machungen   1.33

Private Kleinanzeigen
Vereinsnachrichten   1.76

Nachlässe:

a) Malstaffel I		b) Mengenstaffel C		c) Erweiterte Mengenstaffel	
12mal	10 %	für Millimeterabschlüsse		(Bonus)	
24mal	15 %	von mindestens		nach Ablauf des Abschlußjahres	
52mal	20 %	5 000 mm	10 %	über 30 000 mm	1 %
		10 000 mm	15 %	über 40 000 mm	2 %
		20 000 mm	20 %	über 50 000 mm	3 %
				über 75 000 mm	4 %
				über 100 000 mm	5 %
				über 150 000 mm	6 %
				über 250 000 mm	7 %

Satzspiegel: **Anzeigenteil:** Spaltenbreite 44 mm, Spaltenzahl 7 – **Textteil:** Spaltenbreite 51 mm, Spaltenzahl 6 [*]) **Textteilanzeigen:** Mindestgröße 15 Millimeter – [**]) für Anzeigen bis 1/4 Seite = 854 mm.
– Alle Preise zzgl. MwSt. –

Agentur-Vergütung:
Für Anzeigen, die zum **Grundpreis** abgerechnet werden und deren Auftraggeber und Rechnungs-
empfänger die Agentur ist.

Übersicht 3: Beispiel für ermäßigte Grundpreise

d. h. will man den mm-Preis für eine Seite berechnen, so gilt für eine s/w-Anzeige: 2,48 DM x 7 = 17,36 DM. Der Preis für eine Seite ergibt sich aus: mm-Preis pro Seite x Höhe der Seite = 17,36 x 488 mm = 8 471,68 DM. Die Zahl der Spalten beträgt im Textteil nur sechs gegenüber sieben Spalten im Anzeigenteil.

Mindestaufschlag: Die meisten Tageszeitungen berechnen für Farbanzeigen, die eine gewisse Mindestgröße nicht erreichen, einen Farbzuschlag. Im angeführten Beispiel beträgt dieser Zuschlag bei einer Zusatzfarbe DM 404,–, wenn die Anzeigengröße unter 854 mm liegt. Übersteigt die Anzeigengröße die 854-mm-Grenze, so kommen neue mm-Preise zum Zuge.

Weitere beachtenswerte Punkte

Es gelten ermäßigte Grundpreise für Anzeigen von Handel, Handwerk und Gewerbe aus dem Verbreitungsgebiet. Darüber hinaus gelten für private Familien- und Kleinanzeigen bzw. für amtliche Bekanntmachungen etc. abweichende Preise (siehe Übersicht 3). Die Werbeagenturen, die als Mittler zwischen Werbungtreibenden und Werbungdurchführenden (Zeitungsverlag) auftreten, erhalten eine Agenturvergütung (Agenturprovision).

Erläuterungen

Bei den Nachlässen unterscheidet man:
a) Die *Malstaffel*: Sie findet Anwendung bei mehrmaligen Veröffentlichungen in einheitlicher Größe.
b) Die *Mengenstaffel*: Sie kommt zur Anwendung, wenn gewisse Mindestabschlüsse von Millimetern getätigt werden, wobei die Anzeigenformate von unterschiedlicher Größe sein können.
c) Die *erweiterte Mengenstaffel* (Bonus): Dieser Rabatt wird am Ende eines Jahres zusätzlich gewährt, wenn gewisse mm-Grenzen überschritten wurden.

Fast alle Tageszeitungen bieten die Möglichkeit, Beilagen über sie zu streuen. Eine gewisse Mindestauflage und ein Höchstgewicht sind zu beachten.

Beispiele für Anzeigenpreisberechnungen:

1. Beispiel:
Gewünschtes Anzeigen-format: 200 mm hoch, 4spaltig
(4 x 200 mm = 800 mm)
Millimeterpreis: 2,43 DM
Berechnung: Millimeterpreis pro Spalte x Anzahl der Spalten x Höhe
Insertionspreis: 2,48 DM x 4 × 200   = 1 984,– DM

2. Beispiel

Gewünschtes	200 mm hoch, 3spaltig
Anzeigenformat:	(3 x 200 mm = 600 mm) plus eine Buntfarbe
Millimeterpreis:	2,85 DM plus 404,– DM Mindestaufschlag.
	Da 854 mm nicht erreicht sind, kommt der
	Mindestaufschlag zum Tragen.
Berechnung:	Millimeterpreis pro Spalte × Anzahl der Spalte
	× Höhe
Insertionspreis:	2,85 DM × 3 × 200 = 1 710,– DM
	plus Farbzuschlag = 404,– DM
	2 114,– DM

Sonderformate im Textteil

Blatthohe Anzeigen = Streifenanzeigen
Die Anzeige steht allein neben dem Text in der Innen- oder Außenspalte. Hier ist bei der Gestaltung die größere Spaltenbreite im Textteil der Zeitung zu beachten. Da die Anzeige nur an einer Seite an den redaktionellen Teil anschließt, erfolgt die Berechnung zum Millimeterpreis für den Anzeigenteil, jedoch unter Berücksichtigung der größeren Spaltenbreite.

Zu berücksichtigen ist hierbei der sogenannte Umrechnungsfaktor. Er besagt: 1 Textspalte entspricht in unserem Beispiel 1,16 Anzeigenspalten (Anzeigenspalten: Textspalten = Umrechnungsfaktor, d. h. 7 : 6 = 1,16).

Blattbreite Anzeigen = Streifenanzeigen
Sie steht allein auf einer Textseite plaziert, und zwar entweder oben oder unten quer über die Seite verlaufend (blattbreit). Auch hier erfolgt die Berechnung nach dem Millimeterpreis im Anzeigenteil.

Eckfeldanzeigen
Wie im Namen bereits ausgedrückt, steht diese Anzeige in der Ecke einer Seite, was eine besonders gute Plazierung und damit Aufmerksamkeit garantiert. Die *Eckfeldanzeige,* auch »*Eckanzeige*« genannt, ist an zwei Seiten von Text umgeben und wird in der linken oder rechten Ecke einer Seite plaziert. Vielfach sind Mindestgrößen zu berücksichtigen. Die Berechnung erfolgt wieder nach dem Anzeigen-Millimeterpreis unter Berücksichtigung des Umrechnungsfaktors. Die Eckanzeige wird auch als Formatanzeige mit zweiseitigem Textanschluß bezeichnet.

Inselanzeigen
Sie stehen inmitten einer Seite, ihre Größe ist beschränkt. Dabei kann es sich sowohl um eine redaktionelle Seite als auch um eine Seite im Anzeigenteil handeln.

Sie werden über den sogenannten Bundsteg, d. h. über die volle Breite von zwei Zeitungsseiten, gedruckt.

Anzeigenpreise

Eine 1/1-Schwarzweiß in der *Frankfurter Allgemeinen Zeitung*, mit einer Druckauflage von 498 830 Exemplaren, kostet 46 175,– DM an Wochentagen, in der Samstagsausgabe 52 416,– DM, mit drei Zusatzfarben 76 128,– DM bzw. 83 616,– DM. Der Millimeterpreis für Schwarzweißanzeigen beläuft sich an Wochentagen auf 11,10 DM.

Die *Bild-Zeitung*, mit einer Druckauflage von 5 688 091 Exemplaren täglich, verlangt für eine Einzelseite schwarzweiß 407 193,60 DM, eine Anzeige mit drei Zusatzfarben kostet 495 965,– DM. Der Millimeterpreis für eine Schwarzweißanzeige liegt bei 96,40 DM.

In der Zeitung *Die Rheinpfalz* (Ludwigshafen), mit einer verkauften Auflage von 243 302 Exemplaren, kostet 1/1-Seite schwarzweiß 44 814 DM, der Millimeterpreis liegt bei 13,20 DM.

Planung von Zeitungskampagnen

Für die Planung von Zeitungskampagnen liefern der Verband Regionalpresse e.V. Frankfurt/Main, dem ca. 40 Zeitungen angehören, und die zentrale Marketingorganisation der standortgebundenen Tageszeitungen »Die Standortpresse« in Bonn wie auch der Arbeitskreis »Nielsen-Ballungsraumzeitungen« (NBRZ), dem 13 regionale Tageszeitungen angehören, interessante Planungshilfen. Stellvertretend für die vielen Serviceangebote soll hier das von der Regionalpresse in Frankfurt zur Verfügung gestellte EDV-Programm »Regioplan« erwähnt werden, das dem Media-Fachmann bei der Ausarbeitung von Titellisten, Kostenplänen sowie Übersichten für die Druckunterlagenherstellung hilft.

Weitere wertvolle Planungsunterlagen bieten die IVW-Auflagenliste und die ebenfalls von der IVW durchgeführte Verbreitungsanalyse (VA). In der Auflagenliste sind alle Zeitungen mit ihren Gesamt- und Teilauflagen ortsalphabetisch unter ihrem Erscheinungsort (des Verlages) eingetragen. Mit der Verbreitungsanalyse kann der Media-Planer feststellen, welche Zeitungstitel im Rahmen einer Kampagne eingesetzt werden müssen, um ein bestimmtes Gebiet abzudecken. Die Verbreitungsanalyse ist nach Titelkarteien und Kreiskarteien geordnet.

Kurzcharakterisierung des Werbeträgers

Die *Tageszeitung* ist für den lokalen Einzelhandel, wie auch für Markenartikelfirmen, die Produkte zunächst in einem Testmarkt einführen, *Basismedium*. Ansonsten ist die Zeitung für Markenartikel Zusatzmedium, d. h. sie dient der Aktualisierung gewisser Angebote, stärkt kurzfristig die Nachfrage und steuert damit den Abverkauf in lokalen Märkten. Sie kann jedoch allein Produkte kaum profilieren bzw. ein Image aufbauen und wird von Markenartiklern meist zusammen mit dem Handel eingesetzt (Kooperativanzeigen). Ein großer Vorteil ist, daß die Tageszeitung jederzeit und nahezu unbegrenzt den Werbungtreibenden zur Verfügung steht.

4.1.2 Zeitschriften

Definition
Zeitschriften sind periodisch erscheinende Presseorgane, die für breite Publikumskreise zugänglich sind und ihren Lesern allgemein verständliche Informationen und/oder Unterhaltung bieten.

Ziele
In erster Linie Verkaufen von Redaktion und in zweiter Linie Verkaufen von Werbeseiten.

Wir unterscheiden drei große Gruppen von Zeitschriften
- Die *Publikumszeitschriften*, die sich in erster Linie an die breiten Bevölkerungsschichten wenden und hauptsächlich Unterhaltung, Information und Belehrung bieten;
- die *Special-Interest-Zeitschriften,* die sich in ihrer Aufmachung und Inhalten auf ein Thema und/oder sehr wenige Themen konzentrieren und daher auch als Zielgruppenzeitschriften bezeichnet werden;
- die *Fachzeitschriften,* die auf bestimmte Berufsgruppen zur Wissenserganzung bzw. -vertiefung zugeschnitten sind.

Entwicklung
Ein Wort vorweg: Die Deutschen sind Weltmeister im Lesen, vor allem im Lesen von Tageszeitungen und Zeitschriften. Sie sind damit wesentlich lesefreudiger als ihre westlichen Nachbarn. Daher sollten bei europaweiten Kampagnen nie deutsche Verhältnisse hochgerechnet werden, umgekehrt sollten bei Kampagnen unserer europäischen Nachbarn die besonderen Printverhältnisse in Deutschland berücksichtigt werden.
Der gesamte Zeitschriftenmarkt in Deutschland ist einerseits durch eine starke Konzentration gekennzeichnet, andererseits war die Gründungsfreudigkeit noch nie so groß wie in den vergangenen Jahren. Mit neuen Zeitschriftenkonzepten hat sich z. B. die Verlagsgruppe Milchstraße in Hamburg (TV Spielfilm) im Markt etabliert und der Burda Verlag brachte 1993 mit seinem neuen Magazine *FOCUS* Bewegung in den Markt der Nachrichtenmagazine.
Der Druckmedienbereich ist also weiter im Aufschwung. Er bringt immer wieder neue Zeitschriften hervor, die oft Käufersegmente erschließen. Trotzdem befindet sich der Zeitschriftenmarkt im Vergleich mit dem Markt der elektronischen Medien in relativer Ruhe.

So vereinen die vier Großverlage Heinrich Bauer Verlag (Hamburg), Burda Verlag (Offenburg/München), der Verlag Gruner + Jahr (Hamburg) und der Springer Verlag (Hamburg) mit ihren insgesamt 89 Titeln einen Marktanteil von rd. 60 % auf sich. Weitere bekannte Verlage sind in der Reihenfolge ihrer Größe der Spiegel Verlag, der Jahreszeiten Verlag (Hamburg), die VMV Vereinigte Motor Verlage (Stuttgart) und die Verlagsgruppe Milchstraße (Hamburg). Der Stamm 1994 – Leitfaden durch Presse und Werbung (Stamm Verlag, Essen) weist 22 160 periodische Veröffentlichungen für 1994 aus. Darunter sind neben Zeitungen und Publikums- und Fachzeitschriften mittlerweile auch die Anzeigenblätter und Mitarbeiterzeitschriften sowie amtliche, konfessionelle und wissenschaftliche Publikationen. In dieser Zahl spiegelt sich das vielfältige Meinungs- und Informationsspektrum wieder, das fast allen nur denkbaren Zielgruppen zur Verfügung steht.
Die IVW – Informationsgesellschaft zur Verbreitung von Werbeträgern, die für Wahrheit und Klarheit bei der Erhebung von kontrollierten Werbeträgern steht, weist in den letzten 10 Jahren folgende Entwicklung bei Zeitschriften aus:

IVW	IV/83	IV/88	IV/92
Publikumszeitschriften			
Zahl der Titel	313	484	619
verkaufte Auflage	90,6 Mio	105,1 Mio	121,0 Mio
Fachzeitschriften			
Zahl der Titel	749	850	951
verkaufte Auflage	12,9 Mio	15,1 Mio	16,7 Mio
Kundenzeitschriften			
Zahl der Titel	33	45	43
verkaufte Auflage	15,5 Mio	22,1 Mio	21,3 Mio

Übersicht 4: IVW-Daten, Entwicklung von Zeitschriften

Von den seit 1980 gestarteten 195 Zeitschriften existieren heute noch 146 Titel (Stand 12/93). Davon haben sich bereits 44 Titel mit einer verkauften Auflage von über 100 000 Exemplaren etabliert. Die 49 Flops am Zeitschriftenmarkt waren größtenteils Spezialtitel.

Angebotssituation

Die *Publikumszeitschriften* gliedern sich nach der neuen Gattungsgruppierung der MA'94 in: Aktuelle Zeitschriften/Magazine zum Zeitgeschehen, Programmpresse (Zeitschriften/Supplements), Frauenzeitschriften (wöchentlich, 14tägig und monatlich), Familienzeitschriften (Elternzeitschriften/Rätselzeitschriften), Jugendzeitschriften, Zeitschriften für Wohnen und Leben (Wohnzeitschriften/Do-it-yourself/Eßzeitschriften/Gesundheitszeitschriften), Erotik-

145

Zeitschriften, Lifestyle/Stadtmagazine, Motorpresse, Sportzeitschriften, Zeitschriften für Kultur/Natur/Wissenschaft (Kino/Video/Natur-Umwelt/Wissenschaft-Technik-Kultur/EDV), Wirtschaftspresse, Wochenzeitungen/Magazine zu Gesellschaft und Politik und regionale Sonntagszeitschriften sowie Kundenzeitschriften.

Die *Aktuellen Zeitschriften* wurden zusammen mit den *Magazinen zum Zeitgeschehen* zu einer neuen Gattung zusammengefaßt. Ziel dieser Gattung ist die aktuelle Berichterstattung und Hintergrundberichterstattung. Dieser an sich heterogenen Gruppe gehören Bild am Sonntag, das Beste, Stern, Der Spiegel, Bunte, Neue Revue, Focus, Super Illu und Weltbild an.

Die *Programmzeitschriften* sind mittlerweile in drei Preisklassen einteilbar und unterrichten die Leser mehr oder minder ausführlich über TV- und Rundfunkprogramme. Generell sind Programmzeitschriften Familienzeitschriften, wobei die »alten, etablierten Titel« HörZu, TV Hören + Sehen, Gong, Bild + Funk weitgehend die Gesamtbevölkerung ansprechen. Sie werden auch in großem Maße sowohl als aktuelle Illustrierte als auch als Programmzeitschrift genutzt. Das kommt daher, daß diese Titel in der Regel eine Woche vor Beginn des jeweils ausgedruckten Programms auf den Markt kommen und mit aktuellen Berichten bestückt sind.

Die drei »jüngeren« Titel Auf einen Blick, Bildwoche und Die Zwei haben einen sehr deutlichen Schwerpunkt bei Frauen, weshalb man sie auch die *»unterhaltenden Programmzeitschriften für die Frau«* nennt. Auf diesem hartumkämpften Markt haben die beiden Newcomer in dieser Gattung – TV Spielfilm und TV Movie – durch neue Konzepte auf Anhieb Spitzenplätze erobert. Sie sprechen eine deutlich jüngere Zielgruppe (Durchschnittsalter ca. 32 Jahre) an und berichten 14tägig primär über TV-Spielfilme und bringen ausführliche Zusammenfassungen und Hintergrundberichte hierzu.

Mit den *Programm-Supplements* werden Presseerzeugnisse bezeichnet, die zwar einen eigenen Titel und eine eigenständige Aufmachung haben, jedoch über Abonnement bzw. Einzelkauf nicht selbständig erworben werden können, sondern regionalen und überregionalen Tageszeitungen regelmäßig beigelegt werden. Sie stellen eine Art »Klein-Illustrierte« dar, die der Tageszeitung als sogenannte Trägerzeitung *kostenlos* beigegeben wird. Das Supplement enthält neben einer ausführlichen TV- und Radio-Programmunterrichtung auch aktuelle Berichte zum Zeitgeschehen (Programm-Supplements sind z. B. rtv, prisma, BWZ, IWZ und tele prisma). Das Supplement IWZ wird in großen Teilen von Baden-Württemberg und Rheinland-Pfalz in einer Auflage von 1 863 824 Exemplaren (IVW 1/94) über Tageszeitungen verteilt.

Das Charakteristikum von *Frauenzeitschriften* ist ihre Beraterfunktion hinsichtlich Mode, Kosmetik, Lebenshilfe, Gesundheit, Erziehung, Haushalt, Essen + Trinken, Wohnen etc. Unterschieden werden die Teilsegmente nach ihrer Erscheinungsweise. Die wöchentlichen Frauenzeitschriften bieten bei fast allen Titeln neben Unterhaltung vor allem auch Berichte über Prominente (Stars, Fürsten-, Königshäuser), Kurzgeschichten, Rätsel und Reisen, aber auch Berichte zu Gesundheit, Haushalt und Mode. Im Sprachgebrauch hat sich für diese

Gattung der Begriff *Yellow Press* eingebürgert, wobei die konzeptionellen Schwerpunkte von Titel zu Titel durchaus verschieden sein können.

Die 14tägigen Frauenzeitschriften werden auch »die Klassischen« genannt; ihr konzeptioneller Schwerpunkt liegt eindeutig bei Mode und Kosmetik, wobei dem schönen Wohnen und Essen + Trinken ebenfalls noch breiter Raum eingeräumt wird.

Die Monatszeitschriften haben keine einheitliche inhaltliche Struktur. Während die vier Titel Carina, Maxi, Prima und Vital eine mehr oder weniger bunte Palette an Frauen interessierende Themen anbieten und damit mehr in Richtung der »Klassischen« tendieren, befaßt sich ein zweites Segment mehr mit der Mode bzw. dem Nähen und Stricken (Burda Moden u. a.). Die sogenannten »edlen« Frauentitel befassen sich besonders mit Kosmetik, Mode, Schmuck und Accessoires, wobei hier sehr stark auffällt, daß diese Titel einen wesentlich höheren Anzeigen- als Redaktionsanteil aufweisen, z. B. Cosmopolitan, Elle, Madame, Marie Claire, Petra und Vogue.

Die *Fachzeitschriften* erfassen Gebiete wie Nahrung/Genuß, Textil + Bekleidung, Haushalt + Phono, Bücher/Spielwaren/Uhren, Hotellerie, Büro + Papier, Kosmetik + Foto, Land + Forstwirtschaft, Architektur, Maschinen, Elektro, Verkehr, Unternehmung, Handel/Versicherung/Banken, Medizin + Pharma und Kunststoffe, aber auch Kultur, Kunst, Politik und Wissenschaften.

Eine Besonderheit der Fachzeitschriften sind die sogenannten *Kennziffer-Zeitschriften.* Diese Gattung ist noch gar nicht so alt und kommt ursprünglich aus den USA.

In diesem Zeitschriftentyp werden alle redaktionellen Beiträge und Anzeigen mit einer Kennziffer versehen, die auf eine beigefügte Leserservice-Karte übertragen werden kann und an den Verlag geschickt wird, der diese Kennziffer an den jeweiligen Werbungtreibenden weiterleitet. Mit diesen Service-Karten können z. B. zusätzliche Informationen über die Firma, Produktinformationen oder der Besuch eines Außendienstmitarbeiters angefordert werden.

Für Leser und Werbungtreibenden sind die Vorteile gleichermaßen groß. Der Bezug solcher Zeitschriften ist für den Leser in der Regel kostenfrei, da diese Titel ausschließlich über Anzeigen finanziert werden; die Informationsbeschaffung ist preiswert (nur einmal Porto) und bequem, es können mit einer Karte mehrere Informationen angefordert werden. Für den Werbungtreibenden liegen die Vorteile einer solchen Zeitschrift darin, daß er Beurteilungsmaßstäbe für seine Werbekonzeption erhält, das bedeutet, daß er anhand der Rückläufe die Werbemittel testen und eventuell modifizieren kann und daß er noch während einer Produktentwicklung Kontakte mit echten Interessenten herstellen kann.

Eine weitere Sonderform der Fachzeitschriften sind *Supplements,* zu den bekanntesten zählen z. B. das VDI-Nachrichtenmagazin und das dfz-Wirtschaftsmagazin.

Werbemöglichkeiten: Nutzung und Abwicklung

Nutzung
Die Zeitschriften erreichen bereits nach wenigen Schaltungen hohe Reichweitenwerte bzw. hohe durchschnittliche Kontaktzahlen pro Leser, je nachdem ob reichweitenstarke und kontaktstarke Titel zur Übermittlung der Werbebotschaft eingesetzt werden. Sie sind zum großen Teil zielgruppenspezifisch einsetzbar und können je nach mediapolitischer Zielsetzung entsprechend selektiert werden.
Nutzungskriterien für Publikumszeitschriften:

Situation, Ort	beliebig, vorwiegend zu Hause
Zeitpunkt	frei wählbar, wiederholt möglich
Nutzungsdauer/Werbemittel-Kontaktchance	verschiedene Phasen innerhalb des Erscheinungsrhythmus/hohe Seitenkontakte, Mehrfach-Seitenkontakte
Hinwendung	bewußt, gezielte Konzentration, keine Nebenbeschäftigung
Penetration	relativ langsam
Selektionsmöglichkeit	sehr gut nach detaillierten Zielgruppen

Abwicklung
Die vom jeweiligen Titel vorgegebenen Anzeigenformate bieten vielfältige Möglichkeiten und Variationen zur Anzeigengestaltung. Ob Schwarzweiß- oder Mehrfarbanzeige, Hoch- oder Querformat, Anzeigen im Satzspiegel oder im Anschnitt, über Bund und als Anzeigenstrecke, die Zeitschriften bieten vielfältige Möglichkeiten. Bei Anzeigen im Satzspiegel ist das Format durch einen »weißen Rand«, der um die Anzeige herumläuft etwas kleiner als bei den angeschnittenen Anzeigen, die ohne diesen »weißen Rand« erscheinen.
Die kleinste Anzeige hat in der Regel das Format 1/64 – Seite, Sonderplazierungen sind teilweise auf Umschlagseiten möglich. Zudem bieten die meisten Zeitschriften Sonderinsertionsformen an:

Teilbelegung
Ein großer Teil von Zeitschriften bietet heute die Möglichkeit, nicht die Gesamtausgabe, sondern nur einen Teil davon mit einer Anzeige zu belegen, z. B. ein bestimmtes Nielsengebiet. Das ist sinnvoll z. B. bei Testmarkteinführungen oder bei regionalen Werbeaktionen.

Anzeigensplit
Hierbei unterscheidet man in den mechanischen und den geographischen Split. Bei beiden Arten muß die Gesamtauflage einer Zeitschrift gebucht werden, wobei beim geographischen Split zwei verschiedene Motive gleichen Formats

beispielsweise nach Nielsengebieten aufgeteilt werden, während beim mechanischen Split zwei Motive gleichen Formats im Wechsel gleichmäßig auf die Gesamtauflage verteilt werden. Während der mechanische Split in der Praxis kaum eine Rolle spielt, kommt dem geographischen Split sowohl als Methode der Werbeerfolgskontrolle (wenn zwei verschiedene Motive mittels Couponrücklauf hinsichtlich ihrer Effizienz untersucht werden sollen, um sich dann für eine Motiv für eine bundesweite Kampagne zu entscheiden) als auch als Instrument der Testmarkteinführung eine gewisse Bedeutung zu.

add-a-card
Postkarten im Endlosdruck, die auf eine Anzeige aufgeklebt werden und vom Leser leicht abgenommen werden können.

Ausschlagbare Seiten
Eine gute Möglichkeit, den Anzeigenraum zu vergrößern und mehr aufzufallen. Hierbei kann in den Varianten sowohl links als auch rechts oder nach beiden Seiten ausgeschlagen werden.

Beihefter
Das sind fertig anzuliefernde Prospekte, die in der Heftmitte verarbeitet werden.

Beikleber
Beikleber werden so auf eine Basisanzeige geklebt, daß sie von Interessenten mühelos abgelöst und verwendet werden können. Zur Verwendung kommen Postkarten, Umschläge, Booklets etc.

Beilagen
Beilagen sind den Zeitschriften lose beigefügte Blätter, Karten oder Prospekte. Mit ihnen können regional abgegrenzte Gebiete erreicht werden. Belegung nach Postleitzahlengebieten möglich, Mindestauflage ca. 50 000 Exemplare.

Postkarten-Beihefter
Beim Postkartenbeihefter finden sich mehrere Werbungtreibende zusammen, um in Verbindung mit Anzeigen gemeinsam eine Zwei- oder Vier-Partner-Aktion zu buchen. Die Postkarten werden im vorderen und hinteren Heftteil mitgeheftet.

Prospekt-Anzeigen
Ein mehrseitiger Prospekt, der in Verbindung mit einer doppelseitigen Anzeige beigeheftet wird.

Single-page
Ein ganzseitig bedrucktes Blatt, das vom Kunden angeliefert und in das Heft eingeklebt wird, aber *ohne* Anzeige.

Warenproben

Verschweißte Proben eines Produktes, die auf eine Anzeige aufgeklebt werden. Hier gibt es technische Vorbedingungen, die mit dem jeweiligen Verlag im voraus geklärt werden müssen.

Duftproben/Duftlack

Das sind versiegelte Duftkomponenten auf einer Anzeige.

Einige Anzeigenpreise mit Stand Juli 1994:

Zeitschrift	Preis 1/1 4 c	Preis s/w	verkaufte Auflage pro Ausgabe
Stern	95 874,–	54 785,–	1 193 672 Exemplare
HörZu	102 307,–	63 021,–	2 569 673 dto.
Tina	61 527,–	37 116,–	1 468 714 dto.
Freundin	57 036,–	32 592,–	706 246 dto.

Übersicht 5: Anzeigenpreise Juli 1994

Kurzcharakterisierung des Werbeträgers

Die Zeitschrift ist als Basismedium geeignet, da sie sowohl hinsichtlich der Gestaltungsmöglichkeiten als auch ihrer mehrfachen Nutzung innerhalb des Erscheinungsintervalls eine Werbebotschaft einprägsam übermitteln kann. Die Chancen, daß ein Werbeträgerkontakt (Durchblättern der Zeitschrift) zu einem Werbemittelkontakt (Sehen der Anzeige) wird, sind hoch.

Außerdem können – im Gegensatz zu vielen anderen Medien – Zielgruppen sehr direkt angesprochen werden. Vor allem im Special-Interest-Bereich und bei den Fachzeitschriften ist eine zielgruppengenaue Ansprache möglich, aber auch die Publikumszeitschriften bieten eine zielgruppenaffine Selektion an. Zudem lassen sich streupolitische Zielsetzungen wie Reichweiten- bzw Kontaktmaximierung durch den Einsatz von Zeitschriften sehr gut realisieren.

4.1.3. Fernsehen

Definition

Das Fernsehen gehört zu den elektronischen Medien und ist durch seine optischen, akustischen und motorischen Demonstrationsmöglichkeiten eines der einprägsamsten Medien.

Entwicklung

Am 3. 11. 1956 strahlte das Bayerische Fernsehen den ersten Werbespot im deutschen Fernsehen aus. 2 1/2 Jahre später verbreiteten alle übrigen Anstalten

150

der ARD im Rahmen ihrer Regionalprogramme Fernsehwerbung. Nochmals fast 5 Jahre später, 1963, begann auch das ZDF mit der Ausstrahlung von Fernsehwerbung.

Anfang der 80er Jahre geriet die Medienlandschaft der BRD stark in Bewegung und Schlagworte wie »Neue Medien«, »Verkabelung« und »Satellitenfunk« prägten die medienpolitische Diskussion.

In der Vergangenheit waren die Medien Hörfunk und Fernsehen öffentlich-rechtlich organisiert, und aufgrund rechtlicher und technischer Zugangssperren konnten sich private Anbieter an diesen Medien nicht beteiligen. Seit der Genfer Wellenkonferenz 1984, auf der den Ländern weltweit zusätzliche, freie Frequenzen zugeteilt wurden, änderten sich die technischen Voraussetzungen grundlegend. Um diese freien Sendekapazitäten auch an private Anbieter vergeben zu können, wurden mit den neuen Landesmediengesetzen in der Bundesrepublik die rechtlichen Grundlagen geschaffen.

Die Entwicklung hat gezeigt, daß sich viele private Anbieter mittlerweile im Markt etabliert haben und immer wieder neue Anbieter und Programme in den Markt drängen.

Derzeit befindet sich der Markt im Umbruch durch die ständig zunehmende Technisierung und die neuen Angebote im Multimediabereich. Wie der Konsument diese ganzen Neuerungen wie Pay-TV, Video on demand, Information on demand, Telelearning oder Teleshopping aufnehmen und für sich verwerten wird, bleibt abzuwarten. Es vollzieht sich zwar eine unaufhaltsame Änderung und der von vielen ersehnte »Communication Highway« und das »interaktive Fernsehen« befinden sich im Aufbau. Doch diese Änderung geschieht nicht von heute auf morgen, sondern setzt eine Entwicklung in Gang, die sich über Jahre und Jahrzehnte erstrecken wird.

Nutzung

1993 hat der durchschnittliche Bundesbürger pro Tag 178 Minuten ferngesehen. Eine detailliertere Unterscheidung in alte und neue Bundesländer zeigt, daß im Osten mit durchschnittlich 211 Minuten der Fernsehkonsum pro Tag wesentlich höher liegt als im Westen, wo die Vergleichszahl 168 Minuten beträgt. Deutlich verändert hat sich auch das Sehverhalten. Während 1988 ein Zuschauer im Durchschnitt noch 27 Minuten bei einem Programm blieb, sinkt 1994 die durchschnittliche Verweildauer auf 16 Minuten.

TV-Zapping und TV-Sticking

Definition Zapping: Darunter ist der Programmwechsel (auch das Herrunterregeln von Ton und Helligkeit) zu verstehen, der ausschließlich dazu dient, jegliche Form von Werbung zu vermeiden.

Definition Sticking: Sticker sind Personen, die einen Werbeblock ohne Umschalten durchgängig verfolgen. Sie bleiben also im Programm »kleben«.

»Die Deutschen bekennen sich zunehmend zum Zapping.« Die Zappingquote liegt nach einer Studie der Uni Göttingen und des Bauer-Verlags bei durchschnittlich 55,7 Prozent; 61,4 Prozent der Zapper sind männlich. Diese Gruppe ist gekennzeichnet durch vorwiegend jüngere und unverheiratete Zuschauer (N. N. 1994 a, S. 38).

Hingegen weist die TdW-Intermedia '92 erst ein Drittel von Nutzern aus, die generell zappen oder Nebenbeschäftigungen beim Fernsehen nachgehen.

Neuere Datenerhebungstechniken, insbesondere von Nielsen S + P und der GfK-Fernsehforschung, können inzwischen exakte Zappingverläufe erfassen, die in mehrer Hinsicht aufschlußreiche Nutzerverhalten ausweisen.

Mittels ausgewählter Panel-Haushalte werden TV-Daten im Sekundentakt ermittelt und ausgewertet, die es erlauben, allen Zappingvermutungen konkrete Werte gegenüberzustellen. Untersuchungsgegenstand der Einflußfaktoren des Zapping- und Stickingverhaltens sind u. a.: Länge der Werbeblöcke, Positionierung innerhalb des Werbeblocks sowie das Programmumfeld des Werbespots.

Angebot

Bis zur Einführung des dualen Rundfunksystems zu Beginn der 80er Jahre hatten die beiden öffentlich-rechtlichen Anbieter ARD und ZDF eine Monopolstellung bei der Ausstrahlung von Funk- und Fernsehprogrammen. Dies hat sich jedoch grundlegend geändert und die Gewichte haben sich eindeutig zugunsten der kommerziellen privaten Anbieter verschoben. Das Angebot an Fernsehwerbung bei den öffentlich-rechtlichen Rundfunkanstalten beschränkt sich auf 20 Minuten reine Werbezeit werktäglich vor 20.00 Uhr im Jahresdurchschnitt. Im Gegensatz dazu sind die kommerziellen Anbieter weder an die 20-Uhr-Grenze noch an sonstige zeitliche Beschränkungen gebunden, mit Ausnahme des Umfangs (20 Prozent der Gesamtsendezeit). Auch an Sonn- und Feiertagen darf im privaten Fernsehen geworben werden.

Den Hauptanteil am gesamten Werbeangebot bilden Werbespots, die zu Werbeblöcken zusammengefaßt sind. Darüber hinaus gibt es bei Privatsendern aber noch die Möglichkeit von diversen anderen Werbeformen wie »Teleshopping«, »Glücksrad«, Moderatorenwerbung, Uhren- und Wetterpatronate und Gewinnspiele.

Neben diesen Werbeformen gibt es sowohl im öffentlich-rechtlichen Fernsehen als auch auf den privaten kommerziellen Kanälen die Möglichkeit, eine Fernsehsendung zu sponsern. Dabei wird der Sponsor vor und nach einer Sendung als Förderer dieser Sendung hervorgehoben.

Abwicklung

Auch bei der Abwicklung der Fernsehwerbung haben sich gravierende Veränderungen ergeben. Zwar werden immer noch rund 70 Prozent der Werbung im voraus gebucht, doch die Tendenz des Buchungsprocederes geht immer mehr zu extrem kurzfristigen Buchungen. Auch die Umbuchungen und Plazierungsveränderungen der Werbespots im Programm haben sich erhöht. Waren es früher im Durchschnitt zwei bis drei Umbuchungen bis zur Ausstrahlung, so sind heute Umbuchungen bis zu zwölfmal vor Ausstrahlung keine Seltenheit. Diese Spotoptimierung nimmt immer mehr zu, und »Last-minute-Buchungen« sind hier der zukünftige Trend im Mediageschäft. Bei der Abwicklung der Fernsehwerbung müssen gewisse Reglementierungen und Verhaltensregeln von seiten der werbetreibenden Wirtschaft eingehalten werden. Erwähnt seien hier die Verhaltensregeln über Werbung mit und für Kinder, Verhaltensregeln über Werbung für alkoholische Getränke sowie das Verbot der Zigarettenwerbung. Auch die Regelungen der Heilmittelwerbung schreiben gewisse Zusatzangaben vor.

Weiterhin gibt es bei Werbefernsehausstrahlungen auch die gesetzlichen Bestimmungen des Urheberrechts (UrhG) zu beachten. Es gilt, die Rechte zur Verfilmung der Story, die Rechte der Künstler, Komponisten usw. zu regeln. So werden beispielsweise die Rechte produzierender Komponisten und Textdichter von der GEMA (Gesellschaft für musikalische Aufführungs- und mechanische Vervielfältigungsrechte mit Niederlassungen in Berlin, München, Hamburg) vertreten. Die Interessen der reproduzierenden Künstler und Schallplattenfirmen nimmt die GVL (Gesellschaft zur Verwertung von Leistungsschutzrechten) wahr.

Kurzcharakterisierung des Werbeträgers

Fernsehen hat eine Informations-, Bildungs- und Unterhaltungsfunktion. Durch die multisensorische Wirkungsweise (bewegtes Bild, Ton, Farbe) ist das Fernsehen eines der stärksten Werbemedien und nach den Tageszeitungen der Werbeträger mit den höchsten Einnahmen.

4.1.4 Hörfunk

Definition

Hörfunk wird oft mit Rundfunk gleichgesetzt. Das ist nur teilweise richtig, denn unter Rundfunk versteht man Hörfunk und Fernsehen.

Der Wettbewerb der Medien um die begrenzte Aufmerksamkeit des Publikums wird sich in den kommenden Jahren durch die *Fragmentierung* des Angebots weiter verschärfen.

Beste Aussichten, diese Herausforderung zu meistern, hat das Radio. Denn im Gegensatz zu anderen Media-Gattungen ist es nicht auf die exklusive Hinwendung der Rezipienten angewiesen. Das Radio kann aufgrund seines besonderen Charakters und seiner Mobilität problemlos mit anderen Tätigkeiten im Arbeits- und Freizeitbereich kombiniert werden. Somit ist das Radio das ideale Tages-Begleit-Medium. Gerade diese Eigenschaft stellt einen großen Vorteil im Medien- und Werbewettbewerb der kommenden Jahre dar. Der klassische Funkspot, plaziert im gekennzeichneten Werbeblock, stilistisch geprägt durch den Einsatz von Sprache, Musik, Gesang und Geräuschen, ist der Kern der Funkwerbung. Dazu kommt eine Vielzahl individueller hörfunkspezifischer Sonderwerbeformen.

Entwicklung

Am 29. Oktober 1923 um 20 Uhr war die Geburtsstunde des Radios in Deutschland. Ort des historischen Geschehens: das Gebäude der Schallplatten-firma VOX AG in Berlin. Zu diesem Zeitpunkt gab es allerdings in den USA bereits über eine Millionen Radiohörer. Die erste bezahlte Werbung strahlte im Jahr 1922 die New Yorker Station WEAF aus. Sie dauerte zehn Minuten (!) und wurde von einer Immobilienfirma aus Queens bezahlt.

Aktuelle Angebotssituation

Während die ARD-Werbung mit ihren einzelnen Sende-Anstalten ein flächen-deckendes Angebot darstellt und seit 1994 auch mit der ARD No. 1 Radio Kombi, buchbar zentral über die WWF Westdeutsche Rundfunkwerbung in Köln, eine national durchgängige Hörfunk-Kombi offeriert, vereint die RMS in Hamburg als Privatvermarkter absolut wettbewerbsfähig die größten und reich-weitenstärksten privaten Hörfunk-Anbieter in Ost und West zu einem flächen-deckenden nationalen Kombi-Angebot. Weitere Vermarkter sind die deutsche RTL/CLT-Tochter in Frankfurt, die IPA mit dominierenden Schwerpunkt in der TV-Vermarktung und kleinere landesweit und regional agierende Gesell-schaften.

Das private Radio-Angebot schwankt von Bundesland zu Bundesland. Wäh-rend es in Schleswig-Holstein, Niedersachsen, Nordrhein-Westfalen, Rhein-land-Pfalz, Hessen, Bayern, Mecklenburg-Vorpommern, Brandenburg, Thürin-gen, Sachsen-Anhalt und Sachsen landesweite Hörfunksender wie u. a. Radio Schleswig-Holstein, Radio FFN, das bundesweit erfolgreichste anonyme – weil Mantel-Programm-Lieferant für mehr als 40 Lokalsender mit jeweils eigener Sender-Kennung! –, Radio NRW, Radio RPR, FFH, Antenne Bayern, Anten-ne MV, Antenne Brandenburg, Antenne Thüringen, Radio SAW und Radio PSR gibt, bestehen andere Regelungen z. B. in Baden-Württenberg mit 15 Lo-kal- und 3 Bereichssendern sowie zusätzlich in Bayern und Sachsen mit »er-gänzenden« lokalen Programmanbietern.

Harte Wettbewerbssituationen entstehen aufgrund des üppigen Programmange-bots vor allem in Ballungsgebieten wie München, Hamburg und besonders in Berlin, wo sich mehr als 10 private und öffentlich-rechtliche Radiomacher um Hörer- und Werbemarktanteile bemühen.

Die Sender bieten neben der Ausstrahlung (gegen gesonderte Berechnung z. T. auch die Produktion) von Funkspots sehr viele und effiziente Sonderwerbefor-men wie Gewinnspiele, Sales-Promotion-Aktionen z. T. live vor Ort, Sponso-ring von ganzen Programm-Strecken oder redaktionellen Specials, PR-Beiträ-

154

ge, Patronate von Serviceleistungen wie u a. Wetterbericht, Verkehrsfunk, Zeit-
ansagen und vieles mehr an
Der potenteste Vermarkter der Hörfunkzeiten für die privaten Anbieter ist die
schon erwähnte überaus erfolgreiche RMS Radio Marketing Servic GmbH-
& Co. KG in Hamburg und für die öffentlich-rechtlichen Anbieter ist es die
ARD-Werbung mit den einzelnen Werbe-Töchtern der ARD-Sendeanstalten
bzw. die ARD-Werbung Sales & Services in Frankfurt, die ebenso wie die RMS
in Fragen der Markt- und Mediaforschung sowie bei der Planung von Hörfunk-
und Fernsehwerbung mit einem Serviceangebot auf Basis der Mediaanalyse der
AG. MA, der TdW INTERMEDIA und der GfK-Fernsehforschung informiert
und berät.

Werbemöglichkeiten: Nutzung und Abwicklung

a) Nutzung

Das schnelle Medium Radio ist mit TV das meistgenutzte tagesaktuelle Medium, denn 98 % der Haushalte hatten 1993/94 mindestens ein Radiogerät. Zwei
Drittel davon besaßen im Schnitt genau 4 Radiogeräte. Knapp 70 % aller Haushalte haben ein Radio im Auto.
Das Radio erzeugt mittels differenzierter Programmgestaltung und Musikaus-
wahl (Formatierung) eine starke Bindung, die durch eine tägliche Nutzungs-
dauer von fast 3 1/2 Stunden im Schnitt deutlich dokumentiert wird.
Private Hörfunksender dürfen pro Stunde max. 20 % der Zeit mit Werbung
belegen. Werbung an Sonn- und Feiertagen ist nur den Privaten erlaubt. Die
öffentlich-rechtlichen Hörfunkanbieter unterliegen einer besonderen Werbe-
Beschränkungsregelung im Rahmen des Staatsvertrags.
Die Streuung der Werbung über den ganzen Tag gibt den Werbungtreibenden
die Chance einer nahen zielgruppen-spezifischen Plazierung. Entsprechend dif-
ferenzierte, mit soziodemografischen Merkmalen versehene Planungsdaten, re-
sultierend aus den jährlichen Untersuchungen der MEDIA-ANALYSE AG. -
MA, vereinfachen die Planung einer möglichst genauen Zielgruppenansprache.
Ergänzende Studien zur effizienten Media-Planung sind die TdW INTERME-
DIA sowie regionale und individuelle Untersuchungen der einzelnen Sender.
Durch die Fragmentierung der Programmangebote ist eine Optimierung der
Zielgruppenansprache möglich.
Der Hörfunk wird in seiner Werbewirksamkeit oft als das ideale Komplemen-
tärmedium gerade zum TV bezeichnet. Doch diese Auszeichnung allein wird
der Effizienz des Werbefunks nicht gerecht. Die Ergebnisse folgender Studien
weisen das Radio als impactstarkes Basismedium aus:
Ontario-Studie, ARV 1977;
Radio Effectiveness (Pfanni/Biskin), IPA/GGK 1977;
Rosenthal-Studie, ARW/HMS 1978;
Relaunch by Radio (Pepsodent-Zahncreme), IPA/Elida Gibbs 1979,
Bonbel-Studie, BRW 1991;
Hörfunk-High-Spending '91 (Riegel); RMS/Jacobs Suchard 1991.

b) Abwicklung

Bezüglich Termin- und Plazierungswünschen ist der Werbefunk wesentlich flexibler und schneller als das Werbefernsehen. Allerdings werden bestimmte reichweitenstarke Zeiten, insbesondere die sogenannten Prime Times, bevorzugt gebucht.

Durch die veränderte Wettbewerbssituation ist die Praxis des festen Buchungsschlußtermins für das Folgejahr vom Tisch und aus den Köpfen. Die Buchungsschlußspanne reicht von 24 Stunden vor der ersten Ausstrahlung bis zu vier Wochen vorher, wobei hier die privaten Anbieter kurzfristiger agieren. Jeder Sender nimmt nur Aufträge namentlich genau benannter Werbungstreibender entgegen. Ein Rücktrittsrecht besteht bei begründeten Fällen und per schriftlicher Mitteilung in der Regel bis zu 6 Wochen vor der ersten Ausstrahlung. Auch die Sender haben das Recht, selbst bei bereits rechtsverbindlich angenommenen Aufträgen, die Ausstrahlung der Werbung aus rechtlichen und/oder sittlichen Gründen abzulehnen. Die Gründe werden dem entsprechenden Auftraggeber schriftlich mitgeteilt. Vom Auftraggeber sind u. a. für die Spot-Produktion sämtliche zur Verwertung im Werbefunk erforderlichen Urheber- und Leistungsschutzrechte zu beachten, diese Pflicht obliegt nicht den Sendern.

Der jeweilige Sekundenpreis für die Spots ist reichweitenabhängig und je nach Tageszeit und somit stündlich meistens unterschiedlich. Er wird jährlich den MA-Ergebnissen angepaßt, so daß die meisten und vor allem die größten Hörfunkanbieter jährlich neue Tarife herausgeben. Die Sekundenpreise (Stand 1. 1. 95) bei den einzelnen Programmen reichen von DM 2,– (bayerischer Lokal-Sender, ab 19 Uhr) bis DM 252,– (WDR 4, 8 bis 9 Uhr). Zusätzlich gibt es Samstags-, Sonn- und Feiertagstarife.

Diese Preise beinhalten ausschließlich die Ausstrahlungsleistung der Sender.

Kurzcharakterisierung des Werbeträgers

Der Hörfunk bietet Musik, News und Unterhaltung rund um die Uhr. Er bedient somit das Unterhaltungs- und das Informationsbedürfnis der Radionutzer. Durch die Vielfalt der Hörfunksender und durch die Fragmentierung der Programmangebote ist der Hörfunk trotz ausschließlich akustischer, monosensorischer Ansprache der Zielpersonen immer stärker als effizientes Basismedium und besonders als wirtschaftliches Komplementärmedium insbesondere im kreativen Media-Mix TV-Hörfunk auch zur Erreichung hoher Visual-Transfer-Werte, zu bewerten.

4.1.5   Filmtheater

Definition

Das Filmtheater (Kino) dient als Werbeträger für Werbefilme und Werbedias.

Entwicklung

Im Jahre 1964 existierten in Deutschland noch über 5 000 Filmtheater mit einer jährlichen Besucherzahl von über 300 Mio Personen. 1975 gab es noch 2 800 Theater, die von 128 Mio Personen besucht wurden. Der sich über Jahre hinziehende Besucher- und Theaterschwund dürfte Mitte der 70er Jahre zum Stillstand gekommen sein. Den Panel-Ergebnissen der Gfk zufolge stieg der Kinobesuch 1991 bis 1993 wieder um 7 % an. Dieser Zuwachs resultiert aus sehr gegensätzlichen Entwicklungen. Im Jahr 1992 war ein Rückgang (−12 %) zu verzeichnen und im darauffolgenden Jahr ein Plus (+21 %) (N.N. 1994 b, S. 450).

Angebotssituation

In Westdeutschland ging die Zahl der Leinwände zwischen 1985 und 1993 von 3 427 auf 3 305 zurück. Durch den Beitritt der DDR zur Bundesrepublik betrug die Zahl der Leinwände Endes des Jahres 1993 insgesamt 3 735 (N.N. 1994 b, S 459).

a) Bei den Kinos unterscheidet man laut Fachverband Film- und Diapositiv-Werbung folgende Arten:
– *City-Theater,* die sich hauptsächlich in Großstädten befinden, und in denen neue Filme uraufgeführt werden.
– *Familientheater,* man findet sie hauptsächlich in Klein- und Mittelstädten.
– *Action-Kinos,* ihr Filmangebot besteht hauptsächlich aus Western-Filmen, Abenteuer- und Science-fiction-Produktionen.
– *Studio-Theater, Filmkunstkinos, Programmkinos,* sie bieten anspruchsvolle Filmprogramme aus aller Welt.
  Man findet sie hauptsächlich in Groß- und Universitätsstädten, Zielgruppen sind hauptsächlich Studenten und Filmfreunde.
– *Multiplexe,* die seit Ende 1990 bestehenden neuen Kinobauten sind mit mindestens sieben Leinwänden in kulinarischen oder sonstigen freizeitbetonten Umfeldern ausgestattet; zur Zeit existieren etwa 16 dieser Multiplexe (N.N. 1994 b, S. 461)

b) Weitere Arten von Filmtheatern sind:
Truppenkinos, Autokinos und Sex- und Pornokinos.

Werbemöglichkeiten: Nutzung und Abwicklung

a) Nutzung

Betrachtet man die absolute Reichweite des Kinos, so ist sie »bescheiden«, wenn man sie mit den Reichweiten großer Medien im sogenannten Gesamtmarkt vergleicht. Die hervorragende Bedeutung und die Stärke des Mediums Kino liegt jedoch darin, die jüngeren Jahrgänge zu erreichen. Die 20- bis 29jährigen sind mit 47 % Anteil am Gesamtbesuch immer noch die stärkste Besuchergruppe. Die lange Zeit zweitwichtigste Besuchergruppe, die 10- bis 19jährigen, verlor innerhalb von zwei Jahren an Bedeutung; ihr Anteil am Gesamtbesuch sank von 30 auf 24 %. Dafür steigerten die 30- bis 39jährigen ihre Kinobesuche im Zeitraum 1991 bis 1993 von 10 auf 14 % des Gesamtbesuchs. Seit 1992 wurde das Kino von annähernd gleich vielen männlichen und weiblichen Kinogängern genutzt (N.N. 1994 a, S. 450).

b) Abwicklung

Die im Auftrag von Werbungtreibenden oder Werbeagenturen produzierten Dias und Filme gelangen über sogenannte »Werbeverwaltungen« in die Filmtheater. Diese Werbeverwaltungen, auch »Pächter« genannt (ca. 14), haben es sich zur Aufgabe gemacht, die Kinoleinwand, also die Werbefläche, interessierten Kunden zu vermieten. Im »Fachverband Film- und Diapositiv-Werbung e. V.«, Hamburg sind die größten Werbeverwaltungen zusammengeschlossen, z. B. Deutsche Commerciale Filmwerbung, Düsseldorf; Lumina-Werbegesellschaft, Frankfurt; Udia Filmwerbung, Ulm.

c) Angebot

Bei den Werbemöglichkeiten ist grundsätzlich zwischen Dia- und Filmwerbung zu unterscheiden.

Bei der *Dia-Werbung* kennt man:

Das »Stumme Dia«

Es handelt sich hierbei um die einfachste und preiswerteste Kinowerbung. Die Standzeit für ein solches Dia beträgt ca. 10 Sekunden, die Mindesteinschaltzeit beläuft sich auf einen Monat. Die Kosten hierfür sind abhängig von der Besucherfrequenz des Kinos. Man kann deshalb mit Einschaltkosten zwischen DM 60,- bis DM 480,- in City- und Erstaufführungstheatern rechnen (FDW, 1994).

Das »Ton-Dia«

Hier gelten die gleichen Regeln wie für das Stumme-Dia. Lediglich die Standzeit beträgt ca. 20 Sekunden und die Einschaltkosten liegen 100 % über denen von »Stummen Dias«. Tonträger können Schallplatten, Tonbänder oder Kassetten sein.

»Dia auf Film«

In Folge der Automatisierung der Filmvorführung sind viele Kinos nicht mehr in der Lage, die herkömmlichen Standdias vorzuführen. Deshalb ist man dazu übergegangen, die Dias auf einen 35–mm-Filmstreifen mit Text und Ton zu übertragen. Damit können die Dias, jetzt jedoch in verfilmter Form, mit den modernen Filmprojektoren vorgeführt werden. Standzeit und Berechnung sind wie bei den herkömmlichen Glasdias.

Kinospots

Beim Kinospot handelt es sich, ähnlich wie beim TV-Spot, um einen Kurzkinofilm, dessen Länge zwischen 6 m (ca. 13 Sekunden) und 12 m (ca. 26 Sekunden) liegt. Die Mindestlaufzeit pro Kino beträgt 12 Monate. Je nach Kinokategorie muß der Werbungtreibende dafür zwischen DM 120,– in Kleinstädten und DM 870,– in Großstädten in City- und Erstaufführungstheatern monatlich bezahlen (FDW 1994).

Der Werbefilm

Der Kinofilm ist das klassische Werbemittel des Mediums Filmtheater. Es handelt sich hierbei um einen 35-mm-Normalfilm mit Lichtton. Die Mindesteinschaltdauer beträgt eine Woche, beginnend am Donnerstag bis einschließlich Mittwoch der folgenden Woche. Die Filme können eine Länge von 20 – 200 m haben. Als Berechnungsgrundlage dient der Filmmeterpreis für eine Einschaltwoche. Im Durchschnitt aller Theater ergibt sich eine Einschaltpreis je Meter und Woche von DM 25,90 bei Orten bis 50 TEW und DM 26,45 bei Städten ab 50 TEW (Stand 1993 FDW 1994).

Alljährlich gibt die IVW (Informationsgemeinschaft zur Feststellung der Verbreitung von Werbeträgern e. V. Bonn) ein Verzeichnis heraus, in dem die einzelnen Filmtheater im Bundesgebiet je nach bestätigten Besucherzahlen in die Staffeln 1–21 kategorisiert sind. Anhand dieser wöchentlichen bzw. jährlichen Besucherzahlen werden dann die endgültigen Filmpreise pro Meter/pro Woche festgelegt. Abwechselnd finden alljährlich in Cannes oder in Venedig »Internationale Werbefilmfestspiele« statt. Die dort preisgekrönten Filme werden anschließend auf der sogenannten »Cannes-Rolle« bzw. »Venedig-Rolle« zusammengestellt und können von der Deutschen Commerzialen Filmwerbung in Düsseldorf gegen Entgelt ausgeliehen werden (N.N. 1995 a, S. 392 ff.).

Kurzcharakterisierung des Werbeträgers

Der Werbefilm ist zwar wegen der mangelnden Reichweite in den meisten Fällen nur Zusatzmedium; für den regionalen Handel, für die Zigarettenindustrie und bei Testmarkteinführungen kann er jedoch auch Basismedium sein. Insbesondere für die Ansprache von Jugendlichen und jungen Erwachsenen ist das Medium Kino bestens geeignet. Von der Qualität als Werbeträger aus gesehen ist der Werbefilm optimal: Der Betrachter kann sich der Werbung nicht entziehen, er wird während der Vorführung nicht abgelenkt; unmittelbar an eine Werbedarbietung kann das Produkt auch gleich verkauft werden (z. B. Langnese Eiscreme-Konfekt, Mon Chéri bzw. Ferrero Küßchen). Der Werbefilm bietet alle Darstellungsmöglichkeiten wie Bewegung, Farbe, Sprache, Musik,

Theater	Plätze Vorst.	Art	Dia-Format	Diapositive 1-11 Monate	ab 12 Monate	Kinospot pro Monat	Werbefilm p. m/Wo.
Universum	508 21	N	KB	280,00	140,00	160,00	
Bambi	96 21	N				75,00	14,40
Juwel	172 21	N	KB	140,0	70,00	75,0	
Rex 1	353 21	N	KB	280,00	140,00	160,00	9,60
Rex 2	191 21	N				70,00	
Rex 3	110 21	N				70,00	9,60
Rex 4	94 21	N	KB	140,00	70,00	75,00	
Roxy	353 21	N	KB	280,00	140,00	160,00	9,60

N = Normaltheater
KB = Kleinbild

Übersicht 6: Planungsdaten für Pforzheim

und ist damit, ebenso wie das Fernsehen, als multisensorischer Werbeträger zu betrachten. Der Werbefilm ist kurzfristig disponierbar und regional steuerbar.

4.1.6 Plakat

Definition

Das Plakat gehört wie die Verkehrsmittelwerbung und die Lichtwerbung zur *Außenwerbung*. Darunter versteht man alle Werbemittel, die dem Werbesubjekt auf öffentlichen Straßen und Plätzen begegnen.

Entwicklung

Für behördliche und gewerbliche Zwecke nutzbare Anschlagsäulen wurden erstmals 1854 von dem Berliner Druckereibesitzer Ernst Litfaß aufgestellt. Heute kann man von einer Wiederentdeckung des Werbeträgers Plakatanschlag sprechen, nicht zuletzt dank einer rührigen Verbandsarbeit des »FAW«, d. h. des Fachverbandes Außenwerbung in Frankfurt a. Main, der für das Plakat einen wichtigen Vorteil, den kein anderes Medium besitzt, klar hervorhob: »This is the last medium before the point of sale«. Das Medium Plakat entwickelte sich in den letzten Jahren ständig weiter. Beachtliche technische Innovationen in Form von Größe, Beleuchtung, Bewegung und Elektronik deuten die Richtung der zukünftigen Entwicklung an. Im Zusammenhang mit Plakaten kann man mittlerweile von *happenings* reden. Zu den herkömmlichen Werbekampagnen kommt Social Marketing, wie beispielsweise die Kampagne vom Kinderschutzbund.

Angebotssituation

Beim Plakatanschlag können wir acht Arten feststellen:

Der *Allgemeine Anschlag*. Allgemeine Anschlagstellen sind lt. ZAW hauptsächlich Säulen, die dem Plakatanschlag mehrerer Werbungtreibender vorbehalten sind und auf Grund eines Werbenutzungsvertrages mit der zuständigen Behörde auf öffentlichem Grund und Boden errichtet wurden. Das heißt: Die Anschlagstelle selbst ist zwar meist Eigentum des zuständigen Anschlagunternehmens, der Grund und Boden jedoch, auf dem die Säule steht, ist Gemeindeeigentum. Die Genehmigung, allgemeine Anschlagstellen aufzustellen bzw. zu verwalten, erteilt die Verwaltung meist nur einem Anschlagunternehmen am Ort.

Ganzstellen. Es handelt sich hauptsächlich um Säulen, die nur einem Werbungtreibenden vorbehalten sind, ebenfalls auf öffentlichem Grund und Boden stehen und von dem jeweiligen örtlichen Pächter des allgemeinen Plakatanschlags verwaltet werden.

Großflächen. Großflächen sind Tafeln, die der Werbung eines Werbungtreiben-den vorbehalten sind und meist auf privatem Grund und Boden stehen.

Kleintafeln und *Spezialstellen* sind Anschlagformen, die zu keiner der vier oben genannten gehören, wie z. B. Bauzäune, Uhrensäulen, Säulen und Tafeln auf dem Bahngelände.

Weiterhin zählen zum Bogenanschlag die »Superposter«. Es handelt sich hier-bei um quer zum Straßenverkehr angebrachte beleuchtete Tafeln an Einzel-standorten in einem Format von 2 qm.

Ferner zählen zum Bogenanschlag noch die *»Shopping-Center- Werbeflächen«.* Es sind dies hinter Plexiglas montierte 4/1-Bogenplakate auf Parkplätzen von Supermärkten.

Einen enormen Aufschwung hat in den letzten Jahren das *City-Light-Poster* (CLP) genommen.

Abb. 27: Bsp. für City-Light-Poster
© Deutsche Gesellschaft für Stadtverkehrsanlagen mbH (DEGESTA)

162

Heute entfallen schon 20 % der gesamten Außenwerbeumsätze auf das CLP, welches sich als fester Bestandteil im Mediamix etabliert hat (Bsp.: Hennes & Mauritz, Esprit). Es handelt sich hier um hinterleuchtete Plakate in doppelseitigen Vitrinen an verglasten, beleuchteten Wartehallen und Stadt-Informationsanlagen im 4/1-Bogen-Format. Führender Anbieter ist die Deutsche Städte-Reklame GmbH in Frankfurt, die rund 18 000 CLP-Flächen in etwa 70 Städten vermietet.

Eine Weiterentwicklung der City-Light-Poster sind die *City-Light-Poster-Säulen*. Es handelt sich hier um Leuchtsäulen, bei denen die Plakate durch Glas vor Beschädigung geschützt und durch Leuchtstoffröhren hinterleuchtet werden.

Eine weitere Neuerung ist die *beleuchtete Großfläche*. Sie wird von außen durch ein Leuchtstoffröhrensystem angestrahlt und ist seit neuestem im Format 18/1-Bogen oder in Sonderformaten auf dem Markt. Im Unterschied dazu gibt es die *hinterleuchtete Großfläche*, für die speziell lichtdurchlässige Plakate hergestellt werden müssen. Pro Stadt werden momentan 30 – 40 Stellen umgerüstet.

Als weiteres »neues« Plakat ist hier das *Wechselplakat zu* nennen. Es handelt sich hierbei um Prismaanlagen, die in variablen Intervallen in Indoor-Eingangsbereichen großer Handelsmärkte, an Bus- oder Straßenbahnhaltestellen oder an Hauptverkehrsstraßen ihr Motiv wechseln.

Die *Rollende Plakatwand* ist eine Variante der Verkehrsmittelwerbung, bei denen die Seitenwände von LKW-Flotten gemietet und mit Plakaten beklebt werden. Durch ihr Großformat (18/1–Bogen) wird ein besonders hoher Aufmerksamkeitsgrad erreicht.

Eine weitere Novität ist das Riesenplakat. *3M-Scotchprint-Riesenplakate* sind selbstklebende Farbbilder auf Folie im Großflächenformat, die für Drucke auf Firmenfahrzeuge, in der Verkehrsmittelwerbung, Plakatwerbung, Schaufensterwerbung, Bandenwerbung, auf Bautafeln und Messeständen verwendbar sind. Durch ein neues elektronisches Drucksystem sind diese Drucke (glänzend oder matt, ablösbar oder permanent) sehr kostengünstig und schnell produzierbar.

Ein weiteres Beispiel ist das *Blow-Up*-Riesenplakat. Dies sind Großflächenplakate, die auf die Verkleidung von Baugerüsten in innerstädtischen Bereichen (vorzugsweise Um- und Neubauten) aufgezogen werden. Die Produktion ist bis zu einer Größe von 1 000 qm möglich, und sie können nach der Herstellung mehrmals verwendet werden. Plakate, die auf elektronischen/digitalen Systemen basieren, liefern im Gegensatz zu der klassischen Außenwerbung neben Werbung auch redaktionelle Nachrichten und Informationen.

Bei *Infoscreen*, einem computergesteuerten Informations- und Werbemedium, werden mit Hilfe von Projektionstechnik auf einer Großfläche per Datenfernübertragung bewegte Bilder sichtbar. Infoscreen als die elektronische »Stadtillustrierte« wird sich langfristig zu einer Konkurrenz für das einfache Plakat entwickeln.

Die *BIS-Anzeigentafel* ist ein Umwelt- und Informationssystem, bestehend aus einem 35-qm-Bildschirm, welches per ISDN-Leitung zwischen 5.30 Uhr morgens und 1.30 Uhr ein vierminütiges, sich ständig wiederholendes Programm überträgt: Umweltdaten, Nachrichten, Werbebotschaften. Die geschätzten täglichen Kontakte des BIS-Systems liegen bei 100 000 Personen.

Ein weiteres elektronisches Medium ist die elektronische Littfaßsäule, *Elit.* Elit ist ein interaktives Bildschirmsystem, das interessierten Bürgern an exponierten Orten wie Flughäfen, Parkhäusern und städtischen Touristen- und Informationsbüros durch einfachen Fingerdruck auf den Bildschirm eines Farbmonitors (Touch-Screen) Informationen und Werbung liefert. Es handelt sich hier um ein sehr flexibles System, da die Infosäulen direkt per ISDN Datenleitung mit dem zentralen Rechner verbunden sind, und somit neue Informationen auf schnellstem Wege eingegeben werden können.

Die *On-Line-Medienwand ist* eine Großbild-Medienwand, über die Nachrichten, Verbrauchertips, Wetter- und Umweltinformationen sowie Werbespots in einem Format von 75 qm ausgestrahlt werden. Dieses System ist bislang nur in einigen Großstädten zu finden.

Beachtung sollten hier auch die *Sony-Jumbotron-Videowand* sowie die *Starvision-Videogroßbildwand* finden. Dies sind Video-Übertragungssysteme, die bei Sport-, Musik- und anderen Veranstaltungen rund um den Erdball gemietet werden können. Die Starvision-Videowand hat eine Bildschirmfläche von 48 qm. Jumbotron-Vidowände messen eine Größe von fünf Videowänden mit jeweils 13-qm-Bildfläche bis zu einer riesigen 72-qm-Bildfläche.

Abwicklung

Allgemeinstellen

Grundlage der Berechnung für Plakataktionen an Allgemeinstellen ist der Bogentagpreis. Das ist der Preis, der für 1/1-Bogen (DIN A1 = 84 cm × 59 cm) an einer Stelle für die Dauer eines Tages zu zahlen ist. Die Bogentagpreise sind abhängig von der Ortsgröße. Die übliche Anschlagdauer beträgt 10 bzw. 11 Tage, auch bei Ganzstellen und Großflächen. Pro Jahr wird von einigen marktstarken Unternehmen ein Terminplan aufgestellt, in dem die einzelnen Plakatierungsdekaden eingetragen sind. Beim allgemeinen Anschlag spricht man auch von einem Netzanschlag, d. h. alle in einer Gemeinde vorhandenen Allgemeinen Anschlagstellen müssen bei einem Auftrag abgenommen werden. Nur wenn die Anzahl der Anschlagstellen mehr als 200 beträgt, können auch Teilmengen belegt werden. Der Netzanschlag gilt nicht für Ganzstellen, sie werden auch einzeln verkauft. Bei Großflächen ist ebenfalls eine Schwerpunktbildung, z. B. in Neubaugebieten oder in Stadtkernen, möglich.

Ganzstellen

Dem Werbungtreibenden stehen für die Ausgestaltung der Plakatsäule alle Formate, auch Spezialformate bis zum 6/1-Bogen zur Verfügung. Besonders auffällig sind die Formate, die der »Rundum-Wirkung« Rechnung tragen, wie sie z. B. von Reifenfirmen immer wieder eingesetzt werden.

Großflächen
Eine solche Tafel kann mit Bögen bis zum 18/1-Format ausgestattet werden. Durch die spezielle Plazierung der Großflächen an besonders verkehrsreichen Punkten können sowohl eine hohe Reichweite als auch hohe Durchschnittskontakte erzielt werden.

Kleintafeln und Spezialstellen
Superposter werden wie Großflächen als Einzelstandort jeweils an einen Werbungtreibenden für eine Dekade vermietet.

Preise
Das Format der *Allgemeinstelle* beträgt zwischen 1/4- bis 6/1-Bogen. Die Kosten für eine Dekade (10 bzw. 11 Tage) betragen zwischen 7,80 DM und 8,50 DM pro Stelle. Basis ist der sog. »Bogentagpreis«, d. h. der Preis für einen 1/1-Bogen pro Tag pro Stelle. Der Preis liegt bei 0,50 DM bei 0,90 DM pro Tag.
Ganzstellen sind wesentlich teurer. Berechnet werden diese pro Tag und Säule, wobei wie bei der Großfläche immer die ganze Säule zu bezahlen ist, unabhängig vom eingesetzten Plakatformat. Eine Dekade kostet zwischen 99,50 DM und 154,70 DM.
Die Kosten bei *Großflächen* pro Dekade differieren sehr stark, da neben Nielsen-Gebiet und Einwohnerzahl des Ortes auch noch in allgemeine Großflächen und Großflächen an Verbrauchermärkten eingeteilt wird (durchschnittlich 120 DM pro Dekade).
Die Preise bei *Superpostern* staffeln sich in 3 Klassen, die aus den gewichteten Kontaktchancen pro Tag ermittelt und pro Tag und Stelle berechnet werden.
Eine Fläche *Citylightposter* kostet pro Tag zwischen 13,– DM und 16,– DM, abhängig von der Ortsgröße. Die Buchung erfolgt dekadenweise.
Der Preis *einer hinterleuchteten Großfläche* pro Tag liegt bei 57,– DM bis 67,– DM.
Bei *Wechselplakaten* bietet die Fa. M & V Reklametechnik das System Trivision an, das je nach Größe (zwischen 1 bis 40 qm Bildfläche) 7 000 DM bis 85 000 DM kostet. Der Preis beinhaltet die komplette Anlage, zuzüglich Fracht und Verpackung.
Die Summe der Laufmeter bei *3M-Scotchprints* sowie deren Folienqualität bestimmen den Preis. Beispiel: 0,3 bis 5 lfm = 330,– DM/lfm, bis 15 lfm = 310,– DM/lfm, bis 30 Ifm = 290, DM/lfm und bis 50 lfm = 270,– DM/lfm. Bei der Fahrzeuggestaltung kommt eine Aufpreis von 5 %, bei reflektierender Werbung und Leuchtwerbung von 30 % hinzu.
Die Herstellung von *Blow-Up*-Außenwerbung kostet zwischen 80,– DM und 170,– DM pro qm. Die Mediakosten betragen ca. 64,– DM pro qm. Insgesamt belaufen sich die Kosten für 80 bis 200 qm zwischen 19 000 DM bis 46 000 DM. Die Mindestbuchzeit beträgt 4 Wochen.
Die Produktionskosten bei der *BIS-Anzeigentafel* belaufen sich beim Standbild auf 600 DM, bei einer Standard-Animation auf 2 200 DM. Die Media-Kosten

betragen je nach Spot-Dauer und täglicher Frequenz zwischen 1 960 DM und 6 980 DM pro Monat.

Kurzcharakterisierung des Werbeträgers
Das Plakat hat sich im Media-Mix mit seinen Vorteilen einen festen Platz erarbeitet. Es hat sich gezeigt, daß bei der Einführungswerbung eine schnellere Penetration einer bestimmten Region mittels Plakat möglich ist. Das Plakat als letzter Impulsgeber vor dem Kaufentscheid wird meist bei Testmarkteinführungen als Basismedium, ansonsten bei reiner Erinnerungswerbung für altbekannte Produkte als Zusatzmedium eingesetzt. Das Plakat wird zwar vom Betrachter unbewußt bzw. beiläufig wahrgenommen, die hohe Kontaktdosis läßt jedoch eine hohe Werbewirkung vermuten. Laut AWA werden 39,6 % aller Deutschen von Plakaten erreicht. Die höchste Reichweite wird bei Personen erzielt, die (fast) täglich durch eine Geschäftsstraße gehen. Dies sind 63 % der Bevölkerung. Großes Format und eindringliche Sujets ziehen die Blicke der Betrachter förmlich an. Dominieren sollten die Produktabbildung und die Hauptwerbeaussage, wobei ein großes »freies Umfeld« die Aufmerksamkeits- und Gedächtniswirkung steigern kann (Prinzip der Figur-Grund-Differenzierung).

Mediaplanung bei Plakaten
Angesichts der Bedeutung des Mediums Plakat sind in Zukunft bei der Mediaplanung genauere Kenntnisse bezüglich der Werbeträgerqualität des Plakats von Bedeutung. Als wichtige Untersuchungsmethoden sind hier das FAW-Nielsen-Modell und das Gfk-Plakatstellen-Bewertungsverfahren zu nennen.

Das FAW-Nielsen-Modell
Das System dient der Leistungsbewertung von *Großflächenstandorten* an öffentlichen Verkehrsachsen (Standorte an Bahnhöfen und auf Flächen wie Supermärkte, Privatparkplätze etc. werden nicht berücksichtigt.). Es wird ein *Großflächen-Beobachtungswert* pro Tag berechnet, der nicht nur eine Aussage über den Kontakt, sondern auch über die Plakaterinnerung, also den wirksamen Werbemittelkontakt macht. Zur Berechnung des Großflächen-Beobachtungswerts werden die *Verkehrsfrequenz* und die durchschnittliche *Plakatbeobachtungschance* eines individuellen Standortes ermittelt. Die *Verkehrsfrequenz* gibt die Anzahl der Passanten pro Tag an einem Großflächenstandort an. Alle Verkehrsrichtungen und -achsen am Standort werden dabei gesondert berücksichtigt. Die Verkehrsfrequenz wird, in drei Verkehrskreise getrennt, nach dem *Braunschweiger Simulationsmodell* ermittelt. Zu den Verkehrskreisen gehören folgende Gruppen:
- Fußgänger und Radfahrer
- Insassen von Kraftfahrzeugen des Individualverkehrs
- Passagiere des öffentlichen Personennahverkehrs, soweit dieser auf öffentlichen Verkehrsflächen (Staßen und Plätzen) stattfindet.

166

Das Braunschweiger Simulationsmodell zeigt die Jahres- und Wochentags-Durchschnittswerte für die drei erhobenen Verkehrskreise auf.

Die *Plakatbeobachtungschance* gibt die erinnerungswirksamen Kontakte pro 100 Passanten an. Maßgebend für die Beobachtungschance von Großflächen sind die »Wie-Faktoren« und die «Wo-Faktoren» des Standorts.

Die *Wie-Faktoren* geben an, wie eine GF-Tafel aufgestellt ist:
- In welchem *Winkel* steht die Tafel zur Bewegungsrichtung der Passanten?
- Wie lang ist die Wegstrecke bzw. *Sichtlänge*, auf der ein Passant, der sich der Tafel nähert, die Großfläche ungehindert sehen kann?
- In welchen *Seitenabstand* kommt der Passant an der Tafel vorbei bzw. wie groß ist die kürzeste Entfernung, wenn er daran vorbeikommt?
- Wie hoch ist die Tafelunterkante der GF über der Verkehrsebene angebracht, auf der sich der Passant bewegt (*Höhe*)?
- Wie viele GF-Tafeln umfaßt ein Standort *(Tageszahl)*?
- Auf welcher Tafel innerhalb eines Mehrfachstandortes wurde das Testplakat bei der Messung angebracht *(Plazierung)*?
- Wie prägnant hebt sich das Großflächenplakat von seiner Umgebung ab? Wird der Passant abgelenkt oder ist die Tafel der einzige Blickpunkt *(Umfeldkomplexität)*?
- Wird der Passant von der Verkehrssituation so abgelenkt, daß er in seiner visuellen Aufnahmefähigkeit begrenzt wird oder sucht das Auge nach optischen Reizen, die für Abwechslung sorgen *(Situationskomplexität)*?

Die *Wo-Faktoren* des Standortes geben an, wo sich die GF befindet: Straßenumfeld, stadträumliche Lage, Bauweise, Sackgasse, Steigung, Länge der Steigung, Straßen-Funktionstyp, Anzahl der Etagen, Einbahnstraße, Radwege, Bürgersteigbreite, Kreuzung im Straßenverlauf. Vorfahrtsregelung im Straßenverlauf, Kurvigkeit Entfernungen von Haltestellen des ÖPNV, Ampelanlage für Radfahrer, Kreuzungsabstand, Geschäftsdichte, Fahrtrichtungstrennung, Entfernung zu Schulen/Universitäten, Entfernung zum Bahnhof, Anzahl der Fahrstreifen, zulässige Hochstgeschwindigkeitn Frequenzklassen für Fußgänger und Radfahrer, Frequenzklassen für den ÖPNV, Frequenzklassen für Kfz.

Die Berechnungsformel

> Verkehrsfrequenz × Plakatbeobachtungschance = berechneter Großflächen-
> beobachtungswert pro Tag

Durch die Multiplikation der Verkehrsfrequenz (Passantenzahl) eines GF-Standortes mit der Plakatbeobachtungschance pro Passant erhält man die Anzahl der erinnerungswirksamen Kontakte pro Tag.

Beispiel:

- Wie-Faktoren:

Winkel:		0 Grad
Höhe:		0,5 – 1 m
Seitenabstand: Fußgänger/ Radfahrer		10 – 15 m
Seitenabstand: Kfz-Insassen		7 – 10 m
Sichtlänge: Fußgänger/Radfahrer		30 – 50 m
Sichtlänge: Kfz-Insassen		50 – 75 m

- Wo-Faktoren:

Umfeld-Art	Büro, Industrie, sonstige Magnetpunkte
Bauweise:	geschlossen
Bauhöhe:	weniger als 3 Etagen
Geschäfte in Umgebung:	keine Geschäfte
Straßenart (in Richtung A):	lokale Durchgangsstraße
Entfernung zu ÖPNV-Haltestellen:	200 – 500 m
Entfernung zum Bahnhof:	größer als 500 m
Entfernung zu Schulen:	größer als 500 m

- Verkehrsfrequenz pro Tag (in Richtung A)

Kfz-Insassen:	6 199
Fußgänger/Radfahrer:	700
Passagiere ÖPNV:	4 201

Ergebnis:

- Gesamte Passantenfrequenz pro Tag	22 200 (= Anzahl Passanten pro Stelle pro Tag)
- Durchschnittliche Plakatbeobachtung pro Passant	15 %
- Berechneter Großflächen-Beobachtungswert pro Tag	3 307

Rechenweg: 22 200 × 15 % = 3 307

Das Ergebnis verdeutlicht, daß es sich bei diesem Standort um einen Platz mit einer leicht unterdurchschnittlichen Plakatbeobachtungchance pro Passant handelt. Dies begründet sich in dem flachen Winkel und dem großen Verkehrsaufkommen. Durch die große Gesamtpassantenfrequenz wird dennoch ein hoher Großflächenbeobachtungswert erreicht.

Vorteile
Durch die Berücksichtigung der stadträumlichen Lage und der Verkehrssituation des Standortes macht das FAW-Nielsen-Modell die Leistung des Mediums Großfläche transparent und ermöglicht des weiteren den Kunden den effizienten Einsatz ihrer Werbeinvestitionen.

Das GfK-Plakatstellen-Bewertungsverfahren
Das von der GfK-Marktforschung, Nürnberg, entwickelte Modell zur Bewertung einzelner Anschlagstellen bietet Werbungtreibenden und Agenturen einen Leistungswert für die Planungspraxis in der Außenwerbung. Es geht darum, die Transparenz und Qualität des Mediums Plakat in der Planungsphase zu steigern und dieses von Anfang an in den intermedialen Planungs- und Entscheidungsprozeß einzubeziehen: Es können anhand des Leistungswertes verschiedene Plakatstellen oder Stellen unterschiedlicher Plakatwerbeträger miteinander verglichen werden. Als Leistungswert dient der *»erinnerungswirksame Werbemittelkontakt» (G-Wert),* der für die Mediaplanung und den -einkauf genutzt werden kann.

Die Berechnung des G-Wertes
Für jede einzelne Anschlagstelle and Anschlagart werden die *Passagefrequenzen* von einzelnen Verkehrsströmen der Passantengruppen und der *Erinnereranteil* pro Verkehrsstrom ermittelt. Als Passanten gelten Fahrzeuginsassen einschließlich Zweiradfahrer, Fußgänger und Benutzer öffentlicher Verkehrsmittel. Der Erinnereranteil eines Standortes hängt von Merkmalen ab, die die Aufmerksamkeit der Plakatfläche beeinflussen können:
- den *Winkel* der Plakatstelle zum jeweiligen Verkehrsstrom
- die *Dauer der Kontaktchance*
- die *Entfernung* zum Verkehrsstrom
- das Ausmaß der *Verdecktheit* durch Sichthindernisse
- die *Umfeldkomplexität*
- *weitere Plakatstellen* im Umfeld
- die *Situationskomplexität*
- die *Höhe* der Plakatanschlagtafel
- die *Beleuchtung*.

Der G-Wert für eine Stelle ergibt sich als Summe der Produkte aus Passagefrequenz pro Verkehrsstrom pro Stunde mulipliziert mit dem jeweiligen Erinnereranteil pro Verkehrsstrom. Dieser Wert sagt für die einzelne Werbefläche aus, welche Personen sich pro durchschnittlicher Stunde im Tageszeitintervall von 7.00 Uhr bis 19.00 Uhr in einem Wiedererkennungstest (Recognition-Verfahren) an ein dort angeschlagenes, durchschnittlich aufmerksamkeitsstarkes Motiv erinnern, d. h. einen erinnerungswirksamen Werbemittelkontakt haben.
Basierend auf dem G-Wert kann auch ein *Werbeträgerkontakt,* d. h. ein Blickkontakt von mindestens 0.5 Sekunden mit der Plakatstelle, ermittelt werden.

G-Wert =	$\sum$ Passagenfrequenzen/pro Stunde (pro Passantengruppe und Verkehrs- strom)	$\times$	Erinnereranteil (pro Passantengruppe und Ver- kehrsstrom)

Der G-Wert bezieht die Merkmale, die die Wahrnehmbarkeit der einzelnen Plakatfläche beeinflussen mit ein. Von diesen Merkmalen ist es abhängig, ob der Passant mit dem Werbeträger und somit gleichzeitig mit dem Werbemittel Plakat in Kontakt tritt. Der Werbeträgerkontakt macht ungefähr das Dreifache des G-Wertes aus. Die Ermittlung des G-Wertes für das Plakat bietet die Möglichkeit, den eingesetzten Werbegeldern einen reellen Gegenwert gegenüberzustellen. Bislang war dies nur bei TV (elektronisch gemessene Sehbeteiligung pro Werbeblock) und Print (Leser pro Seite) möglich.

Vorteile
Mit Hilfe des G-Wertes ergibt sich für Werbungtreibende und Agenturen eine neue Möglichkeit zur Bewertung der Leistung einzelner Plakatstellen und Plakatkampagnen. Durch die Erhöhung der Transparenz für Qualität und Leistung ergibt sich eine verbesserte Planbarkeit und Optimierung von verschiedenen Parametern, wie beispielsweise Gesamtkosten, Durchschnitts-Flächenkosten und Tausenderpreis.

Beispiel
Voraussetzungen
- Da sich der G-Wert auf *eine Stunde* bezieht, wird er mit dem *Faktor 14* auf ein Tagesergebnis hochgerechnet. Somit wird sowohl eine mittleren Tageshellzeit, die reduzierte Plakatwirkung bei Dunkelheit als auch das mittlere Passantenaufkommen berücksichtigt.
- Eine Dekade hat durchschnittlich 10,5 Tage. Um vom Tagesergebnis zum Dekadenergebnis zu gelangen, wird nur mit dem Faktor 9 hochgerechnet, da an Wochenenden und Feiertagen ein unterdurchschnittliches Passantenaufkommen zu beobachten ist.
- Die Deutsche Städte Reklame GmbH (DSR) hat die unterschiedlichen Plakatanschlagstellen bei GF in Leistungsklassen und Preisklassen eingeteilt:

Exklusiv-Klasse
G-Werte $\geq$ 85
Qualitäts-Klasse
G-Werte   30 – 84   } = erinnerungswirksame
                                      Werbemittelkontakte pro Stunde
Standard-Klasse
G-Werte   5 – 29

170

Für eine Anschlagstelle mit einem G-Wert von 70 und einem Flächentage-preis von 12,– DM ergibt sich folgendes Rechenbeispiel:

G-Wert (70) × 14 (Stunden-Tag-Faktor) × 9 (Dekadenfaktor) = 8 820 erinnerungswirksame Werbemittelkontakte pro Dekade

Tausenderpreis

Mit diesem Ergebnis kann nun der Tausenderpreis für erinnerungswirksa-me Werbemittelkontakte ermittelt werden:
Flächenkosten pro Dekade (12,– DM × 10,5 Tage/Dekade = 126,– DM) × 1 000 dividiert durch erinnerungswirksame Werbemittelkontakte pro De-kade (8 820) = Tausenderpreis für erinnerungswirksame Werbemittelkon-takte (14,29 DM)

Die Berechnungsformel

$$\text{TKP} = \frac{\text{Flächenkosten pro Dekade} \times 1000}{\text{Werbemittelkontakte}}$$

Planung einer Plakatkampagne
Die DSR bietet drei auf dem G-Wert basierende Möglichkeiten der Planung einer Plakatkampagne und des Einkaufs von Plakatflächen an:
1.) *Planung mit der prozentualen Quote pro Leistungsklasse:* Dieser Planungs-ansatz ermöglicht dem Kunden die Optimierung der Streuung, indem er die prozentualen Anteile der Flächen in den Leistungsklassen verändert.
2.) *Planung mit der Menge pro Leistungsklasse:* Der Kunde gibt für jede Stadt mit bewerteten Großflächen die Anzahl der Flächen an, die er pro Lei-stungsklasse buchen will.
3.) *Planung mit den erinnerungswirksamen Werbemittelkontakten pro Stadt:* Als Grundlage dienen hier die in den DSR-Mediadaten aufgeführten Werte für jede Stadt. Der Kunde kann unter Berücksichtigung der gewünschten erinnerungswirksamen Werbemittelkontakte pro Stadt planen. Entschei-dend für die Buchung ist die Summenangabe.

Bei der Planung einer Plakatkampagne ergeben sich bestimmte Wirkungszu-sammenhänge. Werden bei konstanter Gesamtflächenzahl z. B. vornehmlich hochwertige Flächen aus der Qualitäts- und Exklusiv-Klasse belegt, steigen der durchschnittliche G-Wert und die erzielbaren erinnerungswirksamen Werbe-mittelkontakte pro Dekade. Gleichzeitig steigen die Gesamtkosten und auch die durchschnittlichen Kosten pro Fläche/Tag. Umgekehrt ergibt eine überpropor-tionale Belegung der Standard-Klasse bei konstanter Gesamtflächenzahl eine Senkung der Gesamtkosten und der durchschnittlichen Kosten pro Fläche/ Tag. Es sinken dennoch auch der G-Wert und die erinnerungswirksamen Werbemittelkontakte pro Dekade.

4.2 Media-Planung

Die folgende Grafik zeigt die 30 größten Mediamittler Deutschlands für das erste Halbjahr 1994.
Die Top 30 Mediamittler repräsentieren für den sechsmonatigen Zeitraum laut Nielsen/Schmidt & Pohlmann einen Brutto-Werbeumsatz von 6,5 Milliarden Mark, was einem Anteil von rund 56,5 Prozent am gesamten Werbekuchen entspricht.
Der Werbemotor ist nach wie vor der TV-Bereich, immerhin fließen bei den ersten 15 Agenturen der Top 30 mehr als die Hälfte der Etats ins TV.
Die Tabelle erfaßt dabei die Werbeumsätze in den sechs klassischen Werbemedien:
Publikumszeitschriften (PU), Tageszeitungen (TZ), Fachzeitschriften (FZ), Plakat (PL), Fernsehen (TV) und Rundfunk (RF).

4.2.1 Aufgaben und Zielsetzung

Werbeträger sind die Instrumente der Streuung, d. h. durch sie werden die Informationen (Werbebotschaften) an die Zielgruppen herangetragen.
In der Kommunikationssprache stellen sie die Kanäle dar (Kommunikationskanäle), durch die die Signale (= Werbebotschaft) vom Sender (= Werbungtreibender) an die Rezipienten (Empfänger, Zielpersonen) gebracht werden.
Im Prozeß der Werbeplanung stellt die Entwicklung einer adäquaten Mediaauswahl (Media-Strategie) eine zwar mit den anderen Teilkomponenten des werblichen Planungsprozesses (Copy-Strategie, Werbemittel-Strategie) zusammenhängende Größe dar. Trotz dieser Interdependenz ist sie aber eine eigenständige und wesentliche Disziplin, von welcher der Kommunikationserfolg entscheidend abhängt.
Eine Werbeträgerstrategie gilt es immer dann zu entwickeln, wenn bei der Werbemittelstrategie die Entscheidung gefallen ist, die einzusetzenden Maßnahmen nicht nur auf »direct mailing« zu beschränken, sondern auch an Werbeträger gebundene Werbemittel einzusetzen. Damit ergibt sich das eigentliche Problem der werblichen Streuung.
Von der Media-Strategie erwartet man die Auswahl einer Werbeträgerkombination, die folgenden Anforderungen genügen soll:
Sie soll
– die Zielgruppe personell und räumlich abdecken,
– mit der für erforderlich gehaltenen Kontaktfrequenz (Kontaktdosis),

172

TOP 30 MEDIAMITTLER

Agenturen	1-6/94 Mio.DM	1-6/93 Mio.DM	Abweichung %	Verteilung des Werbeetats 1994					
				PU %	TZ %	FZ %	PL %	TV %	RF %
1 HMS	988,0	862,0	14,6	22,5	9,1	0,9	1,9	57,8	7,9
2 Mediacom/Grey	899,5	728,9	23,4	6,9	4,4	1,1	1,4	82,6	3,6
3 Universalcomm. Media Intensiv	444,3	386,2	15,2	19,1	19,4	1,1	1,1	50,0	9,4
4 Media Consul/Ogilvy & Mather	374,3	208,1	79,9	21,0	11,4	0,9	0,9	63,9	1,9
5 Initiativ Media/Lintas	362,8	374,8	- 3,2	18,2	7,9	0,9	0,9	65,1	7,0
6 TMP The Media Partnership	346,2	409,3	- 15,4	17,9	19,0	1,3	1,0	53,7	7,2
7 Media-Direction	290,0	134,7	115,3	2,9	0,7	0,6	1,1	91,6	3,1
8 Debis G.F.M.O.	281,8	269,0	4,8	33,1	18,6	2,5	3,1	34,5	8,2
9 Equmedia Frankfurt	260,9	374,9	- 30,4	26,3	21,6	1,8	2,0	40,0	6,3
10 Mediahaus/Mediaqualität	222,4	149,0	49,3	33,6	37,0	1,4	4,0	15,2	8,9
11 Optimedia	200,0	175,3	14,1	20,1	15,7	1,1	1,3	54,5	7,3
12 More Media	196,1	132,7	47,8	21,0	18,3	0,5	0,3	55,1	4,8
13 Media Plus	191,0	150,8	26,7	34,0	24,6	1,7	11,5	23,2	5,1
14 Euro RSCG	158,3	163,6	- 3,2	15,0	38,5	1,3	2,8	36,0	6,5
15 Equmedia Hamburg	143,2	104,4	37,2	12,2	5,4	0,5	2,1	68,5	11,3
16 Saatchi & Saatchi	137,7	139,3	- 1,1	26,6	10,3	2,8	0,5	30,5	29,3
17 Schmittner Media-Agentur	123,4	126,2	- 2,3	10,9	4,8	0,9	4,8	72,1	6,8
18 J.W. Thompson	119,7	113,2	5,7	16,9	24,5	2,5	7,9	36,1	12,1
19 Heye & Partner	107,1	93,3	14,8	12,3	2,9	0,6	11,1	53,8	19,2
20 Euroservice	84,4	97,6	- 13,5	39,3	2,1	0,5	–	56,5	1,6
21 AM Werbegesellschaft	78,2	71,2	9,7	19,2	55,6	0,7	5,1	12,1	7,2
22 Dr. Pichutta	62,9	61,7	2,0	20,7	2,7	4,1	–	63,0	9,4
23 RWA Regina	80,6	66,1	- 8,3	10,4	84,0	0,1	2,9	–	2,6
24 M + MC Media-Marketing Cons.	58,8	64,8	- 9,2	41,7	36,3	1,9	1,0	16,0	3,0
25 Compass Media-Agentur	57,3	61,7	- 7,1	3,9	–	0,9	–	84,1	11,1
26 Thomas Koch Media	56,0	61,0	- 8,3	44,4	14,8	5,1	1,3	30,1	4,3
27 Springer & Jacoby Media	54,9	65,5	- 16,2	22,8	13,9	3,3	4,5	50,5	5,0
28 Concept Media	51,4	49,8	3,2	25,0	24,9	4,0	3,5	30,7	11,8
29 TBWA	50,8	34,4	47,6	26,4	8,2	2,4	4,1	54,9	3,9
30 Peter Selinka	50,5	44,7	12,9	55,0	3,6	1,8	4,9	28,8	5,9

Quelle: Nielsen S + P   © HORIZONT-Grafik

Übersicht 7: Die 30 größten Media-Einkäufer 1994

- zur richtigen Zeit,
- auf möglichst wirtschaftliche Weise
  (Wirtschaftlichkeitsprinzip der Streuung) (Huth, Pflaum 1993, S. 191 ff.)

Bevor dargelegt wird, wie man versuchen kann, diese Zielsetzung zu realisieren, sollen einige *Streubegriffe* geklärt werden, die gleichzeitig in die Problematik der streustrategischen Zielsetzung einführen.

Von *Überdeckung* spricht man in der Streuung, wenn die Werbeträgerkombination Reichweite bringt, die über die definierte Zielgruppe hinausgeht; es entstehen Streuverluste.

Als *Unterdeckung* bezeichnet man analog eine Streusituation, bei der die Mediakombination nicht in der Lage ist, die gesamte Zielgruppe abzudecken; sie hinterläßt also Streulücken.

Unter dem zentralen Streubegriff der *Überschneidung* versteht man eine Situation, bei der die Mediennutzer der ausgewählten Werbeträger zum Teil identisch sind (externe Überschneidung).

In Abb. 28 bedeuten die Kreise A, B, C und D vier Werbeträger mit entsprechender Reichweite. Der große Kreis symbolisiert die abzudeckende Zielgruppe.

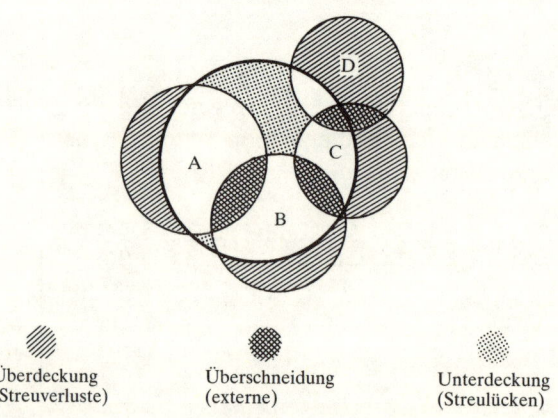

Überdeckung   Überschneidung   Unterdeckung
(Streuverluste)   (externe)   (Streulücken)

Abb. 28: Werbeträger mit entsprechender Reichweite

Versucht man, die drei aufgezeigten Streusituationen dahingehend zu beurteilen, ob sie wünschenswert für die Lösung der Streuaufgaben sind oder nicht, so kann gesagt werden:

Bei einer klar abgegrenzten Zielgruppe ist Überdeckung nicht wünschenswert, weil für knappes Geld Reichweite gekauft wird, die man strenggenommen nicht benötigt; damit liegt ein Verstoß gegen die Wirtschaftlichkeit der Streuung vor. Da sich jedoch Überdeckungen auf Grund unserer Medienstruktur in der Praxis nicht vermeiden lassen, gilt die Forderung, sie zu minimieren.

Das Urteil über Unterdeckungen muß differenzierter ausfallen. Natürlich sind

Streulücken an sich von Übel, bei bestimmten *streustrategischen Überlegungen* kann jedoch eine – zumindest temporäre – Unterdeckung hingenommen werden, dann nämlich, wenn eine andere, ranglich höher einzustufende Zielsetzung auf diese Weise eher erreicht wird. Dabei kann es sich um die Zielsetzung der *Kontaktfrequenz* handeln. Der werbliche Idealfall liegt dann vor, wenn *maximale Reichweite* bei optimaler Kontaktfrequenz realisiert werden kann. In der Praxis zwingt jedoch der vorgegebene Streuetat vielfach zur Festlegung der Priorität der beiden Zielsetzungen; man steht vor der Entscheidung: maximale Reichweite unter Hintanstellung der Kontaktfrequenz – oder eine bestimmte Kontaktfrequenz muß als primär angesehen werden, selbst unter Hinnahme von Streulücken.

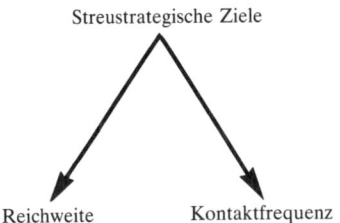

Streustrategische Ziele

Reichweite   Kontaktfrequenz

Priorität der Zielsetzung »*Reichweitenmaximierung*« bedeutet also:
– der Streuetat soll auf eine solche Medienkombination verteilt werden, daß möglichst alle Zielpersonen erreicht werden, unabhängig wie oft.
Priorität der Zielsetzung »*Kontaktfrequenz*« bedeutet:
– Das Streubudget wird auf eine Werbeträgerkombination so verteilt, daß vorrangig die erreichten Zielpersonen mit einer bestimmten, für notwendig gehaltenen Kontakthäufigkeit im Kampagnenzeitraum angesprochen werden. Wenn sich dies nur auf Kosten der Reichweite realisieren läßt, so wird das hingenommen.

Die Frage, wann und unter welchen Voraussetzungen eine der beiden streustrategischen Zielsetzungen Vorrang haben soll, kann nicht generell beantwortet werden. In der Regel wird global argumentiert, daß z. B. bei einer Einführungswerbung die Kontaktfrequenz Priorität haben sollte, da es sich in diesem Fall um die Bekanntmachung von Produktnamen, Produktbildern, Produkteigenschaften, Slogans usw. handele, also um die Auslösung eines *Lernprozesses*. In Anlehnung an die lernpsychologische Kurve geht man für diese Kommunikationsproblemstellung von einer positiven Korrelation zwischen Kommunikationserfolg und Anzahl der Wiederholungen (Kontaktfrequenz) aus (s. Abb. 29).
Liegt dagegen Erhaltungs- bzw. Erinnerungswerbung vor, so wird argumentiert, daß in diesem Fall die Kontaktfrequenz hintangestellt werden könne, weil

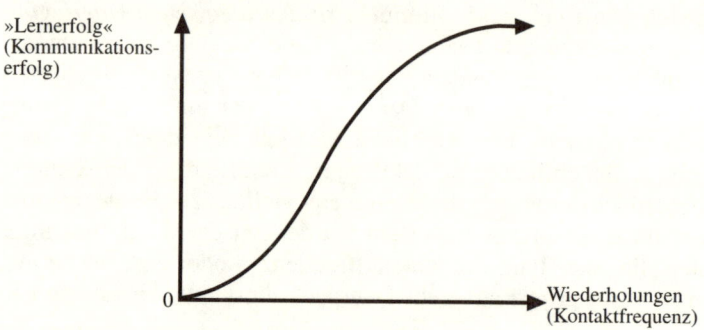

Abb. 29: Beziehung von Lernerfolg und Wiederholungen

es hier lediglich darum geht, den *Vergessensprozeß zu* beeinflussen. In diesem Fall kann der streustrategischen Zielsetzung *maximale Reichweite* Vorrang eingeräumt werden.

Diese Vorstellung ist im Kern richtig, sie vergröbert und vereinfacht die Problematik jedoch in hohem Maße. Die Frage, welche Bedeutung der Kontaktfrequenz bei der Einführungswerbung zukommt, hängt von der kommunikationsmäßigen Situation bzw. Problemstellung ab, d. h. zum Beispiel vom Schwierigkeitsgrad des zu *Erlernenden,* von der Erwartungs- bzw. Interessenstruktur der Zielpersonen im Hinblick auf das Werbeobjekt usw. Ein Produkt, das als echte Neuheit bezeichnet werden kann bzw. neue Eigenschaften gegenüber den Produkten der Mitbewerber (»USP« = unique selling proposition) aufweist, bei dem man ferner davon ausgehen kann, daß diese Eigenschaften bei der Zielgruppe auf hohes Interesse stoßen werden, bedarf mit Sicherheit keiner so hohen Kontaktfrequenz; hier werden die Sekundäreffekte der Werbungen (»Mund zu Mund Werbung« etc.) in hohem Maße einsetzen. Der »Lernerfolg« tritt bereits bei einer relativ geringen Kontaktfrequenz ein.

Im Gegensatz dazu wird ein Produkt, das aber auf einen bereits saturierten Markt trifft und keine besonderen, von der Konkurrenz abweichenden Eigenschaften besitzt (kein »USP«), mit Sicherheit höherer Kontaktfrequenz bedürfen, um aufgenommen und gespeichert zu werden.

4.2.2 Werbeträgerforschung

Die Erfüllung der Aufgaben, wie sie heute der Mediaplanung gestellt werden, hängt entscheidend von der Menge und Qualität der Informationen ab, die dem Mediaplaner zur Verfügung stehen. Er benötigt Transparenz der Medien, um beurteilen zu können, welche Kombination die Zielgruppe optimal abdeckt. Die

176

Beschaffung dieser Informationen ist die Aufgabe der Werbeträgerforschung (Media-Research).
Man kann die Media-Forschung in drei Teilbereiche aufteilen, je nach Art der zur Verfügung gestellten Informationen:
a) *Werbeträgerstatistik*
b) *Quantitative Werbeträgerforschung*
c) *Qualitative Werbeträgerforschung.*

Zu a): *Werbeträgerstatistik*

Die Werbeträgerstatistik kann als die älteste und unkomplizierteste Form der Media-Research bezeichnet werden. Sie bringt Informationen in Form der Auflagengrößen von Zeitungen und Zeitschriften, Anzahl und Arten des Bogenanschlags, angemeldete Funk- und Fernsehgeräte in den einzelnen Sendegebieten etc. Mit Ausnahme der beiden letztgenannten Bereiche sind es Informationen, die in der Bundesrepublik von der »IVW« (Informationsgemeinschaft zur Feststellung der Verbreitung der Werbeträger), der Tochtergesellschaft des ZAW, zur Verfügung gestellt werden. Die Tätigkeit der IVW erstreckt sich heute auf die Kontrolle:
– der Auflage von fast allen Zeitungen,
– der Auflage von fast allen Zeitschriften,
– der Anschlagstellen für den Bogenanschlag (Zahl, Art, Standort),
– der Besucherzahlen von Filmtheatern,
– der Werbemöglichkeiten in und an Verkehrsmitteln.

Zu b): *Quantitative Werbeträgerforschung*

Die in der Werbeträgerstatistik gegebenen Informationen sind für die Mediaplanung zwar notwendig, aber nicht hinreichend. Sie sagen noch nichts über die »echte« Reichweite eines Werbeträgers aus. Diese will nicht nur wissen, wieviel Exemplare z. B. eines Druckerzeugnisses verkauft wurden, sondern wie hoch die Zahl der Mediennutzer, also z. B. der Leser eines Organs sind. Die *Reichweite* eines Werbeträgers ist dabei zunächst definiert als »Prozentsatz der Bevölkerung (über 14 Jahre) bzw. eines Teils davon (z. B. Frauen eines bestimmten Alters), den eine durchschnittliche Ausgabe eines Werbeträgers (z. B. einer Zeitschrift) erreicht«.
Wird dieser Wert, der aus einer Stichprobe stammt, auf die entsprechende Grundgesamtheit (z. B. Gesamtbevölkerung, z. B. alle Männer der Bundesrepublik) hochgerechnet und in seiner absoluten Größe genannt, so spricht man auch von »*Projektion*« bzw. »Hochrechnung«. Diese absoluten Werte der Reichweite sind für verschiedene Betrachtungen, insbesondere für die Berechnung von Tausenderpreisen, interessant.
Neben der Reichweite der Medien interessiert ihre *Struktur,* d. h. die *Zusammensetzung der Mediennutzer* (Leser, Hörer, Seher) nach den Merkmalen, nach denen die Zielgruppe definiert ist. Dies ist eine entscheidende Voraussetzung für eine zielgruppenadäquate Mediaauswahl. Das bedeutet aber, daß die Medi-

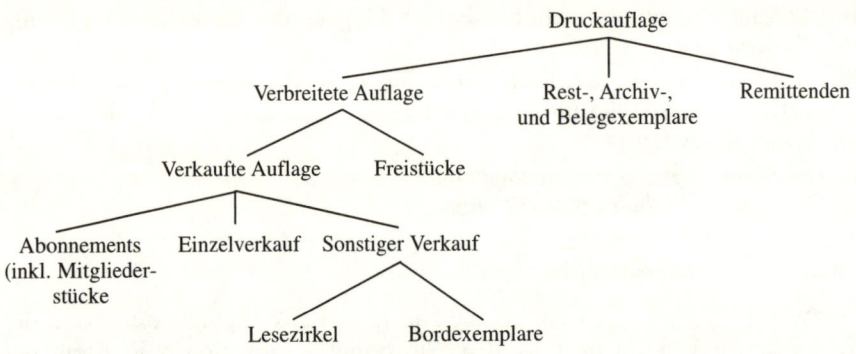

Abb. 30: Auflagenrubriken

ennutzer nicht nur nach soziodemographischen Merkmalen (Alter, Geschlecht, Einkommen etc.), sondern möglichst auch nach bestimmten psychologischen Merkmalen bzw. Konsumdaten transparent gemacht werden sollten.

Die wichtigsten Quellen der quantitativen Werbeträgerforschung sind in der Bundesrepublik in erster Linie die MA (Media-Analyse), die AWA (Allensbacher Werbeträger-Analyse) und die Verbraucher-Analyse (VA).

Zu c): *Qualitative Werbeträgerforschung*

Neben den Informationen über Reichweite und Struktur des Publikums der Werbeträger interessieren den Mediaplaner weitere Gegebenheiten des Werbeträgers, die man als *qualitative Merkmale* bezeichnen kann. So ist das Image eines Werbeträgers in der Öffentlichkeit bzw. Teilen davon eine für Streuüberlegungen ebenso wichtige Information wie das Beziehungsverhältnis des Werbeträgers zu seinen Nutzern (z. B. Leser-Blatt-Bindung). Man kann davon ausgehen, daß positive Werte, die ein Werbeträger in dieser Richtung sowie in bezug auf seinen redaktionellen Teil (Aufbau, Glaubwürdigkeit etc.) hat, sich günstig für die in diesem Werbeträger plazierte Werbung auswirken. Darüber hinaus erscheint in vielen Fällen eine Abstimmung des eigenen Firmen- bzw. Produktimages mit dem der Werbeträger sinnvoll.

Die Aufmachung, Glaubwürdigkeit etc. eines Werbeträgers sind darüber hinaus Merkmale, die – unabhängig von der Gestaltung und Plazierung – für die Chance, ob aus Werbeträgerkontakten Werbemittelkontakte werden, wichtig sind. Man muß sich bewußt sein, daß die Informationen Reichweite, Zusammensetzung der Werbeträger, wie sie in der quantitativen Media-Research geliefert werden, Aussagen über Werbeträgerkontakte und nicht über Werbemittelkontakte darstellen. Das heißt, die Frage, ob bei einer Reichweite von 3 Millionen Lesern, die z. B. eine Zeitschrift besitzen, auch ein werblicher Kontakt in dieser Größenordnung stattfindet, hängt bis zu einem gewissen Grad ab von obengenannten qualitativen Merkmalen des Werbeträgers. Die in der quantitativen Media-Research gegebenen Informationen über die Reichwei-

178

te stellen in bezug auf das Werbemittel *Kontaktchancen* dar; d. h., die Information, daß ein Werbeträger 20 % der Bevölkerung ab 14 Jahre erreicht, bedeutet, daß eine Schaltung in diesem Medium die Chance bringt, mit 20 % der Bevölkerung in einen werblichen Kontakt zu kommen.

Hinsichtlich der Quellen für qualitative Merkmale der Werbeträger muß festgestellt werden, daß es in der Bundesrepublik gegenwärtig noch keine Stelle gibt, die objektiv und kontinuierlich versucht, diese Werte zu erfassen und der werbetreibenden Wirtschaft zur Verfügung zu stellen. Diese Informationen werden vielmehr sporadisch erstellt. Es braucht nicht besonders betont zu werden, daß dabei nicht nur die *Objektivität* der Information, sondern auch die *Vergleichbarkeit* und *Aktualität der Werte* nicht gesichert sind.

Die methodische Erarbeitung von Mediaplänen muß zunächst differenzieren zwischen solchen, die »von Hand gemacht«, d. h. auf Grund der *üblichen Streuunterlagen* (z. B. MA) erstellt werden. Daneben gibt es heute die Möglichkeit, Computerprogramme zur Erstellung von Werbeträgerplänen heranzuziehen. Eine weitere Differenzierung ist an dieser Stelle erforderlich. So muß zwischen der *Intra-Media-Selektion* unterschieden werden, die eine Auswahl von Werbeträgern innerhalb einer bestimmten Mediengattung (z. B. Publikumszeitschriften) vornimmt. Dagegen versucht die *Inter-Media-Selektion* eine Werbeträgerkombination, bestehend aus unterschiedlichen Mediengattungen (z. B. Print-Medien-, Funk- und Fernsehwerbung) zu erarbeiten. Im folgenden wird zunächst lediglich der erste Problemkreis angesprochen.

Man kann folgende Schritte bei der **Erarbeitung einer Media-Strategie** festlegen:

1. *Schritt:* Festlegung der streustrategischen Ziele,
2. *Schritt:* Strukturierung des Streubudgets auf die Mediengattungen, Zeiträume und Streugebiete,
3. *Schritt:* Fixierung und Kalkulation der Belegungen für jeden einzelnen Werbeträger, d. h. Erstellung des eigentlichen Streuplanes.

4.2.3 Anwendung in der Streuplanung

An Hand der in der Praxis vorgegebenen Streuunterlagen (z. B. MA) kann der Mediaplaner versuchen, eine Werbeträgerkombination zu finden, die obige Zielsetzung annäherungsweise erreicht.

Zunächst benötigt er dazu folgende *Vorgaben:*

- Zielgruppe
- Streuetat
- Werbeobjekt
- Werbemitteltypausstattung (z. B. 1/1 S. vierfarbig)
- streustrategische Zielsetzung.

Unter Berücksichtigung dieser Vorgaben kann sodann eine *zielgruppengerechte Medienauswahl* wie folgt angegangen werden:

Lautet z. B.	die Zielgruppe:	Frauen,
	Alter:	20 bis 39 Jahre,
	Haushaltseinkommen:	monatlich netto ab DM 2 000,–;
lautet z. B.	die Zielsetzung:	Maximierung der Reichweite,

dann kann der Mediaplaner an Hand der Streuinformationen unter Berücksichtigung qualitativer Merkmale der Medien (soweit verläßlich vorhanden) und an Hand der Streuinformationen quantitativer Art eine grobe Kandidatenliste aufstellen (s. Übersicht 8).

Beispiel.

Werbeträger	Reichweite Frauen 20–39 Jahre %	In Mio.	Zusammensetzung % HE ab 2 000,
A	13	1,06	29
B	14,7	1,10	31
C	13,8	1,07	30
D	22,1	2,01	33

Übersicht 8: Kandidatenliste

Eine Schwierigkeit entsteht, wenn die Zielgruppe nach mehr als zwei soziodemographischen Merkmalen definiert ist. Der Mediaplaner würde gerne den Streuunterlagen entnehmen, wieviel Frauen im Alter von 20 bis 39 Lebensjahren mit einem Einkommen ab DM 2 000,– durch einen Werbeträger prozentual und absolut erreicht werden. Die Information kann jedoch in der Regel aus Darstellungsgründen nur »zweidimensional«, d. h. im Hinblick auf zwei Merkmale entnommen werden (ausnahmsweise dreidimensional bei bestimmten Merkmalen, z. B. Hausfrauen eines bestimmten Alters). Eine Sonderzählung aus dem Datensatz, z. B. der MA, könnte die totale Information natürlich ohne weiteres liefern. Steht jedoch diese Möglichkeit nicht zur Verfügung, dann muß sich der Mediaplaner auf andere Weise helfen. Er überprüft z. B. die Reichweite für jeweils eine Zweierkombination der Merkmale, z. B. Frauen im Alter von 20 bis 39 Lebensjahren, sodann Frauen mit einem Einkommen ab netto DM 2 000,– monatlich.
Eine andere Möglichkeit besteht darin, daß er die Reichweite für die Merkmalskombination, die besonders wichtig erscheint, überprüft und das dritte Merkmal an Hand der Zusammensetzungstabellen erfaßt.
Hält man die Merkmale der Zielgruppe von unterschiedlichem bedeutungsmäßigen Gewicht, so empfiehlt es sich, die Werte (z. B. Reichweite) unterschiedlich zu gewichten, um eine marktgerechte Mediaauswahl zu bekommen (s. Übersicht 9).

Beispiel:

Werbe-träger	Reichweite		Gewogen		Gesamt-punkte-zahl
	Frauen 20–39 %	Frauen HE ab 2 000,– %	Merkmalskombi-nation I (2×)	Merkmalskombi-nation II (1×)	
A	13	17,1	26	17,1	43,1
B	14,7	15,2	29,4	15,2	44,6
C	13,8	16,2	27,6	16,2	43,8
D	22,1	25,8	44,2	25,78	70,0

Übersicht 9: Gewogene Kandidatenliste

Diejenigen Werbeträger sind dann auszuscheiden, die die geringste Punktezahl haben – errechnet aus der Addition der gewogenen, z. B. Reichweite, Werte; es sei denn, qualitative Merkmale würden dennoch für ein Verbleiben in der Kandidatenliste sprechen. Als Ergebnis dieses Vorgehens soll eine nunmehr verfeinerte Medienauswahl stehen, die der Primärforderung entspricht, nämlich zielgruppenadäquat zu sein.

Wirtschaftlichkeitsvergleich

In der traditionellen Streuplanung geschieht die Überprüfung der Wirtschaftlichkeit durch die sogenannten *Tausenderpreise.* Der absolute Streupreis (z. B. die Insertionskosten für eine 1/1 Seite vierfarbig) kann kein geeigneter Maßstab für die Beurteilung der Wirtschaftlichkeit eines Mediums sein. Er muß vielmehr in Relation gesetzt werden zu dem, was er an »Nutzen« bringt.
Je nachdem, zu welchem »Nutzen« der Streupreis in Relation gesetzt wird, kann man unterschiedliche sogenannte Tausenderpreise unterscheiden. Von den verschiedenen Arten sollen hier zunächst drei genannt werden:

(1) Der Tausender-Auflagepreis (TAP):

$$TAP = \frac{Pi}{A} \cdot 1\,000$$

Pi = Bruttoinsertionspreis
A = Auflage (i. d. R. Verkaufsauflage)

Dieser TAP liefert die Information, was es kostet, ein Werbemittel bestimmten Typs (z. B. eine 1/1 Seite vierfarbig) in tausend verkauften Auflageeinheiten eines Printorgans zu schalten.
Die Vorstellung geht nun dahin, daß dieser Wertmaßstab an die noch »im Rennen« befindlichen Werbeträger angelegt wird, um diejenigen auszuschalten, die vergleichsweise teuer sind.

Dabei muß man sich natürlich wiederum vor einem zu formalen Vorgehen hüten. Es kann durchaus sein, daß in einer konkreten praktischen Situation ein Werbeträger mit höherem Tausender-Auflagepreis in der Auswahl bleibt, weil insbesondere *qualitative* Merkmale (z. B. die redaktionelle Serie, die demnächst erscheint und besonders zum umworbenen Produkt als Umfeld paßt) es sinnvoll erscheinen lassen.

Dieser Tausender-Auflagepreis kann nur als eine begrenzte Information angesehen werden. Bei einer zielgruppenorientierten Werbung ist es gegebenenfalls wenig informativ zu erfahren, was es kostet, ein bestimmtes Werbemittel in tausend Auflageeinheiten eines Printorgans zu schalten. Es könnte geradezu zu einer irreführenden Information führen, wenn man berücksichtigt, daß bestimmte Printorgane eine relativ hohe Auflage bei vergleichsweise geringer Leserschaft und umgekehrt haben. So kann ein Printorgan mit relativ günstigem Tausender-Auflagepreis, wenn man es auf die echte Reichweite (Leser) bezogen hätte, weitaus ungünstiger liegen als ein vergleichbarer Werbeträger, der in bezug auf die Auflage vom Preis her teuer zu liegen kommt, bei der Beziehungsgrundlage gesamte Mediennutzer jedoch gut abschneidet.

Diese Überlegungen führen zu einer weiteren Form des Tausenderpreises, der als Beziehungsgrundlage nicht die Auflage eines Printorgans (oder bei anderen Mediengattungen z. B. die Anzahl der in einem Sendebereich angemeldeten Fernseh- bzw. Funkgeräte) nimmt, sondern die echten Reichweitenwerte (Leser, Hörer, Seher).

(2) Tausender-Leser (Hörer, Seher)-Preis (TLP):

$$TLP = \frac{Pi}{L} \cdot 1\,000$$

L = Leser pro Ausgabe
TLP = Tausenderleserpreis

Dieser Wert sagt somit, was es kostet, mit tausend Lesern (Hörern, Sehern) eines bestimmten Printorgans (Sendestation) in werblichen Kontakt zu gelangen.

Dieser TLP ist bereits eine günstigere Information und damit ein besserer Maßstab zur Feststellung der Wirtschaftlichkeit von Werbeträgern. Bei zielgruppenorientierter Werbung ist er jedoch keineswegs die ideale Information; er kann im Gegenteil ebenfalls zu unerwünschten Verzerrungen des Bildes führen. Im Grunde genommen ist es bei zielgruppenorientierter Werbung nicht primär interessant, was die Chance kostet, mit tausend Lesern eines bestimmten Organs in werblichen Kontakt zu kommen, sondern es interessieren ja nur ganz bestimmte Leser im Sinne der Zielgruppe. Auch hier könnte ein bestimmter Werbeträger relativ günstig nur deshalb abschneiden, weil er im Vergleich zu seinem Insertionspreis eine hohe Leserschaft, insgesamt aber eine vergleichsweise geringe Anzahl Zielpersonen hat. Ein zweiter Werbeträger, bei dem dagegen die umgekehrte Situation vorliegt, der innerhalb seiner Leserschaft eine relativ hohe Zahl Zielpersonen hat, würde dagegen vom Tausend-Leser-Preis her schlechter abschneiden.

Diese Überlegungen führen zur weiteren Form des Tausender-Preises in Form des

(3) Tausend-Zielpersonen-Preises (TZP):

$$TZP = \frac{Pi}{Z} \cdot 1\ 000$$

Z = Anzahl der Zielpersonen, die ein Medium als Nutzer hat.

Dieser TZP liefert uns die Information, was bei einem Werbeträger die Chance kostet, mit tausend Zielpersonen in einen werblichen Kontakt zu gelangen. Es bedarf keiner weiteren Erörterungen darüber, daß diese Art der Information die beste und aussagefähigste in bezug auf die Wirtschaftlichkeit von Werbeträgern ist.

Beispiel für die Berechnung der Tausenderpreise:
Zielgruppe: Männer ab 14 Jahre
Zu überprüfende Zeitschriften: Bunte, HörZu, Freundin
Geschaltet werden soll eine 1/1-Seite, 4 c.
Aus den Media-Daten erhalten wir folgende Werte:

	Bunte	HörZu	Freundin
Verkaufte Auflage	843 156	2 647 308	799 127
Leserschaft	4 240 000	9 350 000	3 000 000
Zielpersonen	1 640 000	4 490 000	260 000
Preis für 1/1-S., 4c.	61 660	105 472	58 800

(1) *TAP:*

$$Bunte = \frac{61\ 660}{843\ 156} \times 1\ 000 = 73,13\ DM$$

$$HörZu = \frac{106\ 472}{2\ 647\ 308} \times 1\ 000 = 39,84\ DM$$

$$Freundin = \frac{58\ 800}{799\ 127} \times 1\ 000 = 73,58\ DM$$

(2) *TLP:*

$$\text{Bunte} = \frac{61\,660}{4\,240\,000} \times 1\,000 = 14{,}54 \text{ DM}$$

$$\text{HörZu} = \frac{105\,472}{9\,350\,000} \times 1\,000 = 11{,}28 \text{ DM}$$

$$\text{Freundin} = \frac{58\,800}{3\,000\,000} \times 1\,000 = 19{,}60 \text{ DM}$$

(3) *TZP:*

$$\text{Bunte} = \frac{61\,660}{1\,640\,000} \times 1\,000 = 37{,}60 \text{ DM}$$

$$\text{HörZu} = \frac{105\,472}{4\,490\,000} \times 1\,000 = 23{,}50 \text{ DM}$$

$$\text{Freundin} = \frac{58\,800}{260\,000} \times 1\,000 = 226{,}15 \text{ DM}$$

(4) *Rangreihen einzelner Werbeträger*

In der Praxis der Mediaplanung liefern uns bei vorgegebener Problemstellung (z. B. festgelegter Zielgruppe) u. a. die Daten der MA-Auszählungen Angaben über die Reihenfolge der als am günstigsten anzusehenden Werbeträger. Diese sogenannten Rangreihen zeigen, welche der in die Prüfung gegebenen Werbeträger, in welcher Rangfolge, beispielsweise den günstigsten Tausenderpreis bei Schaltung einer 1/1-Seite vierfarbig oder schwarzweiß in einer bestimmten Zielgruppe, z. B. Männer ab 14 Jahre, bietet.

4.2.4 Media-Selektion unter Berücksichtigung externer Überschneidungen (Werbeträgerkombinationen)

Die bisher erörterten Methoden zur Erstellung von Werbeträgerkombinationen sind relativ einfach und unkompliziert. Sie haben den Nachteil, daß sie die sogenannten *externen* Überschneidungseffekte nicht berücksichtigen. Das heißt also, den Tatbestand außer acht lassen, daß ein Teil der über eine Mediakombination erreichten Personen über mehrere der in der Kombination befindlichen Werbeträger gleichzeitig erreicht wird. Es gibt nun Auszählungsprogramme als Hilfsinstrumente der Mediaplanung, die diesem Mangel abhelfen. Werden Überschneidungen dieser Art in der Auswertung berücksichtigt, so muß jedoch der Reichweitenbegriff, der sich nunmehr nicht mehr auf einen einzelnen Werbeträger, sondern auf eine *Werbeträgergruppe* bezieht, präzisiert werden.

Zielgruppe: Männer ab 14 Jahre (MA Gesamt)   Basis: Bruttopreise pro 1000 Leser/Kontakte bei 1 × 1/1 Seite

TITEL	Reichweite LPA		1000-Leser/Kontakt-Preise S/W		4-fbg		4-fbg ang.		Zus.	Index	Ausprägung Basis = Index 100
Quelle MA93 Gesamt	%	MIO	DM	RF	DM	RF	DM	RF	%		50═══100═══150═══>
BASIS	100.0	29.52	(12644 Fälle)						47[1]	100	
Bild am Sonntag	19.5	5.74	11.92	9	18.85	7			59[2]	126[3]	
Bunte	5.6	1.64	21.68	47	37.64	48	37.64	47	39	82	
Neue Revue	5.7	1.67	11.94	10	20.89	12	20.89	11	52	110	
Super Illu	4.0	1.19	13.56	17	21.70	14	21.70	13	51	109	
Der Spiegel	14.1	4.16	11.55	8	21.01	13	21.01	12	64	135	
Stern	13.7	4.04	13.97	19	24.45	20	24.45	19	53	112	
Auto Bild	9.0	2.66	12.17	12	19.47	9	19.47	7	86	183	
AUTO/Dt. Straßenv	2.8	0.84	21.40	44	36.38	45	36.38	44	74	157	
Auto Motor+Sport	6.9	2.04	14.83	22	27.43	26	27.43	25	87	183	
Auto Zeitung	3.3	0.96	15.77	27	29.02	32	29.02	31	83	176	
Mot Auto Technik	1.2	0.34	29.08	66	53.81	77	53.81	76	89	188	
ACE-Lenkrad	3.1	0.91	17.65	32	31.78	40	33.54	41	69	146	
ADAC Motorwelt	40.3	11.88	9.83	4	15.58	3	15.58	3	67	142	
Auto Magazin	2.5	0.75	9.22	3	16.13	4	16.13	4	80	169	
Gute Fahrt	1.3	0.38	32.87	77	59.99	81	59.99	79	77	163	
KFT Kfz-Technik	1.5	0.44	16.91	31	29.68	37	29.68	36	87	184	
Sport Auto	2.7	0.78	11.12	7	20.57	11	20.57	10	86	182	

Übersicht 10a: Beispiel für Rangreihe einzelner Werbeträger (bezogen auf Index 100)

185

Zielgruppe: Männer ab 14 Jahre (MA Gesamt), Fortsetzung

TITEL	Reichweite LPA		1000-Leser/Kontakt-Preise						Zus.	Ausprägung Basis = Index 100	Index
			S/W		4-fbg		4-fbg ang.			50═══100═══150═══>	
Quelle MA93 Gesamt	%	MIO	DM	RF	DM	RF	DM	RF	%		
Wirtschaftswoche	2.2	0.64	28.86	64	51.94	72	51.94	71	73		156
Capital	4.2	1.25	26.29	61	46.53	64	46.53	63	72		153
DM	3.3	0.98	23.69	52	42.64	57	42.64	56	69		147
Guter Rat!	1.1	0.34	26.12	59	45.70	61	45.70	60	43		91
manager magazin	1.5	0.46	35.45	84	60.26	82	60.26	80	74		157
Schöner Wohnen	3.3	0.97	29.57	68	51.16	70	51.16	69	41		86
Wohnidee	1.0	0.29	51.21	103	89.77	109	89.77	107	35		74
Zuhause Wohnen	0.9	0.26	81.25	120	137.32	120	137.32	117	35		74
PRINZ	0.8	0.25	98.90	123	163.82	124	163.82	121	57		120
TEMPO	0.9	0.27	55.17	108	89.63	108	89.63	106	58		122
Wiener	0.7	0.20	66.49	117	109.71	118	109.71	115	53		113

[1] 47 % der Bevölkerung über 14 Jahre sind männlich

[2] Die Leserschaft von Bild am Sonntag besteht zu 59 % aus Männern über 14 Jahren

[3] Wenn die 47 % Männer über 14 Jahre die Basis = Index 100 bilden, ergibt sich durch einfache Dreisatz-Rechnung aus 59 % der Index 126. Alle Titel mit einem Index über 100 haben überdurchschnittlich viele Leser aus der Zielgruppe. (Hierzu siehe auch Kapitel 4.2.6, Punkt b.)

Übersicht 10b: Beispiel für Rangreihe einzelner Werbeträger (bezogen auf Index 100)

Strenggenommen muß nunmehr zwischen Brutto- und Nettoreichweite bei einer Mediakombination differenziert werden.

Eine Mediakombination, z. B. bestehend aus acht Organen, hat nunmehr eine *Bruttoreichweite*, die wie folgt definiert ist:

Bruttoreichweite einer Mediakombination = Summe der Kontaktchancen (in Millionen) (ΣK)

Das heißt, die individuellen Hochrechnungswerte der einzelnen in der Kombination befindlichen Medien werden aufaddiert.

Die *Nettoreichweite* – die in der Regel auch lediglich als Reichweite bezeichnet wird – ist wie folgt zu definieren:

Nettoreichweite einer Mediakombination = der Prozentsatz oder absolute Wert einer Zielgruppe, den die Mediakombination *mindestens einmal* erreicht.

Media-Kombination	ΣK = Summe der Kontakte (Brutto- reichweite) in Mio.	(Netto-) Reichweite		Kon. takt- zahl	Tausender-Preis	
		%	Absolut		Kon- takte	Leser
ABCDEFGHJK	1	2	3	4		
ABC EF K	17,18	48,1	8,46	2,03	7,08	14,39
ABC E JK	20,53	56,5	9,95	2,06	7,25	14,97
AB DE HJ	20,27	56,8	10,00	2,03	7,50	15,50
A CD FG K	20,31	57,0	10,05	2,02	7,20	15,10

Übersicht 11: Media-Kombination

Es wird nunmehr zu unterscheiden sein zwischen der Anzahl der Personen, die eine Mediakombination erreicht, und der Summe der Kontakte, die bei dieser Personengruppe werblich zu erwarten ist.

Aus Kontaktesumme und Nettoreichweite und absoluter Reichweite einer Mediakombination wird in der Tabelle die Kontaktzahl berechnet:

$$\frac{\Sigma K}{R} = KZ$$

ΣK = Summe der Kontakte
R   = (Netto-)Reichweite
KZ = Kontaktzahl

Dieser Wert sagt, wieviel werbliche Kontakte (Kontaktchancen) im Durchschnitt pro Zielperson zu erwarten sind. Je größer in einer Werbeträgerkombination die externen Überschneidungseffekte sind, desto höher wird die Kontaktzahl und umgekehrt. Die Kontaktzahl (Durchschnittszahl) kann somit auch als *Überschneidungskoeffizient* bezeichnet werden, denn sie spiegelt das Ausmaß der Überschneidungseffekte in einer Medienkombination wieder. Sie stellt für den Mediaplaner eine interessante Größe dar, denn je nach Zielsetzung (Reichweite oder Kontaktfrequenz) ergibt sich aufgrund der Höhe der Kontaktzahl im Vergleich verschiedener Kombinationen die Aussage, ob eine Mediakombination geeigneter im Sinne der einen oder anderen Zielsetzung erscheint. Bei Reichweitenmaximierung wird der größere Wert auf einer niedrigeren Kontaktzahl liegen, während bei einer bestimmten Kontaktfrequenz die umgekehrte Situation gegeben ist.

Als weitere Information wird der Tausenderpreis als Bewertungskriterium einer Kombination geliefert. Der Tausenderpreis setzt sich nunmehr im Zähler zusammen aus der Summe der Insertionspreise der einzelnen Medien. Als Bezugsgröße können im Nenner des Bruches zwei Werte alternativ auftreten: die projektierte Reichweite im Sinne der oben genannten Definition (mindestens einmal erreicht) oder die Summe der Leserkontakte in Millionen (ΣK).

$$TZP = \frac{\Sigma Pi}{\Sigma Z} \cdot 1000 \qquad = \text{Tausenderzielpersonenkreis}$$

TZP = Tausenderzielpersonenpreis
ΣPi = Summe der Insertionspreise der einzelnen Medien
ΣZ = Summe der Leserkontakte

oder

$$TKP = \frac{\Sigma Pi}{\Sigma K} \cdot 1000 \qquad = \text{Tausenderkontaktpreis}$$

TKP = Tausenderkontaktpreis
ΣPi = Summe der Insertionspreise der einzelnen Medien
ΣK = Summe der Leserkontakte

Die Tausenderpreise sagen dann in ihrem Wert darüber etwas aus, was es kostet, in einer Mediakombination (eine Schaltung pro Werbeträger unterstellt) 1000 Kontaktchancen zu bekommen bzw. wie teuer es ist, mit 1000 Zielpersonen die Chance zu haben, in werblichen Kontakt zu gelangen.

Beispiel:
TZP = DM 190,–
Interpretation: Es kostet die Chance, über eine bestimmte Media-Kombination mit 1000 Zielpersonen in einen werblichen Kontakt zu kommen, DM 190.–.
Es wird dann zu prüfen sein, was die gleiche Chance in einer anders strukturierten Werbeträgerkombination kostet.

188

Oder:

TKP = DM 90,-

Interpretation: Es kosten 1000 Kontaktchancen bei den Zielpersonen über eine bestimmte Media-Kombination DM 90,-.

Es wird dann zu prüfen sein, was die gleiche Chance in einer anders strukturierten Werbeträgerkombination kostet.

Das Arbeiten mit solchen *Auszählungstabellen* bietet die Möglichkeit, in einer Kombination (z. B. von vier Werbeträgern) die einzelnen Medien zu substituieren und jeweils aus der Tabelle zu entnehmen, welche Veränderungen von Reichweite, Summe der Kontakte bzw. Wirkungen in bezug auf die Tausenderpreise sich dadurch ergeben. Dabei können selbstverständlich bestimmte Medien als sogenannte obligatorische Medien »gesetzt« werden.

Je nach *streustrategischer Zielsetzung* ist die Kombination zu bevorzugen, die

entweder: die meisten Zielpersonen zum günstigsten TZP erreicht,

oder: die günstigste Kontaktzahl bei möglichst vielen Zielpersonen zum günstigsten TKP bringt.

4.2.5 Die Berücksichtigung interner Überschneidungen (Kumulation)

Die bisherigen Reichweitenwerte bezogen sich auf *eine* durchschnittliche Ausgabe eines Werbeträgers (z. B. Leser einer durchschnittlichen Ausgabe einer Zeitschrift). Die Werte bezogen sich also stets auf die Basis »einmalige Einschaltung« eines Werbemittels in einem Medium oder in einer Mediakombination. Dabei handelt es sich um eine *statische* Betrachtungsweise, da man auf der Grundlage *einer* Einschaltung jeweils die Werbeträgerauswahl trifft.

Eine *dynamische* Betrachtungsweise ergibt sich dann, wenn man die Basis *einer* Einschaltung verläßt und die Veränderungen bei den Mediennutzerschaften erfaßt, die sich ergeben bei einer Steigerung der Belegungsfrequenz. Die Reichweitenwerte werden auf der Grundlage einer Einschaltfrequenzskala dynamisch erfaßt.

Damit ergibt sich ein neuer Reichweitenwert, der auch als die kumulierte oder *kumulative Reichweite* bezeichnet werden kann. Er ist folgendermaßen definiert:

> Der Prozentsatz der Bevölkerung über 14 Jahre oder eines Teils davon, der bei mehrmaliger Schaltung in einem Werbeträger oder einer Werbeträgerkombination *mindestens einmal* erreicht wird.

Der Media-Planer erhält die Information, ein wie großer Teil der Bevölkerung nach z. B. zwei bis zwölf (oder mehr) Einschaltungen mindestens einmal vom Werbeträger erreicht wird. Die kumulierte Mediennutzerschaft besteht somit in der Zahl der nach zwei bis zwölf (oder mehr) Ausgaben eines Mediums mindestens einmal erreichten Mediennutzer.

Die Einbeziehung der Kumulation macht es erforderlich, bereits bei *einem* Werbeträger zwischen *Brutto- und Nettoreichweite zu* unterscheiden, denn der Tatbestand der Überschneidungen ergibt sich nunmehr bereits bei Betrachtung eines einzelnen Werbeträgers. Wird z. B. die kumulative Reichweite eines Werbeträgers mit 30 % bei sechs Einschaltungen bei einer bestimmten Zielgruppe angegeben, so bedeutet dies, daß bei sechsmaliger Schaltung in dem betreffenden Werbeträger 30 % der betreffenden Zielgruppe *mindestens einmal* erreicht wird. Ein Teil dieser Personen wird vom Werbeträger sechsmal erreicht, weil er alle sechs Ausgaben »nutzt«; ein Teil der Mediennutzer wird fünf-, vier-, drei-, zwei- bis einmal erreicht. Das heißt, die kumulative Reichweite sagt nichts über die Summe der werblichen Kontaktchancen und damit nichts über die Kontakthäufigkeit aus.

Als *Bruttoreichweite* ergibt sich nunmehr die Summe der werblichen Kontaktchancen bei bestimmten Schalthäufigkeiten in einem Werbeträger. Die *Kontaktzahl* ist nichts anderes als der Quotient aus Bruttoreichweite (Summe der Kontakte) und absolutem Wert der kumulativen Reichweite. Während bisher die Unterscheidung zwischen »Brutto« und »Netto« lediglich bei Zugrundelegung einer Werbeträgerkombination erforderlich war, ergibt sich nunmehr bereits bei einem Werbeträger die Notwendigkeit der Unterscheidung, da es bei Mehrfachbelegungen ebenfalls zu Überschneidungen kommt. Man bezeichnet diese Art als *interne Überschneidungen.* Auch hier drückt die Kontaktzahl das Ausmaß der (internen) Überschneidungen aus.

Bevor auf das Verhältnis zwischen Kontaktzahl und Reichweite eingegangen werden kann, muß die Frage nach der grundsätzlichen Entwicklung der kumulativen Reichweite bei Steigerung der Belegungsfrequenz in einem Werbeträger geklärt werden (s. Abb. 31 a).

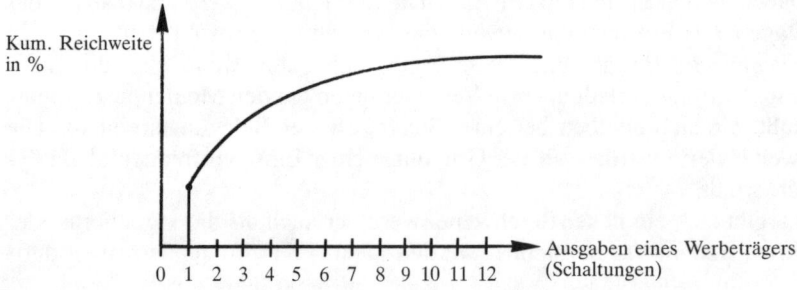

Abb. 31a: Kumulative Reichweite und Belegfrequenz

Die Kurve der kumulativen Reichweitenentwicklung stellt sich als unterproportional wachsende Funktion dar. Das heißt, bei Steigerung der Belegungen wächst zwar die Reichweite – zunächst noch relativ stark, dann immer schwächer werdend – an. Eine Verdoppelung der Belegungen führt nicht auch zu einer Verdoppelung der Reichweite, sondern zu einer geringeren Steigerungsrate. Ein

190

Teil der Mediennutzer bleibt bei aufeinander folgenden Ausgaben des Mediums konstant als Kernnutzerschaft.

Bis zu einem gewissen Grad gibt es jedoch auch *Fluktuationen* innerhalb der Mediennutzerschaft, d. h. ein Leser liest vielleicht Nr. 4 der Zeitschrift X, aber nicht Nr. 5 und 6. Im Sinne der Definition der kumulativen Reichweite wird dieser Leser aber als »mindestens einmal erreicht« erfaßt. Allerdings wird bei einer weiteren Steigerung der Belegungen der Prozentsatz der noch als neu (»mindestens einmal«) zu Erreichenden immer kleiner. Der Kurvenverlauf wird somit immer flacher.

Die Zuwachsrate der Reichweite bei Steigerung der Belegungsfrequenz eines Werbeträgers hängt somit von der Struktur der Mediennutzerschaft (Fluktuation) ab. Bei relativ konstantem Mediapublikum *(Kernnutzerschaft)* bei z. B. »Hörzu« und somit relativ geringer Fluktuation wird der Zuwachs an Reichweite, den man bei Steigerung erhält, nur gering sein. Umgekehrt wird bei relativ geringem Kernpublikum und hoher Fluktuation die kumulative Reichweite stark ansteigen. Der Kurventyp der kumulativen Reichweite entspricht zwar normalerweise der oben genannten Form, das *Ausmaß* der Steigerung hängt jedoch von der Struktur der Mediennutzerschaft ab. Im theoretischen Extremfall einer völlig konstant bleibenden Leserschaft wird die Kurve der kumulativen Reichweite zur Parallele der Abszisse (s. Abb. 31 b).

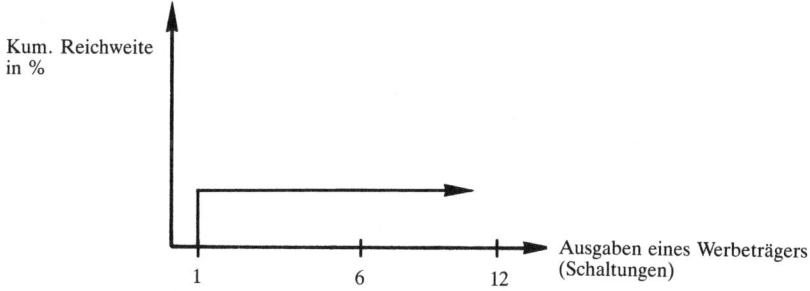

Abb. 31 b: Kumulative Reichweite bei konstant bleibender Leserschaft

Wie verhält es sich aber nun im jeweiligen Fall mit der Kontaktzahl (Durchschnittskontakte, Kontaktdosis)? Die Kontakte pro Mediennutzer, z. B. pro Leser einer Zeitschrift, werden bei Mehrfachbelegung eines Mediums dort höher liegen, wo die kumulierte Reichweite nur relativ gering wächst, und umgekehrt dort niedrig sein, wo hohe Reichweitenzuwächse zu verzeichnen sind. Man kann diesen Sachverhalt als »*Gesetz der Kumulation*« bezeichnen:

> Hat ein Werbeträger bei Steigerung der Belegungen hohe Reichweitenzuwächse, dann steht dem eine relativ geringe Kontaktzahl gegenüber und umgekehrt.

(Vgl. z. B. Programmzeitschriften mit geringer Kumulation und hohen Durchschnittskontakten. Die umgekehrte Situation finden wir dagegen bei den aktuellen Illustrierten.)

Für die Realisierung der jeweiligen streustrategischen Zielsetzung maximaler Reichweite oder Kontaktfrequenz ist diese Information von entscheidender Bedeutung, sagt sie doch, ob eine Erhöhung der Schaltungen in einem Werbeträger den Mediaplan mehr im Sinne der einen oder anderen Zielsetzung weiterbringt.

Man kann nun einen Schritt weitergehen und dem Tatbestand Rechnung tragen, daß auch die Information, die die Kontaktzahl bringt, zu global ist und präzisiert werden muß. Es ist durchaus möglich, daß zwei Werbeträger im Vergleich bei gleicher Belegungsfrequenz in etwa die gleichen Kontaktzahlen aufweisen. Dennoch kann der Werbeträger A der günstigere im Sinne der Zielsetzung »Erreichung einer bestimmten für erforderlich gehaltenen Frequenz« sein. Dies kommt daher, daß bei Werbeträger A tatsächlich die meisten Mediennutzer mit der angegebenen Kontaktzahl erreicht werden. Bei Werbeträger B dagegen ist es denkbar, daß sich die Kontaktzahl als rechnerische Größe deshalb ergibt, weil ein Teil der Mediennutzer weit höhere Kontakte, ein anderer weit weniger hat. Der Wert der Kontaktzahl ergibt sich ja als arithmetisches Mittel.

Daraus ist erkennbar, daß neben den Durchschnittskontakten pro Zielperson die *statistische Streuung* in irgend einer Form von Interesse sein kann. Die Information der Kontaktverteilung kann für bestimmte Kontaktklassen angegeben werden. Sie kann auch in Form der Standardabweichung (σ) bzw. des Variationskoeffizienten (CV-Wert) gemacht werden (Übersicht 12).

	Werbeträger A	Werbeträger B
Kontaktzahl bei 6 Belegungen	3,1	3,1
Streuung in Form von σ	0,2	1,3

Übersicht 12: Statistische Streuung, Kontaktverteilung

Man kann auf Grund dieser Überlegungen das Ziel eines Streuplanes auch wie folgt charakterisieren:
a) Bei geringstmöglichen Kosten
b) sollen möglichst viele Personen aus der Zielgruppe
c) so oft Nutzer eines Mediums sein,
d) daß darinstehende Werbemittel wirksam werden können.

Das heißt, es gibt somit vier Faktoren, die bei der Streuplanung zu beachten sind und die miteinander in ein optimales Verhältnis zu bringen sind (Übersicht 13):
1. Etatsumme,
2. Nettoreichweite,
3. Anzahl der Kontakte,
4. Verteilung der Kontakte.

Kum. Netto-Reichweite (z. B. 6 x)	Summe der Kontakte	Kontaktzahl	σ bzw. CV	Verteilung der Kontakte 1 x 2 x 3 x 4 x 5 x 6 x	Kosten

Übersicht 13: Streuplanung

Wird unter der Zielsetzung der Kontaktfrequenz in vorliegendem Beispiel die Kontaktzahl von drei als erstrebenswert angesehen, so ist der Werbeträger günstiger, der den kleinsten σ-Wert hat, d. h. im vorliegenden Fall Werbeträger A.

Bei der Kontaktverteilung will man also nicht nur wissen, wie die durchschnittliche Kontaktzahl bei zwei, vier, sechs usw. Einschaltungen ist, sondern wie sich jeweils die Kontakte verteilen, d. h., wieviel von den erreichten Mediennutzern einmal, zweimal, dreimal usw. bis zwölfmal Kontakt haben. Die Struktur der Kontaktverteilung ist eine zentrale Information, die sich bei der Kumulation ergibt. In Verbindung mit Reichweitenangaben lassen sich Rückschlüsse auf die Wirtschaftlichkeit eines Streuplanes ziehen. Voraussetzung dabei ist allerdings, daß man sich darüber Gedanken gemacht hat, welche Kontaktklasse für eine Strategie optimal erscheint.

Bei Aufstellung eines kumulativen Streuplanes ist es notwendig, eine Entscheidung in zwei Richtungen zu treffen:

a) Begrenzung der Kontaktzahl nach *unten*:
   Welche Kontaktzahl ist mindestens erforderlich, um eine Werbewirkung sicherzustellen? Kontakte, die unterhalb dieser Grenze liegen, sind im Sinne der Werbekonzeption als nicht effizient zu bezeichnen.
b) Begrenzung der Kontaktzahl nach *oben*:
   Weitere Kontaktzahlen bringen keine wesentliche Steigerung der Werbewirkung.

Als Konsequenz ergibt sich, daß beim Vergleich verschiedener Streupläne miteinander bei gleichem Aufwand der der ökonomischere ist, bei dem der höchste Anteil »erreichte Mediennutzer« in dem definierten Kontaktintervall liegt.

Liegen für eine Mediagruppe neben den klassischen Informationen über Reichweite und Zusammensetzung der Mediennutzer auch die kumulativen Angaben vor, können bei der Auswahl einer Werbeträgerkombination sowohl die externen als auch internen Überschneidungen Berücksichtigung finden.

Aus der *»Frequenz-Simulations-Zahlung«* können folgende für die Mediaplanung wichtige Informationen ausgewertet werden:

1. Die kumulierte Reichweite insgesamt für eine Titelkombination bei Mehrfachbelegung,
2. die kumulierte Reichweite innerhalb der angezielten Kontaktklasse,
3. die kumulierte Reichweite oberhalb einer unteren Kontaktgrenze,
4. die Anzahl der Kontakte insgesamt,
5. die Anzahl der Kontakte innerhalb bestimmter Kontaktgremien bzw. -klassen,
6. die Verteilung der Kontakte,
7. die durchschnittlichen Kontakte,
8. die Preise pro Tausend der erreichten Leser insgesamt innerhalb bestimmter Kontaktgrenzen/-klassen,

9. die Preise pro Tausend Kontakte insgesamt oder innerhalb bestimmter Kontaktgrenzen bzw. -klassen.

Alle diese Informationen können für die Gesamtbevölkerung sowie für eine bestimmte Zielgruppe daraus erstellt werden.

4.2.6 Rangreihen von Werbeträgerkombinationen

In der Praxis der Mediaplanung können Rangreihen nicht nur von einzelnen Werbeträgern, sondern auch von Werbeträgerkombinationen auf Grundlage der Mediadaten abgerufen werden. Die »klassischen« Bewertungskriterien sind der Tausender Zielpersonenpreis (TZP) und der Tausender Kontaktpreis (TKP) (vgl. hierzu Kapitel 4.2.4). Als weitere Bewertungskriterien für Mediapläne bzw. Mediarangreihen wurden in den letzten Jahren entwickelt (Thress 1992, S. 146 ff.):

a) die *Gross-Rating Points* (GRP)
b) die *Affinität* (A)
c) der *Indexwert*

Zu a): Mit Hilfe der *Gross-Rating-Points* soll der relative Werbedruck gemessen werden, der bei einem Mediaeinsatz zu erwarten ist. Es handelt sich dabei um Werbeträgerkontaktchancen pro 100 Zielpersonen:

$$GRP = \frac{Bruttokontake}{Zielpersonen} \times 100 = \frac{Bruttoreichweite}{Zielpersonen} \times 100$$

Die Bruttokontakte können auch aus der Multiplikation von absoluter Reichweite mit den Durchschnittskontakten errechnet werden:

$$GRP = \frac{Nettoreichweite\ (absolut) \times Durchschnittskontake}{Zielpersonen\ (absolut)} \times 100$$

Da die Reichweite auch wie folgt definiert ist:

$$Reichweite\ \% = \frac{Nettoreichweite\ (absolut)}{Zielpersonen\ (absolut)} \times 100$$

gilt für die Gross-Rating-Points auch:

$$GRP = Reichweite\ \% \times Durchschnittskontakte$$

194

Beispiel: Anzahl der Zielpersonen: 10 Mio (überhaupt vorhanden)
Reichweite des Planes: 4 Mio (Nettoreichweite, erreichte
Zielpersonen) = 40 %
Durchschnittskontakte: 5

$$GRP = 5 \times 40 = 200$$ oder

Bruttokontakte = 4 Mio × 5 = 20 Mio

$$GRP = \frac{20 \text{ Mio}}{10 \text{ Mio}} \times 100 = 200$$

Der betreffende Mediaplan würde somit 200 Gross-Rating-Points erreichen, also 200 Kontakte pro 100 Zielpersonen.

Durch Berücksichtigung der Zielgruppengröße drücken somit die GRPs den relativen Werbedruck aus. Die Gross-Rating-Points sind zu einem Leistungsvergleich von Plänen geeignet, wenn Zielgruppen unterschiedlicher Größe vorhanden sind.

Die Gross-Rating-Points sind jedoch mit Vorsicht anzuwenden, sie zeigen nicht die Struktur der zugrunde liegenden Leistungswerte. So können gleiche GRP-Werte bei jeweils unterschiedlicher Reichweite/Durchschnittkontakt-Relation vorliegen. Zwei Pläne können also gleiche GRPs, jedoch völlig unterschiedliche Kommunikationsleistungen zeigen. Ein Beispiel soll dies verdeutlichen:
Plan 1: Reichweite = 50 %, Durchschnittskontakte = 2, daraus ergeben sich 100 GRPs. *Plan 2:* Reichweite = 25 %, Durchschnittskontakte = 4, ergibt ebenfalls 100 GRPs.

Bei der streustrategischen Zielsetzung einer möglichst hohen Kontaktdosis wäre somit der Plan mit geringerer Reichweite, aber höheren Durchschnittskontakten weitaus geeigneter, obwohl nach den GRPs beide Pläne gleichwertig erscheinen.

Zu b) Affinität:
Affinität kann interpretiert werden als Anteil der als Zielpersonen definierte Nutzer an der Gesamtnutzerschaft eines Werbeträgers.

$$A = \frac{\text{Reichweite in der Zielgruppe (absolut)} \times 100}{\text{Reichweite in der Grundgesamtheit (absolut)}}$$

Beispiel:
Eine Zeitschrift habe eine Gesamtreichweite von 3,15 Mio Personen. Die Reichweite in der definierten Zielgruppe betrage 1,77 Mio.

Das ergibt:

$$A = \frac{1,77 \cdot 100}{3,15} = 56,19\,\%$$

Dieser Wert sagt aus, daß 56,19 % der Leser der Zeitschrift Zielpersonen sind.
Der Affinitätswert kann auch direkt aus der MA entnommen werden, und zwar aus der Tabelle »Zusammensetzung«.

Zu c) Indexwert
Im Rangreihenvergleich verschiedener Werbeträger können die jeweiligen Affinitätswerte auch als Index-Werte ausgedrückt werden.

$$\text{Index} = \frac{\text{Affinität}\,\% \times 100}{\text{Anteil der Zielgruppe an der Gesamtbevölkerung in}\,\%}$$

Dieser Indexwert zeigt, ob zur Nutzerschaft eines Mediums ein über- oder unterproportionaler Anteil Zielgruppenpersonen gehören.

$$\textit{Beispiel:}\ \text{Index} = \frac{56,19 \times 100}{51,89} = 109$$

Legende: 56,19 = Anteil der Zielgruppe an der Leserschaft
                        51,89 = Anteil der Zielgruppe an der Gesamtbevölkerung

Das heißt, die Nutzerschaft des entsprechenden Mediums hat einen überproportionalen Anteil Zielpersonen.
Hauptziel der Bewertung von Medien anhand der Affinität ist die Minimierung der Streuverluste, denn Werbeträger mit hoher Zielgruppenaffinität sichern geringe Streuverluste. Im Extremfall erreicht ein Spezialtitel fast nur noch Mediennutzer der Zielgruppe. Es wird unterstellt, daß ein höherer Affinitätswert hohe »Zuständigkeit« des Titels zeigt, was allerdings nicht zwangsläufig so ist. Aus diesem Grund werden häufig Titel mit hoher Affinität trotz relativ ungünstiger TLP eingeplant.
Eine starre und kritische Anlehnung an das Wertungskriterium Affinität führt zu dem Problem, daß u. U. wegen zu hoher relativer Kosten zu geringe Reichweiten eingekauft werden. Über den Wert Affinität als Planungskriterium erhält man somit zwar geringe Streuverluste, die Zahl der insgesamt erreichten Personen und die Kosten bleiben jedoch unberücksichtigt.

4.2.7 Evaluierungsprogramme (Bsp. KUSA)

Im Ablaufschema der Mediaplanung wird nach der Zielgruppenbestimmung, zu der man das KUSA-Tabellierungs-Programm einsetzen kann, nach der Werbeträgerauswahl, die mit Hilfe der Rangreihenprogramme vorgenommen wird, das Evaluierungsprogramm zum Streuplanvergleich herangezogen. Das Evaluierungsprogramm, das z. B. die Verlagsgruppe Bauer den Kunden im Rahmen ihres Verlagsservices anbietet, heißt KUSA (Kumulation Streuplan Analyse) (N. N. 1995 b).

Evaluierungsprogramme können dort eingesetzt werden, wo nichts mehr »per Hand« gerechnet werden kann: bei internen und externen Überschneidungen. Evaluierungen sind sehr komplexe Programme; um ihren Output lesen zu können, müssen viele Mediabegriffe bekannt sein.

Im folgenden wird dargestellt, welche Muß- und Kann-Vorgaben für einen Programmlauf benötigt werden, und anhand eines Beispiels gezeigt, wie der Output zu lesen ist. Das Beispiel beschränkt sich auf einen KUSA-Lauf mit Aufgliederungen. Nicht eingegangen wird auf kontaktqualifizierende Merkmale.

Muß-Vorgaben:
- Datei
- Zielgruppe
- Pläne, d. h. Titel, Kombinationen und deren Frequenzen

Kann-Vorgaben:
- Aufgliederungsmerkmale, evtl. Zusammenfassungen von Merkmalsausprägungen
- Gesamtkosten der Pläne oder Ausstattung der Werbemittel zur Berechnung der Pläne wie Anzeigengröße, Farbigkeit, Anschnitt, Spotlängen, evtl. Rabatte, Teilbelegung, wenn Kosten-/Leistungsvergleiche der Pläne vorgesehen sind
- IVW-Quartale für die Auflagen der Pläne. Es stehen maximal die letzten vier Quartale zur Verfügung.

Ausgeworfen werden regelmäßig für die einzelnen Merkmalsausprägungen in der Aufgliederung
- Reichweite Hochrechnung
- Reichweite Prozent
- Kontakte
- Durchschnittskontakte
- Struktur
- GRP
- GRP-lndex

Zusätzlich können noch Fallzahlen angefordert werden.

Beispiel für eine Evaluierung (mit KUSA)

Für das folgende Beispiel wurde vorgegeben:
- Datei: Verbraucher Analyse
- Zielgruppe: Trinker von mittelstarkem, normalen Kaffee mindestens 1 × täglich

Plan 1:

Basis Kombination	Frequenz 6 (Schaltfrequenz)
(Quick, Neue Revue, TV Hören und Sehen, Fernsehwoche)	
Profit Kombination	Frequenz 5
(Praline, Wochenend)	
Tandem	Frequenz 6
(Hörzu, Funkuhr)	

Plan 2:

Burda Kombination	Frequenz 10
(Bunte, Bild + Funk)	
Gong Trio	Frequenz 10
(Gong, Die Zwei, Die Aktuelle)	
Freizeit Revue	Frequenz 10
Klambt Zweier-Kombination	Frequenz 10
(Frau mit Herz, 7 Tage)	
Das Beste	Frequenz 10

Plan 3:

wie Plan 2, außer Das Beste 10 ×, dafür

TV Hören und Sehen	Frequenz 10

(Teilbelegung Nord = Nielsen 1, 2, und 5)
Format/Farbe: 1/1 Seite 4farbig ohne Anschnitt.
- Aufgliederungsmerkmale: Nielsengebiete einzeln und Trinker von Espresso
- IVW-Auflagen für das IV. Quartal
- alle möglichen Tabellen.

```
AUFTRAG ......752
VON ..........3 111–000 000
FUER .........AMM-MEDIA-EXTR.
DATEI ........VA (Verbrauchsanalyse)
```

FORMAT 1/1 4-FARB. OHNE ANSCHN. NETTO

ZEILGRUPPE NR. 1

GESCHLECHT   MAENNLICH   WEIBLICH
BP1   ******

BEMERKUNGEN
  BP1 = TRINKER VON MITTELSTARKEM, NORMALEM KAFFEE TAEGLICH UND
  OEFTER
  . . . .
  IVW-VERK.-AUFLAGE: 4. QUARTAL

BASIS
      4926 = 21.61 MIO (PERS+FALL GEWICHTUNG)
      4926 = 21.61 MIO (FALL GEWICHTUNG)
      5053 = 22.16 MIO (KEINE GEWICHTUNG)

WERBETRAEGER

	PLAN 1	PLAN 2	PLAN 3
KOSTEN DM	2 002 814	1 987 248	1 990 755
BASIS KOMBI. 4	6	–	–
QUICK*NEUE REVUE			
TV HOEREN+SEHEN*			
FERNSEHWOCHE			
PROFITKOMBI.	5	-	–
WOCHENEND *PRALIN			
TANDEM	6	–	–
BURDA KOMBI.	-	10	10
GONG TRIO	-	10	10
FREIZEIT REVUE	-	10	10
KLAMBT KOMBI. 2	-	10	10
DAS BESTE	-	10	–
TV HOEREN+SEHEN	-	-	10
NORD			
REICHW.			
MIO	14.91	11.69	11.65
O/O	68.99	54.11	53.91
KONTAKTE			
MIO	101.32	95.59	95.82
K/L	6.80	8.18	8.23
1 000-PREISE			
L-P	134.36	169.98	170.89
K-P	19.77	20.79	20.78
GRP	469	442	443
IVW (MIO)			
EX/PLAN	13.12	7.74	8.98
EX*FREQ	77.39	77.38	89.79
DM/1 000 EX	25.88	25.68	22.17

****

Übersicht 14: Bsp. für einen KUSA-Lauf

Interpretation des KUSA-Outputs

Kopf
mit Auftragsnummer, Datum, Datei und vorgegebenem Format/Farbigkeit, definierter Zielgruppe und Angaben zur IVW-Auflage.

Basis
Fallzahl und Potential der Zielgruppe, wobei 5053 Fälle und 22,16 Mio Personen ungewichtet sind, d. h. vor Angleichung und Redressement. Die weiteren Werte dieses Laufs basieren auf der gewichteten Fallzahl von 4926 und dem Zielgruppenpotential von 21,61 Mio Personen.

Plan- Übersicht
In der Kopfspalte werden die Pläne durchnumeriert und darunter die vorgegebenen oder ausgerechneten Plankosten ausgewiesen. In der Vorspalte stehen die Werbeträger, unter den Plannummern die entsprechenden Frequenzen.

– *Reichweite: Mio- %*
  Mit Plan 1 werden 14,91 Mio Zielpersonen erreicht, das sind 68,99 % von 21,61 Mio.

– *Kontakte:* Mio – K/L (Kontakte pro Leser)
  Plan 1 schafft 101,32 Mio Werbeträger-Kontakte. Das sind 101,32 Mio: 14,91 Mio = 6,80 Kontakte pro Leser.

– *1 000–Preise:*
  L-P (1 000-Leser-Preise), K-P (1 000-Kontakt-Preise)
  Pro Zielperson, die durch Plan 1 erreicht wird, müssen
  (2 002 814 DM × 1 000: 14 910 000 =) DM 134,36 aufgewendet werden;
  um 1 000 Kontakte zu erzielen, müssen
  (2 002 814 DM × 1 000: 101 320 000 =) DM 19,77 aufgewendet werden.

– *GRP (Gross Rating Points)*
  Für Plan 1 ergeben sich 469 GRP (Kontakte pro 100 Zielpersonen):
  (101,32 Mio × 100: 21,61 Mio Zielpersonen = 469 GRP) oder (68,99 % × 6,8 = 469 GRP)

– *IVW (Mio) Ex(emplare) / Plan, Ex(emplare) Frequenz, DM/1 000 Ex(emplare):*
  Ex/Plan: im IV. Quartal (siehe Kopf) wurden von allen Titeln des *Plans I* durchschnittlich 13,12 Mio Exemplare verkauft.
  Ex-Freq: Für den Planvergleich ist die Gesamtauflage sinnvoller, d. h. die Summe über alle Auflagen, die mit den Einschaltfrequenzen multipliziert werden.

Basis Kombination 4:	6,66 Mio × 6 =	39,95 Mio
Profit Kombination:	1,31 Mio × 5 =	6,53 Mio
Tandem:	5,15 Mio × 6 =	30,91 Mio
	13,12 Mio	77,39 Mio

DM/1 000 Ex oder 1 000-Auflage-Preis für die Gesamtauflage. Bei Plan 1 errechnet sich ein 1 000-Auflage-Preis von
(2 002 814 DM × 1 000 : 77 390 000) = DM 25,88.

200

Hinweis: Teilbelegungsauflagen wie für die TV Hören und Sehen Nord in Plan 3 kann das Programm nicht ausrechnen. Es werden für die Teilbelegungstitel die vollen Auflagen ausgewiesen.

4.2.8 Gewichtung in der Mediaplanung

Ein Problem der Mediaplanung ist die Datenqualifizierung. Neben der Mediaanalyse steht vor allem durch die Markt-Media-Erhebungen der Verlage für die werbungtreibende Wirtschaft eine ungeheure Fülle von Datenmaterial zur Qualifizierung von Personen als Verwender oder Käufer von Produkten oder Medien zur Verfügung.

Das Handicap dabei ist, daß alle möglichen Daten wohl vorhanden sind, aber aus den unterschiedlichsten Datenquellen stammen. Um diese Daten nun qualifiziert bewerten zu können, ist eine Datenzusammenführung notwendig.

Diese Möglichkeit wird in der Mediaplanung durch Gewichtung von Daten häufig praktiziert. Durch diese Gewichtung von Daten sind Bewertungen bestimmter Sachverhalte möglich. Fast alle auf dem Markt befindlichen Selektionsprogramme der Verlage können diese Verrechnungen durchführen – was jedoch bei den auf dem Markt befindlichen PC-Mediaplanungsprogrammen für die Agenturen derzeit noch nicht möglich ist.

Für den Input der Computerprogramme der Verlage können drei Arten von Vorgaben vom Mediaplaner gemacht werden:

a) Personengewichtung
b) Mediengewichtung
c) Kontaktgewichtung

Zu a) Personengewichtung

Für eine Streuplanung sollen Zielgruppen möglichst exakt erfaßt werden. Die Personengewichtung soll dabei eine bessere und marktspezifischere Zielgruppendefinition ermöglichen. Die Methode der einfachen Zielgruppengewichtung, die auf dem Ja-Nein-Prinzip beruht (Verwender Ja = Gewichtungsfaktor 1,0, Verwender Nein = Faktor 0), schließt dabei automatisch Personen aus, obwohl sie als möglicher Entscheidungsträger für das Werbeziel geeignet sein könnten, wenn auch nicht mit Gewichtungsfaktor 1,0 (z. b. Verwender nein = 0, aber Käufer = Faktor 0,5).

Bei einer Kombination von unterschiedlichen Gewichten für demographische Untergruppen kann eine Person den Marktgegebenheiten entsprechend bewertet werden. Dies geschieht im allgemeinen durch Multiplikation der einzelnen Gewichte miteinander. Dabei ist der Mediaplaner aufgefordert, die einzelnen Merkmale in der Zielgruppendefinition mit unterschiedlichen Gewichtsfaktoren zu versehen, denn ohne diese Quantifizierung kann der Computer keine Gewichtung vornehmen.

Das gängigste Verfahren der multiplikativen Verrechnung wird im folgenden an einem einfachen Beispiel demonstriert:

Multiplikative Verrechnung

Geschlecht		Männer	Frauen
Männer	100 %	1,00	
Frauen	50 %		0,50

Alter			
18 – 29 Jahre	50 %	0,50	0,25
30 – 45 Jahre	100 %	1,00	0,50
46 – 60 Jahre	60 %	0,60	0,30

Verrechnung des Gewichtes im Datensatz

Fälle ungewichtet			Fälle gewichtet			
Gesamt	Männer	Frauen	Männer	Frauen	Gesamt	
13 000	6 000	7 000				
2 000	750	1 000	375	250	625	18–29 Jahre
7 500	3 750	5 000	3 750	2 500	6 250	30–45 Jahre
3 500	1 500	1 000	900	300	1 200	46–60 Jahre
			5 025	3 050	8 075	Σ

Übersicht 15: Multiplikative Verrechnung

Es ist jedoch darauf hinzuweisen, daß durch die Güte der sich auf dem Markt befindlichen Standarderhebungen wie der Verbraucheranalyse Personengewichtungen für die Planung nicht mehr notwendig sind.

Zu b) *Mediengewichtung*

Die Mediengewichtung ist in den Programmen vorgesehen, um in erster Linie die Kommunikationsleistung von einzelnen Titeln bzw. Medien zu bewerten. Insbesondere beim Inter-Media-Vergleich von Publikumszeitschriften, Tageszeitungen, Fernsehen und Funk bedarf es einer Mediengewichtung, wenn man die Gewichtung eines Medien-Mixes auszählen möchte. Bewertungsmaßstab sind dabei die Kontakte von Werbeträgern, die jedoch in der Mediaanalyse unterschiedlich erfaßt werden:

Publikumszeitschriften und Tageszeitungen	Leser pro Ausgabe
Fernsehen	durchschnittlicher Seher pro 1/2 Stunde
Funk	durchschnittlicher Hörer pro Stunde

Wie gesagt, es handelt sich hierbei um *Werbeträger*-Kontakte, was noch nichts über die Wertigkeit von Kontakten aussagt. Doch bis wir den Werbemittelkontakt bewerten können, bedarf es noch eines längeren Weges, obwohl Medien, Agenturen und Werbungtreibende sehr daran interessiert sind. Aufgrund der unterschiedlichen Werbeform bleibt jedoch z. B. die Frage offen, ob ein 30-

Sek.-Funkspot die gleiche Werbewirkung erzeugen kann wie eine ganzseitige Vierfarbanzeige in Publikumszeitschriften? Wohl kaum!
Um nun einen Werbeträgervergleich im Mix überhaupt durchzuführen und die Leistung eines Mix-Streuplanes auszuzählen, benötigt man die Gewichtung, z. B. wie folgt:

		Gewicht
Zeitschriften	1/1 Seite 4c	1,0
Tageszeitung	1/3 Seite + Zusatzfarbe	1,0
Fernsehen	30-Sek.-Spot	0,8
Funk	30-Sek.-Spot	0,4

Eine Mediengewichtung im Intra-Mediavergleich kann beispielsweise über eine Rang-Reihen-Gewichtung vorgenommen werden. Sie wird allerdings nur dann angewendet, wenn unzureichende quantitative Daten verfügbar sind, was bei der heutigen Vielfalt der zur Verfügung stehenden Analysen eigentlich kaum noch notwendig ist. In den heutigen Rangreihen-Zählerprogrammen kann eine so große Anzahl von Kriterien bewertet werden, daß die passenden Medien eigentlich immer herausfiltriert werden können. Hier ist das Können und die Kreativität des Mediaplaners, abhängig von Zielsetzung und einzusetzenden Medien, gefordert (siehe auch Media-Selektionsprogramme).

Zu c) *Kontaktgewichtung*

Werbebotschaften werden in der Regel nicht freiwillig vom Verbraucher gelernt. Im Gegensatz zum bewußten, aktiven Lernen handelt es sich beim Lernprozeß, der durch Werbung angeregt wird, um ein in der Regel *passives, unabsichtliches* Lernen. Daraus folgt, daß Werbung bei Zielpersonen normalerweise erst nach mehrfacher Ansprache bzw. mehrfachen Kontakten mit der Botschaft wirkt. Die optimale Häufigkeit ist jedoch kampagnenspezifisch. Dies wird in der Mediaselektion durch die Verrechnung der Kontaktbewertung berücksichtigt.
Das bedeutet, daß die Kontakte eines Mediaplaners einer weiteren Bewertung unterzogen werde, nämlich der, was eine Kontaktzahl im Hinblick auf die angestrebte Werbewirkung »wert« ist. Das Konzept der Kontaktbewertungskurve (Response-Funktion) beschreibt Werbewirkung als Funktion der Kontaktdosis. Dabei wird jedem Kontakt (Kontaktklasse) ein bestimmtes Gewicht zugeordnet. Durch diese Gewichtung können Kontakte bewertet werden, die mit einem Medium oder einem Mediaplan erzielt werden.

Beispiel für Kontaktklassen-Gewichtung
(erste Zeile: Kontakte, zweite Zeile: Gewichtung)

1	2	3	4	5	6	7	8	9	10	11	12	13	14	15	16	17	18
0,2	0,2	0,2	0,2	0,2	1,0	1,0	1,0	1,0	1,0	1,0	1,0	0,7	0,7	0,7	0,7	0,5	0,5

Kommt man beispielsweise zu der Aussage, daß im Hinblick auf das angestrebte Werbeziel bei 6 Kontakten pro Zielperson höchstens 50 % der Werbewirkung erreicht wird, so ergibt sich folgende Verrechnung:

6 Kontakte × 0,5 = 3,0

Der Computer muß also als Input eine Information darüber bekommen, wie die Werbewirkung mit der Kontaktzahl korreliert. Diese Relation stellt die Werbewirkungskurve oder Response Function dar:

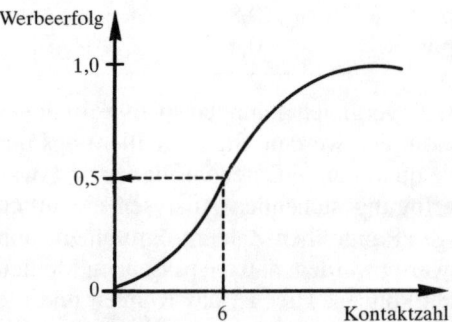

Abb. 32: Werbeerfolg und Kontaktzahl

In den heutigen Evaluierungsprogrammen (Streuplanzählungen) ist es bei der Planung durch die Vorgabe einer Kontaktbewertung möglich, Reichweiten in angestrebten Kontaktbereichen zu maximieren und in Bereichen unterhalb und oberhalb dieser Zone zu minimieren – was gleichzeitig auch bedeutet, die Fehlstreuung zu reduzieren.
Eine weitere Möglichkeit besteht darin, nur die Personen zu bewerten, die ab einer bestimmten Anzahl von Kontakten erreicht werden, man nennt dieses Vorgehen *wirksame Reichweite*. Dabei werden alle Personen, die unterhalb der definierten Kontaktzahl bleiben, eliminiert, in unserem Beispiel oben also alle Personen, die weniger als 6 Kontakte (also 1–5 Kontakte) haben.

Beispiel Plankombination:
Reichweite in der Zielgruppe = 8,0 Mio. Personen = 40 % Reichweite
Kontaktdosen 1–5   = 3,0 Mio. Personen = 15 % Reichweite
Kontaktdosen 6 +   = 5,0 Mio. Personen = 25 % Reichweite
Wirksame Reichweite   = 5,0 Mio. Personen = 25 % Reichweite

Übersicht 16: Bsp. Plankombination

Auch jetzt können wieder die entsprechenden Tausenderpreise auf Basis der »wirksamen Reichweite« als Auswahlkriterium berechnet werden.

V   Neue Medien

Unter den »Neuen Medien« versteht man Kabelmedien, Funk- und Audiovisionsmedien. Teilweise sind die Medien nur deshalb »neu«, weil sich ihre Funktionsbreite erweitert hat und noch ständig erweitert.

ISDN

Basis für die Nutzung mehrerer »Neuer Medien« sind leistungsstarke Übertragungsnetze, wie z. B. ISDN. Das »Integrierte Sprach- und Datennetz« oder »Integrated Services Digital Network« (ISDN) bedeutet digitale Übertragung von Sprache, Text, Daten und Bildern im Telefonnetz. Statt mechanischer Vermittlungsstellen sorgen jetzt bei der Telekom Computer für die Verbindung zwischen den Anschlüssen.

Obwohl beim *Schmalband-ISDN* nur die herkömmlichen Kupfertelefonkabel verwendet werden, ermöglicht das digitale Netz eine erhebliche Qualitäts- und Leistungssteigerung. So sind jetzt alle Dienste, z. B. Telefon, Fax, Datenfernübertragung, Bildschirmtext (Telecom Online), Bildtelefon, unter einer Anschlußnummer erreichbar. Zwei Kommunikationsarten, z. B. Telefonieren und Faxen, können dabei gleichzeitig über dieselbe Leitung stattfinden. Ein Telefax benötigt im ISDN nur ein Viertel der bisher üblichen Zeit zur Übertragung, für die elektronische Datenübermittlung ist kein Modem mehr erforderlich.

Bildtelefon ist mit ISDN ebenfalls möglich, doch für die Übertragung von größeren Mengen an Bilddaten reichen die Kupferkabel nicht aus. Dafür ist das *Breitband-ISDN* erforderlich, in dem die Daten über Glasfaserkabel übertragen werden. Bisher hat die Telekom erst wenige Glasfaserstrecken als Pilotprojekte eingerichtet, die auch zur Übertragung von Multimedia-Videokonferenzen genutzt werden.

Die Rolle der Telekom

Im Bereich der Neuen Medien soll an erster Stelle die zentrale Bedeutung der Telekom kurz dargestellt werden. Es sind insbesondere drei Bereiche, in denen sich die Telekom im Bereich Neue Medien profiliert:

1. Transportgeschäft
Die Telekom ist Anbieter des weltweit größten Breitbandverteilnetzes (Kabelanschluß) und spielt auch beim Ausbau von Glasfaseranschlüssen (OPAL) eine

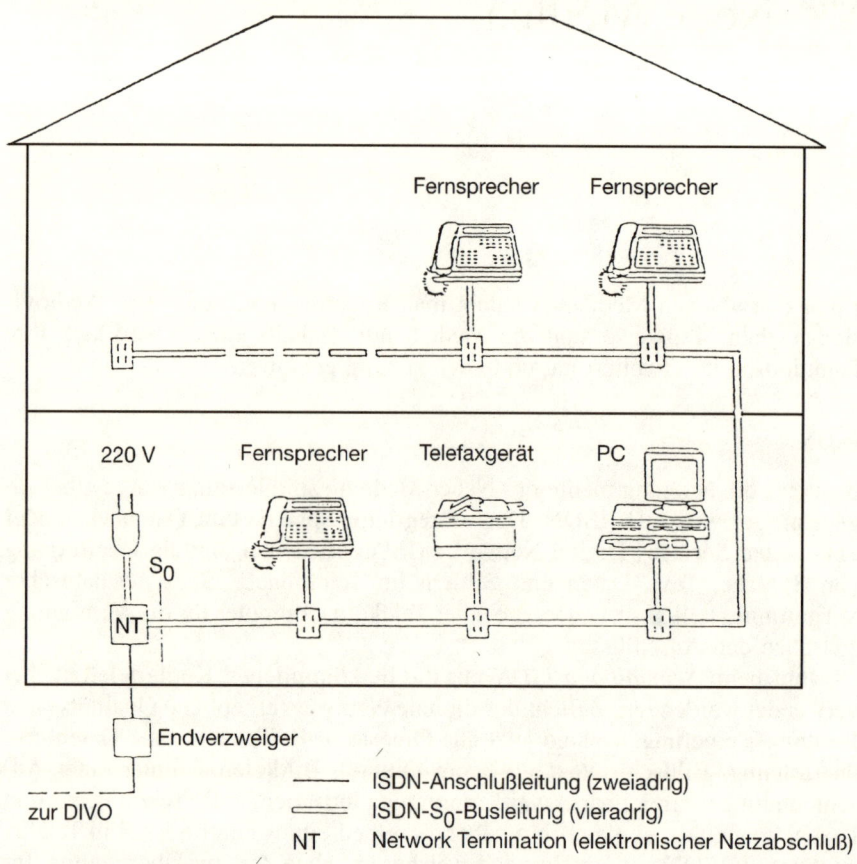

Fernsprecher   Fernsprecher

220 V   Fernsprecher   Telefaxgerät   PC

S_0

NT

Endverzweiger

zur DIVO

——— ISDN-Anschlußleitung (zweiadrig)
═══ ISDN-S_0-Busleitung (vieradrig)
NT   Network Termination (elektronischer Netzabschluß)

Abb. 33: ISDN im Einsatz

entscheidende Rolle. Zur Zeit werden im Telekomnetz 22 Mio. Haushalte versorgt, u. a. mit 31 Fernsehprogrammen, ferner mit 36 Stereohörfunkprogrammen und 16 digitalen Satellitenradioprogrammen. Weitere Übertragungsmöglichkeiten bietet das sogenannte »Hyperband«. Die Digitalisierung und die damit verbundene Kompressionstechnik bringt eine Verzehnfachung der verfügbaren Kanäle. Der zur Zeit noch bestehende Kanalengpaß wird damit behoben sein.

2. Vermittlungsgeschäft
Auch im Vermittlungsgeschäft ist die Telekom aktiv, d. h. durch die Netzinfrastruktur können sehr schnell große Nachfragepotentiale erschlossen werden. Beim Vermittlungsgeschäft fallen folgende Dienste an:
– Werbebotschaften elektronisch versenden
– Bestellungen bearbeiten

- Rechnungsversand
- Inkasso vornehmen
- Kundendaten bereitstellen
- Vermittlung von Marktinformationen

3. Programmgeschäft
Obgleich die Telekom nicht als Anbieterin von Programminhalten auftritt, übt sie eine Unterstützungsfunktion bei der Aufbereitung und Speicherung digitaler Programme aus. Sie sucht dazu geeignete Partner, d. h. Produktionsstudios oder auch Video-on-Demand-Betreiber mit Erfahrungen
(Maasen, 1995).
Die »Neuen Medien« als Übersicht zeigt folgende Tabelle:

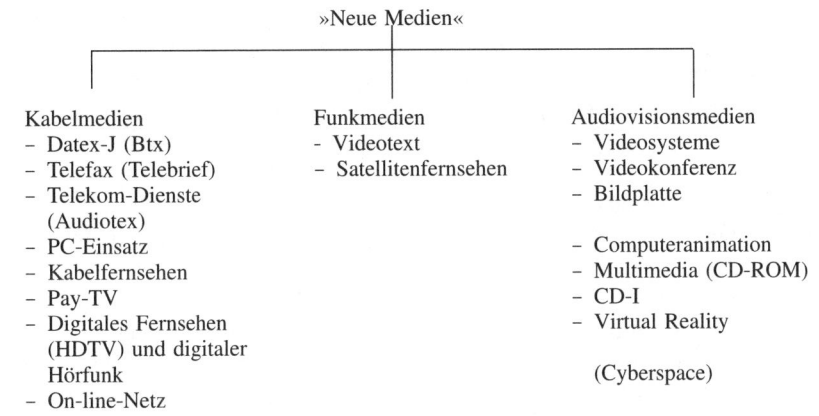

»Neue Medien«

Kabelmedien	Funkmedien	Audiovisionsmedien
- Datex-J (Btx)	- Videotext	- Videosysteme
- Telefax (Telebrief)	- Satellitenfernsehen	- Videokonferenz
- Telekom-Dienste (Audiotex)		- Bildplatte
- PC-Einsatz		- Computeranimation
- Kabelfernsehen		- Multimedia (CD-ROM)
- Pay-TV		- CD-I
- Digitales Fernsehen (HDTV) und digitaler Hörfunk		- Virtual Reality
- On-line-Netz		(Cyberspace)

Abb. 34: Neue Medien

1 Kabelmedien

1.1 Datex-J (Bildschirmtext = Btx = Telecom Online)

Unter Bildschirmtext versteht man ein interaktives Informations- und Kommunikationssystem, bei dem die Teilnehmer mittels des öffentlichen Fernsprechnetzes elektronisch zentral oder dezentral gespeicherte Informationen der Anbieter abrufen bzw. selbst Mitteilungen an bestimmte Teilnehmer übermitteln können. Die Wiedergabe erfolgt über Bildschirmgeräte, z. B. Farbfernsehgeräte, unter Verwendung eines *Decoders* und *Modems* oder – was die Regel ist – über entsprechend ausgestattete PCs. Zur Übertragung können auch nicht-posteigene Leitungen benutzt werden (Inhouse-System).

Ende 1995 waren ca. 800 000 Anschlüsse und 4 000 Anbieter von Informationen zu verzeichnen. Damit erfährt Btx (= Datex-J) dank eines attraktiven, Leistungsangebots einen Aufschwung. Fast 20mal pro Monat wählt sich jeder Datex-J/Btx-Nutzer im Durchschnitt ins System ein.

Im privaten Bereich wird Datex-J hauptsächlich von Personen genutzt, die sich schon in der Entscheidungsphase befinden und somit Interesse und Involvement (inneres Engagement) einem bestimmten Produkt oder einer bestimmten Dienstleistung gegenüber haben, z. B. Tele-Banking oder Tele-Shopping mittels Datex-J/Btx.

Im Business-to-business Bereich (= Marktbeziehungen zwischen Gewerbetreibenden) wächst die Btx-Nutzung langsam, aber stetig. Sei es im Rahmen der »geschlossenen Benutzergruppe«, im Bereich des »elektronischen Briefkastens« oder im ursprünglichen Sinne als Werbemedium. Dabei können selbst Werbeseiten gestaltet werden, oder man kann Werbeflächen in bestehenden Programmen anderer Anbieter anmieten (sog. Anmietung von »Werbestreifen«). Die Preise richten sich nach der monatlichen Nutzung der Leitung. Die Leitseite der Bundesbahn wird ca. 150 000mal pro Monat nachgefragt. Ein Werbestreifen, bestehend aus zwei Zeilen zu je 28 Zeichen kostet 8 500,– DM monatlich.

Die Datex-J-Zugangskennung kostet monatlich 8,00 DM. Zusätzlich zum Telefon-Ortstarif fällt ein moderates Nutzungsentgelt an. Es beträgt 0,06 DM je Minute tagsüber und 0,02 DM je Minute während der Billigtarifzeiten von 18.00 Uhr bis 8.00 Uhr und am Wochenende. Dies entspricht 3,60 DM bzw. 1,20 DM je Stunde. Für besondere Zeiten verlangen Anbieter oftmals eine zusätzliche Vergütung, die zwischen 0,01 DM und 9,99 DM liegen kann.

Wesentliches Endgerät für Bildschirmtext ist der PC. Der Nutzer benötigt lediglich ein zusätzliches Modem und eine BTX-Software, die meist im Paket mit Anmeldekarte angeboten werden. Die Preise liegen zwischen 100,– DM bis 400,– DM für 28 000 Bits pro Sekunde.

Eine bevorzugte Anwendung von Datex-J für gewerbliche Kunden findet innerhalb geschlossener Benutzergruppen statt, bei denen Außenstellen und Kunden mit einer Zentralstelle kommunizieren. Typische Anwendungsgebiete sind ferner die Außendienststeuerung, Buchungs-, Bestell und Reservierungssysteme, aber auch dezentrale Datenerfassung und Zugriffsmöglichkeiten auf Unternehmensdaten, wie z. B. auf die zentrale Kundendatei, Lagerbestände, aktuelle Preislisten.

Für den privaten Nutzer bietet Datex-J Börsen- und Wirtschaftsinformationen, den Zugang zu Datenbanken und zu Archiven namhafter Tages- und Wochenzeitungen, ferner Informationen über Fahr- und Flugpläne, Mietwagenreservierung, Kartenbestellungen, Produkt- und Firmeninformationen, ferner das elektronische Telefon- und Telefax-Verzeichnis, amtliche Statistiken und schließlich Electronic Banking und TeleShopping.

1.2 Telefaxdienst (Telebrief)

Telefax ist Fernkopieren. Briefe, Dokumente, Illustrationen und technische Zeichnungen werden von einem Fernkopierer, der an das Telefon angeschlossen ist, zu einem anderen Fernkopierer übertragen. Schrift und Grafik werden also originalgetreu kopiert. Dies ist möglich durch fotoelektronische Zerlegung der Vorlage in Rasterpunkte.

Die Vorteile des Telefaxdienstes sind:

– Schnelligkeit: der inner- und außerbetriebliche Informationsfluß wird beschleunigt. Der Telefaxdienst bietet Kompatibilität zwischen allen angeschlossenen Fernkopierern, gleichgültig, welches Fabrikat der Kommunikationspartner gewählt hat.
– Sicherheit: Verständigungsfehler werden ausgeschaltet.
– Wirtschaftlichkeit: Korrespondenz- und Folgekosten werden minimiert. Weniger Porto, weniger Fotokopien, weniger Briefe und Adressen schreiben. Das bedeutet effektiveren Personaleinsatz und damit bessere Auslastung des Telefons.

Firmen und Privatpersonen, die keinen eigenen Fernkopierer haben, können ebenfalls Vorlagen übermitteln oder empfangen, und zwar per Telebrief. Telebrief heißt der Service, den die Post in ca. 600 Postämtern eingerichtet hat. Teilnehmer mit eigenem Fernkopierer können ihre Vorlagen an ein nahegelegenes Postamt des Empfängers übermitteln. Per Eilboten werden dann die Kopien noch am selben Tag zugestellt. Umgekehrt kann man auch zum Postamt gehen und von dort eine Vorlage, sofern man kein eigenes Fernkopiergerät besitzt, an einen Telefaxteilnehmer übermitteln.

Bezüglich der Werbung per Telefax gelten strenge Richtlinien. Grundsätzlich ist Werbung per Telefax verboten. Gründe sind einmal die Blockierung des Gerätes während des Empfangs der Werbebotschaft und ferner, daß der Umworbene einen Teil der Werbekosten selbst trägt, da sein Faxpapier verwendet wird.

1.3 Ausgewählte Telekom-Dienste (Audiotex)

– *Service 0130*
Der Angerufene (z. B. Versandhaus) zahlt die Gesprächsgebühr. Der Anrufer zahlt nur eine Gebühreneinheit.

– *Service 0180*
Ein Unternehmen mit mehreren, regional unterschiedlich verteilten Filialen kann unter einer einheitlichen Rufnummer erreicht werden. Es erfolgt dann eine räumlich günstige Zuordnung der eingehenden Gespräche.

– Service 0190
Hinter der Telefonnummer 0190 verbirgt sich die klassische Audiotex-Vor-wahlnummer. Unter Audiotex versteht man das Ausbreiten, Abrufen und Über-mitteln von Daten über das Fernmeldenetz. Audiotex ist sowohl einseitig als auch interaktiv einsetzbar (z. B. Buchen einer Reise). Bei der Vorwahl 0190 wird die Zielgruppe zu Beginn des Anrufes auf den Informationsanbieter und auf das erhöhte Verbindungsentgelt hingewiesen. Für den Anrufer gilt ein 12-Sekunden-Takt (1,15 DM/Minute).

– Service 0138
Die neutrale Audiotex-Vorwahl. Aus dem gesamten Bundesgebiet können An-rufe auf einen zentralen Rechner geleitet werden. Der Anrufer zahlt den Fernta-rif.

– Bildtelefon
Die Aufrüstung eines PC zum Bildtelefon kostet in Zukunft ca. 3 000,– bis 5 000,– DM. Außerdem werden preiswerte Stand-alone-Bildtelefone auf den Markt kommen, die lediglich einen Kanal bei ISDN benötigt statt wie bisher zwei. Die Kosten pro Stunde werden bei ca. 150,– DM liegen.

1.4 PC-Einsatz in der Werbung

»Personal Computer« (PCs) sind Universalrechner, die von einer Person be-dient werden. Zur Grundausstattung des PC-Einsatzes gehören: Zentraleinheit, Diskettenlaufwerke bzw. Festplatte, Tastatur, Monitor, ferner Peripheriegeräte wie Drucker, Maus etc. Voraussetzung für das Betreiben eines PC ist ein Betriebssystem, wie z. B. MS-DOS oder OS 2. Die Anwendungsmöglichkeiten eines Computers sind von der Software abhängig. Haben PCs im Kommunika-tionsbereich bereits große Bedeutung bei Agenturen, Medien und Werbungtrei-benden durch den ISDN-Anschluß erlangt, so können sie in Zukunft noch wichtiger werden.

PCs und die entsprechende Software werden z. B. eingesetzt:
- bei der Korrespondenz bzw. Texterfassung (Software: z. B. Word)
- bei der Angebotserstellung, Stundenerfassung und Nachkalkulation/ (Soft-ware: z. B. Word, Works)
- im Grafikbereich zur Bearbeitung von Vorlagen bzw. zur Erstellung von Satz und Illustrationen (Software: z. B. PageMaker, QuarkXPress, Illustrator)
- ferner in den Bereichen der Buchhaltung, Kostenrechnung, Mediaplanung und bei der Erstellung von Videos bzw. Dia-AVs.

1.5 Kabelfernsehen

Ursprünglich wurde Kabelfernsehen geschaffen, um die Empfangsmöglichkeiten für drahtlos vermittelte Fernsehsignale bei ungünstiger topografischer Lage des Empfangsgebietes zu verbessern. Über Großgemeinschaftsantennen-Anlagen werden die Rundfunksignale (Fernsehen und Hörfunk) empfangen und über verschiedene Netzebenen bis zu Hausanschlüssen weiterverteilt. Werden über Kabelfernsehanlagen noch zusätzliche interaktive Dienste angeboten, so spricht man von interaktivem Fernsehen. So würde die Installierung eines Rückkanals bedeuten, daß ein Zweiwegefernsehen möglich wird. Folgende Programme können in die Kabel eingespeist werden:
- alle Programme der ARD und des ZDF
- Satellitenprogramme
- Programme, die über Richtfunkstrecken vermittelt werden
- Programme von lokalen und regionalen Anbietern.

Mit rund 13,5 Mio. angeschlossenen Haushalten war die Deutsche Telekom am 31. Dezember 1993 der weltweit größte Kabelnetzbetreiber. Gegenüber dem Jahr 1992 bedeutet dies eine Steigerung um mehr als 1,6 Mio. angeschlossenen Wohnungen. Weitere 8 Mio. Haushalte könnten sich in Deutschland technisch an das Kabelnetz anschließen lassen, machen von dieser Möglichkeit jedoch noch keinen Gebrauch.

Interaktivität
Interaktivität würde den typischen Einweginformationsfluß beenden und wäre somit die revolutionärste der neuen Technologien. Sie erlaubt sofortige Reaktion auf Programme, z. B. in Game-Shows mitzuspielen oder aus verschiedenen Drehbuchvarianten eines Films zu wählen.
Wer sich einen Krimi oder ein Fußballspiel anschaut, will vom Ergebnis eigentlich überrascht werden. Interaktivität ist das genaue Gegenteil – hier bestimmt der Zuschauer das Ende oder auch Details. Geeigneter erscheinen dagegen die nachfolgend beschriebenen Möglichkeiten.
Tele-Shopping, Tele-Banking, Reisebuchungen etc. sind dann Anwendungen, die weniger mit Unterhaltung als mit sinnvoller Nutzung der Interaktivität zu tun haben.
Für die Werber interessant ist die Möglichkeit, auch Werbespots interaktiv zu gestalten, beispielsweise die Abfrage von weiterer Informationen oder von Coupons per Tastatur.

Interaktives Fernsehen
In Berlin startete die Telekom im Februar 1994 ein Pilotprojekt zum Thema »Interaktives Fernsehen«. Dabei sind 25 Privatpersonen und 25 öffentliche Einrichtungen einbezogen. Was wird nun »digital« geboten? Es sind dies:
- die Satellitenkanäle der Deutschen Welle TV
- ein Cartoon-Network

- die »Chronik der Wende« wird als Video-on-Demand vom SFB präsentiert
- Spielfilme, Magazine und Talkshows
- Home-Shopping mit Unterstützung des Otto-Versands
- ein Gesundheitskanal
- ein Info-System für die Hauptstadt Berlin, das Museen, Restaurants und Einkaufsgelegenheiten enthält
- ein Lernprogramm (Tele-Teaching).

Die Telekom möchte ihr Programmangebot ständig erweitern und attraktiver gestalten. Es werden deshalb noch Programmzulieferer gesucht. Von der technischen Seite her gesehen besteht das interaktive TV-Netz aus Glasfaser-und Koaxialkabel.

1.6 Pay-TV

Unter Pay-TV versteht man die individuelle TV-Nutzung. Im Pay-TV steckt ein enormes Markt- und Wachstumspotential, das 1995 voraussichtlich erst zu 5 % ausgeschöpft sein wird (ca. 760 000 Kunden).
Die »Medien Services GmbH« Berlin soll das Dienstleistungsunternehmen für digitale TV-Dienste in Deutschland werden. Die MSG ist ein Zusammenschluß der Telekom, von Bertelsmann und der Kirch-Gruppe. Aus dieser Konstellation könnten sich allerdings kartellrechtliche Probleme ergeben: Wer Programme transportiert, sollte nicht gleichzeitig den Inhalt bestimmen.

Es wird in Zukunft verschiedene Formen des Pay-TV geben:

Pay per Channel
Abonnenten bezahlen pro Monat und pro Kanal, z. B. Premiere. Es ist sinnvoll, solche Dienste als NVod anzubieten.

Pay per view
Bezahlt wird hier die tatsächliche Sehzeit bzw. Einheit. Dieser Abrechnungsmodus ist bei allen Angeboten des Daten-Highway möglich, denn der Multimedia-Computer kann den Konsum genau registrieren und läßt erst dann beim Anbieter die Kasse klingeln, ist also für IVod und NVod (vgl. Definition auf S. 213) geeignet.

Video on demand
Dies bedeutet einen radikalen Bruch, mit der heutigen Art fernzusehen. Ähnlich der Videorecordernutzung kann der Zuschauer Programme oder Filme zu jeder gewünschten Zeit und – darin besteht der Unterschied zu anderen Novitäten – aus einem breiten Angebot aufrufen.

Es gibt drei Übertragungsmöglichkeiten:
1. Interactive Video on Demand (IVod) – über Rückkanal fragt der Benutzer den Programminhalt ab, findet ein Beitrag sein Interesse, wird ihm dieser Beitrag vom Server zugeschaltet.
2. Near Video on Demand (NVod) – dies sind Verteildienste, über die beispielsweise eine zeitversetzte Ausstrahlung attraktiver Programme bzw. die Zuweisung des Benutzers zum richtigen Kanal abgewickelt werden. Dabei wird über mehrere Kanäle derselbe Beitrag jeweils zeitversetzt ausgestrahlt.

1.7 Digitales Fernsehen (HDTV)

Das hochauflösende Fernsehen der Zukunft liefert extrem scharfe Bilder von großer Brillanz. Gleichzeitig erfolgt beim HDTV (High definition television) eine Verbreiterung des Bildes vom gegenwärtigen 4:3- auf ein 16:9-Format (Verhältnis von Breite zu Höhe). Möglich wird dies durch eine Verdoppelung der Bildzeilen des Schirms auf 1 250. Für das menschliche Auge ist dann kein Flimmern des Fernsehbildes mehr feststellbar. Allerdings ist zur Erreichung dieser Qualität die Übertragung der vierfachen Datenmenge erforderlich. Spezielle Mikrochips entschlüsseln im Fernsehgerät die komprimierten Daten. Diese Bildinformationen liegen beim HDTV bereits in digitaler Form vor, so daß sie sich direkt in Multimedia-Anwendungen einbeziehen lassen.
Durch das digitale Fernsehen, d. h. durch Datenkompression wird es möglich sein, eine Vielzahl inländischer und ausländischer privater wie öffentlich-rechtlicher Fernsehprogramme zu empfangen.
Technische Grundvoraussetzung für den digitalen Fernsehempfang ist die sogenannte Set-Top-Box, ein Zusatzgerät, das die digitalen Signale empfängt und sie in die Pal-Norm umwandelt. Außerdem ist auch ein Decoder notwendig, der die entgeltpflichtigen Angebote entschlüsselt und schließlich noch ein Telefonmodem, das die Interaktion des Zuschauers mit den Serviceanbietern ermöglicht und das auch die Abrechnung bei entgeltfinanzierten Dienstleistungen vornimmt. Alle Fernsehhersteller entwickeln zur Zeit die Set-Top-Box.
Welche Möglichkeiten für den Kunden bieten digitale Fersehangebote? Es sind dies:
- Spielfilme, in Form von Pay-TV, Pay per View bzw. Video on Demand
- ferner Serviceangebote wie Home-Shopping und Tele-Banking
- Ticketing, d. h. die Bestellung von Eintrittskarten, Flugscheinen, Fahrscheinen etc. von zu Hause aus
- die Inanspruchnahme von Finanz- und Versicherungsleistungen
- Möglichkeiten der Nutzung von Computerspielen

Welche der vielen Möglichkeiten des interaktiven Fernsehens der Kunde nutzen wird, bleibt Tests vorbehalten. Diese vielseitigen Dienste allein durch

**normaler
Fernseher**

Öffentl.-rechtl. Sender
+ Privatsender
+ Sparten-Programme
(MTV, n-tv, VIVA, DSF etc.)
+ 1 Pay-TV (premiere)

Videorecorder

Aufzeichnungen
oder Verleih

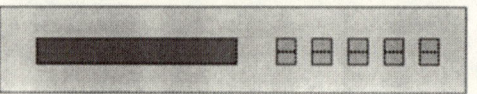
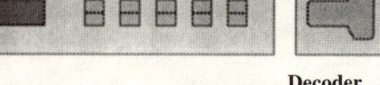

**Decoder
für Pay TV**

**Fernbedienung
Videorecorder**

Vorwärts-, Rückwärtslauf

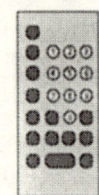

Fernbedienung TV

Kanalwahl
oder Zapping

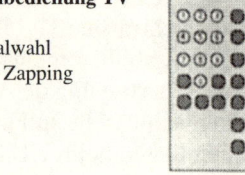

Entschlüs-
selung
Pay TV

Finanzierung

Öffentl.-rechtl. Sender per Mischfinanzierung,
d. h. per Gebühren und Werbeeinnahmen

Privatsender per Werbeeinnahmen

Sparten-Programme per Werbeeinnahmen

Pay-TV premiere per Monatsabonnement

Videorecorder per Leihgebühr

Abb. 35: »Der Blick von der Couch heute«

214

**normaler Fernseher
oder Computer-Monitor**

Öffentl.-rechtl. Sender
+ Privatsender
+ Sparten-Programme
+ Pay-TV-Sender

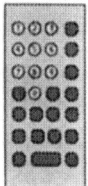

**erweiterte
Fern-
bedienung**

Kanalwahl/
Zapping

Set-Top-Box

Übertragungsmedien

Computer-Tastatur

interaktive Funktionen
z. B. Telebanking,
Teleshopping etc.
oder Computerfunktionen

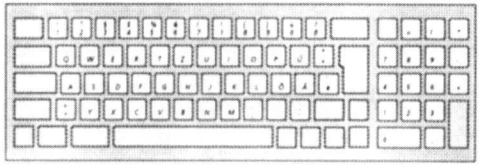

Finanzierung

Öffentl.-rechtl. Sender per Mischfinanzierung,
d. h. per Gebühren und Werbeeinnahmen

Privatsender-Vollprogramme per Werbeeinnahmen

Privatsender-Spartenprogramme per Monatsabonnement
und/oder Werbeinnahmen

Pay-TV – Video on demand per Monatsabonnement
        – Pay per view per tatsächlich gesehener Einheit
        – Spartenprogramme per Monatsabonnement
          und/oder Werbeeinnahmen
        – Pay per channel per Monatsabonnement
          und/oder Werbeeinnahmen

Abb. 36: »Der Blick von der Couch morgen, übermorgen«

215

Werbung zu finanzieren, wird voraussichtlich nicht ausreichen. Es werden entgeltpflichtige Fernsehangebote dazu kommen, die zwar im ersten Moment als Nachteil erscheinen, jedoch für den Kunden eindeutige Vorteile bieten:
- Der Kunde erhält das Programm geliefert, das er bestellt.
- Er kann den Zeitaufwand, den er für die Programmnutzung einsetzen will, selbst bestimmen.
- Er kann u. U. werbefreie Programme ordern.

Entscheidend wird sein, ob die Preise für entgeltpflichtige Dienste und Sendungen im Rahmen des Haushaltsbudgets der Kunden liegen.
Bereits heute hat sich die Fernsehwerbung stark verändert. Paralell zur technischen Innovation des digitalen Fernsehens wurde neue Werbeideen kreiert, von denen die wichtigsten in den folgenden Abschnitten kurz dargestellt werden.

1.7.1 Bartering

Dies ist der Tauschhandel von Fernsehproduktionen gegen Werbezeit.
Bekanntes Beispiel hierfür ist die »Springfield Story«, die Procter & Gamble in den USA produzierte und die seit fast 2100 Folgen im Tausch gegen Werbezeiten in RTL läuft. McDonald's besorgte die »KINO-News« für SAT 1. Jacobs Suchard brachte »Heiter weiter« bei SAT 1 und »Klargestellt« bei Tele 5 unter. Aber es gibt auch Flops im Bartergeschäft, z. B. war Frank Elstners RTL-Show »Air-T-L« aus dem Lufthansa-Jet eine Bauchlandung mangels Quoten.
Wieviel Spots kostet eine Serienepisode? Der moderne Naturalienhandel gilt als Geschäftsgeheimnis, so daß über Kosten keine Angaben gemacht werden können.
Vor allem in der Aufbauphase sind private Anbieter »barterbedürftig«. Im Hinblick auf die neuen Technologien eröffnen sich also wieder neue potentielle Abnehmer.
Kritiker befürchten eine Einschränkung der Programmautonomie der Sender durch die Zulieferung vorgefertigter Ware, was allerdings auch beim Rechteerwerb fertiger Serien oder Filme gegeben ist. Viel kritischer zu betrachten ist die Verquickung von Bartering und Product Placement oder Sponsoring; was bedeutet, daß beispielsweise Procter & Gamble in seiner Serie mit Sicherheit keine Fremdmarken einbaut.

Finanz-Bartering
Nicht genug der üblichen Geschäfte auf Gegenseitigkeit. Der Markt hat sich längst vom schlichten Bartering hin zum ausgetüftelten Finanz-Bartering gewandelt. So hat etwa ein Programmveranstalter ein Konzept für eine Sendung, daß er aber allein nicht finanzieren kann. Also sucht er, wie die Produzenten beim Product Placement, einen Cofinanzier.

Programming
Eine weitere Bartering-Variante ist das Programming. Ein Agentur-Network oder ein Markenartikler erwirbt Serien- oder Übertragungsrechte und bietet

216

diese den Sendern günstig an und hat so gute Chancen beim Plazierungskampf in den Werbeblöcken.

Der moderne Tauschhandel wird schon allein deshalb zunehmen, weil selbst reiche Sender unter dem Druck steigender Rechte- und Produktionskosten jedes – und sei es in Spots – bezahlbare Angebot prüfen müssen.

1.7.2 Product Placement

Product Placement ist nur im weitesten Sinne eine Finanzierungsmöglichkeit für das Fernsehen, da die Einnahmen aus dem Product Placement an den Produzenten des Filmes oder der Sendung gehen. Tritt also ein Sender als Produzent auf, ist es indirekt ein Finanzierungsmittel für das Fernsehen bzw. den jeweiligen Sender.

Man darf gespannt sein, wie weit Product Placement noch fortschreiten wird. Vielleicht nippt Sabine Christiansen bei den Tagesthemen demnächst nicht mehr nur an anonymen Sprudel, sondern an Markenwasser.

1.7.3 Programm-Sponsoring (Patronate)

»Live aus den USA – das folgende Spiel präsentieren Ihnen ARD, ZDF und Bitburger!«

Ob Sportveranstaltung, Unterhaltungsserie, Kulturjournal oder das Wetter – immer mehr Kunden wollen ein Patronat übernehmen.

Vor zwei Jahren war Programm-Sponsoring zugelassen worden, um vor allem bei den öffentlich-rechtlichen Sendern das Werbegeschäft anzukurbeln. Anfänglich war die Präsentation auf die Einblendung des Firmennamens beschränkt. Vor allem aber durften die Kunden nicht in den Werbeblöcken der von ihnen gesponsorten Sendungen werben. Dort war dann die Konkurrenz mit ihren Produkten zu sehen. Verständlich, daß daraufhin viele Kunden schnell wieder von den Patronaten Abstand nahmen.

Seit 1. August 1994 ist dies nun anders. Der Sponsorhinweis ist dann als Bewegtbild »in vertretbarer Kürze« möglich, es dürfen Firmen- und Markennamen genannt werden und der »Patron« kann in der Unterbrecherwerbung seine Spots schalten.

Neue Sponsoring-Möglichkeiten sind durchaus denkbar – zusätzlich könnten etwa Logos von Sponsoren in der oberen Bildhälfte eingeblendet werden.

Dies gibt auch Raum für unkonventionelle Vermarktungswege wie z. B. bei DSF, wo ganze Vermarktungspakete angeboten werden. So werden etwa die Programmankündigungen für eine Sportveranstaltung mit der Sportmelodie unterlegt.

Das große Plus der Kurzauftritte sind 5 Sekunden Werbezeit in einer fast zappingfreien Zone.

Die Exklusivität im werbefreien Raum hat allerdings ihren Preis. Trailersekunden sind in der Regel um 20 % teurer als Werbung in der gleichen Zeitzone. Bei DSF ist sogar der doppelte Sekundenpreis fällig.

1.7.4 Erweiterte Unterbrecherwerbung

Rudi Völler stürmt in Richtung Tor, setzt zum Schuß an . . . Schnitt Werbung – Clementine zeigt, was wahre Stärke ist!
In Deutschland ist dies momentan noch unvorstellbar. Die fußballfanatischen Italiener dagegen haben sich längst daran gewöhnt.
Privatsender haben sogar mit der FIFA über eine Änderung des Reglements diskutiert – zwei Pausen statt einer. Die Pläne dafür sind jedoch wieder vom Tisch.
Eine andere Idee ist, bei Unterbrechungen, beispielweise Auswechslung oder Verletzung, einen kurzen Spot zu senden. In Asien und Südamerika wird das bereits praktiziert.

»Zielgruppenspezifscher geht es nicht mehr«
Digitale Übertragungsverfahren machen eine neue Generation von Fernsehprogrammen möglich. Auf globaler, europäischer, nationaler und vielleicht auch regionaler Ebene werden mit hoher Wahrscheinlichkeit Abonnement-finanzierte Spartenkanäle entstehen.
Doch die Digitalisierung der Fernsehsignale und die Versorgung der Haushalte mit digitalen Empfangseinrichtungen und speziellen Decodern wird noch einige Jahre dauern. Aber bereits heute wäre die Telekom in der Lage, zusätzliche Kanäle zur Verfügung zu stellen, und so könnte auch mit analoger Technik das Angebot an Spartenprogrammen vergrößert werden.
Die neuen Spartenprogramme werden sich voraussichtlich schon mit Zuschauerzahlen von einigen hunderttausend Abonnenten als Pay-TV oder Pay per View rechnen.
Die Bandbreite an Sparten ist immens, jedoch sicherlich von der Größe der jeweiligen Zielgruppe abhängig. Der vieldiskutierte Wetterkanal ist über die Planung bisher nicht herausgewachsen, und auch die potentielle Abonnentenzahl für die Sportart Fliegenfischen wäre wohl für eine gewinnbringende Ausstrahlung zu gering.

Mögliche Sparten hingegen sind:
- Sport (DSF)
- Bildung und Information
- Kultur (arte)
- Nachrichten (n-tv)
- klassische Musik
- Volksmusik
- gewaltfreies Kinderfernsehen

- Familienprogramme, wie z. B. Kochen
- Für die Senioren
- Werbe-lnfo-Sender etc.

Das traditionelle Fernsehen wird aber deshalb nicht verdrängt werden. Selbst eingefleischte MTV-Seher/Hörer gönnen sich ab und an eine Nachrichtenpause in ARD oder ZDF oder »Liebe Sünde« auf Pro 7.
Vollprogramme (ARD, ZDF, RTL, SAT 1 und Pro 7) verfügen über einen Zuschaueranteil von über 80 % und entgegen aller Hoffnungen ihrer Kapitalgeber sind die bereits vorhandenen Spartenkanäle, außer MTV und VIVA, nur schleppend in Gang gekommen.
Mehr Spartenkanäle bedeuten auch den gegenseitigen Abzug eines erheblichen Teils ihrer inhaltlichen und ökonomischen Substanz.
Wenn die Betreiber von Spartenprogrammen in Zukunft mit dem Argument der Werbefreiheit ihre Abonnenten akquirieren, wird es für die Werber schwieriger. Man kann aber davon ausgehen, daß Abonnenten besondere Werbeformen auch innerhalb von Pay-TV-Programmen akzeptieren werden. Dies bietet natürlich eine interessante Grundlage für eine zielgruppenspezifische und wirtschaftliche TV-Werbeplanung.

1.8   Digitaler Hörfunk

Digitaler Hörfunk beginnt 1995. Der analoge Hörfunk soll allmählich durch den digitalen Hörfunk abgelöst werden. Zahlreiche Pilotprojekte sollen die Leistungsfähigkeit des neuen »Digital Audio Broadcasting« (DAB) testen. Projekte sind in Bayern, Berlin, Köln und Baden-Württemberg geplant. Der Vorteil des DAB ist der Radioempfang in CD-Qualität. Außerdem lassen sich dann auf das enge UKW-Band bis zu dreimal so viele Programme packen. Dabei bleibt sogar noch Platz für die Übertragung zusätzlicher Daten oder Texte, wie Werbespots, Verkehrshinweise, Börsenkurse.
Hinsichtlich der Technik des Digital Radios kann festgestellt werden, daß die beiden Satellitenbetreiber Astra und Eutel-Sat 1995 erstmals digitale Programme ausstrahlen. In Zukunft können mehrere 100 Programme gesendet werden. Darunter auch die Angebote der beiden amerikanischen Radiostationen Music Choice Europe (MC Europe) und Digital Music Express (DMX).
Bis Anfang 1996 sollen 100 Programme via Kabel und Astra Satellit an den Start gehen.
Auf den Verbraucher kommen einige Kosten zu: Neben einem Kabelanschluß oder einer Satellitenantenne benötigt der Hörer einen Spezialempfänger, der ca. 200,– bis 300,– DM kosten soll. Ein spezielles Anzeigefeld weist auf den Titel des gerade laufenden Stücks oder auf den Künstlernamen hin.

Für 1995 ist mit folgenden Angeboten des digitalen Hörfunks zu rechnen:

- Zahlreiche Radioprogramme, die zusätzlich zu den Fernsehprogrammen über Astra und Eutel-Sat Digitalradio ausgestrahlt werden.
- Ferner werbefreie Digitalradioprogramme, z. B. von den Anbietern DMX und MC Europe, die sich aus Abonnentengebühren finanzieren. Sie sind ebenfalls über Kabel bzw. den Astra Satellit zu empfangen (sogenanntes Pay-Radio).

Radio on Demand

Schon heute bieten einige Auslandssender Programmteile auf Internet an. Über Computernetze (Internet), über Telefonleitungen oder Satellitenverbindungen werden einzelne Programmteile oder Musikstücke verfügbar sein. Alle Spartenprogramme sind individuell und einzeln abrufbar und können an jeden beliebigen Punkt übermittelt werden. Musikkonzerne z. B. wollen ihre Produkte künftig aus Datenbanken via Satellit verkaufen (vgl. Müller, E. 1994).

1.9   Online-Netze

Mittels Computer, Telefon und Medien wird es dem Computerspezialist ermöglicht, über die sogenannten Online-Dienste weltweit in Aktion zu treten, sei es als Anbieter für Informationen oder als Nachfrager. Als Anbieter kann der Teilnehmer Informationen, Nachrichten und Werbebotschaften versenden, als Nachfrager kann er aktuelle Nachrichten, elektronische Zeitschriften, Zeitungen empfangen und weltweit das große Angebot der Datenbanken nutzen.
1994 betrug der Markt der Online-Dienste 3,1 Milliarden DM, wobei jeder Nutzer bis zu 450,– DM jährlich ausgab.

Die wichtigsten Online-Netze sind:

- *Internet*
  Es handelt sich hierbei um das größte Datennetz mit ca. 30 Mio. Teilnehmern. Zugang zu dem Netz bieten örtliche Diensteanbieter wie z. B. Subnetz EV bzw. Euronet GmbH. Die Grundgebühr für diesen Dienst liegt zwischen 30,– DM und 100,– DM.

- *Compuserve*
  Es ist der größte kommerzielle Nutzanbieter. Die meisten der über 2 Mio. Teilnehmer stammen aus den Vereinigten Staaten Der Zugang zu Compuserve erfolgt in Deutschland über 10 Rechenstationen, die Grundgebühr beträgt ca. 15,– DM plus Telefongebühren.

- *Datex-J (Telecom Online)*
  (siehe Punkte 1.1)

– *Fido-Net*
Es ist ein Zusammenschluß der örtlichen Mailboxen. Der Datenaustausch erfolgt regelmäßig. Die Benutzer haben direkten Kontakt über ihre Mailboxen am Heimatort. Der Anschluß an eine örtliche Mailbox kostet bis zu 15,– DM monatlich und Telefongebühren. Fido-Net ist eine Spezialität für Computerfans, da es für Laien z. T. schwer zu bedienen ist.

2   Funkmedien

2.1   Videotext

Videotext benutzt die gleiche Darstellungsform wie Bildschirmtext, ebenfalls identisch sind die technischen Komponenten im Teilnehmergerät. Die Daten werden jedoch nicht individuell im Fernsprechnetz übertragen, sondern gemeinsam mit dem Fernsehprogramm in zyklischer Folge ausgestrahlt.
Man kann Videotext als einen Verteildienst bezeichnen, bei dem der Teilnehmer durch Vorgabe jeweils eines der übertragenen Bilder frei auswählen kann. Das Videotext-Informationsmenü ist umfassend und bietet aktuelle Nachrichten aus dem In- und Ausland, Lottozahlen, Wetterbericht, Börsen- und Devisenkurse, Sportmeldungen, Verbraucher- und Ernährungstips. Hinzu kommen die Funktionen von Videotext zur Programmbegleitung des Fernsehens:
– Programmübersichten
– Untertitel für Hörgeschädigte
– Untertitel zur Übersetzung bei ausländischen Filmen
– Einblendung aktueller Meldungen in laufende Sendungen.

Außerdem bieten einige TV-Sender regionale Meldungen im Videotext an. Werbung per Videotext ist nur bei SAT 1 möglich. Für die Ausstrahlung von Videotext werden weder zusätzliche Kanäle noch neue Frequenzen benötigt, die Übermittlung der Videotextdaten erfolgt in zwei Zeilen der sogenannten »vertikalen Austastlücke«, die als schwarzer Balken dann sichtbar wird, wenn ein Fernsehgerät falsch eingestellt ist oder das Fernsehbild durchläuft. Videotext wird gemeinsam mit dem Signal des Fernsehprogramms ausgestrahlt.

2.2   Satellitenfernsehen

Heute verbinden über 500 geostationäre Satelliten die Welt. Sie stehen in 36 000 km Höhe über dem Äquator. Dort gleichen sich die Fliehkraft des Satelliten und die Anziehungskraft der Erde aus; der Satellit dreht sich synchron mit der Erde.

Weil er stationär über der Erde steht, können Erdfunkstellen ihre Parabolantennen fix auf den Satelliten ausrichten.

Geringe Standortabweichungen werden in der Erdfunkstelle durch Nachsteuerung der Parabolantenne ausgeglichen, mit einer Genauigkeit von 0,002 Grad, sowohl in der Azimut- als auch in der Elevationsachse.

Millionen von nationalen und internationalen Telefongesprächen werden über Satellit geführt. Dem Fernsehen ermöglicht die Satellitentechnologie eine internationale Verbreitung, bessere Sendequalität und eine aktuellere Berichterstattung. Reportageteams können ihre Berichte über eine kleine Parabolantennne via Satellit in hoher Qualität in das Fernsehstudio überspielen.

Die Satellitensysteme DFS Kopernikus und TV-SAT werden von der *Telekom* eigenverantwortlich betrieben. Mit Kopernikus verfügt die Telekom über ein Satellitensystem, das vorrangig für die Kommunikation im deutschsprachigen Raum ausgelegt ist.

Immer mehr Unternehmen wickeln die Datenkommunikation zwischen Zentrale und internationalen Niederlassungen über Satellit ab und erreichen so auch abgelegene Standorte oder Großbaustellen.

Mit DAVID – im Satellitenverteildienst VSAT – können Kunden europaweit, unabhängig von terrestrischen Netzen, Texte und Daten austauschen. Eine Reihe größerer Unternehmen kommunizieren so zwischen Hauptverwaltung und mehreren Filialen in Deutschland und Europa.

Privatsender wie RTL, SAT 1, Pro 7, Kabelkanal, Eurosport, Superchannel, MTV, Sportkanal und einige regionale Anbieter sind entweder nur über Kabel oder Satellit bzw. auch terrestrisch empfangbar.

Vorteile der Privat-TV-Sender gegenüber den öffentlich-rechtlichen Sendern sind:
- Werbung auch nach 20 Uhr möglich
- bis zu 20 % der täglichen Sendezeit darf für Werbezwecke verwendet werden
- Sonderwerbemöglichkeiten zugelassen, wie z. B. »Der Preis ist heiß« oder »Glücksrad«
- Unterbrecherwerbung statt Blockwerbung möglich
- Tele-Shopping erlaubt unmittelbares Bestellen der ausgelobten Ware per Telefon, Btx (Datex-J) bzw. PC.

3 Audiovisionsmedien

3.1 Videosysteme

Videosysteme bestehen aus einem Videorecorder zur Aufzeichnung und Wiedergabe von Bild und Ton auf einem Speichermedium (Videokassetten, d. h. Magnetbänder in Kassettenform).

Einsatzmöglichkeiten der Videotechnik:
- bei Aus- und Fortbildungsprogrammen von staatlichen und privaten Stellen
- als Begleitmaterial zu Druckschriften, um komplizierte technische Vorgänge in Bild und Ton zu ergänzen
- als Werbemittel für Reisebüros bzw. -veranstalter, um Zielorte, Hotels und Transportmittel interessanter, als es der Katalog vermag, darzustellen
- für Fachgeschäfte, um Kollektionen interessierten Kunden im Geschäft oder zu Hause zu präsentieren
- um Modenschauen aufzuzeichnen und sie später weiteren Kunden vorzuführen
- die private Videoaufzeichnung von TV-Filmen und von Urlaubserlebnissen
- Magnetaufzeichnung der Filme, d. h. sowohl TV-Spots als auch Fernsehproduktionen können über Video (MAZ) aufgezeichnet werden. Der Vorteil besteht darin, daß die Bilder sofort sichtbar sind. Korrekturen können ebenfalls umgehend vorgenommen werden. Weitere Vorteile sind Trickmöglichkeiten, wie z. B. das *Blue-Box-Verfahren*. Darunter versteht man elektronische Einsatzmöglichkeiten von fremden Bildelementen in bestehende Bilder.

Bei der Magnetaufzeichnung (MAZ) existieren verschiedene Systeme:
a) das 1/2-Zoll-System
b) das 3/4-Zoll-System, d. h. das U-Matic-System; es findet hauptsächlich Verwendung bei der Produktion von Fernsehfilmen und bei der Produktion von TV-Spots
c) das 1-Zoll-System
d) das 2-Zoll-System

Den Einsatz der Videoproduktionen im Rahmen der Kommunikationspolitik zeigt Übersicht 17.

Vorteile der Videosysteme sind die sofortige Ergebniskontrolle nach einer Aufnahme bzw. Aufzeichnung und die Einsatzmöglichkeiten technischer Tricks.

Nachteilig bei Video ist die Auflösung von nur 625 Zeilen bei den Pal- und Secam-Systemen. Video bietet weniger Farb- und Helligkeitsnuancen als der Film. Außerdem unterliegen im Gegensatz zur Bildplatte die Magnetbänder einem schnellen Verschleiß bei häufigem Abspielen. Als gängige Videosysteme stehen z. B. VHS, VHS-c, Video8 und VideoHi8 zur Verfügung.

3.2 Videokonferenz

Dank Videokonferenzen lassen sich Geschäftspartner im In- und Ausland »elektronisch« verbinden, live in Bild und Ton. Durch den Einsatz von Videokamera und Bildschirm bietet die Videokonferenz Kommunikationsmöglichkeiten wie im persönlichen Gespräch. Dabei können auch Dokumente, Pläne,

Einsatzfelder	Anwendungsmöglichkeiten	Vorteile
Werbung	Werbespots Direktversand von Videocassetten an Endverbraucher, Händler und Multiplikatoren	Kosten hoher Aufmerksamkeitswert Sortiments-, Leistungsüberblick, Reichweitenvergrößerung
Verkaufsförderung	Messepräsentation Point of Sales	hoher Aufmerksamkeitswert Informationstiefe Verbundmöglichkeiten mit Übertragungs- und Speichermedien
Persönlicher Verkauf	Außendienst- und Verkäuferunterstützung	hoher Aufmerksamkeitswert Informationstiefe Verbundmöglichkeiten mit Übertragungs- und Speichermedien
Public Relations	Unternehmensportrait Dokumentation	hoher Aufmerksamkeitswert Informationstiefe

Übersicht 17: Einsatzmöglichkeiten von Video im Marketing

Grafiken, dreidimensionale Objekte in die Gespräche miteinbezogen und gemeinsam beurteilt werden. Durch Telefax-Einsatz kann gleichzeitig ein Dokumentenaustausch erfolgen. In Deutschland existieren Videokonferenzanschlüsse in über 100 Städten. Einsatzgebiete für Videokonferenzen sind die Automobil- und Elektroindustrie; auch Werbeagenturen, Druckereien und Verwaltungen nutzen die Vorteile dieses neuen Mediums.

3.3 Bildplatte

Die Bildplatte kann im Gegensatz zum Videorecorder keine Programme aufzeichnen, sondern nur abspielen (Play-back-Medium). Die Bildplatte funktioniert ähnlich wie ein CD-Player. Die Laservisionbildplatte wird mit mikroskopisch kleinen Vertiefungen versehen, die auf einer spiralförmigen Spur angebracht sind.
Man kann zwischen zwei Versionen Bildplatten wählen:
1. Die Standardversion mit einer Spieldauer bis zu 30 Minuten. Sie erlaubt Standbild, Zeitraffer und Zeitlupe. 54 000 Einzelbilder können pro Plattenseite beliebig ausgesucht und betrachtet werden.
2. Die Langspielversion der Bildplatte mit einer Spieldauer bis zu 60 Minuten.

Einsatzgebiete für Bildplatten sind:
- Produktdemonstrationen am POP (z. B. von Haarpflegemittel-Herstellern)

- Produktdemonstrationen auf Messen und in Museen (z. B. im Daimler-Benz-Museum)
- Demonstration von Objekten oder Serviceleistungen in Hotels bzw. Kundenempfangsbereichen in Unternehmungen

Die Bildplatte hat folgende Vorteile:
- Direkte Ansteuerung der interessierenden Bildplatteninhalte über Tastatur. Das lästige Vor- und Rückspulen beim Videorecorder, um eine bestimmte Stelle zu finden, entfällt.
- Möglichkeiten der Interaktion (Kombination Bildplatte mit Btx = Datex-J).

Die Kosten für die Herstellung von ca. 100 Laser-Bildplatten belaufen sich auf ca. 20 000 DM.

3.4 Computeranimation

Man versteht darunter die Aneinanderreihung von Computerbildern. Werden die Grafiken schnell hintereinander abgespielt, so entstehen wie bei einem Zeichentrickfilm bewegte Bildfolgen (siehe Aufbau des »Tagesschau«-Logos bei der ARD). Mit Hilfe spezieller Animationssoftware werden zwei- oder dreidimensionale Bildsequenzen erzeugt, wie z. B. durch das Keyframe-Verfahren oder durch das Ray-Tracing.
Einsatzgebiete der Computeranimation sind der TV-Spot, der Kinofilm bzw. auch POP-Video- oder CD-ROM-Aktivitäten.

3.5 Multimedia (CD-ROM)

CD-ROM bedeutet Compact Disc. ROM ist dabei ein elektronischer Speicher, dessen Inhalte nur gelesen werden können. Es existieren drei Arten von CD-ROMs:
- Musik-CDs
- Bilder- bzw. Foto-CDs
- Daten-CDs

Auf einer CD-ROM finden ca. 600 Megabyte Daten Platz, wobei es keine Rolle spielt, ob es sich dabei um Text-, Bild- oder Toninformationen handelt. Bei den »Read Only Memory«-Disketten kann der Datenbestand nicht gelöscht bzw. verändert werden.

Anwendungsbeispiele

Seit der Wintersaison 1994/95 gibt es den Otto-Katalog auf CD-ROM. Dazu

wurde ein 520 Seiten starker Auszug aus dem Hauptkatalog digitalisiert, der dem Kunden folgende Vorteile bietet:
- individuelle Produktselektion
- unmittelbare Bestellung (per Datex-J)
- sofortige Lieferauskunft (per Datex-J)

Auf einer interaktiven Scheibe von Otto findet eine Kombination von Bewegt- und Standbildern sowie der Einsatz von Musik und Textinformationen statt. Auch Zeitungen wie z. B. die FAZ können neuerdings mit einer CD-ROM auf einem Monitor gelesen werden. Es lassen sich damit Recherchen aus den Bereichen Politik, Wirtschaft, Sport, Feuilleton oder aus den wechselnden Sonderseiten samt Karikaturen und Tabellen durchführen.
Die Verwendung der CD-ROM als Werbemittel wird weiter zunehmen, vor allem Jugendliche und Heranwachsende werden die optimale Kombination von Bild, Text und Ton den gedruckten Werbemitteln vorziehen.

3.6 CD-I

Seit 1992 ist die CD-I (Compact Disc Interactive) auf dem europäischen Markt. Auch hier können Bilder (Stand- oder Bewegtbilder), ferner Grafiken, Texte und Musikstücke aufgezeichnet und wiedergegeben werden. Interaktiv heißt dieses Medium deshalb, da der Nutzer nicht zur Passivität verurteilt ist, sondern an bestimmten Stellen selbst entscheiden kann, mit welcher Sequenz es weitergehen soll. Bestimmte Auswahlmenüs stehen deshalb zur Verfügung.
Der große Vorteil von CD-I gegenüber CD-ROM liegt darin, daß für die Nutzung von CD-I nur ein CD-I-Player und ein Monitor benötigt werden, jedoch kein Computer. 1993 kostete ein Consumer CD-I-Player mit Full-Motion-Videokarte noch ca. 2 000,– DM. Doch bald dürfte ein Preisniveau von unter 1 000,– DM erreicht sein.
Einsatzgebiete für CD-I sind die Bereiche Verkäufertraining, POP-Verkaufshilfe, Ergänzung zum herkömmlichen Versandhauskatalog und Archivierung von Texten, Grafiken und Bildern.

3.7 Virtual Reality (Cyber Space)

Es handelt sich um ein neues Interaktions- und Darstellungsverfahren im Bereich der Computergrafik. Dem Anwender wird es ermöglicht, künstlich geschaffene »Welten« kennenzulernen. Er benötigt dazu eine Spezialbrille (Eye Phone) und einen sog. Datenhandschuh (Data Glove). In die Brille sind zweifar-

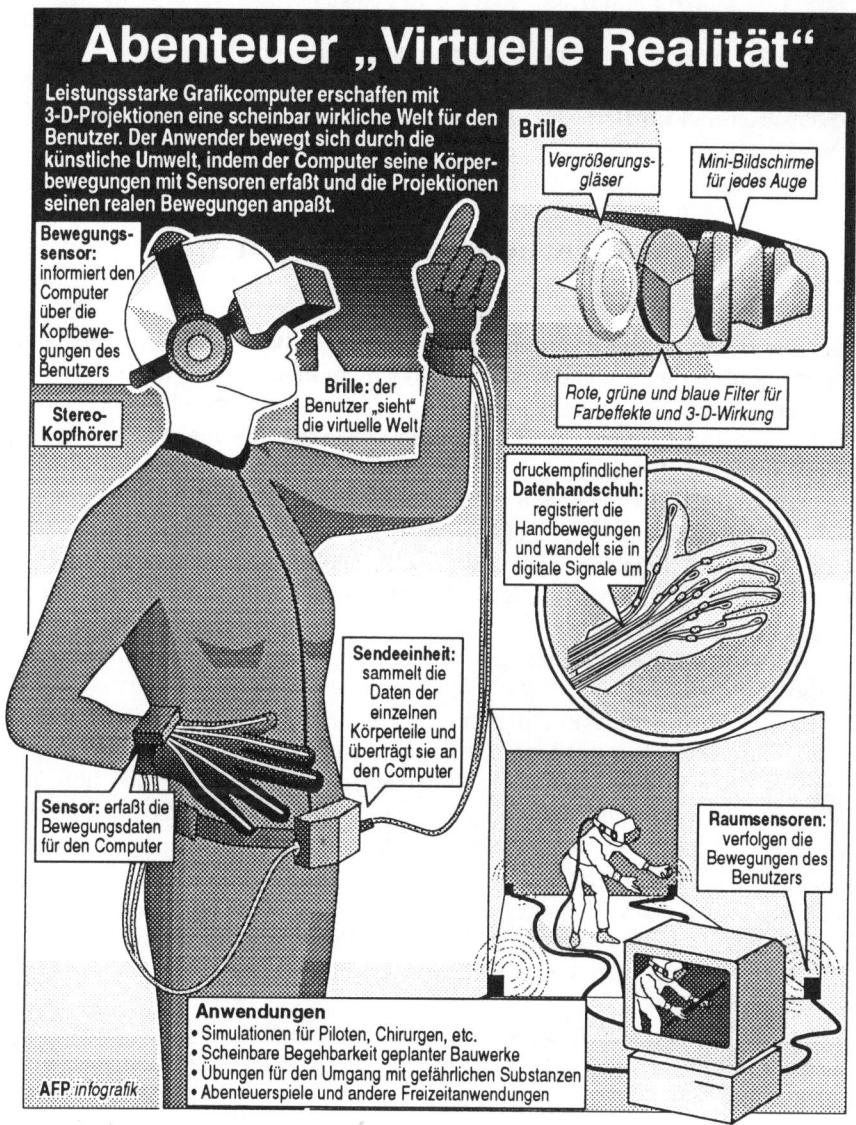

Abenteuer „Virtuelle Realität"

Leistungsstarke Grafikcomputer erschaffen mit 3-D-Projektionen eine scheinbar wirkliche Welt für den Benutzer. Der Anwender bewegt sich durch die künstliche Umwelt, indem der Computer seine Körperbewegungen mit Sensoren erfaßt und die Projektionen seinen realen Bewegungen anpaßt.

Bewegungssensor: informiert den Computer über die Kopfbewegungen des Benutzers

Stereo-Kopfhörer

Brille: der Benutzer „sieht" die virtuelle Welt

Brille

Vergrößerungsgläser

Mini-Bildschirme für jedes Auge

Rote, grüne und blaue Filter für Farbeffekte und 3-D-Wirkung

druckempfindlicher **Datenhandschuh:** registriert die Handbewegungen und wandelt sie in digitale Signale um

Sendeeinheit: sammelt die Daten der einzelnen Körperteile und überträgt sie an den Computer

Sensor: erfaßt die Bewegungsdaten für den Computer

Raumsensoren: verfolgen die Bewegungen des Benutzers

Anwendungen
• Simulationen für Piloten, Chirurgen, etc.
• Scheinbare Begehbarkeit geplanter Bauwerke
• Übungen für den Umgang mit gefährlichen Substanzen
• Abenteuerspiele und andere Freizeitanwendungen

AFP:infografik

Abb. 37: Interaktive Simulationen
Quelle: AFP infografik

bige Flüssigkristall-Bildschirme integriert, die, wenn das Bild dicht vor das Auge projiziert wird, dreidimensionales Sehen ermöglichen. Der Benutzer erlebt die Illusion, sich mitten in einem Raum zu befinden. Der Datenhandschuh, gleichsam das Tastgerät des Nutzers, dient als Navigationsinstrument in der Computerwelt. Man nimmt sehr schnell dank Eye Phone und Data Glove die künstliche Welt aus dem Computer als reale Umgebung wahr.

Neben Eye phone und Data glove wird noch eine Multimedia-Software benötigt, mit der man realitätsnahe Bilder produzieren kann.

Im Bereich Kommunikation dürfte die Virtuelle Realität hauptsächlich im Messewesen und im Bereich des Event Marketing Anwendung finden.

4   Werbung und die neuen Technologien

Wenn die Betreiber von Spartenprogrammen mit werbefreien Programmen ihre Abonnenten akquirieren und wenn Werbung nicht mehr gebraucht wird, um die Unterhaltung zu finanzieren, könnte es für die Werbungtreibenden schwer werden, die Reichweiten und Frequenzen zu halten, die für ihre Markenbekanntheit notwendig sind.

Werbung und Pay TV schließen sich aber nicht grundsätzlich aus. Je nachdem, um welche Angebote es sich handelt, ist auch Werbung, beispielsweise begleitende Werbung, möglich. Sponsoring oder auch Spots zwischen den Programmteilen sind denkbar. Vielleicht kommt es auch hier zu einer Mischfinanzierung (Hahn, 1994).

Die Werbung muß digital neu erdacht werden. Der althergebrachte Spot ist überholt.

Die Konsequenzen für Marketing und werbungtreibende Industrie sind dramatisch. Glaubwürdigkeit wird zum obersten Gesetz.

Einerseits verschwindet die breite Ansprachemöglichkeit über den üblichen TV-Werbeblockbrei, andererseits entstehen hochinteressante Zielgruppensegmente in den neuen Anwendungsbereichen, wie beispielsweise Sparten- und Special-interest-Programme.

Auch das Profil des Zuschauers wird sich ändern, weg vom Einweg-Couch-Konsumenten hin zum interaktiv kommunizierenden Programmpilot. Für ihn steht weniger der Unterhaltungswert als der Informationsgehalt der Werbung im Vordergrund.

Im interaktiven Fernsehen verknüpfen sich Möglichkeiten der traditionellen Werbung mit Promotion, wobei der Zuschauer z. B. einen Rabattcoupon für das Zuschauen erhält. Es wird daher eine Mischung aus traditionellen und neuen Werbe- und Marketingformen geben.

Beispiel für gut gemachte Aktionen, die auch für den interaktiven Weg geeignet wären, sind »Talk with Tomorrow« von Philip Morris und die MTV-Sendung »Pulse«.

Virtual Reality könnte möglicherweise weg vom Spielcharakter für kommerzielle Zwecke genutzt werden. Wer zum Beispiel mittels Virtual Reality durch ein Möbelhaus spazieren kann, ist davon sicherlich mehr beeindruckt als von bunten Fernseh- oder Katalogbildern. Und wer in sein Reiseland mittels Virtual Reality zu Hause schon mal reinschaut, wird mit hoher Wahrscheinlichkeit buchen.

228

VI Direktwerbung (Direct-Mailing)

1 Einführung in die Direktwerbung

Unter dem Begriff der »Direktwerbung« werden heute mehrere werbliche Aktivitäten subsumiert:
- die Zustellung adressierter Werbesendungen durch die Post
- die Zustellung nicht adressierter Sendungen durch die Post (= Wurfsendungen)
- die Verteilung von Werbematerial (Prospekte, Warenproben etc.) an bestimmte Personengruppen durch private Verteilerfirmen

Obgleich der letztgenannte Bereich nicht über die Deutsche Bundespost zur Verteilung kommt, wird für alle drei Aktivitäten auch der Begriff des »direct-mail-advertising« verwendet. In jüngster Zeit wird hierfür auch der Begriff des »Mail Marketing« verwendet.
Für den zentralen Begriff des *Direktmarketing* ist Mail Marketing nur ein Teilbereich. Direktmarketing umschließt ferner:
- *Pressemarketing:* insbesondere Response-Anzeigen, Beilagen bzw. Beihefter in Zeitungen und Zeitschriften
- *Telefonmarketing:* Behandlung eingehender Anrufe (passives Telefonmarketing) und eigene Anrufe (aktives Telefonmarketing)
- *Audio-Visuelles-Marketing:* über Platten, Cassetten, Btx, Bildtelefon etc.
- *persönlicher Kontakt:* Aktivitäten im Direktmarketing durch Vertreter und Außendienstmitarbeiter

Die Investitionen der Wirtschaft in adressierte und nachadressierte schriftliche Direktwerbung beliefen sich im Jahr 1993 nach Schätzungen des Deutschen Direktmarketing Verbands (DDV) insgesamt auf rund 10,8 Mrd Mark. Dies entspricht einer Steigerungsrate von etwa 3,8 Prozent gegenüber dem Vorjahr (10,4 Mrd Mark). Berücksichtigt sind dabei die Kosten für Porto, Versand sowie die Aufwendungen für privat verteilte Werbeprospekte und Handzettel. Die Wachstumsrate hat sich damit im Vergleich zu dem Vorjahreswert mehr als halbiert.
Optimismus herrschte vor allem bei den Werbeagenturen, den Telefonmarketing-Agenturen und den Prospektverteilunternehmen. Über die Hälfte (52 Prozent) der Direktmarketing-Agenturen verzeichnete ein durchschnittliches

Jahr	Mio. Mark	Veränderungen gegenüber Vorjahr in Prozent
1982	1 484,9	+ 8,0
1983	1 698,5	+ 14,4
1984	1 758,9	+ 3,5
1985	1 846,8	+ 5,0
1986	1 961,3	+ 6,2
1987	2 069,2	+ 5,5
1988	2 234,7	+ 8,0
1989	2 506,2	+ 12,2
1990	2 993,6	+ 19,4
1991	3 514,5	+ 17,4
1992	4 111,0	+ 17,0
1993	**4 353,1**	**+ 5,9**

Abb. 38: Streukosten für Werbung per Post 1993

Quelle: Deutscher Direktmarketing Verband e.V. (DDV)
*) Die Zahlen enthalten die Streukosten von Prospekten, Werbebriefen und Druckschriften per Postwurfsendungen. Nicht einbezogen sind Kosten der Haus-zu-Haus-Verteilung der Hostessendienste, Werbekolonnen und anderer Haushaltswerbung.
Die Streukosten wurden ermittelt anhand der von der Bundespost bekanntgegebenen Verkehrszahlen im Bereich der Infopost und Wurfsendungen. Sie erhöhen sich real um 10 Prozent für diejenigen Werbesendungen per Post, die als vollfrankierte Briefe verschickt wurden.
1) vgl. „Werbung in Deutschland 1993". S. 140 f

Jahr	Mio. Mark	Veränderungen gegenüber Vorjahr in Prozent
1981	4 526,2	+ 4,8
1982	4 562,4	+ 0,8
1983	4 825,1	+ 5,8
1984	4 968,5	+ 3,0
1985	5 077,8	+ 2,2
1986	5 214,9	+ 2,7
1987	5 340,1	+ 2,4
1988[1]	6 889,0[1]	–[2]
1989	7 219,7	+ 4,8
1990	8 057,1	+ 11,6
1991	8 927,3	+ 10,8
1992	10 436,0	+ 16,9
1993**	**10 795,2**	**+ 3,8**

Abb. 39: Aufwendungen für Direktwerbung 1993

Quelle: Deutscher Direktmarketing Verband e.V. (DDV)
*) Bis zum Jahr 1987 einschließlich beziehen sich die Aufwendungen für die Direktwerbung auf per Post verschickte Werbebriefe, Druckschriften, gestreute Prospekte usw. Ab 1988 sind auch privat verteilte Werbeprospekte und Handzettel einbezogen. Neben den Porto- und Verteilerkosten enthalten die Aufwendungen die Kosten für Adressen und Versand sowie die Durchschnittskosten der Werbemittel. Bei den Durchschnittskosten für die Werbemittel wurden die Produktionskosten »Werbematerial« des Bundesverbandes Druck berücksichtigt.
**) Schätzung des DDV
1) Korrigierte Zahl inkl. Haushaltswerbung aufgrund der Ergebnisse der DDV-Marktforschung
2) Eine Vergleichbarkeit mit den Zahlen des Vorjahres ist wegen der Änderung in der Berechnung nicht möglich.

230

Wachstum von 27 Prozent, weitere 29 Prozent meldeten einen Umsatz auf Vorjahreshöhe und lediglich 15 Prozent der befragten Unternehmen berichteten von Umsatzeinbußen zwischen 10 und 48 Prozent.

DDV – Deutscher Direktmarketing Verband

Der Deutsche Direktmarketing Verband (DDV) vertritt die Interessen aller Firmen, die Direktmarketingleistungen anbieten oder in Anspruch nehmen. Dem Verband sind 520 Mitglieder (Stand: 14.01.1994) angeschlossen, die sich in sechs Fachgruppen aufgliedern: Agenturen, Druckereien, Adressenverlage/ Lettershops, Anwender, Prospektverteilagenturen und Telefonmarketingagenturen.

Ein besonderes Anliegen des DDV ist es, die Schaffung von Ehrenkodizes und die Berücksichtigung insbesondere des Datenschutzes der Direktwerbung mit Hilfe einer gezielten Öffentlichkeitsarbeit zu einer breiten Akzeptanz zu verhelfen. Diesem Ziel dient unter anderem die vom DDV geführte sogenannte „Robinson-Liste", in die sich diejenigen eintragen lassen können, die keine Akquisitionswerbung wünschen.

Zur Zeit sind in der Liste rund 293.000 Eintragungen (Stand: März 1994) verzeichnet. Die Werbepostverweigerer können bei der Eintragung in die Robinson-Liste zwischen schriftlicher und telefonischer Antragstellung wählen.

Die Gründe für die wachsende Bedeutung der Direktwerbung sind mannigfach. Im besonderen liegen sie in

– der Verfügbarkeit besserer Adressenlisten (feinere Selektionsmöglichkeiten)
– der Innovationsfähigkeit der Branche durch neue Werbeformen (z. B. Personalisierung durch persönliche Daten der Empfänger nicht nur im Brief, sondern auch bei Broschüren, Katalogen etc. »Add-on-cards«)
– der Entwicklung spezialisierter Full-Service-Agenturen für die Direktwerbung
– der wachsenden Bedeutung des direkten Dialogs mit den Verbrauchern in den 90er Jahren.

2 Einsatzgebiete der Direktwerbung

a) Verkauf

Die Instrumente der Direktwerbung werden primär für den direkten Verkauf eingesetzt. Vor allem bei Versandhäusern (Einholen von Bestellungen), bei Verlagen (Gewinnung von Abonnenten) und bei Dienstleistungsunternehmen. In diesem Fall müssen die Direktwerbemittel das Verkaufsgespräch ersetzen. Neu hinzugekommen ist in den letzten Jahren das Verkaufen per Telefon (Telefonmarketing).

b) Neukundengewinnung

Die meisten Aussendungen dienen diesem Ziel. Dabei gilt es, aus einer bestimmten Zielgruppe des Marktes neue Kunden zu gewinnen. Diese Maßnahme ist permanent erforderlich, um den bisherigen Kundenstamm zu halten. Verliert ein Versandhaus im Jahr z. B. 2 % seiner Kunden, müssen 2 % Neukunden hinzugewonnen werden, um das Niveau zu halten. Darüber hinaus dient die Neukundengewinnung dem Unternehmensziel der Erreichung eines bestimmten Wachstums.

c) Interessentengewinnung

Unter diesem Ziel werden die Mittel der Direktwerbung vor allem zur Entlastung bzw. Unterstützung des Außendienstes (z. B. bei Versicherungen und Bausparkassen) eingesetzt.

d) Kundenpflege und -reaktivierung

Da persönliche Gespräche in vielen Fällen zu teuer sind, wird auf diesem Wege »Nachkaufwerbung« betrieben. Dies geschieht insbesondere bei Banken, Versicherungen, Autohäusern zur Kundenpflege.
Zur Reaktivierung von Passivkunden werden von Versandhäusern Mailings und Telefonmarketing eingesetzt (z. B. Anruf zum Geburtstag).

e) Einladungen

Die Instrumente der Direktwerbung sind ein wichtiges Mittel, um bei Messen, Ausstellungen und Produktdemonstrationen persönliche Einladungen an Zielgruppen zu verschicken.

Verbreitung des Direktmarketing nach Branchen in %

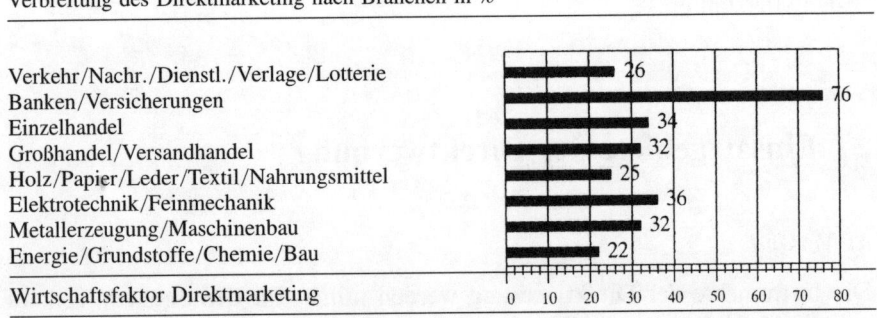

Wirtschaftsfaktor Direktmarketing

Übersicht 18: Wer setzt das Direktmarketing ein? Quelle: Direkt-Marketing 12/89, S. 469

232

Ein großes Wachstumspotential läßt sich aus der Studie von Post und DDV für das Direktmarketing aufgrund seiner noch sehr unterschiedlichen Nutzung in den einzelnen Branchen erkennen.

Während bei den Banken fast 80 Prozent die Direktwerbung nutzen, gefolgt von den Versicherungen (55 Prozent) und Verlagen (52 Prozent), sind zum Beispiel in den Branchen persönliche Dienstleistungen, Baugewerbe, Bekleidung, Wohnungswesen oder Gastgewerbe erst etwa 20 Prozent mit Direktwerbung aktiv.

3 Werbemittel der Direktwerbung

Bei der Direktwerbung gibt es eine Fülle von Möglichkeiten, die Werbebotschaft in für die Zielgruppe interessante Formen zu fassen. Im folgenden wird eine kurze Darstellung der wichtigsten Werbemittel vorgenommen:

a) Katalog in der Form als Hauptkatalog bzw. Auszugskatalog

b) »Mail-order-package«

Diese klassische Werbesendung besteht in der Regel aus folgenden Elementen: Versandkuvert, Prospekt, Werbebrief und Antwortkarte. Solche »mailings« sind die auflagenstärksten gedruckten Direktwerbemittel.

c) Werbebrief

Die drei wichtigsten technischen Möglichkeiten zur Erstellung eines personalisierten Werbebriefes sind:
– Computerbrief:
  Die Briefe werden vom Schnelldrucker des Computers gedruckt; Adresse, persönliche Anrede und Unterschrift werden nachträglich eingedruckt. Computerbriefe werden mehr und mehr vom wesentlich vielseitigeren Laser-Brief verdrängt.

– Laser-Brief:
  Der Laserdrucker druckt den gesamten Text inklusive Anschrift, Anrede und evtl. Einfügungen. Er bietet die vielfältigsten Möglichkeiten in Schriftbild und Schriftgröße. In ein und demselben Werbemittel können mehrere Schriftarten und -größen gleichzeitig verwendet werden. Der Laserdruck bietet hervorragende Möglichkeiten zur persönlichen Gestaltung von Werbemitteln und ist gegenwärtig in der Direktwerbung das wichtigste Instrument.

- Fill-in-Brief:
Der Haupttext wird hierbei im Offset gedruckt; Adresse und Anrede werden mit Laser oder Printer eingefügt. Dabei ist die Schriftanpassung schwierig, häufig treten geringe Farbunterschiede auf.

d) Coupon-Anzeigen und Anzeigen mit aufgeklebter Antwortkarte

Dabei handelt es sich um Anzeigen mit Reaktionsmöglichkeit für den Empfänger. Zielsetzung dieser Form der Direktwerbung ist sowohl der Direktverkauf wie auch der Aufbau von Interessentenkarteien (Adressengewinnung). Coupon-Anzeigen und Anzeigen mit Antwortkarte bieten sich vor allem dann an, wenn der Werbungtreibende die Zielgruppe, die er ansprechen möchte, nicht klar definieren kann, um über Direktwerbung per Post entsprechende Maßnahmen einzuleiten.

e) Postwurfsendungen

Unter Postwurfsendungen versteht man unpersonalisierte Sendungen, die
- an alle Haushalte mit Tagespost (Höchstgewicht 100 g),
- an alle Haushalte (Höchstgewicht 100 g) oder
- an alle Briefabholer (Höchstgewicht 1000 g)
verteilt werden.

Der Vorteil einer Postwurfsendung liegt in den erheblich günstigeren Portogebühren im Vergleich zu der persönlichen Infopost.
Ein unpersonalisiertes 20g-Package an alle Haushalte mit Tagespost kostet 12 Pf. pro Sendung, ein 20g Infopost-Standardbrief 45 Pf. Zu berücksichtigen ist allerdings der hohe Streuverlust dieser Versendungsart, weshalb sie auch nur für Angebote mit sehr breiter Akzeptanz eingesetzt werden sollte.

f) Telefonmarketing

Diese relativ neue Form der Direktwerbung findet man in folgenden Tätigkeitsfeldern:
- Kundenbetreuung, bei Neuverkauf, Anschlußverkauf, Ersatz- und Einzelpostenverkauf
- Aktivierung von Interessen
- Reaktivierung von Passivkunden
- Einladungen: z. B. für Modeschauen, Firmenbesichtigungen, Einladungen in Verkaufsräume von Versandhäusern
- Retouren-Minimierung
- Benachrichtigungen bei Lieferschwierigkeiten
- Konvertierung von Kündigungen: Dies geschieht z. B. bei Verlagen durch Anbieten eines anderen Objekts.
- Zahlungserinnerungen.

Nach geltender Rechtsprechung darf Telefonmarketing nur bei solchen Kunden

234

und Interessenten durchgeführt werden, zu denen bereits Beziehungen bestehen. Diese Beziehungen zu einem Kunden ergeben sich durch dessen zurückliegende Käufe und durch sein schriftliches Einverständnis, angerufen zu werden. Als Interessent gilt, wer innerhalb der letzten Monate Kontakt mit dem Werbungtreibenden aufgenommen hat, z. B. durch Kataloganforderung, Anforderung von Informationsmaterial.

g) DRTV – Direct Response Television

Verschiedene Spezialversender (z. B. Verlage, Anbieter von Sammlungen etc.) setzen neben gedruckten Mailings vermehrt TV-Spots zur Neukundengewinnung ein. Während die Gebühren der Bundespost erheblich gestiegen sind, haben sich durch Entstehen der Privaten Sender die Kosten für Werbespots gesenkt.

Bei DRTV-Spots zur Neukundengewinnung wird meist ein Produkt zu einem attraktiven Preis angeboten, z. B. Kennedy-Gedenk-Münze für 10,– DM. Die Reaktionen, welche via Telefon erfolgen, sind Spontankäufe, bei denen eine neue Kundenadresse gewonnen wird. Die weitere Pflege der Adresse (Neukunden zum Kunden machen) erfolgt dann wieder über gedruckte Werbemittel, z. B. Kataloge, Mailings etc.

4 Postgebühren

Ein wichtiger Kostenfaktor beim Einsatz der Instrumente des Direktmarketing sind die Postgebühren. Sie belaufen sich nicht selten auf über 40 Prozent und mehr der gesamten Werbekosten. Direktwerbung über Post reagiert deshalb auf Veränderungen der Portokosten besonders sensibel.

Da das Mail-order-package das auflagenstärkste Direktwerbemittel ist, soll die Bedeutung der Portokosten an diesem Beispiel verdeutlicht werden:

Infopostsendungen: Sie werden der Post bereits gebündelt angeliefert, d. h. mindestens 1000 Sendungen, von denen wenigstens 50 auf ein Zielgebiet entfallen.

Die Mehrzahl aller Mailings werden als Infopost-Standardbriefe versandt, deren Höchstgewicht 20g beträgt. Wiegt das Mailing mehr als 20g, fällt es in die nächste Portostufe und kostet gewichtsentsprechend mehr.

Infopostge-bühren (Stand) 01. 09. 1993	Höchstformat Länge (mm)	Höchstformat Breite (mm)	Höchstdicke (Höhe in mm)	Höchstge-wicht	Entgelt (DM)	Entgeltformel Infopost
1. Infopost-Standard	235	125 (B6/DL)	5	20	0,45	
2. Infopost-Kompakt	235	125 (B6/DL)	15	50	0,55–0,756	bis 20g: 0,55 DM über 20g bis 50g: (x Gramm–20) x 0,688 Pf + 55 Pf
3. Infopost-Groß	353	250 (B4)	20	1000	0,65–2,001	bis 20g: 0,65 DM über 20g bis 100g: (x Gramm–20) x 0,688 Pf + 65 Pf über 100g bis 1000g: (x Gramm–100) x 0,089 Pf + 120 Pf
4. Infopost-Maxi	353	250 (B4)	50	1000	1,35–2,701	bis 20g: 1,35 DM über 20g bis 100g: (x Gramm–20) x 0,688 Pf + 135 Pf über 100g bis 1000g: (x Gramm–100) x 0,089 Pf + 190 Pf

Übersicht 19: Infopostgebühren 1993

Die Portokosten der Infopost berechnen sich wie folgt:

1. *Infopost-Standard:* 12g-Package: bis 20g Höchstgewicht = 0,45 DM Porto

2. *Infopost-Kompakt:* 30g-Package: (30g – 20g) x 0,688 Pf + 55 Pf = 0,6188 DM Porto

3. *Infopost-Groß:* a) 80g-Package: (80g – 20g) x 0,688 Pf + 65 Pf = 1,0628 DM Porto
   b) 300g-Package: (300g – 100g) x 0,089 Pf + 120 Pf = 1,378 DM Porto

4. *Infopost-Maxi:* a) 40g-Package: (40g – 20g) x 0,688 Pf + 135 Pf = 1,4876 DM Porto
   b) 800g-Package: (800g – 100g) x 0,089 Pf + 190 Pf = 2,523 DM Porto

Ein 20g-Mailing kostet den Werbungtreibenden ca. 1,- DM, davon entfallen 0,45 DM auf das Porto, also 45 Prozent.

Mit Wirkung vom 1. Januar 1995 haben von über 180 Interessenten zunächst sieben eine Lizenz für die Beförderung von Infopost (Massensendungen) erhalten. Drei der vorwiegend kleinen und mittelständischen Unternehmen sind bundesweit, vier lediglich regional tätig. Sie sind berechtigt, adressierte inhaltsgleiche Sendungen mit einer Mindestmenge von 250 Stück je Absender und Auftrag sowie einem Einzelgewicht von mehr als 250 Gramm zu befördern. Die bundesweit lizenzierten Unternehmen sind die Werbeagentur Janssen GmbH (Düsseldorf), die AFD Werbung GmbH (Bensheim) und die Hermes Versand Service GmbH & Co. (Hamburg). Durch die Privatisierung erwartet der Postminister mittelfristig eine Herabsetzung des Preisniveaus. (N.N., 1995 c, S. 4).

5 Die Gestaltung der Direktwerbemittel

a) Gestaltungsmethoden

Bei der Direktwerbung werden in der »Kommunikationsphase« des Werbewirkungsprozesses spezifische Hürden gesehen, die bereits in den ersten 20 Sekunden des Kontakts des Werbemittels mit der Zielperson auftreten und überwunden werden müssen. Folgende drei Teilphasen werden unterschieden:

Phase 1: ⌀-Dauer 8 Sekunden. Das Kuvert wird betrachtet und eine Öffnung gesucht.

Phase 2: ⌀-Dauer 4 Sekunden. Das Kuvert wird geöffnet und der Inhalt entnommen.

Phase 3: $\varnothing$-Dauer 8 Sekunden. Der Inhalt wird entfaltet, Headlines werden gelesen und Bilder betrachtet.

Daraus erkennt man die entscheidende Weichenstellungen, die sich in den ersten 20 Sekunden des Werbemittelkontakts vollziehen (Vögele, 1993, S. 113).

Ebenso wie bei den Mitteln der klassischen Werbung ist es auch bei den Direktwerbemitteln schwierig bis unmöglich, allgemeingültige »Regeln« für die optimale Gestaltung zu formulieren. Gleichwohl haben sich aus der Erfahrung und aus zahlreichen Test-Mailings einige beachtenswerte Erkenntnisse ergeben:

AIDA: Attention (Aufmerksamkeit)
Interest (Interesse)
Desire (Wunsch, Verlangen)
Action (Handlung = Kauf)

KISS: Keep it simple and stupid
= »Gestalte so einfach wie möglich«

RIC: Readerships involvement commitment
= »Verwickle den Leser in Probleme«

b) Die Gestaltung des »klassischen« Mail-order-package

Das klassische Mail-order-package besteht aus
- Versandkuvert
- Brief
- Produktprospekt
- Antwortkarte/Bestellschein mit Antwortkuvert

Zum Versandkuvert:
Die ursprüngliche Idee für die Erfindung des Kuverts im 16. Jahrhundert war das Bedürfnis des Absenders, daß seine persönliche Botschaft allein vom Empfänger gelesen werden kann. Daran hat sich bis heute nichts Grundsätzliches geändert; diese Funktion hat sich auch die Direktwerbung zunutze gemacht: Eine persönliche Information, die nur für den Empfänger bestimmt ist, soll die Botschaft wertvoller machen. Damit kommt dem Versandkuvert zentrale Bedeutung für die Direktwerbung zu. Es entscheidet über die Überwindung des primären Lesewiderstandes, d. h. ob das »Mailpiece« geöffnet wird oder nicht. Deshalb sollte es offiziell, wertvoll und persönlich (»nur für den Empfänger bestimmt«) wirken und nur bedingt Promotion-Charakter haben. Das Versandkuvert soll den Empfänger vermuten lassen, daß der Inhalt für ihn interessant sein könnte und ein konkreter Nutzen in Aussicht steht.
Diese konkreten Nutzenversprechen können in folgendem bestehen:
- bei einem rein produktorientierten Mailing (NON-SWEEPS) z. B.:
  • ein Dankeschön-Geschenk
  • ein Ersparnisversprechen

- bei einem gewinnspielorientierten Mailing (SWEEPS-Mailing):
  - der Zielperson wird in Aussicht gestellt, daß sie bereits einen bestimmten Preis (DM-Betrag) gewonnen haben kann.

Um zu erreichen, daß das Mailing sofort geöffnet wird und nicht erst »beiseite« gelegt wird und evtl. in Vergessenheit gerät, soll das Versandkuvert einen Handlungsanstoß erhalten (z. B. »gleich öffnen und nachsehen!«) oder auf die Dringlichkeit hinweisen.

Zum Werbebrief:
Der einem Mail-order-package zugeordnete Werbebrief soll sehr persönlich gehalten werden. Er darf nicht den Eindruck vermitteln, daß er an jedermann verschickt wird; die persönliche Ansprache der Zielperson ist hier eminent wichtig. Dieses »speziell für Sie« steht den ganzen Brief hindurch im Vordergrund. Der Werbebrief soll in kurzen, leicht verständlichen Sätzen geschrieben werden; Allgemeinplätze sind zu vermeiden. Er soll einen *roten Faden* enthalten und von der Optik her zum Lesen einladen (keine zu langen Absätze, genügend Zwischenräume, evtl. Zwischenheadlines, sparsam dosierte Unterstreichungen, keine »Anzeigentypographie«).
Der erste Kontakt mit dem Brief ist meistens ein kurzes Überfliegen. Der Brief-Empfänger informiert sich, wer den Brief schreibt und wie er angeredet wird. Dann wandern seine Augen zu Unterschrift und Postskriptum (PS).
Auf diesem Weg entlang der Lesekurve gilt es, positive Signale zu setzen. Zum Beispiel durch Unterstreichungen, Headlines oder Bilder Vorteile hervorzuheben, die der Brief-Empfänger in Sekundenbruchteilen erkennt und die den Brief für ihn lesenswert machen.
Beim Textaufbau gilt es zu beachten:
- bereits der Einleitungssatz geht auf die Interessen des Lesers ein
- in den ersten Absätzen wird den Lesern ein Vorteil versprochen
- der größte Vorteil steht an 1. Stelle
- der Brief muß logisch aufgebaut sein
- der Brief muß glaubhaft sein
- der Brief fordert den Leser zur Reaktion auf (Bestellung, Testaufforderung, Teilnahme an einem Gewinnspiel)
- der Brief enthält ein zwingendes »PS«.

Zum Prospekt:
Im Prospekt wird dem Leser das konkrete Angebot unterbreitet. Der potentielle Kunde kann das Produkt nicht anfassen, und er hat keinen Verkäufer zur Seite, der ihm seine eventuellen Fragen beantwortet. Die Gestaltung und die Texte des Prospektes müssen diese Defizite ausgleichen.

Gestaltungsregeln:
- USP:
An erster Stelle steht der »unique selling proposition«. Er kann in der Einzigartigkeit des Produkts, in der Qualität oder im Angebot (z. B. günstiger Preis, Aufforderung zum Testen) liegen.

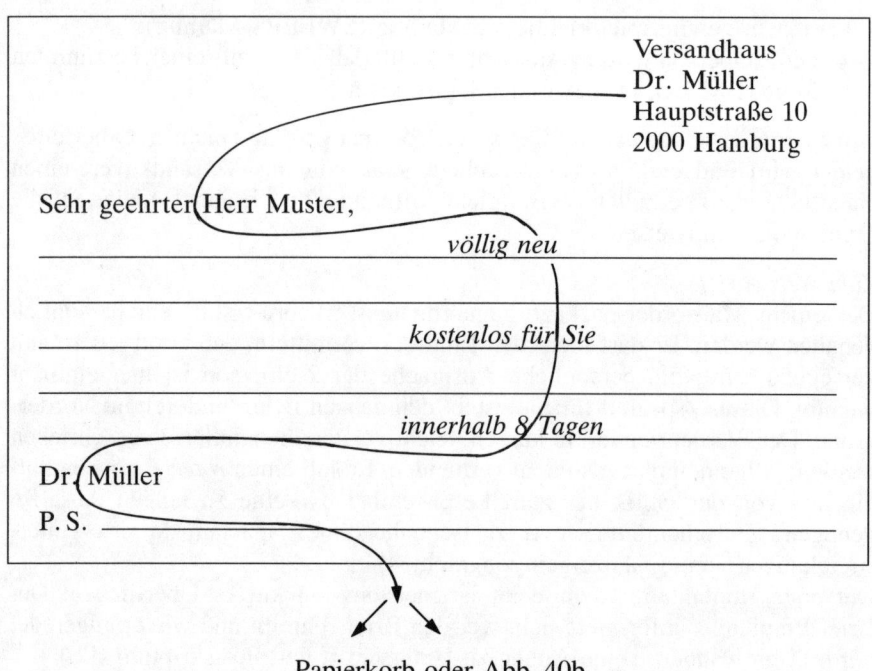

Abb. 40a: Erste Lesekurve beim ersten flüchtigen Durchlesen (Vögele, 1993, S. 213)

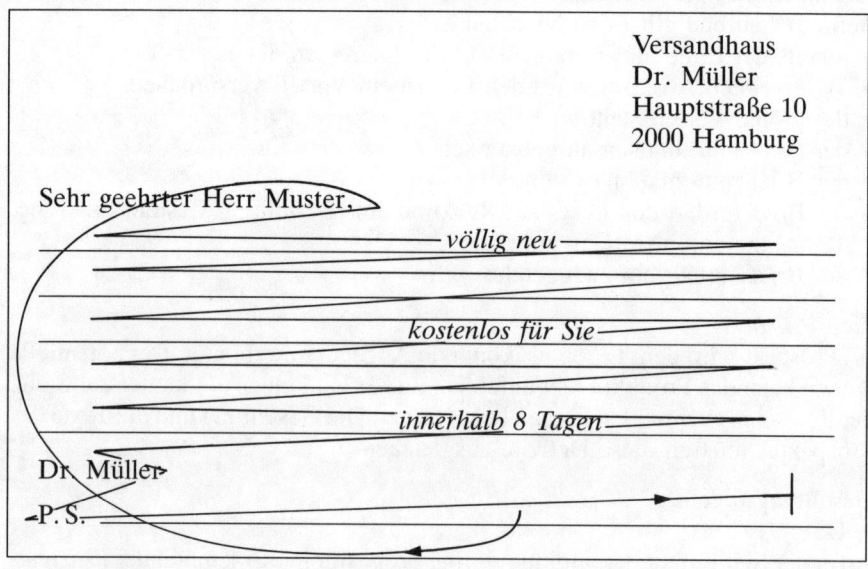

Abb. 40b: Zweite Lesekurve beim genauen Durchlesen (Vögele, 1993, S. 244)

– Verbrauchervorteile:
Die Vorteile des Verbrauchers müssen durch das Produkt klar und deutlich herausgestellt werden, z. B. bei einem Buch für Heimwerker: »Sie sparen Zeit und Geld«, bei Kosmetik: »Ihre Haut wird schöner«, bei einem Preis-Angebot: »Sie sparen 20 %«.
Illustrationen verdeutlichen, wie das Produkt benutzt wird und welche Vorteile dies bringt. Im Text wird ausführlich erklärt, wie die Leser Vorteil und Nutzen aus dem Produkt/Angebot gewinnen können.

– Produktvorteile:
Die Produktvorteile dürfen die Vorteile für den Verbraucher nicht »erschlagen«, denn in erster Linie interessieren den Leser die persönlichen Vorteile, dann erst die des Produkts. Häufig liefern die Produktvorteile den Reason-Why für die Verbrauchervorteile.

z. B. Heimwerkerbuch:
      USP: »Sie sparen Zeit und Geld, weil Sie alles mühelos
              leicht selbst machen können.«
Reason-Why: »In diesem Buch wird jeder Arbeitsgang einfach und
              klar verständlich demonstriert.«

Der Prospekt gibt dem Leser wenn möglich »Kostproben« des Produkts, z. B. Heimwerkerbuch: Seitenabbildungen, Inhaltsverzeichnis, Abbildung des Produkts in Originalgröße.
Wenn letzteres nicht möglich, Abbildung mit Größenvergleich, damit der Verbraucher sich die Originalgröße vorstellen kann.

– Art des Angebots:
Die Art des Angebots spielt eine zentrale Rolle und nicht selten wird sie an vorderster Stelle herausgestellt werden müssen, z. B. bei einer Testaufforderung (10 Tage kostenlos zur Ansicht).
Prämien und Zugaben, die mit einer Bestellung bzw. Testanforderung verbunden sind, müssen gezeigt und herausgestellt werden.

– Sonstiges:
Der Prospekt vermittelt den Eindruck von Qualität (im Druck, Papierqualität, Typographie sowie der Auswahl der Bilder).
Der Prospekt ist logisch aufgebaut (auch in der Falzung) und leicht verständlich; er enthält einen Handlungsanstoß.

Zur Antwortkarte/Bestellschein:
Die Frage, ob das Mailpiece eine Antwortkarte oder einen Bestellschein mit Rückantwortkuvert enthält, hängt u.a. davon ab, wie viele Artikel bestellt werden sollen und ob das Mailing noch einen Teilnahmeschein für ein Gewinnspiel enthält, der ebenfalls mit dem Antwortkuvert zurückgeschickt werden soll.

(Dies ist wettbewerbsrechtlich zwar nicht ganz unbedenklich, wird in der aktuellen Praxis aber weitgehend praktiziert.)
Die Entscheidung für Bestellschein mit Antwortkuvert sollte getroffen werden bei Angeboten, die z. B. den Intimbereich berühren, bei Versicherungen und Geldanlagen.

Gestaltungsgrundsätze:
- Der Bestellschein sagt dem Verbraucher klar und deutlich, was er zu tun hat. Er enthält den konkreten Vorteil der Angebotsform, wenn möglich drückt diesen Vorteil bereits der Titel des Bestellscheins aus (z. B. Heimwerkerbuch: »10-Tage-Ansichtsschein«).
- Die Argumentation auf dem Bestellschein stimmt mit dem Text in Brief und Prospekt überein.
- Der Bestellschein wirkt nicht wie ein Werbestück, sondern ist wichtig und wertvoll gestaltet, auch vom Text her.
- Von Vorteil ist, wenn er eine Garantie enthält (z. B. die kostenlose »10-Tage-Ansicht« ausdrücklich und mit Unterschrift garantiert).
- Wenn das Angebot eine Zugabe bzw. Prämie enthält, muß diese auf dem Bestellschein erscheinen.
- Der Bestellschein drückt Dringlichkeit aus.
- Der Bestellschein trägt die Adresse des Empfängers, weil
  • er vielfach beim Versand als Adreßträger dient und
  • viele Leute ihre Anschrift einzutragen vergessen.

Die gleichen Grundsätze gelten für die Antwortkarte.

Rückantwortkarte:
Das Antwortkuvert sollte von der Gestaltung her wichtig wirken und Dringlichkeit zum Ausdruck bringen (»Noch heute absenden«). Eventuell Hinweis auf Prämie oder Gewinnspiel.

Weitere wichtige Elemente, die ein Mail-order-package enthalten kann:

a) Sweepstake:
Bei Gewinnspielen in Direkt-Mailings wird in den meisten Fällen die Form des Sweepstake gewählt.
Das Sweepstake ist eine passive Verlosung, d. h. der Teilnehmer muß nicht wie bei einem Preisausschreiben eine Aufgabe lösen, sondern nur eine Glücksnummer zurücksenden.
Die Gewinn-Nummern sind bereits im voraus gezogen, so daß man den Teilnehmern sagen kann: »Sie können bereits gewonnen haben!«
Vor allem im Bereich der Neukundengewinnung ist das Sweepstake ein ebenso bewährtes wie hervorragendes Mittel zur Aktivierung der Mailing-Empfänger.
Je nach Zielgruppe ist das Sweepstake dabei unterschiedlich zu gestalten (selbstverständlich müssen die ausgesetzten Preise auf den Teilnehmer motivie-

rend wirken). Generell kann man jedoch sagen, daß Gewinnspiele, die den Spieltrieb ansprechen, die größten Erfolge erzielen.

So kann die Glücksnummer z. B. auf einer Klebemarke, einem Losröllchen gedruckt, mit Geheimtinte geschrieben sein oder erst durch Darüberstreichen mit einer Münze sichtbar werden.

Hier ist es wichtig, die technischen Möglichkeiten zu kennen.

b) Stuffer oder Flyer:

Wenn das Mail-order-package noch ein wenig Gewicht verträgt, wird gerne ein Stuffer oder Flyer beigelegt.

Diese Mini-Beilage kann z. B. ein Sonderangebot, einen Hinweis auf das Gewinnspiel mit Handlungsanstoß, ein Testimonial oder eine Zugabe hervorheben.

6 Die Bedeutung von Tests bei der Direktwerbung

Ein wesentlicher Vorteil der Direktwerbung besteht darin, daß Aktionen im voraus getestet werden können. Auf der Grundlage von Testergebnissen kann der Erfolg eines Mailings besser vorausgeplant werden. Getestet werden vor allem folgende Teile des Mailings:

Adressen: Wenn das Ziel der Direktwerbung die Neukunden-Gewinnung ist, wird man in der Regel auf fremde Adressen zurückgreifen müssen. Dabei wird empfohlen, die Qualität der verschiedenen Fremdadressen zu testen. Das gleiche Werbemittel kann bei verschiedenen Adreßlisten die unterschiedlichsten Ergebnisse bringen, so daß sich Adressen-Tests fast immer bezahlt machen.

Das Angebot: Der Erfolg in der Direktwerbung hängt nicht nur von den eingesetzten Adressen und der Qualität des Werbemittels ab, sondern vielfach auch von der Form des Angebots. So kann bei einem hochpreisigen Gut Teilzahlung wesentlich bessere Ergebnisse bringen als z. B. Zahlung per Nachnahme.

Das Produkt: Bei der Neuentwicklung von Produkten, die über Direktwerbung verkauft werden sollen, tragen Produkttests dazu bei, die ideale »Form« des Produkts zu finden. Getestet werden z. B. Farbe, Form, Funktion, Preise.

Wird ein geplantes Produkt auf seine Marktchance hin getestet, so spricht man vom DRY-Test (Trockentest). Dabei wird ein Produkt so angeboten, als ob es existieren würde; Bestellungen können jedoch nicht ausgeführt werden.

Vom WET-Test (Naßtest) spricht man, wenn bei einem Produkttest Bestellungen ausgeführt werden können und somit auch Kundenreaktionen (Retouren, Zahlungsverhalten) in die Erfolgskontrolle miteinbezogen werden können.

Die Konzeption: Bevor eine Großaussendung erfolgt, werden in der Praxis meist mehrere Konzeptionen parallel getestet. Dabei können grundsätzlich verschiedene Konzeptionen nebeneinander getestet werden oder eine Konzeption wird auf ihre einzelnen Bestandteile hin getestet.

Wird die optimale Gestaltung eines Mailings gesucht, darf außer dem zu testenden Element nichts verändert werden, da sonst die Vergleichbarkeit verlorengehen würde.

Wenn Tests wirklich aufschlußreiche Ergebnisse liefern sollen, müssen die Testsendungen zum gleichen Termin ausgeliefert werden. Denn der Zeitpunkt der Aussendung eines Mailings kann entscheidenden Einfluß auf den Erfolg haben. Darüber hinaus müssen bei Angebots-, Produkt- und Konzeptionstests die Zielgruppen identisch sein.

7 Adressengewinnung

Der Erfolg der Direktwerbung hängt entscheidend davon ab, ob und inwieweit sich Zielgruppen lokalisieren lassen, d. h. von der Qualität der verwendeten Adressen. Folgende Möglichkeiten stehen in der Praxis zur Verfügung:

a) Interne Unterlagen:
   Aus mit Hilfe von Werbe- und Verkaufsförderungsaktionen gewonnenen Adressen (z. B. durch Coupon-Anzeigen, Antwortkarten, Teilnehmer an Preisausschreiben etc.) wird eine Kunden- und Interessentenkartei aufgebaut.

b) Externe Unterlagen:
   Adressen können gewonnen werden aus Adreßbüchern, Branchen-Fernsprechbüchern, Fach- und Exportadreßbüchern, Kreis- und Stadtadreßbüchern, Telefonbüchern etc.

c) Adressenverlage:
   Die Adressenverlage, die sich heute in der Regel zu Full-Service-Agenturen der Direktwerbung entwickelt haben, bieten Adressenkollektionen an, die praktisch alle Berufsgruppen und Wirtschaftszweige sowie Privatadressen umfassen, die nach den verschiedensten Gesichtspunkten selektiert sind.

d) List Broking:
   Aus Kostengründen vermieten viele Unternehmen ihre Adressen an nicht konkurrierende Unternehmen. Diese Vermietungen laufen in der Regel über Adressenmittler, sog. »Broker«.

Man unterscheidet grundsätzlich zwei Arten von Adressen:
- »heiße« Adressen: das sind Kunden und Interessenten des eigenen Hauses,
- »kalte« Adressen: das sind angemietete Adressen.

In der Bundesrepublik gibt es über 200 Mail-Order-Listen mit über 50 Mio. Verbraucheradressen. Diese Adressen werden gemietet, nicht gekauft. Ein Angebot darf an die gemietete Adresse nur einmalig verschickt werden. In der Kundenkartei darf geführt werden, wer auf Werbung positiv reagiert hat.

Die großen Direktwerbe-Unternehmen stellen Adressenkataloge kostenlos zur Verfügung, die nicht nur das aktuelle Adressenangebot enthalten, sondern auch Preisübersichten und Preisbeispiele für einzelne Arbeitsgänge (Drucken, Falzen, Kuvertieren, Freistempeln etc.), Materialkosten (Briefbogen, Umschläge) sowie nützliche Portohinweise.

VII   Messung des Werbeerfolgs

1   Zielsetzungen der Werbeerfolgsprognose und der Werbeerfolgskontrolle

Geht man davon aus, daß durch eine Werbekampagne Werbebotschaften an eine Zielgruppe ausgesendet werden, um dort einen bestimmten Werbeerfolg zu erzielen, d. h. die Konsumenten im Sinne der gesteckten Werbeziele zu beeinflussen, so kann der *potentielle* Werbeerfolg *vor* Durchführung der Kampagne bzw. der *effektive* Werbeerfolg *nach* Abschluß der Kampagne gemessen werden. Im ersten Fall spricht man von *Werbeerfolgsprognosen,* die durch *Pretests* gemessen werden, im letzteren von *Werbeerfolgskontrollen,* die durch *Posttests* festgestellt werden (Bidlingmaier, 1973, S. 429). Der Werbeerfolg zeigt an, inwieweit das gesteckte Werbeziel erreicht wurde (Nieschlag, Dichtl, Hörschgen, 1994, S. 567). Dabei kann es sich um ökonomische und außerökonomische Zielsetzungen handeln.

Man mißt den *außerökonomischen Werbeerfolg,* wenn man wissen will, inwieweit ein Werbemittel oder eine Werbekampagne z. B. die Aufmerksamkeit, das Erinnern, das Verhalten und die Einstellungen der Zielpersonen verändern wird (durch Pretests feststellbar) oder verändert hat (durch Posttests feststellbar).

Man mißt den *ökonomischen Werbeerfolg,* wenn man feststellen will, inwieweit ein Werbemittel oder eine Werbekampagne unmittelbar mit Kaufhandlun-

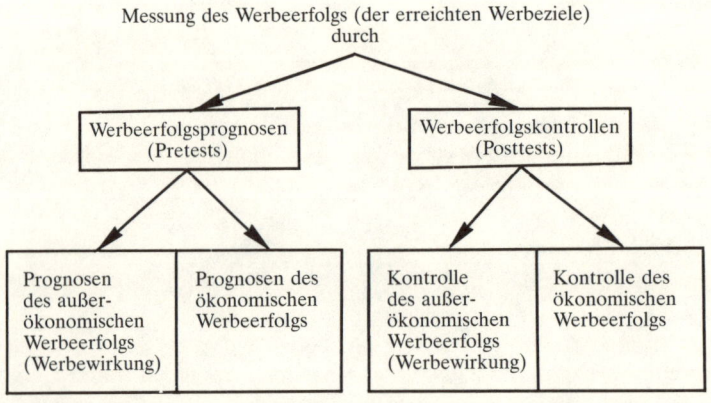

Abb. 41 Messung des Werbeerfolgs (Bidlingmaier, 1973, S. 429)

gen verknüpfte Ziele, wie z. B. Erreichung von Mehrumsatz oder Mehrabsatz realisieren wird (durch Pretests feststellbar) oder realisiert hat (durch Posttests feststellbar) (s. Abb. 41).

Werbeerfolgsprognosen (Pretests) wie auch Werbeerfolgskontrollen (Posttests) sind notwendige Voraussetzungen dafür, um bei zukünftigen Werbekampagnen den Grad der Unsicherheit bezüglich der Wirksamkeit der eingesetzten Mittel abzuschwächen.

Das Testergebnis ist ein Entscheidungsbeitrag, nicht die Entscheidung (Rehorn, 1988, S. 203).

2 Methoden der Werbeerfolgsprognosen (Pretests)

2.1 Prognose des außerökonomischen Werbeerfolgs

Das dreistufige Werbewirkungsmodell

Jede Messung des Werbeerfolgs setzt voraus, daß man sich darüber einig ist, was man eigentlich messen will. Deshalb ist es notwendig, genau zu definieren, welches *Ziel* (außerökonomischer Art) die Werbung erreichen soll. Globales Ziel der Werbung ist es, einen Werbewirkungsprozeß auszulösen, der letztendlich in eine Einstellungs- bzw. Verhaltensbeeinflussung, wie z. B. in eine Kaufabsicht oder einen Kauf mündet. Dazu ist das Durchschreiten verschiedener Wirkungsstufen notwendig (s. unter »Totalmodelle« im Kapitel »Psychologie des Käuferverhaltens«), wobei das Ausmaß der gegenseitigen Abhängigkeit der einzelnen Wirkstufen und deren Reihenfolge noch weitgehend unerforscht sind. Einigkeit herrscht in der Literatur jedoch darüber, daß man grundsätzlich drei Wirkungsstufen unterscheiden kann, die wie folgt lauten:

a) *Die Informationswirkung der Werbung*
   Zunächst muß das optische bzw. akustische Werbemittel, um überhaupt eine Reaktion auszulösen, gesehen oder gehört werden. Das heißt, man wird die Aspekte der Wahrnehmung, des Lernens und des Behaltens eines Werbemittels messen und interpretieren müssen.

b) *Die Motivationswirkung der Werbung*
   Daß Werbung nur informiert, genügt sicher nicht, um die gewollte Kaufhandlung auszulösen. Man kennt viele Werbekampagnen, ohne jedoch daran zu denken, das umworbene Produkt einmal kaufen zu wollen. Zur Informationswirkung der Werbung tritt noch die Motivationswirkung hinzu. Das heißt, die Werbung soll die Zielperson innerlich erregen, aktivieren, sie in einen Bereitschaftszustand versetzen. Die ausgelösten Motive und Emotionen sind zu messen und zu interpretieren.

c) Die verhaltensrelevante Leistung der Werbung
Erst beide zusammen, die Informations- und Motivationswirkung der Werbung, sind imstande, die Einstellung und damit auch das Verhalten der Zielpersonen zu beeinflussen.

2.1.1 Pretest bei gedruckten Werbemitteln

Messung der Informationswirkung der Werbung

– *Das Tachistoskop*
Beim tachistoskopischen Test wird von der bzw. von den zu testenden Anzeigen ein Dia angefertigt, das so auf einen Bildschirm projiziert wird, daß es in Originalgröße erscheint. Die Dauer der Darbietung kann modifiziert werden von $^1/_{1000}$ Sekunde, über $^1/_{100}$ Sekunde, $^1/_{10}$ Sekunde bis 1, 2, 3 usw. Sekunden. Bei jeder Darbietungszeit werden (in der Regel) dieselben Meßkriterien ermittelt. Das Tachistoskop mißt die Entstehung der Wahrnehmung (Wahrnehmungsgenese), d. h. man kann genau ermitteln, bei welcher Darbietungsdauer was erkannt wird, z. B. wann die Headline, die Produktabbildung, die Body Copy etc. wahrgenommen werden. Das Tachistoskop mißt die Prägnanz einer Anzeige durch Simulation des flüchtigen Betrachtens.

– *Blickaufzeichnungstest (Eyemark-Recorder-Test)*
Dieses Testverfahren gehört wie der Tachistoskop-Test bzw. die Messung der psychogalvanischen Hautreaktionen zu den sogenannten »apparativen Testverfahren«.
Den Probanden wird eine Spezialbrille aufgesetzt, die die Pupillenbewegung der Augen mittels Infrarotlicht erfaßt. Die Augenbewegung wird auf einem Monitor sichtbar gemacht in Form von Lichtkreuzen oder Lichtpunkten. Gemessen werden nun die Fixationen des Auges, d. h. die Haltepunkte des Auges bei bestimmten Werbeelementen der Anzeige bzw. des Prospektes. Fixationen sollten auftreten z. B. bei der Headline, bei der Abbildung, beim Logo oder bei der Packungsabbildung. Pro Anzeige wird mit einer durchschnittlichen Betrachtungsdauer von 1,5–2,0 Sekunden gerechnet. Dabei werden 4–5 Fixationen im Durchschnitt gemessen. Die Sprünge des Auges von Fixation zu Fixation nennt man Saccade.

– *Kamera-Lese-Beobachtung*
Um das Leserverhalten bei Zeitschriften unter realistischen Verhältnissen zu simulieren, wird eine quasi-biotische Situation geschaffen. Die Testperson kann zur Überbrückung der »Wartezeit« eine Zeitschrift lesen. In diese Zeitschrift ist die zu testende Anzeige unmerklich einmontiert. Mittels Fernsehkameras kann die Testperson in jeder Phase des Leseverhaltens beobachtet werden. Man kann feststellen, welche Anzeigen wie lange betrachtet bzw. gelesen wurden. Durch einen technischen Trick kann der Tester auf dem Fernsehschirm sowohl das

Gesicht der Testperson beobachten und gleichzeitig die Zeitschrift auf dem Bildschirm genau so sehen wie die Testperson. Die Registrierung des Blickverlaufs soll Hinweise zur Anzeigengestaltung geben, die Länge der Anzeigenbetrachtungszeit soll ein Indikator für ihre Attraktivität (Informationswirkung) sein.

– Beim *Recall-Verfahren* unterscheidet man zwei Varianten, den *ungestützten* (unaided) und den *gestützten* (aided) Recall-Test (Erinnerungstest).
Der *ungestützte* Recall-Test tritt häufig in Form des *Portfolio* oder *Folder Recall Tests* auf. Dabei werden den Probanden (Testpersonen) 10 Anzeigen in einem Folder (Mappe) vorgelegt mit der Bitte, sich diese Anzeigen genau anzusehen, da anschließende Fragen über den Inhalt gestellt werden. Nachdem der Befragte die Anzeigen gesehen hat, geht der Folder an den Interviewer zurück und der Proband beantwortet Fragen wie z. B.: »An welche Headlines bzw. Produktabbildungen können Sie sich noch erinnern?« oder »Für welche Marken und Produkte wird geworben?« Man errechnet anschließend den Prozentsatz der Befragten, die sich an die Anzeige und deren Teile erinnern.
Beim *gestützten* Recall-Test als Pretest wird den Zielpersonen in einer quasibiotischen Situation (Wartezimmersituation) z. B. die zu testende Ausgabe einer Zeitschrift als Zeitvertreib vorgelegt. Beim anschließenden Interview werden dem Probanden eine Markenliste oder Kärtchen vorgelegt, auf denen die umworbenen Marken- bzw. Firmennamen stehen. Die Testperson soll zunächst angeben, für welche Marken bzw. Firmennamen geworben wurde, anschließend erfolgt eine Befragung über Inhalt und Gestaltung der erinnerten Anzeige.

– *Dummy-Testing* ist eine Abwandlung des Aided-Recall-Test. Dummy-Zeitschriften sind montierte Zeitschriften, d. h. künstliche Zeitschriften, in die sowohl redaktionelle Berichte als auch Anzeigen eingeklebt wurden. Den Testpersonen werden diese Zeitschriften vorgelegt mit der Bitte, diese zu betrachten. Dabei wird nichts über den Anzeigentest gesagt. Ein paar Stunden später oder erst am nächsten Tag findet nach der Aided-Recall-Methode die Befragung statt.

– Der *Recognition-Test* (Wiedererkennungstest) kann ebenfalls in zwei Variationen auftreten:
a) als kontrollierter Recognition-Test,
b) als unkontrollierter Recognition-Test.

Beim *unkontrollierten* Wiedererkennungstest wird den Probanden (Testpersonen) ein Zeitschriftenheft mit den zu testenden Anzeigen vorgelegt. Nachdem die Testperson das Heft ganz durchgeblättert bzw. durchgelesen hat, wird nun die gesamte Zeitschrift im Beisein des Interviewers nochmals Seite für Seite durchgeblättert und festgehalten, welche Anzeige bzw. welche Elemente davon gesehen wurden. Dieses Verfahren hat jedoch Nachteile, da auch solche Anzeigen als »gesehen« bzw. »bemerkt« angegeben werden, an die man sich eigentlich nicht mehr erinnern kann.

Der *kontrollierte Wiedererkennungstest* will die Nachteile des oben genannten Tests ausschalten. Dabei gibt es mehrere Möglichkeiten, um den wirklichen Lesevorgang zu überprüfen:

a) Die Zeitschriftenseiten werden mit einer lichtempfindlichen Substanz behandelt,

b) die zu testenden Seiten werden durch leichtes Verkleben der Seiten versiegelt, so daß ein Öffnen der Seiten leicht erkennbar wird,

c) Sichtbarmachung von Fingerabdrücken.

Schlußfolgerung:

Da der Recognition-Test der Falschangabe Vorschub leistet, ferner nicht ganz klar zum Ausdruck kommt, was eigentlich gemessen wird, gibt die Praxis dem *Recall Test* den Vorzug. Hinsichtlich der Objektivität und der Validität bestehen bei beiden Verfahren Zweifel. Trotzdem gehören beide Methoden zum Hauptinstrumentarium bei der Messung von außerökonomischen Werbeerfolgen.

Messung der Motivationswirkung der Werbung

Festgestellt werden sollen die *Anmutungsqualität* und die *Aktivierungskraft* der Werbung.

Für die Messung der Anmutungsqualität kann wiederum das *Tachistoskop* eingesetzt werden. Gerade bei kurzfristiger Darbietungszeit des Werbemittels (z. B. $^1/_{1000}$ Sekunde) werden nur produkttypische und gestaltfeste Motive richtig erkannt. Ansonsten werden nur einzelne Anzeigenelemente wie z. B. Bildteile, Texte von Schlagzeilen bis zu Silben wahrgenommen, und man kann nun erfragen, welche Assoziationen bei der Testperson stufenweise ausgelöst werden.

Der *Psychogalvanometer* (in den USA und in Deutschland auch als Lügendetektor bekannt) mißt psycho-galvanische Hautreaktionen. Bei affektiven bzw. emotionalen Zuständen vermehrt sich die Sekretion der Schweißdrüsen, der elektrische Widerstand auf der Hautoberfläche wird herabgesetzt. Die Hypothese ist, daß interessante Anzeigen hohe galvanische Änderungen produzieren, langweilige niedrige. Auf diese Weise soll der Galvanometer das Ausmaß der Werbeattraktivität (die Informationswirkung) messen. Die psychogalvanische Hautreaktion (PGR) für sich allein ist nicht aussagekräftig, denn die Reaktion kann sowohl infolge positiver als auch infolge negativer Emotionen erfolgen. Erst die kombinierte Auswertung der Informations-, Motivations- und verhaltensrelevanten Leistung der Werbung läßt eine Interpretation der PGR zu. Die Praxis hegt hinsichtlich der Validität der Testergebnisse, die durch PGR-Test zustande kamen, Bedenken (Rehorn, 1988, S. 68).

Der *Polygraph* (eine Art Aufzeichnungsgerät) erfaßt mehrere körperlich physiologische Reaktionen, wie z. B. die Atmung, die periphere Durchblutung, die Pulsfrequenz und die psycho-galvanischen Reaktionen, gleichzeitig.

Ein sehr wichtiges Instrument der psychologischen Marktforschung gewinnt auch beim Pretest von Werbemitteln immer mehr an Bedeutung: *Die Einzel-Exploration*. Ein Psychologe oder eine psychologisch geschulte Person führt mit der Testperson ein »freies« Gespräch über den Untersuchungsgegenstand wobei der Interviewer lediglich einen »Leitfaden« mit Stichworten über anzusprechende Themen benutzt. Man bezeichnet diese Befragungsform als »nicht standardisierte Befragung« bzw. als »strukturiertes« Tiefeninterview«. Der gesamte Verlauf der Exploration wird auf Tonband protokolliert und später von Psychologen ausgewertet.

Zusätzlich zu dieser »nicht standardisierten Befragung« werden auch *projektive Tests* angewandt, die so angelegt sind, daß der Befragte in die Antworten seine Einstellungen, geheimen Wünsche und Motive hineinprojiziert.

Das Split-Run-Verfahren

Geht es darum, verschiedene Anzeigenmotive hinsichtlich ihrer Wirksamkeit zu testen, so bietet sich das Split-Run-Verfahren an. Zu diesem Zweck muß die Gesamtauflage eines Werbeträgers belegt werden, jedoch wird die Auflage dann halbiert oder geviertelt, und in jedem Auflagenteil erscheint eine anders gestaltete Anzeige. Mittels Recall- oder Recognition-Test läßt sich dann das wirksamere Anzeigenmotiv feststellen. Sind die Anzeigen mit Coupons ausgestattet, so kann man auf Grund der rücklaufenden Coupons Rückschlüsse auf die Aussagekraft, d. h. auf den Interessenweckungserfolg der Anzeige schließen.

Messung der verhaltensrelevanten Leistung der Werbung

Erst durch das Zusammenwirken von kognitiven Elementen und motivationalen, affektiven Elementen, kann beim Werbesubjekt eine positive oder negative *Einstellung* oder *Einstellungsänderung* induziert werden. Die kognitiven Elemente beinhalten das subjektive Wissen um das Werbeprojekt, während die affektiven Elemente (wie z. B. Motive und Beweggründe) die Bedürfnisskala des Werbesubjekts verraten.

Um ein Indiz für die verhaltensrelevante Leistung der Werbung zu bekommen, müssen die Einstellungen gemessen werden (siehe auch Kapitel: Psychologie des Käuferverhaltens, Abschnitt »Einstellungen«). Es handelt sich bei dem Meßverfahren hauptsächlich um *psychometrische Methoden*, wobei viele Merkmale, Aussagen (Items) auf einer Skala zusammengefaßt und damit quantifiziert werden können. Die bekanntesten Techniken sind:

– *Polaritätenprofil* (Semantisches Differential)
  Es werden eine Reihe von Gegensatzpaaren vorgegeben. Die Versuchsperson muß Äußerungen zum Untersuchungsgegenstand auf der entsprechenden Polaritätenskala einordnen (siehe auch Kapitel: Psychologie des Käuferverhaltens).

- *Unipolares Skalierungsprofil*
Es werden einzelne Merkmale und Eigenschaften vorgegeben, die z. B. anhand vorgelegter unterschiedlich großer Kreise oder Kärtchen verbaloptisch eingestuft werden müssen. Dabei kann es sich z. B. um sog. »Kaufbereitschaftsskalen« handeln.

Beispiel: Skala zur Messung der Kaufwahrscheinlichkeit: »Was meinen Sie, wie sind etwa die Chancen, daß Sie dieses Produkt kaufen würden?«
- Praktisch sicher
- Fast sicher
- Sehr wahrscheinlich
- Wahrscheinlich
- Gut möglich
- Recht wahrscheinlich
- Unwahrscheinlich.

2.1.2 Pretest für TV-Spots

Der Storyboard Test

Ein Storyboard, das wie bekannt nur aus Zeichnungen und Text besteht, wird per TV-Kamera abfotografiert, die Textstellen durch einen Sprecher moderiert, und auch die geplante Musikbegleitung (z. B. Jingle) werden auf Tonband aufgenommen. Beides, Ton und Film, werden auf einem Videoband gemischt und den Testpersonen vorgespielt. Man erweckt somit den Eindruck eines realen Films. Bei mehreren zur Auswahl stehenden Storyboards sind entsprechend mehr »Filme« anzufertigen. In der anschließenden Befragung können die kognitiven und aktivierenden Wirkungselemente abgefragt werden, z. B.:
- Welche Version hat wahrscheinlich die größte Werbewirkung?
- Welche Szenen haben Sie am meisten beeindruckt?
- Ist das Dargestellte glaubhaft?
Es wird unterstellt, daß die noch unfertige Darstellung des Spots zu keiner Verzerrung der Testwerte führt.

Day after Recall Test (DAR-Test)

Aufgabe des Day after Recall Tests ist es festzustellen, *wie viele* Personen sich an einen ausgestrahlten TV-Spot erinnern (produkt- oder markenspezifischer Recall) und welche Einzelheiten, z. B. Bild- oder Textelemente, von den Testpersonen wiedergegeben werden (copy-recall). Es handelt sich bei dem Day after Recall Test (DAR-Test) um einen Pretest in Form eines Posttests, der nach der 1. Spotausstrahlung durchgeführt wird. Mit dem DAR-Test wird ermittelt, inwieweit der Copy-Recall dem angestrebten Kommunikationsziel entspricht (Rehorn, 1981, S. 522 ff).

Es wird unterstellt, daß die Aufmerksamkeitswirkung, gemessen in Form von Erinnerungswerten, das bei einem Werbemittel ausschlaggebende Werbewirksamkeitskriterium ist. Erzielt der Spot hohe Recallwerte und entspricht der erinnerte Copy Recall dem angestrebten Kommunikationsziel, so wird davon ausgegangen, daß der Spot bei wiederholtem Einsatz auch eine Marktwirksamkeit im Sinne einer Einstellungs- und Verhaltensbeeinflussung erzielt.

Um eine genügend hohe Anzahl von Personen, die den Werbeblock gesehen haben, zu erreichen, sind ca. 2500–5000 Interviews nötig. So wurden z. B. bei einem Test im Saarland 2575 Telefonnummern angewählt. Es ergaben sich dann 153 Personen, die sich am Vortag das Werbefernsehen angeschaut hatten *(Commercial Audience)*. Diese Personenzahl ist die Befragungsmasse, bei der die Erinnerung an den Testspot ermittelt wird. Von diesen 153 Personen blieben 40 Personen übrig, die sich spontan oder gestützt an den Test-Spot erinnerten. Aufgrund vorliegender Erfahrungswerte wird ein zwischen 25 und 30 % liegender Recall für eine gute Kommunikationsleistung gehalten.

Probleme

Beim Einsatz des DAR-Tests muß mit folgenden Problemen gerechnet werden:

- Aufgrund der kleinen Stichprobe ist mit einem großen Fehlerbereich der Ergebnisse zu rechnen, wenn ein Signifikanzniveau von 95 % zugrunde liegt.
- Es besteht keine Möglichkeit, Konkurrenzspots mitzutesten.
- Die Ergebnisse des DAR-Tests hängen auch sehr stark vom Werbeumfeld des Testspots ab. So wird eine interessante Sendung vor oder nach dem Werbeblock die Einschaltquote stark beeinflussen.
- Der DAR-Test ermittelt keine qualitativen Aspekte wie z. B. Meinungen, Einstellungen, Verhaltensabsichten, Kaufbereitschaft und dergleichen.

Elektronische Panels

Seit April 1985 bieten die GFK in Nürnberg und die Firma Nielsen in Frankfurt elektronische Panels an.

Beim GFK-Panel handelt es sich um das *GFK-Behavior-Scan* mit dem Testmarkt Haßloch/Pfalz, wo zwei strukturgleiche Haushaltsstichproben angeworben wurden, 2000 Haushalte mit Kabelanschluß und 1000 Haushalte ohne. Von beiden Stichproben wurden Strukturdaten ermittelt, die demographischen Merkmale, die Ausstattung der Haushalte mit technischen Geräten, ihr Pkw- und Gartenbesitz und deren Nutzung, ihre Medianutzung und psychosoziale Kriterien (z. B. Umweltbewußtsein). Dank der Technik des *targetable* TV ist eine gezielte individuelle TV-Werbeansprache jedes einzelnen verkabelten Haushaltes möglich. Dadurch lassen sich Testgruppe und Kontrollgruppe für jeden Test maßgeschneidert individuell für das jeweilige Testprodukt zusammenstellen. Die Ausstrahlung der TV-Spots erfolgt durch Ausblendung von normalen, innerhalb der Werbeblöcke der einzelnen Sender laufenden Spots und durch zeitgleiche Einblendung der Testspots durch den Testspot (»*Über-blendung, Cut-In*«). Das Recht für diesen Austausch hat sich die GfK durch entsprechende Vereinbarungen gesichert: auf der Seite der Werbeträger mit den zuständigen Sendeanstalten, auf der Seite der Werbungtreibenden mit den größten Unternehmen der Markenartikelindustrie und auf der Seite der Konsumenten durch Abkommen mit den Kabelhaushalten.

Bei Nielsen handelt es sich um das elektronische Handelspanel *Telerim* mit den Testmärkten Bad Kreuznach und Buxtehude.

Grundlage für das *Telerim-Testmarketing-System* sind zwei unterschiedliche, dennoch aber miteinander kombinierbare Verfahren:

1. Die sogenannte *TV-Cut-in-Technik*: In einem genau definierten Testgebiet werden in die laufenden Werbesendungen des ZDF, für die Zuschauer unmerklich, spezielle Testspots eingeblendet.

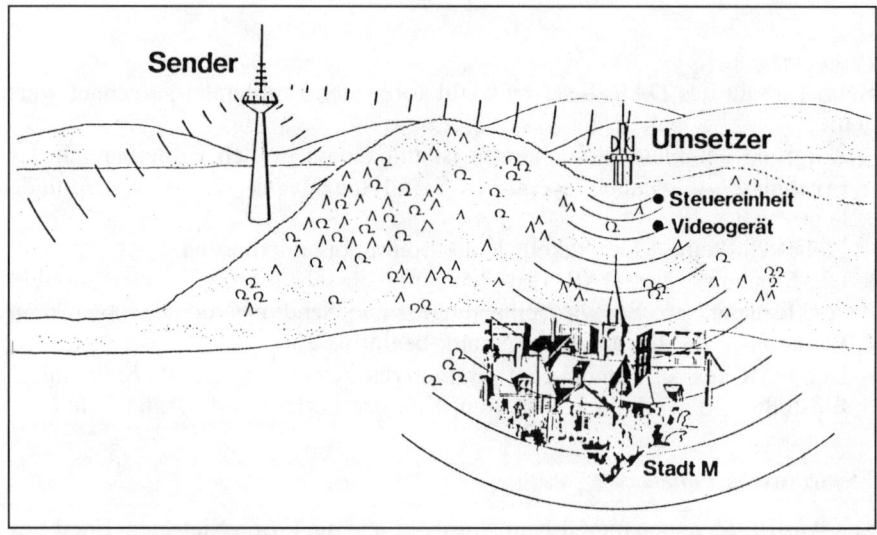

Abb. 42: TV-Cut-in-Technik

2. Der Einsatz von *Scannern* am Point of sale: Das Einlesen der Artikelnummer der beworbenen Marke sowie der Haushaltsnummer des kaufenden Haushalts ermöglicht es, sowohl die Gesamtabverkäufe als auch die Einkäufe der Panel-Haushalte exakt zu quantifizieren.

Deutlich wird, daß es bislang in der Mehrzahl der Fälle darum ging, das gesamte Marketing-Mix zu überprüfen, also den Effekt von klassischer Werbung, Produkt- und Preispolitik sowie Verkaufsförderung auf das effektive Kaufverhalten so, wie es auch der nationale Marketingplan für die angestrebte bundesweite Einführung vorsieht.

Testprojekte wurden in den Produktkategorien Süßwaren, Fertiggerichte, Beilagen, Erfrischungsgetränke, Waschmittel, Putz- und Reinigungsmittel, alkoholi-

254

sche Getränke, Körperpflegemittel, Zigaretten, Backwaren, Tiernahrung und Tiefkühlspezialitäten durchgeführt.

Single Source Service

Unter Single Source versteht man die Messung, Integration und Interpretation aller Verkaufs- und Marketing-Stimuli, die das Konsumverhalten beeinflussen sowie die daraus resultierenden Auswirkungen auf den Absatzbereich. Der Nielsen-Single Source Service ist ein diagnostisches Analyse-Instrument zur besseren Verständnis der Frage, *warum* Kaufentscheidungen getroffen bzw. nicht getroffen werden. Diese Frage konnte durch die bisher bereits bestehenden Handels- und Haushaltspanel nur unzureichend beantwortet werden.

Die Basis des Single Source Service bildet das Nielsen Haushalspanel, für das seit Juli 1992 6 000 Haushalte (Endstufe 12 000 Haushalte im Jahr 1996) kontinuierlich alle ihre Einkäufe des täglichen Bedarfs berichten. Um diese Informationen zu erfassen, sind alle Panelhaushalte mit einem Handscanner ausgestattet, mit dem die EAN-Codes gescannt werden können. Die Einkäufe der Haushalte sind mit den jeweiligen Promotionbedingungen der besuchten Einkaufsstätte verknüpft, um festzustellen ob und inwieweit die Haushalte auf Verkaufsförderungsmaßnahmen des Handels ansprechen. Dazu erhebt der Nielsen-Außendienst wöchentlich Informationen über Kriterien wie z. B. Aktionspreise, Displays, Handzettel etc.

Seit Januar 1993 wird auch das Fernsehverhalten – ähnlich des GfK-Testmarktes in Haßloch – bei einen Teil der Stichprobenhaushalte mit TV-Metern gemessen. Eine Verknüpfung der erhobenen Informationen, d. h. der Haushaltspaneldaten, der Promotiondaten, der Mediadaten und ggf. auch Daten von Ad-Hoc-Befragungen gestatten es, Ursache-Wirkungs-Analysen zu konzipieren und durchzuführen. Weitere Erhebungsmöglichkeiten des Nielsen-Single Source Service: detaillierte Segmentierung nach Käufergruppen, z. B. Promotionkäufer; Warenkorbanalysen in bezug zum Wochentag; detaillierte Darstellung der Absatz- und Marktentwicklungen z. B. von Handelsorganisationen (N. N., 1993, S. 52 f.).

Dies geschieht mit dem Ziel, die Wirkung der Werbung, der Preispolitik, der Verkaufsförderung und anderer Marketing-Inputs auf das Konsumentenverhalten integriert meßbar zu machen.

Studiotest

Die Bezeichnung »Studiotest« deutet darauf hin, daß der Test im Studio des durchführenden Instituts stattfindet. Im Studio wird der Testperson ein Block von ca. 10 Werbefilmen vorgeführt. Zuweilen werden die Spots separat vorgeführt, zuweilen werden die Spots in ein Unterhaltungsprogramm (Spielfilm vor und nach und gegebenenfalls auch zwischen den Spots) eingebettet. In allen Fällen weiß die Testperson aber, daß es sich um einen Test handelt, denn sie wird gebeten, auf die Vorführung des TV-Programms zu achten, um sich davon ein Urteil zu bilden (»forced attention«). Nach der Vorführung werden zunächst die üblichen Recallwerte ermittelt. Dann wird der Testspot nochmals allein vorgeführt; es werden gegebenenfalls wiederum erinnerte Spotelemente recherchiert, und die Testperson wird aufgefordert, zu den diversen, in Zusammenhang mit dem Spot interessierenden Fragen Stellung zu nehmen – z. B., ob der Werbefilm etwas Neues vermitteln konnte, worin die Hauptaussage gesehen wird, ob alles glaubwürdig schien, was gefallen bzw. nicht gefallen hat, ob man aufgrund des Eindrucks von dem Werbefilm das Produkt kaufen werde und dergleichen. Dieses Verfahren ist zwar einfach in seiner Durchführung, hat jedoch einige schwerwiegende Nachteile:

a) Gemessen wird eigentlich nur das kognitive Element der Werbewirkung; emotionale, d. h. aktivierende und verhaltensbeeinflussende Wirkungen kommen zu kurz.

b) Durch die erhöhte Aufmerksamkeit während der bewußt aufgenommenen Darbietung (forced exposure) neigt die Testperson dazu, sich besonders viele Spots und deren Inhalte einzuprägen.

Ein Pretest-Verfahren, das diese Mängel weitgehend ausschließt, ist der von der Keppler-Konsumforschung entwickelte *CEDAR-Test* (Controlled Exposure – Day After Recall Test). Eine Zielperson wird in ein Teststudio eingeladen und dort mit einer fingierten Wartesituation konfrontiert, wobei zu deren »Abkürzung« ein TV-Werbeblock mit entsprechendem Umfeld vorgeführt wird. Anschließend erfolgt ein kurzes Interview über ein Produkt, z. B. über eine Zahnpasta; die Testperson erhält ein Exemplar mit nach Hause zur Erprobung. Gleichzeitig wird die Testperson auch gefragt, ob sie mit einem telefonischen Nachinterview über das mitgegebene Produkt einverstanden ist.

Mindestens 24 Stunden später erfolgt eine *telefonische Nachbefragung zum gesehenen TV-Block* in bezug auf:

a) Marken- bzw. Produkterinnerung,

b) Inhalt des Spots,

c) Akzeptanz (likes und dislikes).

Das CEDAR-Verfahren stellt also eine Kombination zwischen Labortechniken und dem Day-after-Recall-Verfahren dar.

2.1.3 Packungspretest

Im Rahmen der außerökonomischen Werbeerfolgsprognose soll auch kurz auf den Packungstest eingegangen werden. Die Verpackung muß im Rahmen der Selbstbedienung heute Verkäuferfunktion (Werbeträgerfunktion) wahrnehmen und ist damit insbesondere für die Markenartikelindustrie zu einem bedeutenden Werbemittel avanciert. Die Verpackung ist jedoch nicht nur ein Produktbestandteil und damit ästhetisch anspruchsvoll, sondern auch funktional bedeutsam durch ihre Schutz- und Informationsleistung.

Beim *vierstufigen Packungstest* können wir folgende Schritte unterscheiden:

a) Umweltaspekte der Packung

Hier geht es insbesondere um die Beachtung von Sozio-Marketing-Aspekten, denn nur solche Erzeugnisse sind erfolgreich auf dem Markt, die nicht nur Verbraucher -und Unternehmerinteressen verfolgen, sondern sich auch für die Lösung gesellschaftlich relevanter Probleme eignen.

Die aufgrund der steigenden Abfallproblematik in Kraft getretene Verpackungsverordnung (VerpackV) und die darauf basierende Einführung des »Grünen Punktes« durch die Gesellschaft »Duales System Deutschland GmbH« verpflichtet sogar zur Herstellung von umweltverträglichen und die stoffliche Verwertung nicht belastenden Materialien, so daß mit dieser Forderung nach »Vermeidung, Verringerung und Verwertung von Abfällen von Verkaufsverpackungen« Alternativen in der Verpackungsgestaltung aufgegriffen werden müssen. Durch die Rücknahmeverpflichtung für Transport-, Um-, Getränke- und Verkaufsverpackungen ist somit ein neuer Anspruch an diese formuliert. Der Entzug des Grünen Punktes droht im Falle einer unverhältnismäßigen Schwierigkeit bei der Erfassung und Sortierung sowie Aufbereitung aufgrund der unsachgemäßen Beschaffenheit der Verpackung. Dies sollte somit zur ökologischen Alternative der Verpackungsgestaltung führen.

Gesetzliche Auflagen und die von der Nachfrageseite geforderte Wahrung der Interessen bestimmen die Aspekte der Packung. Expertenbefragungen, Verbrauchertests oder Untersuchung der Stiftung Warentest in Berlin liefern die notwendigen Grundlagen zur Beachtung der Konsumentenwünsche.

b) Wahrnehmungspsychologische Aspekte des Packungstests

Mit Hilfe des Tachistoskops lassen sich folgende Fragen beantworten:
- Wie lange dauert es, bis erkannt wird, um welche Marke es sich handelt?
- Ist die Verpackung produkttypisch oder mit anderen Konkurrenzpackungen verwechselbar?
- Wird der Text auf der Packung verstanden oder nicht?
- Ist die Packungsgestaltung so stark, daß man unmittelbar auf den Inhalt schließen kann?
- Welche Wertvorstellungen löst die Packung aus?

c) Die motivationalen Aspekte des Packungstests

Dabei geht es um die Beantwortung folgender Fragen:
mittels Tachistoskop:
- Welche Emotionen löst die Packung beim ersten Betrachten aus?
mittels Polaritätenprofil:
- Welches Image hat die Packung?
- Stimmen Packungsgestaltung und ideales Produktimage überein?
ferner die Frage:
- Welche Wertvorstellungen löst die Packung aus?

257

d) Handling-Aspekte

Dabei werden folgende funktionale Faktoren untersucht:
- Entspricht die Verpackung den Verbrauchervorstellungen?
- Ist die Packung stapelfähig?
- Kann die Verpackung leicht geöffnet bzw. geschlossen werden?
- Wird die technische Handhabung der Packung verstanden?
- Werden die Gebrauchsanweisungen verstanden?
- Genügen die Informationen, die auf der Packung stehen, dem Verbraucher?

2.2 Methoden der ökonomischen Werbeerfolgsprognose

Bei den Methoden der ökonomischen Werbeerfolgsprognose geht es darum, Angaben über die voraussichtlich zu erzielenden Umsatz-, Absatz- oder Gewinnzuwächse zu erhalten, die eine Schaltung der Werbung hervorrufen würde. Verschiedene Methoden seien kurz dargestellt:

Werbeerfolgsprognosen mit Hilfe demoskopischer Befragungsexperimente

Soll eine Werbemaßnahme auf ihre ökonomische Wirksamkeit hin untersucht werden, so bietet sich das demoskopische Befragungsexperiment dann an, wenn in einem repräsentativen Testmarkt die potentiellen Nachfrager sehr intensiven Werbeanstößen ausgesetzt sind, so daß auch spürbare und meßbare Umsatzveränderungen eintreten. Bei schwachen Werbeanstößen ist von dieser Methode der Werbeerfolgsprognose abzuraten. Das Befragungsexperiment läuft nach dem EA-CA-Typ ab, d. h. man unterscheidet einmal eine Versuchsgruppe (E = Experimental-group) und eine Kontrollgruppe (C = Controlgroup). Dabei wird nur *eine* Messung *nach* erfolgter Werbeaktion durchgeführt (A = after). Der Vorteil beim demoskopischen Befragungsexperiment liegt darin, daß im Gegensatz zum Gebietsverkaufstest die Befragung in *einem Testgebiet* stattfinden kann und die Suche nach einem strukturgleichen Kontrollmarkt entfällt. Was die Durchführung des Experiments anbetrifft, so werden eine Anzahl Personen repräsentativ ausgewählt und diese wiederum in Werbeberührte, z. B. Anzeigenleser, und Nichtwerbeberührte, z. B. Nichtleser, aufgeteilt. Danach wird der Entwicklungseffekt und der Umsatzeffekt der Werbung gemessen. Beim *Entwicklungseffekt* wird diejenige Käuferrate festgestellt, die z. B. ein neues Produkt auch ohne Beeinflussung durch die Werbung kaufen würde. Der *Umsatzeffekt* ergibt sich als Differenz zwischen werbebeeinflußten Käufern und nicht werbebeeinflußten Käufern.

> *Beispiel:*
> Die Markteinführung von Produkt Beta im Testmarkt wird durch eine Anzeigenkampagne in Zeitschriften vorbereitet und begleitet. Der Erfolg dieser Werbekampagne soll durch ein demoskopisches Befragungsexperi-

ment ermittelt werden. Es wurde eine Stichprobe von 4000 Personen gezogen.

a) Die Werbeaktion wurde von 2500 Personen beachtet, davon kauften 375 Personen je eine Packung.

b) Die Werbeaktion wurde von 1500 Personen *nicht* beachtet, davon kauften 105 Personen je eine Packung.

Voraussetzung ist, daß der Entwicklungseffekt in beiden Gruppen gleich groß ist und jeweils nur eine Packung gekauft wird.

Zu bestimmen sind jeweils in Prozent:
1. Der *Entwicklungseffekt,*
2. der *Umsatzeffekt* der Werbung,
3. der Anteil des *werbebedingten Absatzes* am Gesamtabsatz.

Lösung:

	Anzeigenleser	Nichtleser	Gesamt
Packung gekauft:	15 % = 375	7 % = 105	12 % = 480
Nicht gekauft:	85 % = 2125	93 % = 1395	88 % = 3520
Zusammen:	100 % = 2500	100 % = 1500	100 % = 4000

Zu 1.: Der **Entwicklungseffekt** beträgt 7 %

Zu 2.: Der **Umsatzeffekt** beträgt 8 % (15 % ./. 7 %)

Zu 3.: Der Anteil des **werbebedingten Absatzes** am Gesamtabsatz beläuft sich auf:
– Werbebeeinflußte Käufe: 8 % von 2500   = 200 Packungen
Gesamtkäufe: = 480 Packungen

daraus folgt: $\frac{200}{480} \cdot 100 = 41,67 \%$.

Somit beläuft sich der werbebedingte Absatz auf ca. 42 %.

Werbeerfolgsprognose mit Hilfe von Gebietsverkaufstests

Dazu ist es notwendig, daß man zwei Gebiete findet, nämlich einen *Testmarkt* und einen *Kontrollmarkt,* wobei die Gebiete gewissen Anforderungen genügen müssen, nämlich:

a) Test- und Kontrollmarkt sollten hinsichtlich der Zielgruppen repräsentativ sein;

b) Test- und Kontrollmarkt sollten hinsichtlich der Handelsstruktur dem Bundesdurchschnitt entsprechen,

c) im Test- und im Kontrollmarkt sollten alle diejenigen Medien zur Verfügung stehen, z. B. Fernsehen, Funk, Teilbelegung bei Illustrierten, die auch später bei der überregionalen Einführung eingesetzt werden;

d) Test- und Kontrollmarkt sollten räumlich abgegrenzt sein.

259

Diese Anforderungen an einen Test- und Kontrollmarkt können jedoch in der Praxis nicht voll realisiert werden, stets sind Kompromisse zu schließen. Als Testmarkterfolge können entweder durch externe Marktforschungsinstitute oder durch eigene Erhebungen folgende Daten festgestellt werden:

a) Spontaner und gestützter Bekanntheitsgrad eines Produktes,
b) Kommunikationswirkung der Werbung,
c) Produktimage,
d) Käuferstruktur,
e) Käuferrate und Wiederkäuferrate,
f) Umsatz- bzw. Absatzveränderungen auf dem Testmarkt im Vergleich zum Kontrollmarkt.

Insgesamt ist zum Gebietsverkaufstest zu sagen, daß er sehr teuer ist, wenn man nur den Erfolg oder Mißerfolg einer Werbung feststellen will. In der Praxis wird der Gebietsverkaufstest nur dann eingesetzt, wenn man eine gesamte Marketingkonzeption, wobei die Werbekonzeption ein wesentlicher Bestandteil ist, testen will. Die *Messung des Werbeerfolgs* kann *auf drei Ebenen* erfolgen:

a) Messung des Werbeerfolgs auf der Herstellerebene
Mit Hilfe der betriebsinternen Statistik lassen sich die Absätze bzw. die Umsätze auf dem Kontrollmarkt, wo keine Werbeaktivitäten stattfanden, messen. Durch Vergleich dieser Werte mit den Absätzen/Umsätzen auf dem Testmarkt, wo Werbeaktivitäten stattfanden, läßt sich die Werbeeffizienz messen.

b) Messung des Werbeerfolgs auf der Handelsebene
Hier ist insbesondere auf die Nielsen-Testmärkte Hessen und Saarland bzw. auf das Testmarktpanel der GfK hinzuweisen. Die Datenermittlung erfolgt durch Mitarbeiter des durchzuführenden Instituts mittels Beobachtung, d. h. auf Grund der Durchsicht und Kontrolle von Rechnungen, Lieferscheinen und Warenbeständen. Dabei wird folgende bekannte Formel eingesetzt:

Anfangsbestand
+ Zugänge
_____

= Wareneinsatz insgesamt
_____

./. Endbestand
= Verkauf
===========================

Die Messung mit Hilfe dieser Formel sollte sowohl auf dem Testmarkt als auch auf dem Kontrollmarkt zweimal erfolgen, und zwar *vor* Schaltung der Werbung und *nach* Schaltung der Werbung.

Beispiel:

| | Absätze | | Zunahme bzw. Abnahme in % | Werbebeding-te Zu- bzw. Abnahme in % |
	Vor Beginn der Aktion	*Nach* bzw. wäh-rend der Aktion		
Teststadt (z. B. Nürnberg)	60 000	63 000	+ 5%	+ 15%
Kontrollstadt (z. B. Kiel)	50 000	45 000	–10%	–

Übersicht 20: Messung des Werbeerfolgs auf Handelsebene

c) Messung des Werbeerfolgs auf der Verbraucherebene

Dabei empfiehlt es sich, die von GfK und Infratest, d. h. der Forschungsge-meinschaft für Marketing, und von der GfM, d. h. Gesellschaft für Marktfor-schung, Hamburg, angebotenen Panels zu benutzen. Dabei unterscheidet man sog. *Haushaltspanels* und *Individualpanels*. Die Haushaltspanels sind insbe-sondere für Produkte geeignet, die vom gesamten Haushalt, weniger von Ein-zelpersonen verbraucht werden. Das Individualpanel wird dann eingesetzt, wenn das zu untersuchende Produkt weniger vom gesamten Haushalt, sondern vielmehr von einzelnen Haushaltsmitgliedern gekauft bzw. verbraucht wird, z. B. Zigaretten, Spirituosen, Pralinen. Beide Panelarten liefern die Daten über Käufer, Verbrauchsausgaben, Einkaufsmengen, Einkaufsstätten und über das Lese-, Seh- und Hörverhalten der Panelteilnehmer.

Werbeerfolgsprognosen mit Hilfe von kontrollierten Markttests

Es handelt sich um eine Methode, Marketingmaßnahmen in einer Gruppe von umsatzstarken Lebensmittelgeschäften zu testen. Jedes Geschäft hat eine Ver-kaufsfläche von ca. 300 qm und einen Jahresumsatz, der über 1,5 Mio DM liegt. Die Anzahl der an einem solchen Test beteiligten Geschäfte beträgt meistens 20, wobei der Jahresumsatz dieser Geschäfte etwa den Einkäufen von 13 000 Haushaltungen mit ca. 30 000 Verbrauchern entspricht. Das Marktforschungs-institut Nielsen stellt in Deutschland verschiedene Regionen (Frankfurt, Wies-baden, Hamburg, Köln, München) vor, in denen der kontrollierte Markttest durchgeführt werden kann. Die Methode der Datenerhebung geschieht in der Weise, daß wöchentlich die Lagerbestände und -zugänge erhoben werden, um daraus den Abverkauf zu errechnen. Ferner wird wöchentlich auch eine Kon-trolle durchgeführt, um z. B. die Sonderdisplays, die Stapelbauten oder den Warenvorrat zu überprüfen. Besonders geeignet ist der Markttest, um neue Produkte zu testen, aber auch um Auswirkungen von Änderungen bei Produkt und Packung festzustellen.

3 Werbeerfolgskontrollen (Posttests)

3.1 Kontrolle des außerökonomischen Werbeerfolgs (Werbewirkung)

Probleme der Werbeerfolgskontrolle (Posttests)

Wenn auch eine hundertprozentige sichere Werbeerfolgskontrolle bisher noch nicht möglich ist, so heißt dies in Anbetracht der meist hohen Werbeaufwendungen nicht, ganz auf Posttests zu verzichten. Die Gründe, warum eine einwandfreie Werbeerfolgskontrolle noch nicht realisierbar ist, sind folgende:

1. Schwierigkeit: Den Marketing-Mix-Faktor Werbung zu isolieren.
Kommt es durch eine Werbemaßnahme zu einem Werbeerfolg, so ist noch lange nicht sicher, ob dieses Zieles auch wirklich *nur* durch den Mix-Faktor Werbung erzielt wurde. Die übrigen Mix-Faktoren wie Preis-, Produkt und Distributionspolitik können ebenfalls in unterschiedlichem Maße am Werbeerfolg beteiligt gewesen sein, selbst wenn der Befragte sich an die einzelnen auf ihn wirkenden Einflüsse nicht mehr erinnert.

2. Schwierigkeit: Einzelne Werbemittel hinsichtlich ihrer Wirksamkeit zu isolieren.
Meist wird bei der Durchführung einer Werbekampagne nicht nur *ein* Werbemittel eingesetzt, sondern mehrere, oft noch durch PR-Maßnahmen und Verkaufsförderungsmaßnahmen unterstützt. Auch der Einsatz dieser Mittel erfolgt meist nicht gleichzeitig, sondern in verschiedenen Zeitabschnitten. Die Wirksamkeit *eines* Werbemittels nun exakt festzustellen, wird kaum möglich sein.

3. Schwierigkeit: Den Kumulationseffekt der Werbung zu erfassen.
Meistens wirkt die Werbung erst nach mehrmaligen Kontakten bei den Zielpersonen. Eine breit angelegte Einführungswerbung braucht deshalb noch lange nicht alle potentiellen Käufer zu effektiven Käufern gemacht zu haben, dies kann z. B. erst durch die Fortführungswerbung geschehen.

4. Schwierigkeit: Den Substitutions- bzw. Komplementäreffekt der Werbung zu berücksichtigen.
Gerade bei Mehrproduktunternehmungen hat die Werbung für ein Produkt Auswirkungen auf den Absatz der übrigen. So wird eine Werbekampagne für Sofortbildkameras, die Farbfotos liefert, auch den Absatz der Farbfilme fördern (Komplementäreffekt der Werbung), wogegen der Absatz der Schwarz-Weiß-Filme bzw. der dazugehörigen Kameras stagnieren bzw. sogar rückläufig sein kann (Substitutionseffekt der Werbung). Auch hier die möglichen Auswirkun-

gen zu messen und bei der Kontrolle des Werbeerfolgs zu berücksichtigen, ist in der Praxis nur schwer möglich.

3.1.1 Methoden der Messung des außerökonomischen Werbeerfolgs (Werbewirkung)

Auch bei den folgenden Methoden wollen wir bei dem dreistufigen Werbewirkungsmodell, das wir bereits bei den Methoden der Werbeerfolgsprognosen kennengelernt haben, bleiben. Danach unterscheiden wir grundsätzlich drei Wirkungsstufen:
1. Die *Informationswirkung* der Werbung,
2. die *Motivationswirkung* der Werbung und
3. die *verhaltensrelevante Leistung* der Werbung.

Methoden zur Messung der Informationswirkung der Werbung:

Recall Tests
Das Recall-Verfahren basiert auf der Erinnerung. Dabei gibt es Verfahren, die die ungestützte Erinnerung (unaided recall) in den Vordergrund stellen, so z. B. das CEDAR-Verfahren, andere arbeiten auf Basis der gestützten Erinnerung (aided recall) (Rehorn 1988, S. 221/222).
Beim *ungestützten Recall-Test* als Posttest wird zunächst festgestellt, wer Leser der in Frage kommenden Zeitschrift ist und wer nicht. Die so ermittelte Zahl kann als Hinweis für die *quantitative* Reichweite der Zeitschrift im betreffenden Gebiet angesehen werden bzw. als Hinweis für die *qualitative* Reichweite bei Beschränkung der Befragung auf durch sozio-demographische Merkmale definierte Gruppen.
Anschließend wird bei den Lesern untersucht, welche Anzeigen gesehen wurden, welche Elemente auffielen und wie die Anzeige gefiel etc.
Beim *gestützten Recall-Test* (Aided-Recall-Test) werden verschiedene Erinnerungshilfen wie z. B. eine Liste mit Markennamen oder Markenzeichen gegeben.
Der Aided-Recall-Test kann auch in Form des *Impact-Tests* vorkommen. In Deutschland wird er vom Emnid-Institut angewandt. Der Impact-Test besteht aus einem Aided-Recall-Test, dem sich ein Recognition-Test anschließt. Zunächst wird der Testperson eine Zeitschrift vorgelegt und gefragt, ob sie diese Zeitschrift gelesen habe. Der Befragte gilt dann als Leser, wenn er sich an einen Teil des Inhalts richtig erinnert. Die Zeitschrift bleibt dabei geschlossen. Dann werden an den so ermittelten Leser 20 Kärtchen mit den Namen von Marken oder Firmen vorgelegt, für die zum Teil in der betreffenden Testnummer inseriert wurde. Zur Kontrolle sind auch Kärtchen für Marken dabei, für die keine Werbung in dem Testheft enthalten ist (worauf die Befragten hingewiesen werden). Bei jedem Kärtchen muß der Befragte angeben, ob diese Marke in dem Heft beworben wurde. Bei den von ihm genannten Marken wird der

Befragte aufgefordert, Einzelheiten zur Anzeige anzugeben, was alles abgebildet war und was alles zu lesen war. Zum Schluß wird ermittelt, welchen Eindruck die Anzeige hinterließ; hierfür werden Statements zugeordnet. Dies alles erfolgt ohne jede Erinnerungshilfe.

Eine Weiterentwicklung und Verbesserung des Emnid Impact-Tests ist der Emnid Recall & Recognition-Test. Verbesserungen sind z. B.: Es werden nicht nur gestützte, sondern auch ungestützte Recallwerte ermittelt; die Zielgruppe wird mit einer Frage zum Grad des Produktinteresses berücksichtigt; die Beurteilung der Anzeigenanmutung via Statementratings erfolgt nicht mehr per Zuordnung, sondern auch Skalierung; es werden evtl. stattgefundene Mehrfach-Kontakte erhoben, und damit wird die Kumulativwirkung der Werbung berücksichtigt.

Recognition-Test
Beim Recognition-Test handelt es sich um einen Wiedererkennungstest zum Messen der Aufmerksamkeitswirkung von Anzeigen.
Der *unkontrollierte Recognition-Test* soll in der Form des Starch-Tests beschrieben werden: Ca. 150 für eine Zeitschrift repräsentativ ausgesuchte Leser bekommen am Ende des Erscheinungsintervalles die letzte Ausgabe vorgelegt. Die Interviewer gehen mit dem Befragten die Zeitschrift seitenweise durch. Pro Anzeige werden drei Werte ermittelt:
a) Anzeige gesehen,
b) Anzeige global betrachtet, d. h. man kann sich an einzelne Anzeigenelemente erinnern,
c) Anzeige studiert.

Das Verfahren unterstellt, daß die Wiedererkennungsprüfung die Aufmerksamkeitswirkung mißt. Kritisch anzumerken ist, daß von den Probanden oft irrtümlich Angaben zu Anzeigen gemacht werden, obwohl sie vorher noch nie gesehen bzw. gelesen wurden.
Diese eben aufgeführten Mängel können durch den *kontrollierten Wiedererkennungstest* (Recognition-Test) teilweise beseitigt werden. Den Testpersonen wird eine präparierte Ausgabe einer Zeitschrift vorgelegt, in der sich *bisher veröffentlichte,* unter anderen die Testanzeigen, und bisher *noch nicht veröffentlichte* Anzeigen befinden. Die Testpersonen sollen nun während der Durchführung des Recognition-Tests sagen, welche Anzeigen sie bereits gesehen haben. Die für die noch nicht geschalteten Anzeigen sich ergebenden Durchschnittswerte werden vom Wert der Testanzeigen abgezogen. Der Day-After-Recall-Test wird, wie bereits erwähnt, als Posttest eingesetzt.

Identifikationstests (Maskierungstests)
Das auch unter dem Namen Maskentest oder Hidden-Logo-Test bekannte Verfahren läuft in der Weise ab, daß z. B. bei einer *Anzeige* die Headline oder die Produktabbildung abgedeckt wird und der Proband nun sagen muß, wie die Inhalte der verdeckten Teile lauten. Der Anteil der Testpersonen, die richtige

Aussagen über die Ergänzungen machen können, gelten als Maßstab für den Erinnerungswert.

Das Testverfahren ist auch dazu geeignet, *Funkspots* oder *Fernsehspots* »maskiert« darzustellen und die Testpersonen nach den fehlenden Inhalten zu fragen. Die Gefahr der Maskierungstests liegt darin, daß bei Werbemitteln von bekannten Firmen die Testpersonen die verdeckten Teile erraten und, da bei diesen Firmen eine hohe Werbeintensität vorausgesetzt werden kann, auch die Trefferquote des richtigen Erratens ziemlich hoch ist. Deshalb sollte der Identifikationstest eher in der Weise interpretiert werden, daß er die Verwechslungsgefahr zwischen den Werbemitteln *einer* Kampagne oder den Werbemitteln bei *verschiedenen* Kampagnen von unterschiedlichen Firmen aufzeigt.

Methoden zur Messung der motivationalen Wirkung der Werbung

Messung der Motivation durch freie Beschreibung
Um die Beziehung, die zwischen Werbesubjekt und Werbeobjekt zustande kommt, festzustellen, kann man die Testperson fragen, an was sie dachte, während sie dem Werbemittel ausgesetzt war. Eine solche Fragestellung könnte z. B. lauten:
- An was dachten Sie, als Sie diese Anzeige zuerst sahen?
- Erinnern Sie sich an alle Ihre Gedanken, die Sie sich zu dieser Anzeige machten?
- Welche Gedanken löste der Fernsehspot bei Ihnen aus?
- Was dachten Sie, als Sie sich den Spot ansahen?

Um das persönliche Engagement hinsichtlich des Werbeobjekts festzustellen, werden die Aussagen in der Weise ausgewertet, daß man Aussagen festhält, in denen Kaufabsichten zum Ausdruck kommen; ferner Aussagen, die eine positive Grundhaltung gegenüber dem Produkt erkennen lassen.

Methoden zur Messung der verhaltensrelevanten Leistung der Werbung

Da es bei der verhaltensrelevanten Leistung der Werbung um das Auslösen von Kaufakten geht, sind die Methoden zur Kontrolle des ökonomischen Werbeerfolgs hier anzuwenden.

3.2 Die Kontrolle des ökonomischen Werbeerfolgs

Bei der Messung des ökonomischen Werbeerfolgs geht es darum, die durch die Werbemaßnahme verursachten Absatz-, Umsatz-, Distributions-, Käufer- und Wiederkäuferveränderungen zu erfassen.
Trotz der zu Beginn des Kapitels aufgeführten Probleme bei der Werbeerfolgs-

kontrolle (wie z. B. den Marketing-Mix-Faktor Werbung zu isolieren oder einzelne Werbemittel hinsichtlich ihrer Wirksamkeit zu isolieren oder den Kumulationseffekt der Werbung zu erfassen und schließlich den Substitutions- bzw. Komplementäreffekt der Werbung zu berücksichtigen) darf auf eine solche nicht verzichtet werden, da Werbemaßnahmen als *Werbeinvestitionen zu* betrachten sind und eine ökonomische Werbeerfolgskontrolle geradezu zwingend erfordern, um Erfahrungswerte für spätere Kampagnen zu erhalten.

Sollen die durch die Werbemaßnahmen ausgelösten Mehrumsätze gemessen werden, um nach Abzug der Werbekosten den Werbegewinn zu ermitteln, so kann nach folgender Gleichung vorgegangen werden:

$$WG = WMU ./. WK$$

Werbegewinn = werbebedingter Mehrumsatz ./. Werbekosten.

Der *werbebedingte Mehrabsatz bzw. Mehrumsatz (WMU)* ist dann relativ leicht zu messen, wenn ein werbeloser Vergleichszeitraum zur Verfügung steht. Die während dieser Zeitspanne erzielten Absätze bzw. Umsätze sind bekannt. Wird nun der Absatz bzw. Umsatz während der werbelosen Periode mit den Absätzen bzw. Umsätzen während einer Werbewirkperiode verglichen, so sind, ceteris paribus, die Mehrabsätze bzw. -umsätze auf die Wirkung der Werbemaßnahme zurückzuführen. Der Vergleich der Ergebnisse an den beiden Perioden setzt jedoch voraus, daß Saisoneinflüsse, Einflüsse der übrigen Marketing-Mix-Faktoren, Konkurrenzverhalten, Handelsverhalten, staatliche Eingriffe durch Gesetzgebung, allgemeines Konjunkturverhalten etc. berücksichtigt werden, was in der Praxis nur schwer möglich ist, so daß Vergleiche zwischen einer werbelosen und einer werbewirksamen Periode nur Näherungslösungen darstellen können.

Der werbebedingte Mehrumsatz (WMU) ergibt sich, wenn man die in der Werbewirkperiode erzielten Mehrabsätze mit den entsprechenden Preisen multipliziert.

Die *Werbekosten (WK)* erfassen sowohl die *Werbeeinzelkosten,* d. h. solche, die bei der Gestaltung, Herstellung und Streuung der Werbemittel entstehen, ferner auch die *Werbegemeinkosten,* d. h. die Kosten für die Werbeabteilung eines Unternehmens, wie z. B. Personal- und Materialkosten der Werbeabteilung, Reisekosten, Kosten der Hausdruckerei bzw. des eigenen Ateliers, Beiträge, Gebühren, also Kosten, die nicht ohne weiteres den einzelnen Werbemitteln zugeordnet werden können. Die Werbeeinzelkosten, die im wesentlichen die Kosten aus Fremdleistungen erfassen, sind nach dem neuen Industriekontenrahmen (IKR) in die Kontengruppen 75–78, nach dem Gemeinschaftskontenrahmen der Industrie (GKR) in die Kontengruppe 477 zu verbuchen.

Der *Werbegewinn (WG)* ergibt sich dann als Differenz zwischen dem werbebedingten Mehrumsatz und den Werbekosten.

Die *einzelnen Methoden der ökonomischen Werbeerfolgskontrolle* sind:

Das demoskopische Befragungsexperiment
Siehe dazu das Beispiel vorne unter »Werbeerfolgsprognosen mit Hilfe demoskopischer Befragungsexperimente«.

Das Bu-Ba-W-Verfahren
Man versteht darunter »Bestellungen unter Bezugnahme auf Werbemittel«. Es
findet dann Anwendung, wenn Werbemittel gestreut werden, die mit einem
Coupon bzw. einer Bestellkarte (wie z. B. Kataloge) versehen sind, wobei die
Rückläufe als Gradmesser für den Werbeerfolg dienen. Unter Einbeziehung der
Kosten lassen sich verschiedene Kennzahlen berechnen, die die Effizienz *ver-
schiedener* gleichzeitig oder hintereinander gestreuter Werbemittel messen.

1. Beispiel:
Nach Abschluß einer Direktwerbekampagne sollen folgende Daten für die
Erfolgskontrolle zur Verfügung stehen:
a) Kosten der Kampagne inklusive Porto
b) Anzahl der Aussendungen
c) Anzahl der erhaltenen Antworten
d) Anzahl der Bestellungen.
Frage:
Welche Erfolgsrelationen, die für eine Beurteilung der Kampagne relevant
sind, kann man aus diesen Daten bilden?
Lösung:
− Prozentanteil der Bestellungen an den Aussendungen = Streuerfolge (d
  zu b)
− Prozentanteil der Bestellungen an den Antworten (d zu c)
− Kosten je Auftrag (a zu d)
− Kosten je Antwort (a zu c)
− Prozentanteil der Antworten an den Aussendungen (c zu b).

2. Beispiel:
Es werden 15 000 Drucksachen versandt. Die Kosten je Drucksache inklu-
sive Porto belaufen sich auf DM 4,−. Es gingen 1 000 Bestellungen ein.
Der Gewinn je verkauftes Stück beträgt DM 100,−.
Frage:
Wie lautet der kritische Streuerfolg in %?
Lösung:
Die Gesamtkosten der Aktion betragen DM 60 000,−. Um die Kosten bei
einem Stückgewinn von DM 100,− zu decken, sind 600 Bestellungen
notwendig (60 000 : 100). Der kritische Streuerfolg beträgt also 4 %.

4 Der Einsatz von Panels

Werbemaßnahmen lassen sich weiterhin noch durch den Einsatz von Panels kontrollieren.

Die *Einzelhandelspanels* berichten über Distributionsveränderungen und Marktanteilsveränderungen, und zwar aufgeschlüsselt nach Nielsen-Gebieten bzw. Regionen, ferner nach Geschäftsgrößen und Organisationsformen des Handels.

Verbraucherpanels sind Einkaufspanels, d. h. die Panelteilnehmer berichten über ihre Einkäufe. Folgende Informationen werden aus den Panels ermittelt:

- eingekaufte Menge (kg/Ltr./Stk.)
- Ausgaben (DM)
- Preise (DM)
- Marken /Sorten/Verpackung usw.
- Käuferreichweite
- Wiederkaufsraten
- Markentreue/Markenwechsel/Bedarfsdeckung
- Wahl der Einkaufsstätten

Die Panels sind repräsentativ für die üblichen Strukturmerkmale

- Regionen (Bundesländer)
- Alter der Hausfrau/Person
- Haushaltsgröße

Die Panels spiegeln das gesamte Einkaufsgeschehen wider. Es werden *alle Einkaufsstätten* beobachtet – im Gegensatz zum Handelspanel, das bestimmte Absatzkanäle (z. B. Aldi, Kauf- und Warenhäuser, Wochenmärkte, Hauslieferung und Spezialgeschäfte) nicht abdeckt.

Die erhobenen Paneldaten und ihre vielfältigen Auswertungen liefern die Basis für erfolgreiches Marketing. Wer sie richtig nutzt, hat im Wettbewerb die Nase vorn. Für Produktgestaltung und Positionierung, für Preispolitik und Werbung, für Organisationsabläufe und Vertriebsstruktur bieten die Daten viele wertvolle Hinweise.

Seit vielen Jahren hat z. B. die GFM-Panelforschung auf Basis von psychologischen Grundlagenuntersuchungen Verbrauchertypen entwickelt. So gibt es acht Familientypen, die trennscharf die unterschiedlichen Verzehrgewohnheiten für alle Produktgruppen ausweisen.

Trotz vieler Einwände gegen die Panels als Hilfsinstrumente der Werbeerfolgskontrolle, wie z. B. Problem der Paneleffekte, Problem der Abdeckung, lassen sich die Panels als wirksames Kontrollinstrument in der Praxis nicht mehr wegleugnen.

Im folgenden sind die wichtigsten Firmen aufgeführt, bei denen Paneldaten erhältlich sind.

Nielsen Marketing Forschung, Frankfurt bietet folgende Erhebungen, Untersuchungen und Analysen im *Handelsbereich* an:

- Handelspanel im Food- und Nonfoodbereich:
  - Lebensmitteleinzelhandel
  - Getränkeabholmärkte
  - Kioske/Tankstellen/Bäckereien
    (Süßwaren-Spezial-Index)
  - Cash & Carry Betriebe
  - Apotheken
  - Drogerien, Drogeriemärkte
  - Friseur-Geschäfte
  - Reformhäuser
- Handelspanel Gebrauchsgüter:
  - Hausrat- und Eisenwarengeschäfte
  - Papier-, Büro- und Schreibwarengeschäfte
  - Elektrofachgeschäfte
  - Kauf- und Warenhäuser/Versender
  - Verbrauchermärkte/Cash & Carry
  - Bau- und Heimwerkermärkte
  - Tapeten-, Farben- und Lackgeschäfte
  - Gartenfachgeschäfte/Gartencenter
  - Blumen- und Samenhandel
- Handelsumfragen:
  - Handels-Omnibus
  - Ermittlung von Einstellungen und Bewertungen von Marketingaktivitäten
    im Handel bei Entscheidungsträgern
- Nielsen Instore-Report (Analyse von Vertriebsaktivitäten am POP)
- Nielsen Scantrack Services (Wochendaten aus Lebensmittel-Einzelhandels-
  Scannergeschäften)
- Nielsen-Sabine-Analysen (Analysemodell auf Basis datenbankgespeicherter
  Erhebungsdaten für Problemlösungen des Marketing-Mix)
- Nielsen-Prisma (Auswertung von Handelsangeboten aus Tageszeitungen,
  Prospekten und Kundenzeitschriften)
- Nielsen-Testpanels
  - Testmärkte Hessen und Saarland
  - Teststädte,-gebiete
  - Nielsen-Ballungsräume
- Nielsen-kontrollierter Markttest (Tests von Produkt-, Sortiments-, Pak-
  kungs- und Preisentscheidungen sowie von Verkaufsförderungsmaßnah-
  men; 200 Testgeschäfte in sechs Ballungszentren)
- Nielsen Markenbewertungs- und -prognosenmodelle

Verbraucherpanels aus der Nielsen Konsumentenforschung sind:
- Nielsen-Telerim
  - Messung des Kaufverhaltens unter Real-life-Bedingungen im elektroni-
    schen Testmarktsystem
  - Bewertung verschiedener Marketing-Mix-Faktoren als Einflußgröße auf
    die Kaufentscheidung

269

- Werbewirkungs-Analysen
- Nielsen-Umfrageforschung
  - Verbraucherbefragung am POS
  - Kaufbeobachtung am POS
  - Einkaufsstätten-Attraktivität
  - Ermittlung von Konsumentenreaktionen im Rahmen von Markttests
  - Internationale Umfragen bei Verbrauchern und Entscheidungsträgern der Industrie
  - Kommunikationsforschung

Darüber hinaus bietet Nielsen Marketing Forschung folgende Dienste:
- Nielsen CMS-Coordinierte Management-Systeme:
  Datenbanksystem auf PC für Marketingdaten aus verschiedenen Quellen.
- Nielsen Werbeforschung S + P:
  Auswertung und Analyse der klassischen Werbeaufwendungen in den Medien TV, Funk, Zeitungen, Zeitschriften und Plakat.
- Logistics Data Systems:
  Flächen- und Regaloptimierungsprogramme

Entwicklung nach Nielsen-Gebieten

Nielsen-Gebiete	Anzahl 1.1.1994		1.1.1995		Veränderung in %	Umsatz (in Mio. DM) 1993		1994		Veränderung in %
	abs.	%	abs.	%		abs.	%	abs.	%	
1	11 430	14	11 140	15	−2,5	31 400	16	31 400	16	±0,0
2	15 570	20	15 190	20	−2,4	40 500	21	40 500	21	±0,0
3a	10 650	14	10 360	14	−2,7	26 300	14	26 300	14	±0,0
3b	9 650	12	9 360	12	−3,0	23 700	12	23 800	12	+0,4
4	12 650	16	12 280	16	−2,9	25 300	13	25 300	13	±0,0
5	1 850	2	1 740	2	−5,9	9 100	5	9 100	5	±0,0
6	7 670	10	7 270	9	−5,2	16 300	9	16 400	9	+0,6
7	9 530	12	9 060	12	−4,9	18 900	10	19 900	10	+0,5
Deutschland insgesamt	79 000	100	76 400	100	−3,3	191 500	100	191 800	100	+0,2

Abb. 43: Anzahl und Umsatz der Lebensmittel-Einzelhandelsgeschäfte nach Nielsen-Gebieten
Quelle: Nielsen Universum 1995, A.C.Nielsen GmbH

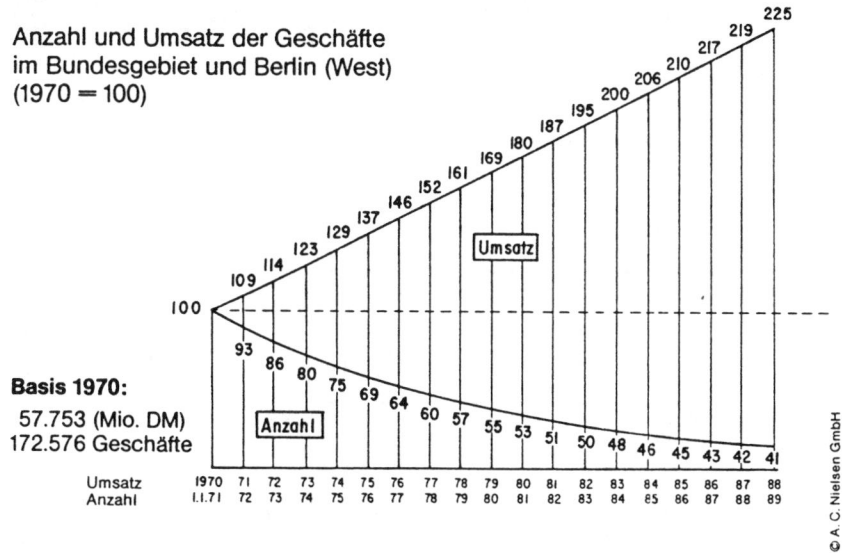

Anzahl und Umsatz der Geschäfte
im Bundesgebiet und Berlin (West)
(1970 = 100)

Basis 1970:

57.753 (Mio. DM)
172.576 Geschäfte

© A. C. Nielsen GmbH

	1970	71	72	73	74	75	76	77	78	79	80	81	82	83	84	85	86	87	88
Umsatz	1970	71	72	73	74	75	76	77	78	79	80	81	82	83	84	85	86	87	88
Anzahl	1.1.71	72	73	74	75	76	77	78	79	80	81	82	83	84	85	86	87	88	89

Abb. 44: Anzahl und Umsatz der Lebensmittel-Einzelhandelsgeschäfte im Bundesgebiet
Quelle: Nielsen Universum 1989, A.C.Nielsen GmbH

GfK AG, Nürnberg

Die GfK-Handelsforschung, eine Tochtergesellschaft der GfK AG, bietet folgende Handelspanel-Stichproben an:
- Verbrauchsgüterpanel / Großbetriebsformen:
  - Lebensmittel-Einzelhandelspanel
  - Drugpanel
  - Gastronomiepanel
  - Top-Gastronomiepanel
  - Regionalpanel
  - Getränkeabholmärkte
  - Verbrauchermärkte/SB-Warenhäuser
  - Cash & Carry
  - Warenhäuser/Versender
- Gebrauchsgüterpanel
  - Elektropanel (EH)
  - Elektropanel (GH)
  - Fotopanel
  - Autoradiospezialistenpanel
  - Spielwarenpanel
  - Bau- und Heimwerkermärktepanel

271

Geschäfte nach Einzelhandelstypen und Nielsen-Gebieten
Anzahl: 1. 1. 1995; Umsatz: 1994 (in Mio. DM)

Nielsen-Gebiete	Total		1		2		3a		3b		4		5		6		7	
Bevölkerung in %	100	100	16		22		13		13		14		9		9		9	
Anzahl/Umsatz in %	100	100	15	16	20	21	14	14	12	13	16	13	2	5	9	9	12	10
	76 400	191 800	11 140	31 400	15 190	40 500	10 360	26 300	9 360	23 800	12 280	25 300	1 740	9 100	7 270	16 400	9 060	19 000
SB-Warenhäuser (> 5 000 m²)	0,7 %	14,6 %	0,7 %	12,5 %	0,9 %	16,8 %	1,0 %	24,2 %	0,7 %	13,1 %	0,6 %	12,9 %	0,2 %	1,7 %	0,6 %	11,4 %	0,6 %	13,0 %
	546	28 000	78	3 928	131	6 797	105	6 374	63	3 128	72	3 274	3	153	43	1 872	51	2 474
Große Verbrauchermärkte (1 500 – 5 000 m²)	2,3 %	16,3 %	3,2 %	19,4 %	2,6 %	17,9 %	1,7 %	11,1 %	2,0 %	14,5 %	1,8 %	15,5 %	4,8 %	16,6 %	2,8 %	21,3 %	1,6 %	14,1 %
	1 767	31 300	358	6 089	392	7 235	171	2 923	191	3 442	227	3 929	84	1 513	200	3 493	144	2 676
Kleine Verbrauchermärkte (8000 – 1 500 m²)	5,1 %	16,8 %	7,7 %	22,4 %	5,3 %	16,4 %	4,9 %	16,5 %	5,3 %	17,8 %	4,6 %	17,2 %	7,5 %	16,7 %	3,9 %	14,5 %	2,3 %	9,6 %
	3 863	32 300	853	7 023	812	6 632	504	4 336	495	4 244	569	4 342	131	1 522	287	2 371	212	1 830
Discountmärkte	10,4 %	16,3 %	9,9 %	13,5 %	9,5 %	13,9 %	10,0 %	15,2 %	12,5 %	17,1 %	11,7 %	20,9	15,6 %	12,6 %	9,9 %	20,5 %	8,2 %	18,9 %
	7 930	31 300	1 098	4 236	1 450	5 636	1 039	3 991	1 174	4 060	1 435	5 276	272	1 144	723	3 368	739	3 589
Supermärkte (400 – 800 m²)	6,4 %	14,2 %	5,3 %	11,0 %	6,2 %	13,0 %	5,5 %	12,0 %	6,3 %	14,1 %	6,1 %	14,3 %	22,4 %	32,6 %	5,9 %	12,3 %	6,9 %	16,8 %
	4 890	27 200	595	3 449	944	5 270	567	3 157	594	3 350	750	3 621	389	3 148	427	2 012	624	3 193
Restliche Geschäfte (< 400 m²)	75,1 %	21,7 %	73,2 %	21,3 %	75,5 %	22,0 %	77,0 %	21,0 %	73,1 %	23,4 %	75,1 %	19,2 %	49,5 %	17,8 %	76,9 %	20,0 %	80,5 %	27,6 %
	57 404	41 700	8 158	6 675	11 461	8 930	7 974	5 519	6 843	5 576	9 227	4 858	861	1 620	5 559	3 284	7 290	5 238
	Anzahl	Umsatz	Anzahl	Umsatz	Anzahl	Umsatz	Anzahl	Umsatz	Anzahl	Umsatz	Anzahl	Umsatz	Anzahl	Umsatz	Anzahl	Umsatz	Anzahl	Umsatz

Abb. 45: Lebensmitteleinzelhandels-Index
Quelle: A.C. Nielsen GmbH

272

- Gartencenterpanel
- Computershop- und Systemhändlerpanel
- Papier-/Bürobedarf, Schreibwarenpanel
- Büromaschinen-/Büromöbel- und Organisationsmittelpanel
- Möbelpanel
- Küchenspezialistenpanel
- Kopiergerätespezialistenpanel
- Uhren-/Schmuckpanel
- Kfz-Zubehörpanel (EH)
- Kfz-Zubehörpanel (GH)
- Sportpanel
- Schuhfachhandelspanel
- Hausrat-/Eisenwarenpanel
- Werkzeugmaschinengroßhandelspanel
- Glas-/Porzellan-/Keramikpanel
- Tapeten-/Farben-/Lackepanel
- Hörgerätepanel

Die G & I-Forschungsgemeinschaft für Marketing, eine 90 %ige Tochter der GfK, ist das führende Verbraucherpanel-Institut in Deutschland und gehört damit zu den größten Europas. Von der G & I werden folgende Panels erstellt:

- G & I-Haushaltspanels
  (2 500er Stichprobe von Haushalten, zu einer 10 000er addierbar)
- G & I-lndividualpanel
  (8 000er Stichprobe von Einzelpersonen ab 10 Jahren)
- G & I-Babypanel
  (1 000er Stichprobe von Babies im Alter bis 30 Monate)
- G & I-Sport- und Freizeitpanel
  (14 000er Stichprobe von Einzelpersonen)
- G & I-Autofahrerpanel
  (2 000er Stichprobe von Autofahrern)
- G & I-Befragungspanel
  (10 000er Stichprobe von Haushalten, für Befragungen aller Art)

GFM-Panelforschung, Hamburg

Die GFM-Panelforschung ist eine Tochtergesellschaft der GFM-GETAS Gesellschaft für Marketing-, Kommunikations- und Sozialforschung, einem der führenden Marktforschungsinstitute in der Bundesrepublik.
Die GFM-Panelforschung führt schon seit 1954 regelmäßige Untersuchungen bei bundesdeutschen Haushalten durch. Das Institut hat sich dabei auf Frischeprodukte spezialisiert.
Erfaßt werden Frischfleisch, Frischmilch, Käse, Butter (einschließlich aller Haushaltsfette), Eier, Frischgemüse, Frischobst (einschließlich aller Zitrusfrüchte und Südfrüchte und als Komplementärprodukt Zucker), Brot und Bröt-

273

chen sowie süßer Brotaufstrich (einschließlich Honig). Ferner werden Schnittblumen, Topfpflanzen sowie Balkon- und Beetpflanzen erhoben.

Für die Bereiche Brot und Brötchen, Fleischwaren und Wurst sowie Geflügel bestehen Forschungsgemeinschaften. Dazu haben sich die Centrale Marketinggesellschaft der deutschen Agrarwirtschaft (CMA), das Panelinstitut und interessierte Unternehmen der jeweiligen Branchen zusammengeschlossen, um umfassende Untersuchungen spezieller Marktsegmente zu ermöglichen und die Finanzierung dieser aufwendigen Marktforschungsaufgaben sicherzustellen.

Ab 1990 wurden weitere Erhebungen initiiert, insbesondere die Untersuchungen für

- Frischobst
- Frischgemüse
- Frischfleisch

Ausgewertete Warengruppensegmente

- Eier
- Zucker, einschl. Gelierzucker, spezielle Süßungsmittel aller Art
- Eingemachtes, Marmelade, Gelee, Kompott, Säfte usw.
- Geliermittel
- Milch/Sauermilch
- Frischmilch, Vorzugsmilch, H-Milch, Milchmischgetränke, Buttermilch, Sauermilch, Kefir, Dickmilch
- Hart- und Schnittkäse fest und halbfest, Edelpilzkäse
- Weichkäse, Camembert, Brie usw.
- Frischkäse
- Sauermilchkäse, Koch- und Schmelzkäse
- Butter, Butterschmalz
- Margarine, Margarineschmalz
- Plattenfette, feste Speisefette
- Speiseöle
- Deutscher Wein
- Ausländische Weine
- Frisch-, Tiefkühl- und Räucherfisch ›Meeresfrüchte‹, Krusten-, Schalen- und Weichtiere
- Frischfleisch, einschl. Tiefkühlfleisch, Innereien, Tiergroßteile
- Geflügel – frisch, tiefgefroren
- Schinken aller Art, Rauchfleisch, Speck, sonstige Pökelware
- Kuchen, Torten, Teilchen, Waffeln, Stollen, Tortenböden, Torteletts
- Brot, Toastbrot
- Frische Brötchen, Hörnchen, Brezeln, Stangen
- Produkte zum Fertigbacken
- Knäckebrot, Knusperbrot/-scheiben, Zwieback, Paniermehl
- Konfitüre, Marmelade, Gelee, Pflaumenmus, Apfel-/Birnenkraut, Sirup
- Honig, Kunsthonig (Invertzuckercreme), Nuß-(Mandel-)Nougat-Creme
- sonstiger süßer Brotaufstrich/-belag
- Frischgemüse und Salat, wie z. B. Fruchtgemüse, Wurzelgemüse, Suppengrün, Zwiebelgemüse, Salat- und Blattgemüse, Keimsprossen, Kohlgemüse, Stengelgemüse, Pilze
- Frische Speisekartoffeln
- Frischobst, wie z. B. Steinobst, Kernobst, Beerenobst, Citrusfrüchte, Bananen, tropische Früchte
- Obstkonserven
- Gemüse-, Pilzkonserven
- Sauerkonserven
- Tiefkühlgemüse, Tiefkühlobst
- Schnittblumen, Trockenblumen, Topfpflanzen, Balkon- und Beetpflanzen
- Blumenerde, Torf, gedüngter Torf

Auf Wunsch können weitere Warengruppensegmente aufgenommen und ausgewertet werden.

Abb. 46: GFM-Panel-Angebot

Der Frischemarkt hat seine Besonderheiten: Er ist sehr heterogen, es gibt kaum Markenartikel. Außerdem spielen hier Vertriebswege eine große Rolle, die durch klassische Handelsmarktforschung überhaupt nicht erfaßt werden. Wurden die Äpfel im Geschäft, auf dem Wochenmarkt oder direkt beim Landwirt gekauft? Diese Frage läßt sich nur durch Erhebungen direkt beim Endverbraucher beantworten. Nur so lassen sich die Warenströme offenlegen, und man gewinnt vollständige Markttransparenz.

Das Frischepanel vermittelt den kontinuierlichen und aktuellen Einblick in das Verbraucherverhalten bei Frischeprodukten. Es erfaßt die Einkäufe der deutschen privaten Haushalte und damit das bedeutendste Absatzsegment in allen Warengruppen. (Der Verbrauch außer Haus, der Konsum der Ausländer- und der öffentlichen Haushalte sowie der Individualverzehr müßten mit anderen Instrumenten erhoben werden.)

Institut für Demoskopie Allensbach

Das Institut für Demoskopie Allensbach führt seit den sechziger Jahren exklusiv für – meistens marktführende – Firmen persönlich befragte Panel-Studien durch, auf der Basis von 1 000–2 000 Befragten pro Befragungswelle, dazu gehört auch das »Psychologische Hausfrauen-Panel« mit einer Stichprobengröße von 1 000. Ziel der Panel-Studien ist, die psychologischen Hintergründe von Marktveränderungen zu erforschen, zum Beispiel Marktanteilsverschiebungen aufgrund von Spezialanalysen des Image- und Motivwandels zu erklären. Eine Kernaufgabe ist stets, die Wirkung von Marketingmaßnahmen im Zeitablauf durch getrennte Analysen für Personen zu kontrollieren, die Kontakt zu den Maßnahmen hatten – im Vergleich zu den Personen ohne Kontakt. Auf diese Weise läßt sich am validesten zum Beispiel die Werbewirkung messen. Das Allensbacher Institut hat breite Erfahrung mit persönlich befragten Panels in Massenbedarfsgütermärkten, zum Beispiel Waschmittel, Spül- und Reinigungsmittel, Öl- und Kraftstoffe, Pkw, Fotofilme, Kameras, Schmalfilme, Video. Die Panels beziehen sich in der Regel auf die Grundgesamtheit der Verbraucher in einem Markt. Das Allensbacher Institut setzt Panels bei möglichst jeder Untersuchungsaufgabe ein, in der es um die Messung von Wirkungen geht, zum Beispiel von neuen Kommunikationskanälen wie Kabelfernsehen (1983–1986 in Ludwigshafen) oder um die Wirkung von Produktproben für Studenten (1989/90) oder um die Wirkung von Wahlkämpfen (seit den sechziger Jahren).

Werbestatistiken von Nielsen/Schmidt und Pohlmann

Nielsen/Schmidt und Pohlmann (Institut für Werbestatistik, Hamburg) liefern folgenden Service:
Aufgabenstellung ist die *permanente Beobachtung und lückenlose Erfassung* aller Werbeaktivitäten in den sogenannten »klassischen Medien«, d. h.:
– in Zeitungen,
– in Publikums-Zeitschriften,

- in Fach-Zeitschriften,
- im Werbe-Fernsehen,
- im Werbe-Funk

sowie eine *Berichterstattung* darüber an Werbungtreibende, Verlage und Agenturen.

Dies sind Informationen über

a) die *Werbe-Strategien,* die von den konkurrierenden Firmen und Marken angewendet werden;
b) die notwendige *Höhe des Werbebudgets* zur Durchsetzung im vorhandenen Werbe-Umfeld;
c) *Reaktionen der Konkurrenz* auf eigene Werbeaktionen.

Das *Institut Joachim Stresemann,* Institut für Werbebeobachtung, Konstanz, liefert der werbungtreibenden Industrie und den Agenturen (u. a.) folgende Service-Leistungen:

a) *Media-Tagesservice*
   Für die Funk- und Fernsehwerbung werden Tageseinschaltlisten, die den Ablauf der Sendungen mit Angabe der Sekundenwerte aufzeigen, erstellt.
b) *Media-Wochenservice:*
   Zur schnellen und übersichtlichen Information werden wöchentliche Einschaltpläne für ganze Warengruppen oder nur einzelne Marken angefertigt. Diese Briefe kann man per Post oder auch per Fernschreiber erhalten.
c) *Storyboard-Service*
   Je nach Länge des Spots erhält man bis zu 20 Bilder mit dazugehörendem Text. Die Spots werden direkt vom Fernsehbildschirm abfotografiert.
d) *Text-Service*
   Von jedem Werbetext der Funk- und Fernsehwerbung werden auf Wunsch Abschriften geliefert. Diese können einzeln bezogen werden oder im Abonnement für eine Marke oder komplette Warengruppe.

Lürzers Archiv in Düsseldorf bietet nationale und internationale Werbebeispiele aus den Bereichen Anzeigen, Plakat, Funk und Fernsehen.

5 Quantitative Fernsehzuschauerforschung

ARD, DSF, PRO 7, RTL, SAT 1 und das ZDF bilden gemeinsam die Arbeitsgemeinschaft Fernsehforschung (AGF). Im Auftrag dieser Arbeitsgemeinschaft untersucht die GfK Fernsehforschung in Nürnberg – ein Tochterunternehmen der GfK-Gruppe, des größten Marktforschungsunternehmens in Europa – seit 1985 kontinuierlich das Fernsehzuschauerverhalten der Deutschen in der Bundesrepublik Deutschland. Die AGF-Mitglieder lassen sich die Fernsehforschung in Deutschland jährlich ca. 25 Millionen DM kosten.

Die AGF vergibt Lizenzen zur Datennutzung an andere Sender, wie z. B. arte, Der Kabelkanal, Eurosort, n-tv, RTL 2 und VOX, versorgt Werbeagenturen und Werbungtreibende über das Werbekundenabonnement mit Reichweitendaten und stellt auch z. B. Verlagen, Institutionen und Sportsponsoren Daten zur Verfügung.

Das Panel der GfK Fernsehforschung

Rund 32 Millionen Fernsehhaushalte bilden die Grundgesamtheit der Arbeit der GfK Fernsehforschung. Aus diesen 32 Millionen Fernsehhaushalten in der Bundesrepublik Deutschland wurden nach einem statistischen Zufallsverfahren rund 4 400 Haushalte mit rund 10 000 Personen ausgewählt, die ein verkleinertes Abbild aller Fernsehhaushalte in Deutschland darstellen. Von diesen 4 400 Haushalten im Panel befinden sich ca. 3 000 in den alten Bundesländern und ca. 1 000 Haushalte in den neuen Bundesländern. Bei disproportionaler Verteilung über die Bundesländer sind Auswertungen auf regionaler Ebene möglich.

Jedes Empfangsgerät (Fernsehgerät, Videorecorder, Satellitenreceiver) in diesem Haushalten wird an ein Meßgerät, ein sogenanntes *GfK-Meter*, angeschlossen.

Dieses GfK-Meter besteht aus zwei Teilen; einem Anzeigenteil (Display-Unit), dem sichtbaren Teil des GfK-Meters, und dem eigentlichen Meßgerät, das nach außen hin »unsichtbar« plaziert werden kann. Das Meßgerät enthält einen Mikrocomputer, der sekundengenau speichert, welche Personen im Haushalt welche Sendungen wie lange sehen, bzw. welche anderen Bildschirmaktivitäten (Videospiele, Bildschirmtext, Videotext, Heimcomputer) genutzt werden.

Die im Haushalt lebenden Personen melden sich durch das Drücken der ihnen individuell zugeordneten Personentaste auf einer speziellen Fernbedienungstastatur beim GfK-Meter an und ab.

Die registrierten Daten werden im GfK-Meter gespeichert und über die Telefonleitung vom Haushalt an die GfK Fernsehforschung weitergeleitet.

Um diesen Weg der Datenübertragung nutzen zu können, ist das GfK-Meter über ein darin eingebautes Modem mit dem Telefonnetz der Telekom verbunden. Der Datenabruf erfolgt jede Nacht in der Zeit zwischen 3.00 Uhr und 6.00 Uhr durch eigens für diesen Zweck bei der GfK in Nürnberg installierte Rechner.

Die Daten werden dann von der GfK in Nürnberg erfaßt, weiterverarbeitet und ausgewertet. Parallel zu den durch das GfK-Meter erfaßten Informationen über die Fernseh- bzw. Bildschirmnutzung erhält die GfK Fernsehforschung von den Fernsehsendern Angaben zu den täglichen Programmabläufen. Diese werden mit den Angaben zum Sehverhalten der Haushalte/Personen im GfK-Computer verarbeitet. Auf diese Weise lassen sich Tabellen und Schaubilder über die Fernsehnutzung erstellen.

Die GfK-Haushalte bekommen im Monat eine Aufwandsentschädigung von 13,- DM. Die Personen aus den Testhaushalten dürfen nicht mit Journalisten sprechen und haben untereinander keinen Kontakt. Ihre Adressen sind zudem streng geheim. Die GfK mißt seit nunmehr zehn Jahren und hat zum 1. Januar 1995 den Vertrag mit der Arbeitsgemeinschaft Fernsehforschung (AF) bis zum Jahr 2000 verlängert.

Tagesübersicht der Fernsehnutzung 1994
Sehdauer in Minuten und Marktanteil in %, alle Fernsehhaushalte BRD gesamt

Zuschauer ab 6 Jahre

Mo-So	FS gesamt	ARD Eins	ARD III	DSF	PRO7	RTL	SAT 1	ZDF
	Sehd. Min.	MA %	MA %	MA %	MA %	MA %	MA %	MA %
06.00–09.00	3	15,1	4,1	0,8	15,4	19,7	17,7	6,5
09.00–13.00	13	15,2	6,9	1,5	11,3	22,0	9,5	13,6
13.00–17.00	27	14,2	7,0	1,7	9,2	23,0	12,8	13,6
17.00–20.00	46	15,4	10,1	1,1	8,1	15,6	15,5	23,7
20.00–23.00	69	18,3	9,6	1,0	8,9	16,2	15,8	17,7
23.00–01.00	16	15,9	8,8	1,4	11,8	14,6	16,1	13,5
01.00–06.00	4	12,5	7,3	1,1	12,6	19,7	16,4	7,9
15.00–01.00	146	16,6	5,5	1,2	9,0	16,8	15,5	18,0
06.00–06.00	179	16,3	8,9	1,2	9,4	17,5	14,9	17,0

Abb. 47a: Tagesübersicht der Fernsehnutzung 1994

Kinder 6-13 Jahre

Mo-So	FS gesamt Sehd. Min.	ARD Eins MA %	ARD III MA %	DSF MA %	Pro7 MA %	RTL MA %	SAT 1 MA %	ZDF MA %
06.00–09.00	6	9,3	1,6	0,7	26,0	21,10	9,6	1,1
09.00–13.00	15	11,4	3,2	1,6	17,0	24,8	9,8	5,6
13.00–17.00	23	9,1	4,3	1,2	10,9	15,9	11,9	7,3
17.00–20.00	30	10,7	6,9	1,2	29,8	19,0	9,6	7,4
20.00–23.00	23	12,6	4,8	1,0	16,9	24,1	16,5	11,1
23.00–01.00	2	9,9	5,5	2,6	16,9	19,4	15,6	11,4
01.00–06.00	0	7,5	5,0	2,3	15,6	20,2	14,9	6,3
15.00–01.00	68	11,3	5,7	1,1	21,8	20,1	12,8	9,0
06.00–06.00	100	10,8	4,9	1,2	19,9	20,4	11,9	7,7

Abb. 47b: Tagesübersicht der Fernsehnutzung 1994

Quelle: GfK Fernsehforschung

Literaturverzeichnis

Andresen, Th.B. (1988), »Anzeigenkontakt und Informationsüberschuß – eine empirische Untersuchung über die Determinanten des Anzeigenkontaktes in Publikumszeitschriften mit Hilfe der Blickaufzeichnung, Dissertation an der Universität des Saarlandes, Saarbrücken.

AUMA (1993), »Der umweltverträgliche Messeauftritt – Anregungen für Planung und Durchführung«, in: AUMA (Hrsg.), S. 2ff.

BDZV (1994), »Zeitungen '94« in: Bundesverband Deutscher Zeitungsverleger e. V. (Hrsg.), Bonn.

Beckmann, C. (1994 a), »Umweltwerbung – Rechtsgrundlagen und Fallbeispiele.«, in: ZAW (Hrsg), Bonn

Beckmann, C. (1994 b), Tagung, »Umweltbezogene Werbung« des Verbraucherinstitutes e. V. in Zusammenarbeit mit dem Umweltbundesamt, Berlin, 9./10. 11. 1994.

Behrens, K.C. (1973), »Absatzwerbung«, Wiesbaden.

Bidlingmaier, J. (1973), »Marketing 2«, Hamburg.

Brand, H.W., (1978), »Die Legende von den geheimen Verführern«, Weinheim.

Brehm, J.W. (1966), »The Theory of Psychological Reactance«, New York, London.

Bruhn, M. (1991), »Sponsoring: Unternehmen als Mäzene und Sponsoren.«, Frankfurt (Main).

Dohmen, J. (1993), »Planung von Werbemaßnahmen«, in: Pflaum, D., Werbung, Landsberg/Lech.

Dovifat, E., Wilke, J.(1976), »Zeitungslehre 1, Berlin, New York.

FDW (1994), FDW Werbung im Kino e. V, Hamburg.

Hahn, D. (1994), in: Werben & Verkaufen, Nr. 22.

Huth, R. (1993), »Media-Analyse und -Planung«, in: Werbung, Landsberg/Lech.

Huth, R., Pflaum, D. (1993), »Werbung. Grundlagen, Planung und Umsetzung«, Landsberg/Lech.

K + E (1994), »Nachwachsende Rohstoffe«, Produktblatt 839/014, Technische Mitteilungen 838/014, in: K+E Druckfarben (Hrsg.), Stuttgart.

Keller, J.G., Model, U.-Th. (1993), »Realisation der Werbung«, in: Berndt, R., Hermanns, A. (Hrsg.), Handbuch Marketing Kommunikation, Wiesbaden, S. 495ff.

Kleppner, O. (1973), »Advertising Procedure«, 6. Auflage, Englewood Cliffs, New Jersey.

König, U. (1974), »Farbenpsychologie«, in: Marketing Enzyklopädie, Band 1, München.

Kroeber-Riel, W. (1992), »Konsumentenverhalten«, 5. Auflage, München.

Kroeber-Riel, W. (1994), »Strategie und Technik der Werbung«, 4. Auflage, Stuttgart.

Kroeber-Riel, W., Meyer-Hentschel, G. (1982), »Steuerung des Konsumentenverhaltens, Werbung«, Würzburg.

Kröter, H. (1977), »Berufe in der Werbung«, Düsseldorf, Wien.

Kumpf, M. (1983), »Bezugsgruppen und Meinungsführer«, in: Irle, 1. Halbband, S. 282–330.

Maasen, N. (1995), »Die Netzplattform der Telekom für interaktives Marketing«, Vortrag, gehalten beim Seminar, »Interactiv Services«, ComMunich Kongreß München, 2. 2. 1995.

Meffert, H. (1993), »Marketing«, Wiesbaden.

Meier, W. (1994), »Publikumszeitschriften«, in: Reiter, W.-N. (Hrsg.), Handbuch für den Werbeträgereinsatz, Frankfurt (Main), S. 197 ff.

Müller, E. (1994), »Zukunftsmusik kommt mit Bits und Bytes«, in: Horizont (Hrsg.), Nr. 51/52.

N.N. (1987), »Viel Geld für wenig Einfluß«, in: asw, Sondernummer 10.

N.N. (1993), Nielsen-Universen, Hamburg.

N.N. (1994 a), in: Horizont, Nr. 19.

N.N. (1994 b), Mediaperspektiven, Nr. 9, S. 450–459.

N.N. (1995 a), Deutscher Werbekalender 1995, Düsseldorf.

N.N. (1995 b), »Media-EDV-Programme erklärt und angewendet: Evaluierungsprogramm

N N. (1995 c), in: Absatzwirtschaft (Hrsg.), Nr. 2, S. 4.

N.N. Nielsen, »Kontrollierter Markttest«, Eine Sonderbroschüre der A.C. Nielsen Company, Frankfurt (Main), o.J..

N.N., »TV-Spot Testmethoden. Eine Broschüre des Compagnon Marktforschungsinstituts GmbH, Stuttgart, o.J..

Nieschlag, R., Dichtl, E., Hörschgen, H. (1994), »Marketing«, 17. Auflage.

Pepels, W. (1993), »Handbuch Moderne Marketingpraxis, Band 1: Strategien im Marketing, Düsseldorf.

Pflaum, D. (1974), »So lassen sich Produkte werblich profilieren«, in: Marketing Journal, Nr. 2, S. 131 ff.

Pflaum, D. (1993 a), »Ausgewählte Werbemittel und Gestaltungsansätze«, in: Berndt, R., Hermanns, A. (Hrsg.), Handbuch Marketing-Kommunikation, Wiesbaden, S. 335–352.

Pflaum, D. (1993 b), »Organisation der Werbewirtschaft«, in: Werbung, 5. Auflage, Landsberg/Lech, S.

Pflaum, D., Bäuerle, F. (1992), »Lexikon der Werbung«, Landsberg/Lech.

Pflaum, D., Eisenmann, H. (1993), »Verkaufsförderung«, Landsberg/Lech.

Pflaum, D., Pieper, D. (1993), »Lexikon der PR«, Landsberg/Lech.

Raffée, H., Sauter, B., Silberer, G. (1973), »Theorie der kognitiven Dissonanz und Konsumgüter-Marketing«, Wiesbaden.

Red Box (1995), Red Box, open to advertising, photography, television, Hrsg.: Red Box Verlag, Hamburg. (Die Red Box führt regional für das Bundesgebiet sowohl die Werbeagenturen, Photo- und Fernsehstudios als auch diverse Werbeberufe und Werbeagenturen auf. Sie erscheint jährlich.)

Reeves, R. (1965), »Werbung ohne Mythos«, München.

Rehorn, J. (1981), »Die Methode der Werbeforschung aus der Sicht der Praxis«, in: Tietz, B., Die Werbung, Band 1, Landsberg/Lech.

Rehorn, J. (1988), »Werbetests«, Neuwied.

Rogge, H.J. (1990), »Werbung«, Ludwigshafen.

Rosenstiel, L. (1973), »Psychologie der Werbung«, Rosenheim.

Scholz, Th. (1992), »Nach Öko und Bio kommt Wellness«, in: Direkt Marketing, Nr. 7, S. 16

Schweiger, G., Schrattenecker, G. (1988), »Werbung«, Stuttgart, New York.

Seyffert, K. (1966), »Werbelehre«, Stuttgart.

Silberer, G. (1991), »Wertewandel und Werteorientierung in der Unternehrmensführung«, in: Marketing (Hrsg.), Nr. 2.

Thress, A. (1992), »Gross-Rating-Points«, in: »Lexikon der Werbung«, 5. Auflage.

Vögele, S. (1993), »Dialogmethode: Das Verkaufsgespräch per Brief und Antwortkarte«, Landsberg/Lech, S. 113–244.

Weinberg, R.S. (1960), »An Analytical Approach to Advertising Expenditure Strategy«, New York.

Wimmer, K.-H. (1994), »Zeitungen«, in: Reiter, W.-N. (Hrsg.), Handbuch für den Werbeträgereinsatz, Frankfurt (Main), S. 115 ff..

Wöhe, G. (1993), »Einführung in die Allgemeine Betriebswirtschaftslehre«, 18. Auflage, München.

ZAW (1994), Jahresbericht des ZAW 1994, »Werbung in Deutschland«, Bonn.

ZAW (1995), Jahresbericht des ZAW 1995, »Werbung in Deutschland«, Bonn.

Zeiselmair, R. (1967), »Die Planung des Werbemitteleinsatzes unter dem Postulat der Wirtschaftlichkeit«, in: Der Marktforscher, Nr. 6, S. 180–188

Zuberbier, J. (1982), »Die Werbeagentur – Funktionen und Arbeitsweise«, in: Tietz, B., Die Werbung Band 3, Landsberg/Lech.

Weiterführende Literatur

Ahlert, D. (1992), »Grundzüge des Marketing«, 4. Auflage, Düsseldorf.

Ambros, H. (1992), »Innovationen im Bankbetrieb« in: Sparkassenverlag (Hrsg.), Stuttgart.

ARD Jahrbuch 94 (1994), Hamburg.

Auer, M., Kalweit, U., Nüßler, P. (1991), »Product Placement«, Düsseldorf.

Backhaus, K (1990), »Investitionsgüter-Marketing«, 2. Auflage, München.

Bänsch, A. (1989), »Käuferverhalten«, 4. Auflage, München.

Bänsch, A. (1990), »Verkaufspsychologie und Verkaufstechnik«, 4. Auflage, München, Wien

Bänsch, A. (1991), »Einführung in die Marketinglehre«, 3. Auflage, München.

Becker, J. (1993), »Marketing-Konzeption«, 5. Auflage, München.

Behrens, G. (1991), »Konsumentenverhalten«, 2. Auflage, Heidelberg.

Behrens, G. (1991), »Werbepsychologie«, 3. Auflage, München.

Behrens, K.C. (1991), »Absatzwerbung«, 2. Auflage, Wiesbaden.

Berekoven, L. (1989), »Grundlagen der Absatzwirtschaft«, 4. Auflage, Herne, Berlin.

Berekoven, L., Eckert, W., Ellenrieder, P. (1991), »Marktforschung«, 5. Auflage, Wiesbaden.

Berndt, R. (1992), »Marketing«, 4. Auflage, Berlin.

Böcker, F. (1991), »Marketing«, 4. Auflage, Stuttgart.

Börner, W., Schnellhardt, G. (1992), »Multimedia – Grundlagen, Standards, Beispielanwendungen«, München.

Bruhn, M. (1990), »Marketing«, Wiesbaden.

Bruhn, M. (1991), »Sponsoring«, 2. Auflage, Frankfurt (Main).

Bruhn, M. (1992), »Integrierte Unternehmenskommunikation«, Stuttgart.

Bunzel, M., Morris, S.K. (1992), »Entwicklung von Multimedia-Anwendungen mit DVI-Technologie«, Hamburg.

Dallmer, H. (Hrsg.) (1990), »Handbuch Direkt-Marketing«, 6. Auflage, Wiesbaden.

Dichtl, E., Eggers, W. (Hrsg.) (1992), »Marke und Markenartikel«, München.

Diller, H. (Hrsg.) (1992), »Vahlens großes Marketing-Lexikon«, München.

Drabczynski, M. (1994), »Antworten der Werbewirtschaft auf die Strukturveränderungen in der Medienlandschaft«, Vortrag zur EuroForum Konferenz, 16. 7. 1994.

Eirich, D. (1990), »Desk Top Publishing«, München.

Forst, H.-J. (1993), »Multimedia – eine neue Anwendung in der Telekommunikation«, Berlin.

Frater, H. (1992), »Schnellanleitung Multimedia PC«, Düsseldorf.

Frater, H., Paulißen, D. (1993), »Das große Multimedia Buch«, Düsseldorf.

Frischen, H. (1993), »Multimedia im Handel«, München.

Geisbüsch, H.-G., Geml, R., Lauer, H. (Hrsg.) (1991), »Marketing«, 2. Auflage, Landsberg/Lech.

Hansen, U. (1990), »Absatz- und Beschaffungsmarketing des Einzelhandels«, Band 1+2, 2. Auflage, Göttingen.

Hergesell, J.-H. (1994), »Digitales und interaktives Fernsehen auf dem Weg zu Multimedia«, Vortragsmanuskript.

Hörschgen, H. (1992), »Grundbegriffe der Betriebswirtschaftslehre«, 3. Auflage, Stuttgart.

Hünerberg, R. (1992), »Marketing«, 2. Auflage, München.

Hüttel, M. (1992), »Produktpolitik«, 2. Auflage, Ludwigshafen.

Jaspert, F. (1991), »Marketing«, 5. Auflage, München-Wien.

Käseborn, H.G., Siekerkötter, R., Fehn, Th. (1993), »Wirtschaftswerbung«, Rinteln.

Kirchner, G. (1989), »Lexikon des Direktmarketing«, Landsberg/Lech.

Kotler, Ph. (1992), »Marketing-Management«, 7. Auflage, Stuttgart.

Kroeber-Riel, W. (1994), »Strategie und Technik der Werbung«, 4. Auflage, Stuttgart.

Kuß, A. (1991), »Käuferverhalten«, Stuttgart.

Meffert, H. (1992), »Marketingforschung und Käuferverhalten«, 2. Auflage, Wiesbaden.

Müller, M. (1994), »Der strategische Einzelgänger«, in: Forbes (Hrsg.), Nr. 12.

Müller-Hagedorn, L. (1991), »Das Konsumentenverhalten«, 2. Auflage, Wiesbaden.

N.N. (1993), »SYBEX Multimedia machine«, in: Freiraum (Hrsg.), Düsseldorf.

Nickel, V. (1989), »Werbung in Grenzen«, in: ZAW (Hrsg.), Bonn.

Pepels, W. (1990), »Grundzüge der Marketing-Kommunikationsplanung«, Augsburg.

Pepels. W. (1993), »Handbuch Moderne Marketingkommunikation«, Band 2: Die Instrumente im Marketing, Düsseldorf.

Pflaum, D., Eisenmann, H. (1988), »Einführung in die Handelswerbung«, Stuttgart.

Pflaum, D., Pieper, W. (1993), »Lexikon der PR«, 2. Auflage, Landsberg/Lech.

Poth, L.G. (1990), »Grundlagen des Marketing«, 2. Auflage, Neuwied-Frankfurt.

Prücklmeier, A., »Auszug aus einem unveröffentlichten Entwurf von Basistexten der Arbeitsgemeinschaft Rundfunkwerbung, München, o.J..

Rogge, H.-J. (1992), »Werbung«, 2. Auflage, Ludwigshafen.

Rogge, H.-J. (1993), »Werbung«, Ludwigshafen/Rhein.

Rosenstiel, L. von, Neumann, P. (1991), »Einführung in die Markt- und Werbepsychologie«, Darmstadt.

Rota, F.P. (1992), PR- und Medienarbeit im Unternehmen«, München.

Scheuch, F. (1993), »Marketing«, 4. Auflage, München.

Schmalen, H. (1992), »Kommunikationspolitik«, 2. Auflage, Stuttgart.

Steffenhagen, H. (1991), »Marketing«, 2. Auflage, Stuttgart.

Weis, H.C. (1993), »Verkauf«, 3. Auflage, Ludwighafen.

Wöhe, G. (1993), »Einführung in die Allgemeine Betriebswirtschaftslehre«, 18. Auflage, München.

Wolf, J. (Hrsg.) (1993), »Das Management-Handbuch«, München.

Zentes, J. (1992), »Grundbegriffe des Marketing«, 3. Auflage, Stuttgart.

Stichwortverzeichnis

289

VERLAG FÜR GEISTES-, SOZIAL- UND WIRTSCHAFTSWISSENSCHAFTEN

Dieter Pflaum/Hartmut Eisenmann

Einführung in die Handelswerbung

240 Seiten, 146 Fotos,
Abbildungen und Tabellen.
Kart. DM 49,80
ISBN 3-17-009811-X

In diesem Lehrbuch werden die Grundlagen und Besonderheiten der Handelswerbung sowie die Verkaufsförderungs-, Public Relations- und Human Relations - Maßnahmen im Handelsbereich umfassend dargestellt. Dabei wird auf die werblichen Eigenheiten des Einzelhandels sowie die des Großhandels besonderer Wert gelegt. Aus diesem Grund nimmt die Darstellung der Werbemittel und Werbeträger im Handel breiten Raum ein. Durch zahlreiche Abbildungen und Grafiken wird der Inhalt teilweise visualisiert, um den angehenden Werbefachleuten den praktischen Einstieg in diese Spezialmaterie zu erleichtern.
Gerade auf dem Gebiet der Handelswerbung sind Kenntnisse der juristischen Grundlagen eine unabdingbare Voraussetzung für den Werbeerfolg. In Kapitel XIV werden die wichtigsten Vorschriften des Gesetzes gegen den unlauteren Wettbewerb (UWG) einschließlich der Zugabeverordnung, des Rabattgesetzes und der Preisangabeverordnung vorgestellt, erläutert und anhand von Fällen dem Leser veranschaulicht.

W. Kohlhammer GmbH · 70549 Stuttgart · Tel. 0711/78 63 - 280